U0639355

天空地遥感协同
应急监测与智能分析

眭海刚　刘俊怡　王　飞　李海峰　安　源等　著

本书由以下项目联合资助：

广西科技重大专项"空天地一体协同重大灾害应急智慧服务平台研发与应用示范"（编号：桂科 AA22068072）

湖北省技术创新计划"融合北斗和空天遥感的重大基础设施安全监测及智能预警关键技术研究"（编号：2024BCB103）

国家重点研发计划项目"区域协同遥感监测与应急服务技术体系"（编号：2016YFB0502600）

国家自然科学基金重大项目"地表异常遥感探测与即时诊断方法"（编号：42192580）

科　学　出　版　社
北　京

内 容 简 介

本书面向遥感应急监测与智能服务发展的前沿，是作者团队近年来在天空地遥感应急处理与分析方面的研究成果。围绕如何推动多个应急保障机构有机协作、天空地多种遥感监测手段统一协同、如何动态提供实时和精准的时空信息应急服务，开展天空地一体化的遥感协同应急监测与快速应急响应研究，从遥感应急服务技术体系、应急服务保障预案、观测资源协同规划、应急快速处理、应急精准服务、决策支持与时空分析等方面，阐述天空地遥感协同应急监测处理分析的理论基础、关键技术及其实现过程。

本书可作为遥感应急处理及相关学科的各类专业技术人员进行科学研究、教学、生产和管理等工作的参考书。

图书在版编目（CIP）数据

天空地遥感协同应急监测与智能分析 / 眭海刚等著.-- 北京：科学出版社, 2025. 5. -- ISBN 978-7-03-080314-6

Ⅰ. D035.29

中国国家版本馆 CIP 数据核字第 20242Z220F 号

责任编辑：刘　畅/责任校对：高　嵘
责任印制：徐晓晨/封面设计：无极书装

科学出版社 出版

北京东黄城根北街 16 号
邮政编码：100717
http://www.sciencep.com

北京中科印刷有限公司印刷
科学出版社发行　各地新华书店经销

*

开本：787×1092　1/16
2025 年 5 月第　一　版　　印张：23 1/2
2025 年 5 月第一次印刷　　字数：500 000
定价：228.00 元
（如有印装质量问题，我社负责调换）

本书作者名单

（按姓氏笔画排序）

于树海　马国锐　王　飞　朱铁林

朱瑞飞　刘俊怡　齐　力　安　源

孙开敏　李文波　李海峰　吴晓勇

何　芷　罗　靓　郑晓翠　眭海刚

雷俊锋　蔡　烜

序言

人类生存的历史就是与自然灾害、事故灾难等各种突发事件不断作斗争的历史。随着科技的发展，人类对灾害的认识和掌控能力逐步提升，但由于全球变暖、人工剧增、资源环境的不合理利用等的影响，各种灾害等突发事件呈上升趋势，突发事件的应急管理已经成为世界各国生存与发展面临的重大问题。突发事件应急监测需要全过程、全要素、高动态的时空无缝监测，大范围、快速、精准的时空信息是支撑应急监测全链路的关键，天空地遥感手段具有宏观、快速、准确感知认知地球空间信息的优势，已成为突发事件应急动态监测、应急响应与管理的核心手段。

随着智能时代的到来，传统的测绘、GNSS、遥感、地理空间信息为主的"3S"逐步演化为融合传感网/物联网、人工智能、大数据等技术，自然科学、工程科学与信息科学深度交叉的时空智能学（Spatio-temporal Intelligence，STI）。时空智能学是当代和未来的测绘遥感地理信息学，是人工智能的重要组成部分，能自动回答何时（When）、何地（Where）、何种目标（What Object）、有何种变化（What Change）及其机理（Why），实现对应急事件的全方位、全过程、高动态、高实时应急保障，实现对灾害、事故灾难等的动态监测、实时响应、智能预警和精准评估，有力提升人类社会应对突发事件的预警能力和应急处置效率。

本书作者眭海刚教授牵头的研究团队多年来一直致力于天空地遥感协同应急监测与智能服务等方面的研究，是时空智能在应急监测管理应用的具体体现。在科学技术部、国家自然科学基金委员会等一系列重大科研项目的支持下，经过多年不断创新开拓，他们在遥感协同监测应急服务技术体系、天空地一体化协同规划、应急快速处理和精准提取方面取得了重要成果，积累了丰富的理论和实践经验，形成了天空地遥感直接支持突发事件应急响应的应用体系，在公共安全、自然灾害等多个领域成功应用，取得了显著的经济和社会效益。本书是作者近十年来从事遥感应急监测研究的成果结晶，也是一本系统介绍天空地遥感协同监测应急服务技术体系的著作，内容与应急管理实际工作结合紧密，理论性和实践性较强，具有很好的参考价值。希望该书的出版能够为天空地协同遥感技术在应急及其他领域的应用起到推动作用。

我国是世界上自然灾害最为严重的国家之一，灾害种类多、分布地域广、发生频率高、造成损失重，各类事故隐患和安全风险交织叠加、易发多发，影响公共安全的因素日益增多，应急管理事业任重道远。希望本书的研究团队持续深入致力于时空智能应急监测、精细管理与服务等方面的理论研究与实践应用，为我国应急管理事业做出贡献。

李德仁

2025 年 2 月于珞珈山

应急突发事件一直是人类文明进程中的最大危害之一。突发事件具有区域性、突发性、过程性和频发性，而应急保障要求全空间、全周期、全要素、高动态、高时效、高精度。遥感因其宏观、快速、准确认知对象的优势而成为应急动态监测、应急响应与管理的核心手段。

突发事件应急响应的第一要务就是"快"，时效性是应急响应的灵魂，是应急救援的核心保障要素。经过多年发展，我国在遥感快速响应方面取得了很大的进展。从2008年汶川地震我国第一张卫星遥感影像获取时间为3天，2013年芦山地震遥感影像获取时间缩短到10小时，2017年九寨沟地震影像数据获取时间已经缩短到4小时，到2024年东北洪灾仅用了3小时就获取到数据，同时随着地球同步轨道高轨卫星高分辨率对地观测卫星（比如高分四号）的持续发射以及低轨遥感卫星组网的快速发展，通过对目标区域长期"凝视"获取动态变化过程，已实现诸如森林火情、洪涝灾害监视等快速监测。尽管遥感在突发事件应急预测预警、监测监控、应急处置和恢复重建等应急全流程中发挥了重要作用，但在遥感实时应急响应方面依然面临挑战，特别是重特大自然灾害"三断"环境下卫星遥感应急响应依然面临"数据下不来、处理不及时、服务不持续"的困境，很多时候会错失应急救援黄金时间；实时应急的核心难点集中如何在对地观测传感网动态环境下实现 5R（Right time，Right place，Right information，Right person，Real-time）服务，即"如何在适当时间将适当信息实时发送给正确地点的指定接收者"的遥感应急服务。

由于应急响应是涉及多部门、多资源、多系统的联合协同过程，是典型的"System of Systems"（多系统的集成系统），单纯遥感处理技术上的提升难以满足应急响应的业务化系统需求，必须从多方面综合考虑。近年来随着遥感技术、大数据技术及人工智能技术的发展，基于多源数据协同、多技术联合实现灾害应急监测已得到一定的关注。但是天空地遥感协同监测与应急技术体系尚未深度耦合，导致应急的时效性依然难以有效保证。由于天空地单一手段应急监测会出现"时空裂缝"即对观测区域出现"空间有洞、时间有缝"的现象，所以如何将天空地遥感进行有机协同应急监测并实现遥感协同观测数据的实时处理与即时信息服务，已成为当前遥感应急领域的国际研究热点。

在国家重点研发计划项目"区域协同遥感监测与应急服务技术体系"（项目编号：2016YFB0502600）研究成果的基础上，本书总结近年来在天空地遥感应急处理与服务方面的研究成果，围绕如何推动多个应急保障机构及天空地多种遥感监测手段统一协作、如何提供动态/实时/持续的空间信息应急服务，开展天空地一体化的遥感协同监测快速应急响应研究，从遥感应急服务技术体系、应急服务保障预案、观测资源协同规划、应急快速处理、应急精准服务、辅助决策支持与时空分析等方面，阐述天空地遥感协同应急监测处理的学术思想、关键技术及其实现过程。

全书共9章。第1章论述天空地遥感协同监测应急服务的背景、国内外研究进展、面临的技术挑战与发展趋势；第 2 章重点介绍遥感协同监测应急服务技术体系架构；第 3 章探索遥感协同监测应急服务涉及的组织体系、工作机制、业务活动、响应流程、应急任务等体制机制建设中的核心内容，针对多部门如何协同提出遥感监测应急服务保障预案的制定流程及工具；第 4 章围绕天空地多源异构观测资源如何满足应急观测任务需求，提出面向重点应急管理区域的观测资源配置及天空地观测资源一体化规划方法；第 5 章从遥感应急响应模式、星载在轨应急信息智能处理、机载在线应急信息实时处理、机载遥感数据远程快速传输等方面进行研究，实现了应急遥感数据的"获取快""处理快""传输快"；第 6 章基于天空地多源数据，开展应急场景快速构建、灾损范围/目标提取和应急车辆目标精准提取研究，支撑应急现场指挥救援与损毁评估，保障遥感应急的精准服务；第 7 章将基于决策模型的分布式辅助决策、案例推理、多智能体模拟、群决策与主-从决策等用于应急管理决策分析，提出融合事件要素信息的多维风险整合方法，发展基于马尔可夫链的动态风险评估技术，为突发事件应急处置提供决策支持；第 8 章在上述理论研究的基础上，介绍研发的开放式应急服务集成平台、区域应急时空数据建库、区域空间信息服务与应急指挥系统和智能移动应急终端；第 9 章在前面基础上，针对社会安全、森林火灾、地质灾害等典型应急突发事件，搭建应急服务应用示范系统，并开展典型应用。本书内容上力求做到深入浅出、通俗易懂，不仅具有一定的深度和广度，而且反映学科的新动向、新问题，介绍学科前沿的新成果和新内容。

作者研究团队近年来一直从事遥感应急处理与服务的理论技术研究和工程应用，在自然灾害、公共安全方面开展了十多年技术和应用研究，学术思想活跃，理论基础扎实，实践经验丰富。本书的研究成果还得到了国家自然科学基金重大项目"地表异常遥感探测与即时诊断方法"（编号：42192580）、广西科技重大专项"空天地一体协同重大灾害应急智慧服务平台研发与应用示范"（编号：桂科 AA22068072）和湖北省技术创新计划"融合北斗和空天遥感的重大基础设施安全监测及智能预警关键技术研究"（编号：2024BCB103）项目的资助，在此表示感谢。

遥感传感网、应急处理分析、时空大数据应急服务等技术一直处在不断发展和进步之中，限于作者的水平，书中不足之处在所难免，恳请读者不吝指正。

作　者

2024 年 8 月

目录

第 1 章

绪 论

在人类文明的发展进程中，突发事件如自然灾害、事故灾难等，一直是对人类社会构成巨大威胁的不稳定因素。它们不仅具有突发性和不可预测性，而且在发生后往往需要迅速、有效的应急响应和救援行动。遥感技术因其宏观、快速、准确的优势，已成为应急管理的核心手段之一。然而，现阶段的应急遥感监测仍面临时效性不足、数据处理滞后、服务不持续等问题，无法充分保障黄金救援时间。

本章概述遥感应急服务体系、应急服务预案、天空地观测资源协同规划调度、应急快速处理、应急信息精准处理、协同监测应急平台等方面的国内外研究进展，分析当前天空地遥感应急技术面临的挑战，展望遥感应急服务未来的发展方向。

1.1 概　述

突发事件是指突然发生，造成或者可能造成严重社会危害，需要采取应急处置措施予以应对的自然灾害、事故灾难、公共卫生事件和社会安全事件，一直是人类文明进程中的最大危害之一。2021 年"7·20"郑州特大暴雨造成 25 人死亡、7 人失联。2023 年"2·22"阿拉善左旗煤矿坍塌事故造成 53 人死亡、6 人受伤，直接经济损失达 20 430.25 万元。2023 年"12·18"积石山地震共造成甘肃、青海两省 77.2 万人不同程度受灾，地震引发了砂涌现象，大量房屋被淤泥包围、冲毁，直接经济损失达 146.12 亿元。2024 年"7·5"华容县洞庭湖决堤，造成淹没面积约 45.92 km²。2024 年 8 月 3 日凌晨，四川省甘孜藏族自治州康定市二道水村、日地村和大河沟村突发山洪泥石流，造成 12 人遇难、15 人失联。据应急管理部发布的 2023 年全国自然灾害基本情况，全年各种自然灾害共造成 9 544.4 万人次不同程度受灾，因灾死亡失踪 691 人，倒塌房屋 20.9 万间，农作物受灾面积 1 053.93×10⁴ hm²；直接经济损失达 3 454.5 亿元。

突发事件具有区域性、突发性、过程性和频发性，对其的监测与管理需要"三全三高"，即全空间、全周期、全要素、高动态、高时效、高精度的时空信息保障。应急响应的第一要务就是"快"（李德仁 等，2024；和海霞 等，2012）。时效性是应急响应的灵魂，是应急救援黄金时间的核心保障。经过多年发展，我国在遥感应急响应尤其是灾害遥感方面取得了很大的进展，如 2022 年四川省泸定县地震应急响应时间已缩短到 4 h 内。而且随着高分辨率对地观测卫星高分四号的发射，通过对目标区域长期"凝视"获取动态变化过程，已实现森林火情、洪涝灾害监视等快速监测。但从整体上来看，空天遥感特别是天基遥感应急响应依然面临"数据下不来、处理不及时、服务不持续"的困境，极大错失了应急救援黄金时间（眭海刚 等，2019；杨思全，2018）。美国、日本及欧洲的一些国家因其成熟的应急服务体制机制和发达的组网监测技术，遥感传感网在预测预警、监测监控、应急处置和恢复重建等应急响应全流程中发挥了重要作用，但在遥感实时应急响应方面依然面临挑战。目前，遥感应急响应研究大多侧重于遥感数据快速处理、并行计算、灾损信息提取等相关应急处理，缺乏全链路、体系化的分析。由于天空地单一手段应急监测会出现"时空裂缝"，加上应急响应涉及多部门、多资源、多系统的联合协同过程，单纯处理算法上的提升难以满足应急响应的业务化系统需求（李德仁 等，2024）。因此如何将天空地遥感进行有机协同应急监测并实现遥感协同观测数据的实时处理与即时信息服务，已逐渐成为遥感应急领域的研究热点。

1.2 国内外研究进展

1.2.1 遥感应急服务体系与预案

国外应急管理体制机制建设较为完善，1979 年 4 月，美国成立了联邦应急管理署

（Federal Emergency Management Agency，FEMA），用于领导全国做好防灾、减灾、备灾、救灾和灾后恢复工作。美国联邦政府在 2004 年发布了国家突发事件管理系统（national incident management system，NIMS）（张美莲 等，2017）和国家应急预案（national response plan），提出了一整套核心的理论、概念原则、术语和组织程序，提出了应急管理的整体战略框架，适用于所有级别的突发事件类型，以及各个尺度区域的突发事件应对，其内容可以指导应急管理的整个周期和流程。日本在预防和减灾救灾方面立法先行，形成了一套非常完善的防灾、减灾、灾害恢复重建的法律体系，为灾害应急管理体制、机制等管理制度设计和执行及全面的技术信息共享提供了法律基础和框架的保障（赵富森，2022）。英国将灾害应急管理作为国家能力建设的重点，特别在国家层面上加大对灾害监测和早期预警科技手段和能力的投入。早在 1990 年，英国就将新的超大型计算机应用于气象服务，使英国气象局的大陆和海洋气象服务实现了数字化运作和管理，以英国气象局为主体的英国气象服务逐步确立了应对气候灾害的预警机制和能力（刘助仁，2010）。澳大利亚在制定相关体系架构之上，形成了一系列的救灾计划，包括航空灾害、海上灾害、辐射灾害在内的几乎所有灾害的应对计划和措施。在州级层面，各州也根据当地的具体情况，制定了具有地域特征的法规条例，例如昆士兰州于 2003 年出台了《昆士兰灾难管理条例》（张志 等，2020）。

国外应急预案体系建设大都是在经历重大突发事件后才不断总结完善，并逐步构建了整体性、全危害的国家应急预案体系或框架（游志斌，2024），比如法国 2006 年制定的应急预案体系框架、美国综合准备指南（CPG 101，2021 年第三版）中的预案编制要求、日本防灾基本计划（2022 年修订）。这类国家应急预案体系或框架的整体设计都着眼于明确指挥权属关系，界定应急响应管理权限与程序，从而使政府各层级及其他类别应急响应者在应对突发事件时能协调一致，真正确保"指挥顺畅"。

美国、日本及欧洲的一些国家已建立较为发达的组网监测技术，遥感监测在应急全流程中发挥了重要作用。美国联邦应急管理署于 1999 年就发布了《联邦灾害应对中的遥感标准》（*Remote Sensing Standard in Federal Disaster Operations，Standard Operating Procedures*）操作手册，在手册中详细描述了测绘应急保障部门的组织结构、岗位职责、应急响应流程、信息共享步骤及相关的标准规范，并简要描述了不同遥感手段适用的不同灾种。2011 年受日本福岛核泄漏事件影响后，美国对应急管理体系进行了重大调整，着力推行"情报和信息共享""现场态势评估"等 32 项核心能力建设，进一步修改了上述遥感标准操作手册并发布《美国联邦紧急事务管理局地理空间操作标准》（*FEMA Geospatial Standards of Operation*），明确提出遥感监测应急服务的应对机制要与当前遥感技术相匹配，强化了地理空间信息响应小组组织协调、信息共享的体制机制，以完成"提供途径获得最实时的高分辨率地理图像数据和服务，以及在突发事件中地理空间联络支持"使命，突出遥感传感网在预测预警、监测监控、应急处置和恢复重建中的重要作用。

新中国成立后开始逐渐发展信息化应急体系，以单体—整体—特色应急为主要发展路线。初期，主要实施单灾种应急管理制度，单项应对、部门应对是突发事件的主要应对方式，应急管理全程主要依赖议事协调机制，体现为突发事件产生后成立相关应急管理部门或临时领导小组机构组织，例如初期成立的水利部，负责抗击洪涝灾害（石武英，

2013）。2003 年国内暴发了严重的非典疫情，在应对疫情过程中，我国开始建立健全应对重大突发公共事件的"一案三制"应急管理体系（王旭，2014）。2006 年设置国务院应急管理办公室，通过政府办公厅的应急办进行综合协调，联合相关的议事协调机构，同时辅之以联席会议制度，一项综合协调型的应急管理体制在我国初步确立。随着 2007 年 8 月出台《中华人民共和国突发事件应对法》，应急管理体系框架逐步建立，制度内容不断完善，综合应急管理水平得到提升。

对应于我国应急体系的发展，我国应急预案也大体走过 3 个阶段（代海军，2023）。一是单项应急预案编制阶段。国家以编制各类单项应急预案为主，如在地震、矿山、消防、卫生等领域，分别编制了专项应急预案，但编制体例、内容差异很大，名称亦不统一，且局限在行业、部门，预案彼此之间也没有衔接，不少领域还存在空白。二是综合性应急预案编制阶段。2003 年 5 月国务院出台了《突发公共卫生事件应急条例》，2003 年 11 月国务院办公厅成立了应急预案工作小组，2006 年 1 月 8 日国务院又印发了《国家突发公共事件总体应急预案》。至此，全国"纵向到底，横向到边"应急预案框架体系基本形成。三是应急预案体系化发展阶段。2007 年《中华人民共和国突发事件应对法》颁布实施后，国务院加强了对应急预案的综合管理，在"两个坚持、三个转变"（"两个坚持"即坚持以防为主、防抗救相结合，坚持常态减灾和非常态救灾相统一；"三个转变"即从注重灾后救助向注重灾前预防转变，从应对单一灾种向综合减灾转变，从减少灾害损失向减轻灾害风险转变）防灾减灾救灾理念指引下，应急预案积极融入优化国家应急管理能力体系建设整体布局，应急预案的体系和结构持续优化。编制和管理好应急预案是防范化解重大风险的基础性工作，党中央、国务院高度重视应急预案体系建设，近几年作出了一系列重大战略部署。2019 年 11 月 29 日，习近平总书记在主持中共中央政治局第十九次集体学习时强调"要加强应急预案管理，健全应急预案体系，落实各环节责任和措施"；2020 年 8 月 25 日，习近平总书记主持召开党外人士座谈会时特别强调"要前瞻性谋划重大风险应对预案"。《"十四五"国家应急体系规划》（国发〔2021〕36 号）提出了应急预案体系建设的重点工作，"制定突发事件应急预案编制指南，加强预案制修订过程中的风险评估、情景构建和应急资源调查；修订国家突发事件总体应急预案，组织指导专项、部门、地方应急预案修订，做好重要目标、重大危险源、重大活动、重大基础设施安全保障应急预案编制工作；有针对性地编制巨灾应对预案，开展应急能力评估"。当前，我国正在组织修订《国家突发公共事件总体应急预案》。

随着测绘科技水平不断提高，遥感保障作用明显增强。2007 年 9 月 13 日国务院发布的《国务院关于加强测绘工作的意见》中明确提出，要"建立健全应急管理测绘保障机制，为突发公共事件的防范处置工作提供及时的地理信息和技术服务"。2007 年 12 月 28 日国家测绘局印发《基础测绘成果应急提供办法》，规定"测绘成果保管单位应当根据相关批复或者调用通知（情况特别紧急时，可以依据相关测绘行政主管部门的电话通知），在最短时间内完成基础测绘成果应急提供，一般提供期限为 8 小时，特殊情况不超过 24 小时。"（曹振宇，2014）。在汶川地震之后，四川省测绘局于 2008 年率先提出了《四川省测绘局应对重大突发事件测绘保障应急预案》。2009 年国家测绘局制定了《国家测绘应急服务保障预案》，第一次从国家层面梳理了遥感应急服务的体制机制，随后国内各省市均以此为依据，制定了省市级的测绘应急保障预案，这意味着我国测绘应急服务迈上制度化轨道。与美国的遥感标准操作手册相比，我国的国家测绘应急服务保障预案颗粒度太大，可执行性相对较差，以它为依据建立的省市测绘应急保障预案，基本上照搬国家预案的结构和表述方式，呈现"上下一般粗"的局面，未能密切结合本地实际和灾种特点，制定详细、明确、具体的应对措施。此外，我国的测绘应急保障预案动态管理滞后，持续改进机制尚未形成，在遥感监测的技术手段已经有了长足进步的情况下，原有的预案未能体现现有先进的遥感监测理念，在重大突发事件面前无法形成区域聚焦的遥感高效主动服务模式。

总体来说，在经历了多次重大突发事件之后，我国已经充分意识到遥感监测应急服务在应急响应过程中的重要作用，开始着手建立测绘应急保障体制机制，规范测绘应急保障服务流程。2022 年，自然资源部办公厅印发了《自然资源部应急测绘保障预案》，要求完善应急测绘保障体系，构建权威高效的国家应急测绘保障业务体系和技术体系，细化了灾害现场航空、航天影像快速获取、应急导航与位置服务、灾害现场天空地持续监测、空间分析与灾情解译、信息报送与发布等工作内容。但如何推动在突发事件应急响应过程中主动、快速、充分地发挥先进的遥感监测手段的作用，如何推动多个测绘应急保障机构及多种遥感监测手段统一协作，如何实现大量遥感信息高效共享，如何提供动态、实时、持续的空间信息应急服务仍然是当前研究人员与一线应急人员要面临的挑战。

1.2.2　遥感应急天空地观测资源协同规划调度

随着天空地一体化对地观测技术、物联网技术、实时信息传输技术、光学微波等载荷技术的发展，天空地对地观测系统在灾害监测、应急响应等方面得到了广泛的应用。在应急灾害监测领域，需要根据灾害事件时空特点、地形环境及对地观测资源性能等信息进行任务规划和观测资源的最优调度，从而快速获取应急处理所需的观测数据并为合理决策提供有效信息。因此，如何基于多类异构观测资源建立天空地协同观测网并实现各类资源的高效统一调度成为当前对地观测领域的重要研究内容。国内外开展了大量对地观测资源规划调度研究，可以从单类观测资源的内部规划和多类平台观测资源的统一协同规划两个角度进行分析。

从单类观测资源的规划调度来看，卫星的协同规划研究内容最为丰富。卫星种类多样、约束各异，因此研究者最初分别从日常调度（Gabrel et al.，2003）、场景选择（Song et al.，2004）、背包问题优化（Vasquez et al.，2001；Wolfe et al.，2000）、车间调度（Lin et al.，2005）、整数优化（Bensana et al.，1996）等不同的角度对单星规划和调度问题进行分析并取得了显著的成果。随着卫星小型化和规模化的发展趋势，这种各自孤立的单星规划方式越发不能满足大规模观测的需求，多星协同规划转而成为研究热点之一。在多星调度方面，国外的研究起步较早，分别从任务需求、资源约束等角度入手构建约束模型和描述方法，有效地解决了多个卫星的协同问题（Morris et al.，2006），但仍存在约束条件不够充分、求解规模小等问题。国内学者采用不同的优化策略并结合电磁探测卫星工作特性对多星协同工作进行优化（王钧，2007）。但以上规划方法大都从全局角度出发采用集中式的规划模式对问题进行建模和优化，这种协同工作模式不仅存在低鲁棒性、高复杂度、大计算量的缺陷，而且一旦有新的卫星加入系统会导致算法的重新调整，未来需要更加灵活的敏捷卫星在任务的规划和卫星的调度进行应用。

空基观测资源包括无人机、飞艇等平台。随着近年来无人机技术的快速发展，无人机的相关研究和应用呈几何级数增长；而由于长滞空、低能耗的特点，近年来飞艇在对地观测、中继通信等领域也逐渐受到人们的重视。相比于无人机，飞艇的相关研究项目大都集中于通信链路、平台部署、姿态校正及平台性能的研究，很少涉及对地观测任务的协同规划。

多机协同任务分配是指根据任务需求、无人机相关约束条件及任务空间威胁情况，为多无人机系统中的无人机分配一个或一组有序任务，最大限度提升任务完成数量的同时使得系统整体效率最优。在任务分配的过程中，既要考虑无人机的数量、任务量，又要考虑航程代价、威胁情况、无人机性能约束、协同过程中约束条件等。因此，多机协同任务分配问题是一个多约束、难求解的 NP（non-deterministic polynomial，多项式复杂程度的非确定性）问题（赵晓林 等，2020）。针对任务分配问题常见的模型有多旅行商模型（Odili et al.，2020）、车辆路径问题模型和混合整数线性规划问题模型等。

近些年来，国内外的一些学者在任务分配相关方面进行了大量的研究。Sun 等（2023）提出了一种博弈分配方法，引入了混合策略的改进粒子群算法对博弈策略的纳什均衡进行确定，提高了算法的迭代效率和收敛速率。Qamar 等（2023）针对无人机用于灾区探索及救援问题，提出了一种多无人机折中任务分配方法，通过引入带有特定约束的折中PI（performance impact，性能影响）来增强性能影响算法，以适应动态事件。盛景泰等（2023）在综合考量了任务、航程及攻击约束等因素后，创新性地将食肉植物算法与量子演进算法融合，从而有效地克服了易陷入局部最优解的缺陷。赵晓林等（2023）针对多无人机在执行侦察和打击任务时所携带资源的差异性，设计了一种改良的基于共识的捆绑算法，验证了算法对解决该问题的可行性和有效性。

在面向应急搜索救援的无人机集群调度研究方面，大部分学者将无人机的组织结构、决策和信息处理方式作为多无人机协同搜索问题的分类依据，其中集中式和分布式是较为主流的两种方式。集中式控制系统中无人机的所有决策和任务分配都是由集中控制中心完成的，并将决策信息传递给每架无人机，中区域划分（侯岳奇 等，2019）、队形搜索（王铎，2018）、模型预测控制（葛云鹏，2019）等方法是比较经典且常用的方法；分布式控制系统主要采用分布式模型预测（Niu et al.，2022）、分布式搜索图（吴傲 等，2021）等方式完成。该系统中每架无人机都具有一定的自主决策能力，无人机之间互相通信交换信息，根据自身和周围无人机的信息做出决策，并将决策信息和探测信息共享给周围其他无人机，随后依靠自身信息和周围其他部分无人机的共享信息进行决策，其稳定性和灵活性更强，在动态复杂环境中的表现更优异。

卫星、无人机等单平台的任务规划技术已经趋向成熟，各平台观测资源孤立规划所获取的观测效益已经趋向极限，而面对愈发复杂的应急观测任务，势必要统筹管理天空地观测资源以实现各平台优势互补，来取得一加一大于二的观测效益。在多类平台资源的统一协同规划研究方面，相关研究主要集中在空天资源的任务协同规划。Herold 等（2010）和 Robinson 等（2013）提出了空天对地观测资源协同规划的框架并从平台规划中心的角度利用线性规划技术对问题进行求解。还有一些学者分别从多 Agent 协同框架出发对点状目标任务的天空和天空地资源协同规划问题进行建模分析并求解（王慧林等，2016；Wu et al.，2016；Li et al.，2014；李军等，2013）。

通过对以上研究现状的分析可以发现，目前国内外在突发事件应急对地观测协同规划方面的研究主要集中于卫星、无人机等单类型平台的任务规划和调度方面，也有部分研究了卫星、无人机等空天平台资源的规划调度问题，但对飞艇等临近空间资源的对地观测规划调度研究较少，而且缺乏卫星、无人机、飞艇/浮空艇、地面车/人等平台的天空地异构资源统筹协同规划调度的研究。多类异构平台载荷性能、观测能力、运行方式等方面的差异决定了不能采用传统的协同规划框架和问题模型解决该问题，需要在综合分析各平台观测能力、约束条件、运行方式等特点的基础上结合观测任务需求，发展合适的规划框架并建立问题求解模型。

总体来说，目前在卫星平台对地观测任务规划与调度研究中，主要以卫星观测条带区域为基础并结合传感器摆动特点对区域目标进行划分，而在其他单一观测平台的协同规划研究中，对区域目标的观测主要依据航线（路线）规划代替目标分解。但由于天空地多类资源的观测特点、运行方式、传感器性能等方面的差异，当对区域目标进行观测时，需要首先对区域目标进行分解然后再统一规划。而目前对天空地异构平台的规划研究大都基于点状目标观测的假设前提，给实际任务观测带来了困难。所以，需要在综合分析任务需求和各平台资源观测能力的基础上对区域目标的分解进行深入研究。

1.2.3　空天遥感数据应急快速处理

由于事关应急响应的成败，遥感应急数据的准实时/实时处理与即时信息服务备受重视。1973 年美国对境内密西西比河的洪水泛滥事件进行监测拉开了卫星应急观测自然灾害的序幕，此后全球范围内业务和科学研究层面相关组织机构开展了大量卓有成效的工作（杨思全，2018；Ramamoorthi et al.，1985）。其中，空间与重大灾害国际宪章（International Charter Space and Major Disasters）、哥白尼应急管理制图服务（Copernicus Emergency Management Service-mapping）、联合国灾害管理与应急反应天基信息平台、联合国卫星应用项目、卫星应急制图国际工作组等表现突出。

空间与重大灾害国际宪章是 1999 年 7 月奥地利维也纳联合国第三次外空大会上由欧洲空间局（ESA）与法国空间局（CNES）着手开展的减灾合作机制，旨在协助危机预防和支持应急响应两个方面：一是危机期间向因自然灾害或技术灾害造成人员、活动和财产损失的国家或团体提供卫星数据，作为其预测和管理潜在危机的基础；二是利用本数据及其分析得到的信息和服务支持应急救援、重建和后续行动（李素菊，2018a）。2000 年 11 月，斯洛文尼亚发生山体滑坡，空间与重大灾害国际宪章首次启动；2008 年 5 月 12 日 14 时 28 分四川省汶川县发生 7.8 级大地震 1 h 后，中国国家航天局正式启动此减灾合作机制；截至 2020 年 10 月，空间与重大灾害国际宪章启动了 675 次应急观测与制图服务（王志刚，2020）。哥白尼应急管理制图服务由欧盟委员会负责管理协调工作，主要为民防组织和人道主义救援机构等灾害管理机构及其灾害管理人员提供快速准确的地理空间信息，支持针对气象、地球物理、人为和其他人道主义灾害开展的应急响应、预防准备与恢复等活动（李素菊，2018b）。该机制自 2012 年 4 月正式运行，截至 2021 年

3月28日，共启动502次各类灾害制图服务和86次风险和恢复重建制图服务（和海霞 等，2012）。

卫星应急制图国际工作组在 2012 年 4 月成立，是一个由卫星应急制图组织专家自发组成的志愿性工作组，致力于提高卫星应急制图提供者之间的合作、交流和专业标准化程度，工作组宗旨为：建立不同业务化卫星应急制图项目之间的最佳实践，促进相互交流与合作，支持建立应急制图规范，加强应急制图经验和能力共享并对相关技术标准规范进行回顾。其中制定应急制图指南是卫星应急制图国际工作组的重要任务之一，其目的在于支持应急制图不同力量间的有效交流与协作、推动应急制图组织之间的合作。截至 2018 年，工作组已经起草发布 1 份总指南《卫星应急制图总体指南》，2 份分项指南《建筑物毁损评估卫星应急制图指南》和《火灾卫星应急制图指南》，以及 1 份白皮书《卫星应急制图国际工作组-快速制图与预警系统白皮书》（李素菊，2018c）。

哥白尼应急制图（rapid mapping，RM）采用人机结合的方法利用遥感影像和其他地理空间数据，为世界各地发生自然灾害、人为紧急情况和人道主义危机时提供免费地图绘制服务，其中与洪灾有关的应急制图服务占总激活服务的三分之一以上。该服务的时效性视具体遥感数据获取资源而定，一般在激活应急服务后的一两天内便能获得灾害应急制图产品。该服务提供标准化的制图产品包括：确定事件发生前的情况（参考产品，reference product），第一时间分析生成的受灾严重区域遥感制图（初步评估产品，first estimate product），事件受灾范围制图（边界划定产品，delineation product）和灾损评估定级产品（分级产品，grading product）（Nadine et al.，2019）。

尽管卫星遥感灾害应急信息处理与制图已取得很大进展，但在时效上仍面临诸多挑战，其中如何实现星上实时应急信息服务，更好地发挥遥感单星及星群的优势都有待进一步研究（李德仁 等，2017）。由于灾害应急的强时效性需求，遥感星上在轨灾害处理一直是国内外学术界和产业界关注的焦点之一，主要研究和应用集中在洪涝和火灾监测预警，典型研究成果如美国国家航空航天局（National Aeronautics and Space Administration，NASA）在地球观测一号卫星（Earth Observing 1，EO-1）上进行了自主科学卫星技术试验（autonomous sciencecraft experiment，ASE），实现了星上在轨洪水监测（Ip et al.，2006）；由意大利航空航天企业 D-Orbit 公司于 2021 年 6 月发射入轨被称为 "World Floods" 的洪水智能监测系统，可加快对突发灾害事件的反应速度（Mateo-Garcia et al.，2021）；2023 年 4 月发射入轨的珞珈三号 01 星，将灾害应急制图这一重要需求从遥感信息获取链的末端发展到了卫星在轨实时处理，在技术途径上开辟了从卫星到手机的先例（李德仁 等，2022）。

无人机遥感作为重要的应急观测手段之一，很好地补充了卫星遥感由时间/空间分辨率不足导致的应急监测 "时空裂缝" 问题。马里兰大学发布了哈维飓风洪水的无人机图像数据集，该数据集提供了被淹没的道路和建筑物的标记，并区分了自然水域和灾害水域（Rahnemoonfar et al.，2021）。该工作为洪水应急处理中图像分类、语义分割和图像问答模型的研究提供了良好的基础。采用深度学习方法从洪涝区无人机图像中识别道路、建筑物等重要基础设施，准确率分别达到 91% 和 94%，采用语义分割算法提取洪水准确率达 90%（Yang et al.，2022；Munawar et al.，2021）。传统的云计算存在延迟和带宽消耗的问题，而边缘端推理能够在数据获取的第一时间进行数据处理与信息提取。随着无人机技术和深度学习推理设备的普及，对在边缘端进行灾害信息实时处理和决策的需求日益增长。如何将训练好的深度学习模型部署于边缘端是无人机机载平台实时提取遥感影像中灾情信息的关键。基于边缘端计算设备的多感官监视无人机系统配备多个遥感传感器，专门加强搜救任务以检测灾后地区的幸存者（Rohman et al.，2019）。无人机应急救援面临动态处理大量数据的挑战，一种基于深度学习的高效应急响应模型（RescueNet）可以从无人机视频数据中实时识别和定位受灾人群，帮助救援系统在响应活动中检测洪涝灾区幸存者（Prabhu et al.，2022）。基于图形处理单元（graphics processing unit，GPU）边缘计算平台的无人机机上洪涝分割算法可以提高无人机的自主跟踪洪灾能力和检测结果实时回传能力（Hernández et al.，2022）。但边缘端设备通常计算资源和存储空间有限，在这样的环境中部署深度学习模型实时推理面临挑战。改变这种方式的一种有效途径是将遥感、全球导航卫星系统（global navigation satellite system，GNSS）和通信有机集成，在无人机机巢或无人机机上配备北斗和人工智能（artificial intelligence，AI）计算模块，实现边飞行、边处理、边传输的在线服务模式，实时将灾损信息和救援对象信息发送到指挥中心，既减少了传输压力，又解决了实时响应难题，非常适合重大灾害/事故极端环境[如三断（断电、断网、断路）]（Zhao et al.，2024a）。

由此可见，自然灾害应急遥感数据处理尽管在全球范围内已实现了业务化应用，但现阶段空天地数据应急快速处理普遍存在数据保障不及时、处理提取不实时、有效数据覆盖率不高等问题。星上在轨处理/机上在线处理尽管有一定的成功应用，但覆盖的灾种不多、适用的载荷不全，主要集中在基于红外影像的火点检测、基于可见光影像/视频的灾损目标提取等方面，还没有形成大规模的灾害应急应用。尽管在大数据人工智能平台下应急信息的处理能力得到了长足的进步，但全流程的数据获取到落地应用决策分析往往还需花费几个甚至几十小时的时间，对应急的实时性要求还未真正实现。

1.2.4　多源遥感典型应急信息精准处理

随着遥感技术的不断发展，多源遥感手段的协同监测实现了对地观测遥感数据的长周期覆盖，记录了地球表面的时空动态变化过程。多源、海量、时序的遥感数据可为地表突发应急事件的事前预警、事中监控和事后应急响应提供有效的决策辅助支持。突发事件发生后，事发场景三维建模、重点车辆目标监测、灾损信息提取等应急信息处理备受关注，国内外科研机构和工业界先后开展了大量研究工作，形成了一批面向应用的遥感应急信息精准处理的研究成果。

1. 空地一体影像应急场景三维建模

在应急场景中，为了给指挥处置人员提供更全面、准确的现场信息，一般通过三维建模技术将现场复杂的地形、建筑物和环境转化为更加直观的三维模型，不仅可以在规划行动时进行更精确的分析，还能在紧急情况下快速识别危险区域、制定最优的救援路线和策略。三维重建为应急管理提供了至关重要的视觉和数据支持，目前三维建模的主要方式是利用搭载不同载荷的无人机来获取。利用影像（包括倾斜影像和视频影像）密集匹配得到的点云和机载激光雷达采集得到的点云进行模型构建是目前国际上通用的三维场景重建方法（张力 等，2022）。不同来源的点云数据具有不同的特性：影像密集匹配点云成本低廉，具有较为完整的建筑物立面信息且本身带有颜色信息；而高精度激光雷达获取的点云具有更高的密度、更低的噪声和更高的精度。由于激光雷达载荷的性价比和重量能耗问题，利用空地遥感影像/视频三维重建在应急场景中是主流的建模手段。很多应急应用（如公共安全）不仅关注地理场景，更关注具有高度动态性的人、车、船等运动目标和活动行为，如何在重建的三维模型基础上无缝嵌入空中或地面获取的视频数据形成动态的三维场景是热点问题也是技术难点。

1）无人机倾斜影像三维建模

应急场景的特殊性要求获取倾斜摄影影像数据更快、建模时间更短、针对关注地物的模型更精细。尽管越来越多的商业化倾斜摄影测量三维建模软件面世（贾蕾 等，2024），ContextCapture、街景工厂、PhotoMesh 等国外知名商业软件在内的现有倾斜摄影测量自动三维重建的产品可以对数字图像进行摄影测量处理并生成 3D 空间数据[包括数字表面模型（digital surface model，DSM）、三维模型等产品]，但这些软件主要面向通用环境下的精细建模，常常难以满足应急三维建模的时效性。目前在地表粗模的快速生成方面已经有较成熟的解决方案，典型的方式是利用内外存协同与 GPU 加速以及利用多计算节点并行加速；在建筑物精细单体化建模方面，无人机倾斜摄影采集的信息并不完全，建筑物影像中下部容易出现空洞、拉花等现象，存在几何和纹理信息的缺失，尤其是建筑物遮挡立面和房檐之下均无法获取影像信息（苗志成 等，2021；何敏 等，2017）。

现有的多视影像三维重建的方法大都是数据采集和数据处理完全分开进行，即首先获得整个三维场景的影像数据，然后对所有数据进行处理。三维重建方法主要有传统三维重建方法、神经辐射场（neural radiance fields，NeRF）方法和三维高斯泼溅（3D Gaussian splatting，3DGS）方法。传统三维重建方法通过内定向、空三解算、密集匹配和三维构网等一次性处理，生成具有物理意义的三维模型，可以用于显示、测量、建图等实际应用领域，由于过程中包含影像匹配和平差等大量数学计算，数据完全获取后的统一处理的建模过程周期长，严重制约了突发事件应急处置时实施人员对现场情况的掌握效率（孙钰珊 等，2018）。神经辐射场技术将场景的色彩、位置和透明度信息保存在训练模型中，神经网络渲染多视角下的图像，可以实现高质量的新视角合成与三维重建视觉效果（董相涛 等，2024）。三维高斯泼溅技术是一种基于点云的三维显示和建模技术，每个点云包含位置信息、颜色信息，通过在每个点云上叠加高斯核函数，利用高斯点云椭球生成连续光滑的三维表面（乔立贤，2024）。然而，NeRF 方法需要使用神经网络来建模一个场景，需要花费大量时间完成训练和渲染，难以满足实时的需求，3DGS 方法相较于 NeRF 方法不需要使用神经网络训练，但是在实际应用中需要高质量的初始点云先验信息，否则生成的新视角影像效果较差，NeRF 和 3DGS 方法主要是通过计算机图形学的方法获得渲染效果好的影像，生成的模型较难用于实际大场景应急任务之中。

由于应急的时效性要求，无人机实时三维建模成为研究的另一重要领域。应急管理部大数据中心研发的基于无人机的快速三维建模技术，特点是精度高、智能化，可以边飞行边建模，属于国内首创，3 min 就能完成 1 km^2 三维重建，其他同类产品至少要 3～5 h 才能完成，能够为前后方指挥部快速提供现场三维作战沙盘。武汉大学肖雄武等人提出了一种不依赖高精度定位测姿系统（position and orientation system，POS）的无人机实时测绘系统（肖雄武，2018），可生成实时 3D 点云、实时 DSM、实时数字高程模型（digital elevation model，DEM）和实时数字正射影像图（digital orthophoto map，DOM）；设计了第一个实时测绘系统，名为"DirectMap"（肖雄武 等，2020a，2020b），用于无需地面控制点（ground control point，GCP）的无人机图像实时在线空中三角测量处理，以及实时动态构网和实时网格（mesh）/DEM/DOM 的生成，显著提高了无人机测绘的效率，降低了无人机测绘成本，改善了无人机实时测绘地图中的非平面场景扭曲现象。尽管这些方法在时效性上有很大提高，能为应急指挥决策提供很好的支持，但一般建模精度都不是很高，还需要在此基础上进一步结合各种数据精细建模。

2）空地一体的三维重建

使用无人机倾斜摄影三维建模时，由于无人机视野拍摄局限以及地物被遮挡等，局部三维模型会出现结构纹理缺失、扭曲变形等现象。对此国内外学者提出了多种空地一体三维重建方法，结合空中和地面数据的优势、通过融合不同视角的数据源，可实现全方位高精度、高效率的三维场景重建。21 世纪初就有国外学者结合摄影测量技术和三维激光扫描技术构建马耳他庙三维模型（Levoy，2000），进一步联合 LiDAR 数据、航空影像、数字地形图，集成构建建筑物三维模型，完成大范围三维场景构建（赵修莉，2011）。随着无人机、地面传感网、摄影测量技术等的快速发展，各类空地数据不断增多，类似于地面街景影像与倾斜数据融合建模（宋文平 等，2015），数字线划图、正射影像、数码影像联合建模（彭文博，2016），多尺度倾斜摄影数据与近景摄影数据融合建模（连蓉 等，2017），激光扫描与摄影测量联合场景建模（Zhang et al.，2024），空地一体联合空三加密（赵伟山 等，2022）等空地一体三维重建技术不断涌现。这些技术将多源数据、多种建模手段进行融合以获取生产效率高、真实度高、精度高的三维模型，已成为三维重建领域不可忽视的重要分支。

3）嵌入视频的动态三维场景构建

视频影像由于其动态展示区域变化的特性，是动态监测、变化检测、区域侦察等遥感应急应用的重要保障。通过视频匹配技术可以将视频嵌入三维场景中，实现视频数据和静态模型数据优势互补、信息融合，准确把握视频中的局部动态信息和三维场景中的全局结构信息。出于实际的应用需求，产业界对此问题的关注度比较高，典型的公司包括道和汇通、毕加索、光德路达科技、中地数码、中天灏景等，一般做法是将单路视频分别配准到指定的位置，再进行视频间的剪裁、对齐等处理，进而将多个纹理融合成一个完整的纹理，再通过配准方法将纹理匹配到模型表面。学术界也开展了相关研究，有学者通过不少于 16 组视频与三维场景对应标定点来计算矫正变换矩阵和视频源摄像头在三维场景中的位置，从而实现配准，在多路视频融合的优化上侧重于解决降低带宽和中央处理器（central processing unit，CPU）的压力（宁泽西 等，2020）；也有学者在多视频实时渲染的研究中基于已知的阴影映射算法和投影纹理技术提出手电筒渲染算法（Sawhney et al.，2002），基于金字塔图像融合技术进行视频帧边界混合，通过交互式工具手动指定视频帧和模型之间点和线的对应关系实现视频融合，在硬件上该方法无法将映射操作与纹理选择操作相结合。总体来说，目前视频嵌入方法研究得较少，且通常都需要人工介入，缺乏高效便捷全自动的视频嵌入三维场景方法。

尽管目前三维建模已经有大量成熟的方法和软件，但应急场景环境复杂多变，建模时效性、动态性和准确性都要求高，需要考虑有针对性的应急场景三维快速建模方法满足事发区现场环境数据"即来即建"的要求；同时要研究多视角视频实时嵌入三维场景的智能化方法以形成重点部位实景图，解决传统三维建模场景难以反映现场动态变化情况的问题。未来发展趋势是应急场景建模的实时化和智能化、视频流式数据驱动的动态实景重建及无人集群系统的协同群体建模等。

2. 星/机/地光学视频车辆目标实时提取

车辆目标是社会安全、事故灾难等突发事件重点关注的目标。近年来，随着遥感技术和光学视频传感器的快速发展，星载、机载和地面光学视频车辆目标检测成为一个备受关注的研究领域。遥感影像车辆目标检测技术广泛应用于智能交通管理、城市规划、安全监控、灾害应急响应等多个领域。国内外研究者不断致力于开发新的方法应对新的挑战，以提高车辆目标检测的精度、效率和鲁棒性。

依托于网络信息化的发展与软硬件技术的革新浪潮，车辆目标检测任务也从起初小众的特殊需求发展到目前的大型的、广泛的、智能化的服务与应用，已经取得了很多成熟而显著的成果，在民用和军用领域都激发了越来越多的学者和工业界技术人员进行研究。

当前基于图像和视频的车辆检测技术已广泛工业化，涌现出多个特色鲜明的软件和设备平台。例如，Palantir 综合情报分析平台擅长整合多源数据，广泛应用于国防与安全领域的车辆追踪；NVIDIA Metropolis 利用深度学习和边缘计算实现高精度的智能视频分析，广泛用于城市交通监控；海康威视的智能视频监控系统以其强大的车辆识别和分类能力在全球交通管理中占据重要地位；IBM i2 聚焦大规模数据整合和活动模式分析，支持执法和安全领域的车辆监控；Siemens Mobility 提供智能交通管理系统，通过传感器和AI 技术实现实时交通信号优化和应急响应；FLIR Systems 的热成像设备常用于边境监控，实现全天候车辆检测；Cubic Transportation Systems 提供的智能交通解决方案覆盖了从车辆检测到交通流量优化的多个方面；AWS Panorama 通过边缘计算连接现有摄像头进行实时车辆检测和分析，适用于智能交通和安全监控；Bosch Traffic Management Solutions 提供多种传感器和摄像头设备，用于交通监控和数据分析。通过这些产品的协同应用，全球交通管理和安全监控的技术水平大幅提升，推动了车辆检测的高度工业化。

1）卫星光学视频车辆目标提取

星载光学视频利用卫星搭载的光学传感器获取遥感影像数据，具有广泛的覆盖范围和高分辨率，目前已成为车辆监测的重要手段。国际上，Google Earth 提供了大量高分辨率的光学影像数据，支持全球范围内的车辆目标检测。在国内，高分系列卫星、吉林一号卫星和武汉大学珞珈系列卫星等也提供了高分辨率的遥感影像数据，对星载光学视频车辆目标检测提供了重要支持。

在技术发展方面，早期的星载车辆检测主要依赖传统的图像处理技术，如基于特征［尺度不变特征转换（scale-invariant feature transform，SIFT）、加速稳健特征（speeded up robust features，SURF）］和基于模型（模板匹配）的检测方法。这些方法在处理复杂背景、光照变化和多尺度目标时存在局限性。近年来，深度学习技术的快速发展使得基于深度学习的检测方法成为主流，尤其是在精度和速度方面。一阶段算法（如 YOLO 系列）相较于两阶段算法［如更快的区域卷积神经网络（faster region-based convolutional neural networks，Faster R-CNN）］在实时检测中具有优势（Jiang et al.，2022；Girshick，2015）。当前，卷积神经网络（CNN）成为主要的检测方法，通过特征提取和边框回归网络提升了检测精度和鲁棒性。此外，针对小目标检测问题，研究者提出了基于特征金字塔网络（feature pyramid network，FPN）的改进算法，并开发了旋转区域卷积神经网络（rotational region CNN，R2CNN）（Jiang et al.，2017）、雷达区域提议网络（radar region proposal network，RRPN）（Nabati et al.，2019）、池化转换器（region of interest transformer，RoI-Transformer）（Ding et al.，2019）和基于转换器的面向对象检测（oriented object detection with transformer，O2DETR）（Ma et al.，2021）等新算法，以应对星载图像中密集车辆目标的挑战。

2）机载光学视频车辆目标提取

机载光学视频通过飞机或无人机搭载的传感器获取遥感影像，具备灵活机动和可控分辨率的特点，非常适合区域性的高精度车辆目标检测，如城市交通监控和灾害响应。机载视频在传统方法中主要使用背景建模、运动检测和形状分析，但这些方法在面对环境变化（如光照、天气、遮挡）时的适应性较差，导致检测精度和稳定性不足。

近年来，众多研究致力于无人机在交通监控领域的应用开发，并提出了多种基于无人机航拍视频的车辆检测、跟踪及数据提取方法。这些研究涵盖了从传统图像处理技术到深度学习模型的广泛应用，并在多个交通场景中进行了测试与验证。传统方法如背景差分、帧差光流法等用于检测车辆区域，并结合核相关滤波（kernel correlation filter，KCF）跟踪算法或交并比（intersection over union，IoU）匹配算法进行目标跟踪，通过将车辆位置从图像中的笛卡儿坐标转换为 Frenet 坐标实现沿道路曲线的轨迹提取（Chen et al.，2021）。此外，一些研究利用 Haar-like 特征提取和支持向量机（support vector machine，SVM）分类器进行车辆检测，并结合卡尔曼滤波器优化目标跟踪（Chen et al.，2020）。这些传统方法在不同城市高速公路和城市道路视频中均表现出较好的检测与跟踪效果，但在处理复杂场景和高密度交通环境时精度有所下降（Guido et al.，2016）。

随着深度学习技术的普及与发展，研究者逐渐引入了更为先进的目标检测和跟踪模型，如 YOLO、Faster R-CNN、单次多边框检测（single shot multiBox detector，SSD）和 Mask R-CNN 等深度神经网络模型（Dike et al.，2021；Shan et al.，2021；Zhu et al.，2018）。例如，改进的 SSD 算法结合多尺度特征提取和增强特征融合技术，实现了对超高分辨率航拍视频中车辆的精准检测、定位及类型识别，并通过 DeepSORT 算法提取车辆轨迹及动态信息，在多个城市十字路口的视频数据中取得了良好的性能表现（Zhu et al.，2018）。另一种基于 YOLOv3 和 YOLOv4 与 DeepSORT 相结合的检测与跟踪框架则进一步提升了车辆目标的检测与跟踪精度，并提出了考虑无人机飞行高度和视频分辨率变化的坐标映射算法，以更准确地估算车辆的速度与航向角（Chen et al.，2021；Shan et al.，2021）。此外，为了处理复杂场景中的车辆和行人数据，一些研究还结合 Mask R-CNN 与判别相关滤波器（discriminative correlation filter，DCF）跟踪算法，并通过 RTS（Rauch-Tung-Striebel）

平滑器优化车辆轨迹和速度估计，在包含语义信息和交通互动信息的数据集上验证了方法的有效性（Zhang et al.，2019）。

近年来，一些研究致力于构建包含更丰富交通语义信息的公开数据集，如INTERACTION、highD（highway dataset）和 SinD（signalized intersection dataset）数据集等。这些数据集通过引入基于深度神经网络的像素级语义分割算法，如 U-Net、Faster R-CNN 及定向包围框检测算法 YOLOv5，有效提取了交通目标的微观和宏观行为特征，并结合卡尔曼滤波、RTS 平滑器等算法对目标轨迹进行细化和优化（Xu et al.，2022；Krajewski et al.，2018）。基于这些数据集的实验结果表明，无人机结合深度学习技术能够在大规模交通监控中实现高精度和稳定的车辆检测、跟踪与数据提取，同时能够从无人机视角下获得传统交通监控方法难以获取的目标尺寸、位置、速度、航向角等交通参数，展现出极大的应用潜力（Avşar et al.，2022；Wang et al.，2016）。这些研究不仅验证了无人机航拍数据在城市交通监测中的有效性，还进一步拓展了无人机技术在交通密度估算、轨迹分析和交通流量监控等方面的应用，为未来智能交通系统的建设提供了有力支撑。

3）地面光学视频车辆目标提取

地面光学视频车辆目标检测技术已经相对成熟，广泛应用于城市交通监控和自动驾驶系统。地面视频通常由固定或移动摄像头捕获，能够提供高分辨率的车辆目标信息，对实时交通状况分析、交通拥堵管理和事故预防具有重要意义。然而，在地面车辆重识别（vehicle re-identification，Vehicle ReID）上面临着许多挑战，包括如何在不同环境下准确识别和匹配车辆。

近年来，车辆重识别领域的研究主要集中在特征表示学习与特征距离度量学习两个方向上，通过引入深度神经网络（如 AlexNet、GoogLeNet、VGGNet 和 ResNet 等）来提取判别性的特征表示（Krizhevsky et al.，2017；He et al.，2016；Simonyan et al.，2015；Szegedy et al.，2015）。这些模型利用卷积层捕捉车辆图像中的全局特征，虽然在图像分类等任务中表现优异，但在面对车辆遮挡、背景干扰及视角变化等复杂情况时，全局特征的有效性显得不足。因此，研究者逐渐将注意力机制引入模型设计中，从而使模型能够自动聚焦图像中更具区分度的区域，并通过加权特征来提升模型的鲁棒性和区分能力。其中，空间注意力机制可以有效定位具有判别力的局部区域，而通道注意力机制则能够重新分配特征图在各个通道上的权重，从而突出车辆的关键特征（Li et al.，2021）。然而，由于车辆在不同视角下的外观差异较大，传统的全局特征学习在多视角车辆识别中表现不佳。因此，多视角特征学习成为车辆重识别领域的一个重要研究方向，模型如供应链协作网络（supply chain collaboration networks，SCCN）（Zhou et al.，2018a）和基于视点感知的注意力多视角推理（viewpoint-aware attentive multi-view inference，VAMI）（Zhou et al.，2018b）利用卷积神经网络提取全局特征，并结合长短时记忆网络（long short term memory network，LSTM）建模车辆在不同视角下的特征关系，通过捕捉不同视角之间的特征相似性来提升识别效果。为了进一步提高对局部细节特征的关注，局部特征学习方法被提出，并通过车辆部件的精细分割和关键点定位对齐车辆的局部区域，这样能够消除不同车辆在外观形态和姿态角度上的影响，使得模型能够更加专注于车辆局部特征的对齐和细粒度特征的提取，从而提高模型的判别能力和泛化性。此外，为了进一步避免手工标注局部区域的高昂代价，基于空间变换网络（spatial transformer network，STN）的局部特征对齐方法也被引入，该方法通过学习仿射变换参数来自适应地对齐图像中的重要区域，从而在不同视角和姿态下保持特征表示的一致性（Jaderberg et al.，2015）。随着技术的不断发展，更多创新性的方法开始探索如何通过频域特征、多模态融合及跨域特征迁移等技术进一步提升模型在复杂场景中的表现，这些方法能够有效缓解在光照变化、遮挡及背景干扰等情况下模型性能的下降。同时，细粒度特征提取和多层次特征融合也成为当前的研究热点，通过结合局部与全局特征、多视角特征与跨域特征，构建更加鲁棒的特征表示，进而提升车辆重识别模型在实际应用场景中的表现。未来的研究方向可能会进一步关注如何在端到端的学习框架中自动学习细粒度、视角不变、跨域鲁棒的特征表示，同时结合弱监督学习与无监督学习等技术，以降低对大规模标注数据的依赖，并探索在开放环境下车辆重识别的性能提升方法，从而应对更加复杂和多样化的车辆重识别场景。

综上所述，当前的星/机/地视频车辆目标实时提取研究迅速发展，但仍存在不足：①在星载光学视频车辆检测方面，未来可以进一步提升星载系统的实时处理能力，通过优化算法和硬件加速，实现高分辨率图像的实时分析，例如，卫星在轨智能实时车辆检测；②机载视频车辆检测可以进一步优化轻量化模型和高效算法，提升在嵌入式平台上的车辆检测准确性和鲁棒性；③跨视角与跨环境重识别，地面车辆重识别应发展更为强大的模型以处理不同视角和环境下的车辆特征，提升跨场景或者复杂环境下的识别能力。

3. 遥感灾损信息自动提取

近几十年来伴随着遥感技术的飞速发展，天空地遥感技术由于独特的优势已成为灾害监测与评估的最有效方式，成为准确开展大范围灾害损失评估的核心手段。尤其是近几年来，国内外的空天地遥感灾损评估系统都取得了长足的进步，如美国的国家多灾种评估系统、日本的菲尼克斯灾害管理系统、我国的综合减灾空间信息服务系统等，但在实际应用中对灾害损失评估的精细度、精准性、实时性要求也越来越高，使得现有灾损评估体系不断面临新的挑战。如何充分利用遥感新技术实现天地协同，以及定性、定量与定位相结合的精准灾损评估，实现遥感数据的深度应用，并将其充分应用到灾后损毁的精细化评估中，已成为目前灾害应急监测与评估的重要研究方向。

火灾发生后对火点信息的快速检测对应急救援至关重要。遥感火灾监测方法主要以红外辐射为物理基础，根据不同卫星数据源的波段范围，发展出了与各种卫星数据源对应的火灾监测方法。美国国家海洋和大气管理局（National Oceanic and Atmospheric Administration，NOAA）卫星的第三通道中红外波段对火灾等高温目标十分敏感，因此经常作为火灾监测的主要通道（周广胜 等，2009）。中分辨率成像光谱仪（moderate-resolution imaging spectroradiometer，MODIS）火点提取已有多种算法，如基于直方图自动获取火点阈值的自适应火点监测算法（何全军 等，2008）、三通道增强结合烟雾特征识别算法（黄朝法 等，2007）和突出火点视觉效果的补色法等（扎西顿珠 等，2010），均在实际应用中取得了较好效果。陈洁等（2021）利用 Himawari-8 卫星高频次观测的特点，分析相邻时次亮温差异，提出了时序火点探测法，该方法可探测到面积更小的火点，在火灾发生初期的小火点监测中更有优势。风云(FY)卫星搭载的扫描辐射仪基本包含了 NOAA 和 Landsat 的主要通道，在火点探测方面具有较大潜力，发展了结合动态阈值法、上下文方法和决策树模型法等算法，火灾探测能力达到国际先进水平（熊得祥 等，2020）。高分四号（GF-4）卫星具有的中红外波段对火灾探测十分敏感，基于此出现了自适应阈值分割法和劈窗法等算法，火点识别准确率均在 80%以上（刘树超 等，2020）。无人机由于其分辨率高、时效性强和使用灵活的特点，能够更加精准有效地对小区域森林进行火灾监测。无人机不仅有传统 RGB 影像，同时也可获取多光谱影像，由于其较高的分辨率，使用传统图像识别技术结合火灾敏感通道可识别林火烟雾，实现早期火点的自动提取（梁宁 等，2020）。但是由于无人机单次作业时间短、作业范围有限及无专业林火监测机型等问题，一定程度上限制了其在森林防火中的应用，但是随着无人机技术的发展，凭借其独特优势，无人机可在林火监测领域发挥重要作用。

洪涝灾害事件是人为原因和自然原因共同促使低洼地面形成淹没、积水的自然现象。人类对洪涝灾害的研究历程，从古人利用刻石记事的方法记录水文，已经发展到如今利用多种技术、多维度地对洪涝灾害的全链路进行联合监测与记录。现如今，对洪涝灾害的研究已细分为水文监测、水动力建模、气象观测、遥感卫星监测等多个方向，并形成了包括基于洪涝淹没建模的经济损失评估（谭玲，2022）、基于遥感技术的洪水范围实时监测（李素菊 等，2020）、基于地表传感网的洪涝灾害预警（高龙 等，2022；刘德虎，2022）等重点研究领域。对洪涝灾害的认知也从单一维度、浅层现象、时空特征孤立的状态，逐渐发展为全维度、深层机理、时空连续的深入感知。不同的技术手段可以窥探到洪涝自然灾害的不同维度信息（李振洪 等，2023；周帆 等，2021）。例如地面观测网对流域内的水流量、流速等数值观测可以实时监测洪水状态，水动力模型通过模拟洪涝过程实现对洪涝灾害事件的预先模拟，而遥感平台的大范围观测优势可以快速获取洪水的时空变化特征（闫少锋 等，2021）。

自然灾害发生后对建筑物的损毁信息及时提取对于应急响应救援与灾后评估意义重大。从现场人工勘察到空地遥感解译，从半自动检测到全自动检测，从二维损毁提取到三维损毁分析，伴随着高分遥感技术及多传感器的快速发展，基于遥感技术的灾损检测与评估逐渐得到了深度应用，并充分应用于精细化损毁检测中。光学遥感影像由于其直观的目标特征表现优势，最早应用于震后的灾损评估（李强 等，2022）；20 世纪 90 年代随着雷达卫星的成功发射，研究人员也开始利用雷达遥感技术全天时全天候的稳定观测能力进行灾损调查，如 1995 年的日本神户地震（李强 等，2018）。进入 21 世纪后，随着高分辨率卫星遥感技术的迅速发展，包括 SPOT、IKONOS 等在内的高分辨率卫星影像数据成为震后应急观测的重要数据（郭文 等，2021），灾损检测精度和效率取得了显著提升，半自动的损毁检测方法逐步开始发展（Avci et al.，2021）。建筑物作为典型的三维立体目标，其损毁检测往往还需要全方位、多角度、二三维的联合损毁检测，才能真正提升震后建筑物损毁检测精度。在计算机视觉、大数据等人工智能的推进下，多传感器联合、多视角影像融合应用于灾损精细检测，实现二三维、全自动的智能化损毁检测方法成为重要发展趋势（眭海刚 等，2019）。LiDAR 点云具有处理速度快、定量分析应用方便的优点，可以为精细化损毁提供丰富可靠的基础数据。

随着空天地观测平台的发展，跨平台、多传感器联合的方法也成为灾损检测数据的重要发展方向之一。近年来快速发展的无人机遥感技术凭借其机动灵活性逐渐成为灾损检测的重要手段。区别于传统的卫星遥感影像，其监测范围虽不及后者，但是其时效性和成本相对更低，而且通过对多景影像的拼接能成功实现大区域的覆盖。相较之下，基于光学卫星和雷达卫星开展损毁检测需要更大的成本，而且由于其重返周期相对较长，在灾后应急场景下应用的时效性受到影响。而机载或者地面 LiDAR 技术虽然能实现对目标最为精细的监测，但是其专业化操作要求较高，而且相关设备成本较高。

1.2.5 天空地遥感协同监测应急平台

国外发达国家均建有良好的应急平台，并具有完备的服务能力。例如美国集合了国家航空航天局（NASA）平台，其灾害程序可提供各类灾害的监测与评估；国家海洋和大气管理局（NOAA）平台在气象灾害监测预警方面能力极强；DigitalGlobe 的 FIRST 平台利用其商业卫星提供灾害监测服务，图像响应迅速，分辨率高达 30 cm；最终通过联邦应急管理署（FEMA）平台依托上述资源开展灾害模拟预演、风险分析，以及提升应急响应能力。欧洲各国主要以欧洲空间局的哥白尼应急管理制图服务（Copernicus EMS）平台为主，该平台整合了欧洲空间局的哨兵卫星等资源，是欧洲最主要的遥感应急平台，覆盖全球，响应速度快。其他各国均有其服务重点应急事件，如法国国家空间研究中心（CNES）平台利用航天技术支持应急管理，重点监测水文灾害和极端气候事件；德国航天中心（DLR）的灾害管理中心依托 TerraSAR-X 等合成孔径雷达（synthetic aperture radar，SAR）卫星开展风险分析和灾害评估。这些平台均从不同层面强调了遥感与地理空间数据对应急事件的支撑，形成了面对复杂应急事件响应能力强、应急服务能力快的遥感应急平台体系。

国内应急平台建设起步较晚，在 2003 年非典疫情之后开始发展信息化应急平台体系，主要应用于公共安全领域，平台功能相对简单，以数据传输和监控为主，平台装备与体系能力建设特别是遥感应急装备与国外差距较大。典型代表有由国家国防科技工业局和国家航天局牵头建设的国家遥感应急平台，是国家级的统一遥感应急平台，监测能力和响应速度最强；部委组建的遥感应急平台，如国家林业和草原局的森林和草原火灾风险预警监测系统、农业农村部的国家级农情遥感监测与信息服务系统等，业务范围局限于对应行业，但数据获取和处理能力较强。在灾害信息服务方面，近十年来，灾害信息管理手段和模式发生了本质飞跃，我国正在建设覆盖"国家—省—地—县"的自然灾害灾情报送网络系统，搭建了面向灾害现场的移动信息采集平台，并建成了相应的灾害信息管理与服务系统。目前，我国遥感应急服务平台体系初具规模，作为全球公共安全科技的引领者，北京辰安科技股份有限公司研发了应急管理一张图平台、应急管理大数据平台、应急实战指挥平台、应急指挥辅助决策系统、应急指挥综合业务系统等系列应急平台，为全国应急管理部门提供了高质量多模态时空数据服务。2018 年应急管理部组建以来，应急管理部大数据中心等自主研发了数字战场实战指控平台、融合通信智能调度平台、林火模拟推演系统、洪涝监测预警系统、铁塔大数据系统、通信大数据系统、电力大数据系统、危化品矿山监测系统等大批实战应急平台与系统，在应急管理部及全国多地推广应用。

当前，遥感已在应急管理平台中发挥重要作用，应急资源调度技术不断发展，但仍需提高智能化、自动化和实时化水平，大数据、人工智能技术在遥感应急平台中的应用逐渐增多，如智能分析、智能决策。新技术的不断涌现，必将推动遥感应急平台的持续发展。

1.3　面临挑战与发展趋势

1.3.1　面临挑战

十多年来遥感、传感网、大数据、云计算的快速发展推动遥感灾损监测评估技术取得了很大进步，但由于天空地协同应急监测涉及多部门、多资源、多系统的联合协同过程，是典型的"System of Systems"（多系统的集成系统），目前天空地遥感应急技术仍面临以下挑战。

1. 体系不健全

我国的应急管理体系主要围绕"一案三制"为核心开展建设，尽管目前应急预案已在一定程度上考虑对遥感应急的相关要求，但缺乏与信息化系统及与一线应急救援人员具体对接的行动指南，遥感监测应急服务过程中多个任务、流程、组织、系统之间未能紧密耦合，有效的遥感应急服务体制机制尚未形成，导致多种先进的遥感监测技术无法主动、高效、协同地提供应急信息服务，尽管近年来有了很大提升，但实际应用中仍出现"协调难、调不动、难共享"的现象。

2. 感知不协同

应急事件发生的不确定性、突发性、危害性需要全范围时空无缝的连续感知。由于天空地观测手段各有其观测的时空局限性而且分布在不同部门，应急事件发生后缺乏有效的协同规划、调度观测而难以获得区域持续的时空数据；同时通信设施常会遭到破坏而导致现场数据与信息的传输受到严重影响，比如2021年的郑州水灾、2022年初的汤加火山爆发致使通信失联达十数小时之久，"三断"（断电、断网、断路）应急情况下的通信组网能力急需提升。因此如何面向大时空跨度场景的天空地协同感知与通信传输是目前的主要挑战之一。

3. 响应不实时

时效性是突发事件应急响应的灵魂。由于空天遥感众所周知的局限性，目前难以满足大范围灾害区域全天时全天候的时空覆盖，而且传统遥感卫星数据处理及信息获取流程复杂、链路长，航空遥感面临"操作起飞—获取数据—应急处理"等过程，应急响应时间一般是小时级甚至天级，具有星载实时处理传输的卫星数量比较少，还未进入业务化阶段，机载实时处理与传输未大规模应用，实时性仍是目前遥感应急响应的难言之隐。

4. 服务不灵性

如何在最短的时间内将准确的应急信息服务给最恰当的用户是应急服务的关键。近年来利用遥感、大数据、GNSS、5G、物联网等新兴技术，实现灾后空间应急服务水平和能力提升已经成为研究应用的主流技术。但在具体应用中常常存在灾害影响区接收不到信息造成人员伤亡和财产损失的预警不足（under warning）现象及灾害影响区外的人员接收到相关信息的过度预警（over warning）现象。如何在复杂环境下实现应急时空信息的按需服务，如何自适应满足不同终端、不同用户、不同主题的服务需求等都面临挑战。

5. 预警不智能

空天遥感现阶段主要用于灾害发生后的应急响应，灾前预警大多基于地面传感网数据，且灾害预警模型大多数是静态的，如何基于空天遥感大范围感知数据，结合气象数据及地面传感网动态接入数据，集成水文动力模型，利用人工智能研究自然灾害动态致灾过程，实现大范围、高动态的智能预警还鲜有涉及。

1.3.2　发展趋势

遥感应急监测技术是一个综合性的应用领域，其发展深受空天遥感、信息技术、人工智能、大数据、知识服务等理论和技术发展的影响，未来随着这些理论和技术的进步将围绕以下几个方面蓬勃发展。

1. 应急监测手段的多样性

加密"天空地水"立体观测网，提升突发事件实时应急响应能力。一方面要探索将目前已有的卫星星座及未来发射的星座实现面向应急任务的一体化规划与调度机制和技术，突破多星多载荷协同观测、星载在轨实时处理与传输等技术，提升天基信息对突发事件应急响应的服务能力；另一方面新型传感器、移动设备、智能装备的普及为众包观测提供了最佳平台，实现了"人人都是测量者"的快捷上报手段，尤其需要利用无人机集群、无人船、水下无人潜行器、地面无人值守观测平台等无人系统多源遥感协同监测手段来弥补天基遥感的"时空裂缝"，增强对重点设施安全隐患、水下管涌渗漏点等传统遥感关注不多的监测能力。如何有机融合天空地网多手段，如何分析全方位的灾害大数据进行灾损信息提取及评估值得深入研究。

2. 信息提取的精准性

加快遥感与人工智能的紧耦合，提高应急信息提取的准确性。目前无论是灾后损毁信息的提取还是平时隐患点提取分析，都主要依靠人工方式，人工智能大模型包括遥感大模型、视觉大模型、语言大模型等，为多样化的遥感数据全自动精确提取提供了可能。基于空天遥感数据，在灾后，开展受灾目标检测、受灾范围分析等研究，从"整体损毁—局部损伤—潜在损害"三个层次提升典型灾损目标的精细提取与评估能力；在平时，重点开展城镇易涝点、堤防脱坡/管涌、尾矿库干滩、易发"三断"人口聚居区、水利设施等的巡查巡检，自动提取早期智能识别的孕灾环境风险和承灾体脆弱性，为应急救灾提供有力的数据底座。

3. 应急响应的实时性

建设通导遥一体的天基信息实时服务系统（positioning，navigation，timing，remote sensing，communication，PNTRC），实现应急信息实时处理。随着遥感卫星组网的快速发展，"漫天星辰"肯定是未来的常态，应急服务实时监测的重点会从现在的地面转移到"天上"，利用实时导航增强、精密授时、快速遥感及天地一体移动宽带通信传输等技术建立天基空间信息网络，可实现分钟（秒）级的灾害应急响应。武汉大学正在建设的通导遥一体的"东方慧眼"卫星星座，250多颗智能遥感卫星将形成可见光、SAR、红外、高光谱、夜光等多传感器组成的"星网"，将会对突发事件全过程、全要素、高精度的即时遥感与动态监测起到有效助力。

4. 应急服务的主动性

改变传统的被动服务模式，形成应急空间信息主动服务能力。目前遥感应急服务方面的研究集中在如何实现天空地传感网动态环境下的应急实时服务，以实现系统智能的按需主动服务。由于应急环境的复杂性和应急数据的多源异质异构，如何从应急大数据中智能挖掘有价值的信息/知识并能实现应急时空信息的智能持续服务仍是国际难题，需要长期关注。

5. 应急预警的智能性

加强遥感与众源数据及专业模型的融合，提升应急事件全过程预警能力。空天遥感正从传统的事后应急快速评估逐步走向事前风险即时预警、事中监测实时响应。结合地形、地质、气象、社交媒体数据、地面视频、地面传感网、众源地理数据等数据，集成突发事件知识图谱、气象预报模型、水文水动力模型等，开展从"事后应急监测"的突发事件演化过程动态感知到"事前预警预测"的应急事件管理环节前移的相关理论研究，实现对突发事件的全过程动态感知、区域性灾害机理的全维度诊断，不断提升我国空天信息智能在突发事件应急响应和处置中的服务水平。

1.4 本 章 小 结

本章总结了天空地协同遥感监测应急服务的背景、国内外研究现状及面临的挑战与发展趋势，分析了当前遥感应急服务体系的不足，尤其是在快速响应、数据处理与服务持续性方面的挑战，为后续章节的技术研究和应用奠定了基础。通过对比国内外在遥感应急服务中的技术发展与应用，指出我国虽在技术上取得了显著进展，但依然面临系统整合与协同优化的难题。展望未来，天空地多源协同观测与应急管理的深度融合将是提升应急响应效能的关键。

第 2 章

遥感协同监测应急服务技术体系

目前遥感协同监测应急服务体系的内涵与外延尚不清晰，我国遥感监测手段发展迅速，但是规范化的应急服务机制体制明显滞后，应急响应内容无法与多手段协同遥感监测手段相匹配，很大程度地影响遥感监测手段在应急响应的第一时间得到应用，从而影响科学、快速、合理的应急决策，无法高效调度和发挥多部门参与的优势，导致遥感协同监测应急服务过程中多个业务、流程、组织、系统之间未能紧密耦合，"烟囱式"的系统现状尚未改变，严重制约了空间信息对我国应急管理体系的技术支撑发展。

本章借鉴体系工程领域体系架构框架的设计方法，对遥感协同监测应急服务技术体系的组成、层次、各组成单元的相互关系及活动规则进行梳理分析，提出一种规范化的描述方法，从全景、能力、业务、数据与信息、组织、系统与服务、标准等视角，构建完整的遥感协同监测应急服务体系架构，开发该体系架构下的视图产品，为应急管理领域提供一种规范化的遥感协同监测服务体系描述方法，能够保障应急救援处置中各相关方在统一的标准框架下开展高效行动。

2.1 遥感协同监测应急服务体系总体框架

遥感协同监测应急服务涉及组织、业务、数据、技术、应用、标准等多个层次的协同，其运行过程需要大量功能相对独立，同时又具有较强交互性的系统，在应急约束条件下按照任务组合成全新的系统，也就是遥感协同监测应急服务体系。该体系的构建不仅是一个科学技术问题，也是一个包含多个业务节点，如规划调度、实地监测、通信保障、数据处理、专题生产等，涉及多个组织机构，如指挥部、一线救援人员、资源保障人员、专家等。遥感应急服务过程需要技术系统、组织系统、标准系统、数据系统、资源系统等多方面的共同支撑。同时，在这个体系中，不同的利益相关方关注点也是不同的，体系的规划者关注其能力构成，指挥者关注其业务流程和可调度的组织机构，设计者关注系统组成、接口关系、数据流等，而应用者更关注其能提供的功能和服务。体系架构的研究难点主要是如何从遥感应急服务的众多要素和复杂关系中，提炼出体系的描述视角，并梳理出各视角下体系的组成、层次和相互关系。要调和各利益相关者并使其达成共识，并实现对体系的准确定义和规范化描述，需要采用体系架构设计方法，对该体系进行多视角分析，通过将一个复杂的体系分解为反映不同领域人员视角的若干相对独立的视图，既满足不同利益相关方的要求，同时综合起来也形成了对体系的完整描述。

国内外对遥感应急服务体系的研究，主要是从组织结构[如美国联邦应急管理署（FEMA）]的遥感标准操作程序（remote sensing standard operating procedures）、业务模式、系统构成等单一角度开展的，这些研究体现了该体系的某个视角，不能形成全面的描述。而多视角的体系架构理论方法发源于军事领域，目前的主要应用也在军事领域和电子信息领域，在遥感领域和应急领域的交叉应用极少。国内外尚无运用体系架构的理论方法开展遥感协同监测应急服务领域的相关研究，本书首次对该领域进行探索。

借鉴美国国防部体系架构框架（department of defense architectural framework，DODAF）、英国国防部体系架构框架（ministry of defence architectural framework，MODAF）、国际技术标准组织对象管理组（The Object Management Group，OMG）的统一体系结构框架（unified architecture framework，UAF）等国内外多种体系架构框架的设计思想与描述方法，以自然灾害、社会安全等动态应急服务需求为牵引，分析遥感应急服务过程中涉及的任务、信息、服务、资源、组织等多层次协同，以及多条应急链之间的耦合关系，从组织协同、资源协同、服务协同、信息协同和任务协同 5 个方面，设计遥感协同监测应急服务体系架构，确定体系的描述视角，回答"是什么、如何做、采用什么来做、谁来做"等体系设计过程中的关键问题，构建组织链、资源链、服务链、信息链和任务链，从而形成遥感应急服务能力。遥感协同监测应急服务体系总体框架如图 2.1 所示。

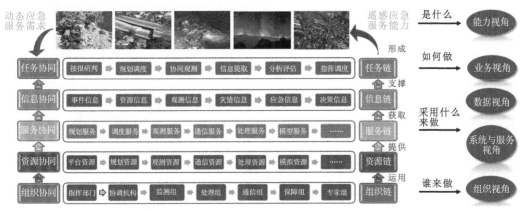

图 2.1 天空地遥感协同监测应急服务体系的总体框架

扫描封底二维码见彩图

2.2 遥感协同监测应急服务体系架构

以应急为着眼点从全景、能力、业务、数据与信息、组织、系统与服务、标准 7 个视角,对遥感协同监测应急服务体系的组成、层次和各单元的相互关系进行深入分析,提出了一种规范化的遥感应急服务体系描述方法,确保各方对该体系的理解、比较和集成有一个统一的标准。进一步分析遥感协同监测应急服务的能力需求、业务需求、系统需求、服务需求、组织需求、标准需求等,确定构建体系所需数据,开发了 27 个遥感应急服务体系视图产品,从多个角度描述了体系的特征,使得体系的顶层设计能够"画出来""说清楚""看明白"。

体系架构视图产品清单中视图编号的首字母 E 表示 Emergency,第二个字母为各视角英文名的首字母或缩写,数字为视图产品的编号。7 个视角下 27 个视图产品的相互关系如表 2.1 所示。

表 2.1 体系架构视图产品清单

序号	视角	视图产品编号	视图产品名称	视图产品描述	模型类型
1	全景视角 (All Viewpoint)	EA-1	概述与摘要信息	描述体系架构的标识、背景、范围、目的、表示方法等	表格/文本型
2		EA-2	综合词典	描述体系所用术语定义和分类	分类型
3	能力视角 (Capability Viewpoint)	EC-1	应急能力构想	描述对应急服务能力的总体构想	表格/文本型
4		EC-2	应急能力分类	分层次描述应急服务能力组成及相互关系	结构型
5		EC-3	能力与活动映射	描述能力与支持能力的应急活动之间的映射关系	映射型
6	业务视角 (Operation Viewpoint)	EO-1	应急业务概念图	应急业务开展模式的高级图形描述	图形型
7		EO-2	应急活动分解树	描述应急活动的组成和活动之间的层次关系	结构型
8		EO-3	应急活动模型	描述应急活动之间的关系及输入输出信息	结构型

序号	视角	视图产品编号	视图产品名称	视图产品描述	模型类型
9	业务视角（Operation Viewpoint）	EO-4	应急事件追踪描述	描述组织/活动在应急事件中的流程顺序及信息交换	结构型
10	数据与信息视角（Data and Information Viewpoint）	EDI-1	应急资源流描述	描述各业务节点之间的连接性与交换的资源流（信息、数据等）	结构型
11		EDI-2	应急信息交换矩阵	描述各业务节点之间的信息交换	表格型
12		EDI-3	概念数据模型	描述高层数据概念及其关系	结构型
13		EDI-4	逻辑数据模型	描述数据需求和结构化业务规则	结构型
14	组织视角（Manager Viewpoint）	EM-1	应急组织关系图	EDI-3 描述高层数据概念及其关系	概念数据模型
15		EM-2	应急机制描述	EDI-4 描述数据需求和结构化业务规则	逻辑数据模型
16		EM-3	组织机构交互场景图	描述随着场景转移，组织机构之间交互的时间顺序	结构型
17	系统与服务视角（System and Service Viewpoint）	ES-1a	系统接口描述	描述系统的构成、接口关系及其数据流	结构型
18		ES-1b	系统组成分解图	图形方式描述系统的构成关系	结构型
19		ES-2	系统功能描述	描述系统功能组成	结构型
20		ES-3	业务活动-系统功能映射矩阵	描述业务活动与系统功能的映射关系	映射型
21		ES-4a	系统功能-服务矩阵	描述系统功能与服务的关系	映射型
22		ES-4b	系统-服务映射矩阵	描述系统与服务的关系	映射型
23		ES-5a	业务活动追溯服务矩阵	描述应急服务与业务活动之间的关系	映射型
24		ES-5b	应急能力-服务映射矩阵	描述应急服务与应急能力之间的关系	映射型
25	标准视角（Standard Viewpoint）	EStd-1	技术标准配置文件	描述需遵循的技术标准规范	表格型
26		EStd-2	技术标准预测文件	描述对相关技术标准规范可能发展更新的预测	表格型
27		EStd-3	应急预案配置文件	描述需遵循的应急服务保障预案	表格型

通过这 7 个视角和相关的视图（图 2.2），对遥感协同监测应急服务体系的特征进行分析和描述，增强体系内各组成单元的互通、互操作、共享共用及协同应急能力，满足遥感协同监测应急服务的规划者、设计者、实施者、应用者等不同层次人员的需求。

1. 全景视角（All Viewpoint）

在设计之初，首先要分析实施体系建设的目的、总体意图和架构的范围。全景视角对遥感协同监测应急服务体系的顶层概貌进行描述，能够确保体系架构设计的一致性和连续性。全景视角包含 2 个视图产品，分别是"概述与摘要信息""综合词典"。概述与摘要信息（EA-1）描述体系开发的总体信息，包括标识、范围、背景、目的、表示方法等；综合词典（EA-2）构建术语表，规范体系描述过程中所用的术语定义和分类。

2. 能力视角（Capability Viewpoint）

能力视角描述了在应急目标的指导下，遥感协同监测应急服务需要具备哪些能力。

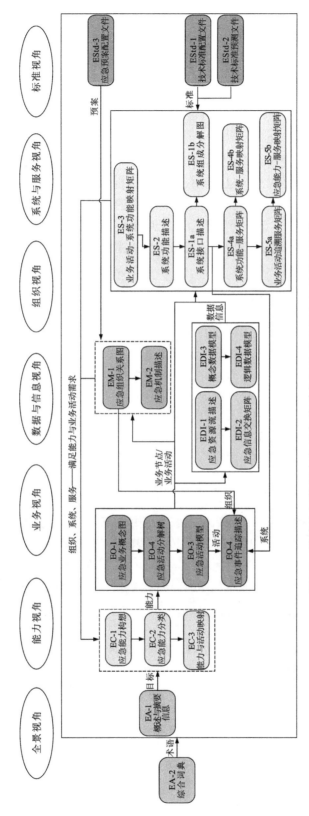

图 2.2　遥感协同监测应急服务体系各视角及视图产品的相互关系

能力是用户需求的高级提炼，是一种完成某项任务的本领，具体来说，是用户希望目标系统所能达到的完成预期目标的本领。DoDAF2.0 中关于能力的定义是，在规定的标准和条件下，通过方式和手段组合，执行系列活动，达到期望状态的本领。能力不是凭空出现的，需要在对用户的业务需求进行深入分析的基础上，对体系中的系统、功能、服务进行分类和抽象概括，得到不同的能力概念，因此能力具有功能性。此外，能力具有层次性，一个能力可能是另一个能力的子能力，这使得能力能够分组及分层。在某些情况下，能力还可以具有依赖性，一个能力的改变会引起另一个能力的变化。

本小节提出的能力视角包含了"应急能力构想""应急能力分类""能力与活动映射"三个视图产品。应急能力构想（EC-1）反映对遥感协同监测应急服务能力的整体构想；应急能力分类（EC-2）则分层次描述应急服务能力的组成和能力之间的相互关系；利用能力与活动映射（EC-3），描述所需能力与支持这些能力的应急活动之间的映射关系，需注意的是，这种映射关系是双向的，能力能够支撑业务活动的实施，而通过业务活动的实施也能够实现能力。

3. 业务视角（Operation Viewpoint）

业务视角描述实现上述能力需要开展哪些业务活动，包括应急业务概念图、应急活动分解树、应急活动模型、应急事件追踪描述 4 个视图产品。应急业务概念图（EO-1）以图形的形式对应急业务开展的方式和模式进行概述，明确完成应急任务时参与的资源力量、地理部署、信息关系、协作流程等；应急活动分解树（EO-2）描述业务活动的组成和活动之间的层次关系；应急活动模型（EO-3）描述应急活动之间的前后承接关系、输入输出信息，执行活动的系统平台及约束条件；应急事件追踪描述（EO-4）描述组织/活动在一个假想的应急事件中的流程顺序和信息交换等。

4. 数据与信息视角（Data and Information Viewpoint）

数据与信息视角描述完成上述活动需要交换哪些数据与信息资源，该视角包含了应急资源流描述（EDI-1）和应急信息交换矩阵（EDI-2），用来描述各业务节点之间的信息的交互需求。同时包含了概念数据模型（EDI-3）和逻辑数据模型（EDI-4），描述数据信息的类别、属性、特征与相互关系，为后继系统实现中的数据库设计提供依据。

5. 组织视角（Manager Viewpoint）

组织视角描述开展上述业务活动涉及哪些组织机构。利用应急组织关系图（EM-1）描述参与遥感协同监测应急服务的组织机构的组成、层次、职能及相互关系，为应急服务体制建设提供输入；利用应急机制描述（EM-2），描述组织机构在应急服务全过程中涉及的工作机制，为应急服务机制建设提供输入；利用组织机构交互场景图（EM-3）描述随着场景的转移，组织机构之间交互的时间顺序。

6. 系统与服务视角（System and Service Viewpoint）

系统与服务视角是从技术实现的角度，描述上述业务活动需要哪些系统及服务支撑。应急任务活动的完成可能需要多个系统/服务组合支撑，同一个系统/服务可以为多个应急业务活动提供支持。业务视角描述应急响应过程的任务活动，是一个动态变化的过程。而系统描述完成应急业务活动所需的资源、功能，是一个相对静态的实体，业务与系统之间是紧耦合关系。这样的关系在战时紧急环境下容易产生问题，如支持同一业务活动的不同系统开发实现的技术平台不同导致难以互相替换；应急业务活动发生变化（新增、删减、顺序调整）后重新部署系统非常困难等。为了降低这种紧耦合关系提出了服务的概念。服务作为业务与系统的中间层，通过将系统功能或应用封装成服务，对外提供统一的调用接口，为应急业务活动提供服务支持。利用服务的松散耦合特性，屏蔽不同开发商、不同平台、技术实现之间的差异，能够有效地降低应急资源集成的难度。通过调整服务视图中服务之间交互过程，可以有效地支持或适应业务视图中应急活动过程的变化，提高体系架构的灵活性和可靠性。

系统与服务视角包含了系统接口描述、系统组成分解图、系统功能描述、业务活动-系统功能映射矩阵、系统功能-服务矩阵、系统-服务映射矩阵、业务活动追溯服务矩阵、应急能力-服务映射矩阵 8 个视图产品。系统接口描述(ES-1a)与系统组成分解图(ES-1b)描述实现系统功能所需的系统构成、接口关系和数据流；系统功能描述（ES-2）明确业务活动执行需要的系统功能，也即系统功能支持了哪些业务活动开展；业务活动-系统功能映射矩阵（ES-3）描述业务活动与系统功能的映射关系；系统功能-服务矩阵（ES-4a）和系统-服务映射矩阵（ES-4b）描述系统功能、系统组成与所提供的服务之间的映射关系；业务活动追溯服务矩阵（ES-5a）描述业务活动与应急服务之间的映射关系；应急能力-服务映射矩阵（ES-5b）则验证所提供的应急服务能够满足所需的应急能力。

7. 标准视角（Standard Viewpoint）

标准视角描述开展上述业务、设计上述系统过程中，应遵循哪些规则。标准视角确保遥感协同监测应急服务体系开发过程的规范性、一致性和可扩展性。遥感协同监测与应急服务涉及诸多领域，此处重点关注与"遥感""应急"关键词密切相关的标准规范，纯计算机、信息领域的标准规范则不列入。标准视角包括技术标准配置文件（EStd-1）、技术标准预测文件（EStd-2）及应急预案配置文件（EStd-3），其中应急预案配置文件与该体系所应用的突发事件领域密切相关。

2.3　遥感协同监测应急服务体系视图产品

当体系架构的视图模板填充了特定体系的实际数据后（体系架构数据可视化），就形成了对特定体系具体化描述的视图产品。针对能力需求、业务需求、数据与信息需求、组织需求、系统服务需求、标准需求等方面展开深入调研，收集并确定构建体系所需数据，开发了具体遥感应急服务体系架构视图产品。

视图产品的形式包括表格、文本、图形、结构、矩阵等多种类型。下面介绍 27 个完整的视图产品。

2.3.1　全景视角视图产品

1. 概述与摘要信息（EA-1）

在进行遥感协同监测应急服务体系其他视角的视图产品开发之前，应首先明确体系架构的预期用途、目的及范围等概念信息，确定研究工具和表示类型，为后继的设计与开发奠定基础。这些信息均记录在全景视角中的"概述与摘要信息"视图产品（EA-1）中。EA-1 的具体描述如下。

1）体系架构标识

体系架构名称：遥感协同监测应急服务体系。

开发组织：该体系架构由 2016 年科技部国家重点研发计划"地球观测与导航"专项"区域协同遥感监测与应急服务技术体系"项目完成。

开发设想：提供一种规范化的遥感协同监测应急服务体系描述方法，厘清该体系的组成、层次和各单元的相互关系，确保各方对该体系的理解、比较和集成有一个统一的标准。

约束条件：该体系设计过程中，以"区域协同遥感监测与应急服务技术体系"项目的实施数据为主要依据。体系的应用范围受"区域""遥感""应急"三个关键词约束。

完成时间：2019 年 6 月。

2）体系架构范围

时间范围：该体系架构描述，以及依据本体系架构进行的应急流程和应急系统开发，可为当前政府应急管理部门开展遥感协同监测应急服务保障提供完整解决方案。

组织范围：该体系涉及的核心组织机构，为在各类突发事件应急管理全过程中，提供遥感监测应急服务保障的专业部门或专业队伍。

产品范围：通过梳理遥感协同监测应急服务过程中的关键问题，包括是什么、谁来做、采用什么来做、如何做等，确定该体系架构的七大描述视角。

3）体系架构背景

遥感协同监测应急服务在突发事件预警监测、态势监测、损失监测和灾后重建等决策支撑业务中发挥越来越重要的作用。以卫星为主的航天遥感，覆盖范围广、重复观测能力强，适合对大范围受灾地区的态势发展、动态变化进行全天时全天候的监测；以浮空器、航空飞机、有/无人机等为主的航空遥感，机动能力强、分辨率高，适合对重点区域进行动态监测；以车、船等为主的地面车载遥感，精度高、机动灵活、分辨率高，适合对重点目标和区域进行持续监测和预警。应用天空地一体化遥感协同监测技术，可以构建完备的突发事件监测监控应急服务体系，充分发挥遥感快速、准确的现场信息获取能力，提高应急管理的效率。

目前遥感应急服务相关的业务、流程、组织、系统仍存在较严重的"烟囱式"工作模式，相互之间尚未深入集成，与突发事件的应急响应过程也未能紧密耦合。当突发事件发生后，遥感技术还不能根据应急需求及时、准确、持续地提供有效的信息支撑。

以遥感协同监测技术为基础，针对典型突发事件"快、准、灵"的应急服务需求，提出区域天空地遥感组网监测应急服务的完整框架，从实现上述应急服务需求所必须回答的关键问题出发，提出构建遥感协同监测应急服务体系结构。

4）体系结构目的

该体系架构从"快、准、灵"的应急服务需求出发，通过对遥感协同监测应急服务过程中关键问题的梳理，从多视角展开体系架构描述，通过对体系架构视图产品的开发，可以达到以下目的。

（1）提供对遥感协同监测应急服务体系的组成单位、层次结构和相互关系的多角度描述，满足规划者、设计者、实施者、应用者等不同利益相关方的需求。

（2）建立统一、规范的遥感协同监测应急服务体系架构视图产品，使各方对体系的描述、比较和集成有统一的标准。

（3）明确定义遥感协同监测应急服务体系开发过程中所用的术语和缩略语，提高不同部门人员对同一描述的可理解性，实现跨系统的互操作性。

（4）明确为了实现"快、准、灵"的应急服务目标，需要开展的应急能力建设、实现应急能力的业务活动、执行该应急业务活动所需要的系统、功能、服务支撑、应急业务活动实施过程中需要交换的数据与信息资源、应急业务活动与应急系统开发需遵循的规则、标准、指南等；明确遥感应急服务过程中的组织机构、职责范围、应急机制等，以指导和优化应急业务活动的开展。

5）工具和文件格式

体系架构开发工具为以下几种。

文档类：Word。

图形类：Visio。

表格类：Excel。

体系架构包括 7 个视角、27 个视图产品，文件格式如表 2.2 所示。

表 2.2　体系架构视图产品文件格式

文档类视图产品	EA-1 概述与摘要信息，EC-1 应急能力构想
图形类视图产品	EC-2 应急能力分类，EO-1 应急业务概念图，EO-2 应急活动分解树，EO-3 应急活动模型，EO-4 应急事件追踪描述，EDI-1 应急资源流描述，EDI-3 概念数据模型，EDI-4 逻辑数据模型，EM-1 应急组织关系图，EM-2 应急机制描述，EM-3 组织机构交互场景图，ES-1a 系统接口描述，ES-1b 系统组成分解图，ES-2 系统功能描述
表格类视图产品	EA-2 综合词典，EC-3 能力与活动映射，EDI-2 应急信息交换矩阵，ES-3 业务活动-系统功能映射矩阵，ES-4a 系统功能-服务矩阵，ES-4b 系统-服务映射矩阵，ES-5a 业务活动追溯服务矩阵，ES-5b 应急能力-服务映射矩阵，EStd-1 技术标准配置文件，EStd-2 技术标准预测文件，EStd-3 应急预案配置文件

2. 综合词典（EA-2）

使用相同术语表述同一事物，是体系内各方能够互相沟通和信息共享的前提条件。在体系架构开发之前，应确定开发过程中所涉及的术语和缩略语，规范不同主体对同一概念的描述，提高体系架构描述的可理解性、互操作性。本小节对所有视图产品中出现的实体进行描述或定义，对于具有层次结构的实体，如能力、活动、系统、功能、服务等，至少给出第二层级的实体的描述或定义。综合词典共包含 85 个词条（表 2.3）。

表 2.3 综合词典

	词条	描述
能力视角		
	快速响应能力	为适应应急事件的突发性和灾情的急剧变化，而迅速做出决策和采取响应行动的应急能力。包括快速的数据获取、处理与服务，实现重点区域观测数据获取优于 2 h 的响应时间与优于小时量级的覆盖频度
	数据快速获取能力	通过天、空、地传感网及地面通信网络，快速获取地区基础数据、事态发展情况及其他决策支撑信息的能力，包括对资源的快速规划与调度能力和通信保障能力
	数据快速处理能力	响应应急任务需求，快速处理多源数据能力，包括实时的在轨处理能力和并行处理能力
	自主服务能力	自动构建信息链，聚合空间信息服务的能力
	准确支撑能力	准确获取遥感数据，提取关键信息，并支撑指挥决策的能力
	精准时空数据获取能力	通过天、空、地遥感平台、多源传感网络、定位设备等来获取精准的时空数据的能力
	精准应急信息提取能力	通过多种信息处理技术，精准提取应急空间信息的能力，包括时空变化跟踪等
	精准快速决策支撑能力	通过各种推演、模拟、分析、评估模型，以及信息化模块，进行精准决策支撑的能力，包括预测预警、决策模型、预案管理、态势评估、指挥调度等能力
	灵活服务能力	灵活地向外提供服务的能力，包括提供灵活的算法与模型、服务架构与模型，根据突发事件和典型突发事件提供智能的、可组合的、可变化的信息服务
	情景自适应能力	根据突发事件情景的演变，灵活调整信息链结构及节点参数，更好地匹配应急需求的能力
	云服务能力	提供时空数据/信息/决策服务接口，灵活调整算法模型重组，实现多终端多平台注册调用的能力，支持应急业务活动的开展
业务视角		
	日常遥感服务	在非应急状态下，开展包括体制机制的建立、遥感服务平台建设、基础数据的积累、日常巡检监测、应急模拟演练等活动，为应急状态下开展快速、高效的遥感应急服务做好准备
	基础数据积累	在预防与准备阶段对基础地理数据与遥感专题产品的积累，如遥感影像、二维三维地图、行政区划图、道路水系土壤经济人口等专题图、区域风险隐患图等；根据区域的敏感程度进行数据加工处理，形成系列分辨率的数据产品和专题产品
	遥感资源优化配置	根据区域的风险、结合地理、经济等要素，对遥感数据的种类、规格、位置等进行合理配置，为应急指挥快速选择提供遥感信息支撑
	遥感服务平台建设	建设用于汇总、存储、管理、分发、共享多源遥感数据的信息平台，支持快速响应能力的实现

	词条	描述
业务活动分类	定期巡检与定点监测	在区域内开展长期常态巡检活动，对重点目标开展定点监测监控活动，该活动用于风险隐患排查，如任务规划调度、协同观测、应急救援、信息服务等
	社会动员准备	未过程，吸收各类社会资源参与应急救援，必要时紧急征用社会企事业单位、社会志愿团体的技术力量，包含完整的遥感监测应急服务技动员
	专业队伍建设	包括组织和编制机构视图中各工作机构对应的专业队伍的建设，技术骨干遴选，定期的培训和考核等，以提高专业队伍实战能力和水平
	应急模拟演练	为检验体制机制的有效性，应急准备的完善性、专业队伍的协同性而进行的模拟实践活动。通过应急演练提高各机构人员对应急业务的熟练程度和技术水平，进一步明确应对职责，提高各部门之间应对能力，直观检验应急预案和处置方案的科学性
	应急遥感服务	启动应急响应后，利用遥感协同监测技术向事发地区提供快速应急服务，包括对应急任务规划与解析，信息资源组织与协同观测、信息聚合与产品生成等系列活动
	任务规划	根据事件信息与应急需求（如数据类型、观测范围、时间、精度等需求），对所需调度的资源进行最优化规划，包括对应急任务的解析，任务与资源的匹配，以及资源的规划，并在外界发生扰动情况下，快速形成规划方案
	资源调度	根据应急任务规划方案，对资源进行快速调度的活动，能够根据资源调度信息向任务规划活动进行反馈，对资源调度方案进行动态调整
	数据采集	对突发事件现场数据进行采集的活动，如获取遥感观测影像、视频数据等
	应急人员定位	利用定位系统实时获取表应急人员的位置信息的活动
	信息传输	组建通信网络，传送指挥调度命令和遥感观测数据/信息的活动，包括基础通信网络运维，以及必要时搭建临时通信网络
	应急信息处理	基于应急响应过程中获取的数据信息，对其进行分析、处理、融合，用以辅助决策的活动，包括对时空信息、异常对空信息、目标信息等的提取；对专题应急产品的生产和可视化服务；对信息的管理和对外服务等
	应急指挥	在遥感协同应急响应过程中，组织机构中的领导号机构，对各工作机构、地方机构，社会/部队力量进行指挥调度的活动，包括对事件态势的分析、对应急态势的研判，对应急行动的决策，对应急资源的部署，以及组织多部门之间的协同等
应急信息交换矩阵	决策信息	领导号机构对应急行动的决策，如确定应急响应等级、调度应急专业队伍，部署应急装备资源等，决策信息需要在综合参考事件信息、情报信息，辅助决策信息等的基础上形成
	事件信息	突发事件的基本信息，如发生的时间、地点、原因、类别、已知损失程度、影响范围、前期处置措施等，同时事件信息在响应过程中是不断演变的，事件信息是触发系列响应行动的初始输入信息

	词条	描述
应急信息交换矩阵	应急需求	突发事件应急响应过程中，对遥感协同监测应急服务的需求信息，如提供现场实时影像数据、灾损评估等，提供满足应急需求的应急服务，是遥感协同监测应急服务的最终目标
	辅助决策信息	通过各种仿真模拟、评估模型、决策模型等，或通过专家协商，输出的辅助决策建议，为领导机构形成决策信息提供依据
	情报信息	一线应急人员直接传送回的突发事件现场情报信息，有别于应急空间信息等，辅助决策信息等，情报信息无须做数据加工
	遥感观测信息	通过天空地传感网，多源获取的时空信息，如卫星影像图、倾斜摄影测量数、DEM数据等
	资源调度方案	依据资源规划方案制订的，反映资源实际调度情况的方案
	资源规划方案	匹配任务需求的资源最优规划方案，应综合考虑应急任务条件、资源的属性和配置等约束条件，并在外界发生扰动的情况下，能够提供快速动态资源重规划
	资源状态	天空/地遥感资源的坐标、属性、配置、工作状态等动态信息
	应急空间信息	通过信息处理后获取的，可直接用于辅助应急决策的应急产品，如地图、三维地物模型、事件现场全景图、提取出异常信息的影像图、风险隐患分布图、灾损评估专题图等
	位置信息	反映多源传感设备及一线应急人员位置的坐标信息
	单兵状态	反映单兵工作状态、资源配置状态、是否可执行任务、是否可调用、是否出现伤亡险情等状态的信息
概念数据模型	指南	指南一般是国家机关、团体组织和企事业单位为实施某种工作而做出的政策规定。指南通过限定行为规范、指定办事准则及规范界限，对开展工作或活动，处理问题做出界定，通常解决的多是界限性问题，如"应该如何""不应该如何"。本书中的指南是约束遥感协同监测应急服务的业务内容、应急流程、体制建立、机制建设、系统/服务开发集成等方面的，作为依据的、具有强制性的文档，包括标准规范、法律法规和应急预案
	标准	标准是对科学技术和经济领域中某些多次重复的事物给予公认的统一规定。标准的制定必须以科技成果和实践经验为基础，经有关各方协调一致，由主管机构批准，并以特定形式发布，作为共同遵守的准则
	法规	法规一般是国家机关、团体组织和企事业单位为处理某种事物、专门开展某种工作而做出的政策规定。法规通过限定行为规范，指定办事准则及规范界限，对开展工作或活动，管理事项，处理问题做出规定。限制性规范做出其限制性，尤其是一些禁止性，限制性规范做出其限制性

	词条	描述
	预案	预案是为突发事件应急管理预先制订的行动方案，明确了在公共危机事件发生前、发生过程中和结束后，谁或者哪个机构负责什么，何时做、如何做，以及相应的策略和资源准备等，预案体系包括总体预案、专项预案、部门预案等
	条件	条件是影响遥感协同监测应急服务的外部条件，包括事件发生区域、次生衍生事件等
	环境	环境是突发事件发生时，也是遥感协同监测应急服务开展的各观外部环境因素，如地形、气象因素，环境发展的态势，不同的环境阶段而不断变化，不同约束条件产生不同约束条件，也即产生不同的遥感监测应急服务需求
	态势	突发事件发展的态势，包括事件等级等，原生事件产生的次生衍生事件等不同会产生不同的态势多种情况，不同的态势多种情况
	能力	能力是对遥感监测应急服务系统功能的高级抽象，描述了完成业务活动的本领，在本体系中，能力总结为"快速"、"准确"、"灵活"三个关键词，包括快速响应能力、准确支持能力、灵活服务能力
	活动	活动是为满足遥感监测应急服务需求而开展的各项业务活动，包括日常遥感服务活动和应急遥感服务活动
	事件	事件是突然发生，需要采取应急处置措施予以应对的自然灾害、事故灾害、公共卫生和社会安全的突发事件，造成或可能造成严重社会危害，严重影响公众健康和生命安全的事件
概念数据模型	自然灾害	自然灾害是由自然原因而导致的突发事件，主要包括水旱灾害、气象灾害、地震灾害、地质灾害、海洋灾害、生物灾害和森林草原火灾等
	事故灾难	事故灾难由人类生产活动而导致的突发事件，主要包括工矿商贸等企业的各类安全事故、交通运输事故、公共设施和设备事故、环境污染和生态破坏事件等
	公共卫生	公共卫生主要包括传染病疫情，群体性不明原因疾病，食品安全和职业危害，动物疫情，以及其他严重影响公众健康和生命安全的事件
	社会安全	社会安全措由人类主观意愿产生的危及社会安全的突发事件，主要包括恐怖袭击事件，经济安全事件和涉外突发事件等
	组织	参与遥感协同监测应急服务所有环节的政府、部门、企业、部队等组织机构
	服务	通过将功能应用封装成服务，对外提供统一的调用接口，为应急业务活动提供服务支持，服务具有松耦合性。服务可分为数据服务、信息服务、模型服务三大类
	系统	系统描述完成业务活动所需的资源和功能支撑，系统具有紧耦合性。系统与服务、活动之间具有多对多的映射关系
	信息	信息以数据为载体，是通过对数据分析、抽象而提取出来的，一个信息可能需要分析、融合，提取多组数据而得到，同样，一个数据也可能蕴含多个信息。如本书中的二三维地图、各类风险隐患评估/灾情解译/灾情跟踪等专题产品，指挥调度方案、资源保障方案等

	词条	描述
概念数据模型	数据	数据是将客观事物按照某种测度感知而获取的原始记录，可以来自设备的记录，也可以来自人的认识。例如本书中天空地遥感观测资源获取的观测数据、突发事件发生后的事件接报数据、应急资源数据、基础地理数据、区域人口经济数据等。基础数据积累过程中积累的人员数据，如应急领导小组、应急监测组、信息
	角色	角色描述参与遥感监测应急服务的组织机构在各个业务活动环节所承担的角色及其职责，如应急领导小组、应急监测组、信息管理组、通信保障组、资源保障组、应急专家组等
组织视角 应急组织关系图	遥感监测应急服务保障领导小组	负责组织、指挥、协调遥感监测应急服务保障工作的组织机构（简称遥感应急领导小组），主要职责包括： 1. 确认应急响应等级，宣布遥感应急服务行动的启动和结束； 2. 遥感监测应急服务行动的组织、指挥、协调； 3. 重大事件遥感应急服务行动中的处置意见决策； 4. 向突发事件应急指挥部汇报遥感应急服务处置情况
	遥感监测应急服务协调办公室	遥感应急领导小组下设遥感应急服务协调办公室，与遥感应急领导小组保持密切联络，保持与突发事件应急指挥部及现场领导小组联络，并按照领导小组指示向突发事件应急指挥部报告。主要职责包括： 1. 应急状态下值班，与遥感应急领导小组做好信息传递工作，必要时召集各相关单位参加联席会议，沟通传达相关信息； 2. 根据事态发展，整理应急遥感监测需求，向遥感应急领导小组报告； 3. 确认遥感应急需求，判断并提出信息处置等级建议； 4. 协助遥感应急领导小组做好信息传递工作，社会力量联络保障预案； 5. 与各相关工作机构、地方机构、社会力量联络和协调； 6. 组织修订、公布遥感监测应急服务保障预案； 7. 组织记录响应过程，响应结束后组织编写总结报告，对预案执行情况做出评估； 8. 其他遥感应急领导小组交办的协调和组织工作
	遥感应急监测组	负责执行遥感应急监测任务（如巡检、任务规划、实地监测等）的组织机构，主要职责包括： 1. 平时的长期巡检与风险排查； 2. 遥感应急监测任务规划； 3. 根据遥感监测任务需求，快速开展天空地遥感监测应急服务； 4. 与遥感信息管理组做好衔接，协助信息管理组开展天空地遥感应急服务； 5. 遥感监测装备的准备、维护和运行

词条		描述
应急组织关系图	遥感信息管理组	负责信息服务平台运维，执行遥感信息服务平台的运行维护、专题图制作等工作，主要职责包括： 1. 平时和战时的遥感数据分析、处理，专题图制作等的运行维护； 2. 遥感数据、基础地理信息数据及其他类型空间数据的长期采集，积累与定期更新； 3. 应急状态下成立遥感监测应急服务反应快速小组，汇总应急监测总领导小组要求进行数据处理、分析、加工及报送；测绘成果、地图产品等，开展灾情解译、异常筛查、灾损评估，专题图制作等工作； 4. 成果领用审批和管理，应急状态下开通成果提供绿色通道； 5. 制定绿色通道办理申请规定； 6. 必要时提请遥感应急领导小组，向上级部门申请紧急调用国外过境卫星遥感数据； 7. 必要时通过空间与重大灾害国际宪章（CHARTER）机制申请调用国外过境卫星遥感数据； 8. 应急响应结束后，对应遥感监测成果进行分类、存储、备案。
	通信保障组	负责执行应急通信保障任务，实现遥感数据下传和令上传，主要职责包括： 1. 平时、战时的基础通信网络及应急通信装备的运行维护； 2. 必要时组织搭建临时专用应急通信网络； 3. 提供定位基准临时站运行、空间定位基准服务等。
	遥感应急服务现场指挥小组	视实际需要，遥感应急领导小组可在事发地现场设立遥感应急服务现场指挥小组，作为指挥调度职责的延伸，该现场指挥小组主要职责包括： 1. 与遥感应急领导小组保持密切联络，执行遥感应急领导小组命令； 2. 负责现场监视监控工作的统一组织和指挥； 3. 现场实测信息收集、上报，发展态势评估。
	遥感资源保障组	负责执行遥感应急资源（物资、资金、装备、技术）保障工作，主要职责包括： 1. 全面掌握区域内及周边所有事发地测绘单位、遥感专业队伍，可参与遥感监测应急服务的企业所掌握的遥感监测应急装备、技术力量情况； 2. 必要时，组织、协调、动员社会力量参加遥感监测应急服务任务； 3. 遥感监测应急服务所需物资、资金的核算，调拨和使用监督。
	遥感应急专家组	根据需要可参与遥感监测应急服务行动方案的制订，对应急响应过程中的技术难点进行行业指导，为遥感监测应急服务提供技术支撑。主要职责包括： 1. 根据现场情况及区域特征，为遥感应急服务提供技术指导； 2. 根据专业分工，参与各应急工作小组的讨论和方案制订；

	词条	描述
系统与服务视角	模型服务	基于模型算法对复杂的灾害现象进行模拟、分析、预测服务。建立模型的目的是用模型来描述事情，通过模型求解获得对事件、活动、信息更充分的理解
	专题分析模型服务	建立专题模型并以建议类型进行模拟、分析、预测，按模型的不同应用专题分类，包括： 1. 决策模型：提供辅助决策建议类型的模型服务，例如决策知识库模型、决策分析模型等； 2. 评估模型：提供专题评估类型的模型服务，例如综合能力评估、响应能力评估、区域应急事件风险概率评估等； 3. 态势分析模型：提供对突发事件发展趋势的分析预测服务，例如火灾蔓延、泄漏品扩散、暴雨道路通行率等； 4. 推理/推演模型：提供专题推理/推演类模型服务，例如方案推演、场景推演、案例推理、知识融合推理等
	其他模型服务	基于其他专题分析模型外，其他类型模型类算法的模拟、分析服务，例如映射模型、多级知识单元语义模型服务等
服务分解	数据服务	提供数据的获取、接入、维护、浏览、查询、存储和下载等服务，关于数据的定义请参看数据实体的解释
	预案管理服务	提供预案数字化、应急流程管理(可视化)、报表管理等服务。提供预案内各要素更新，当突发事件发生时，可以根据类发事件信息调取相应的预案要素，形成处置方案等，指导应急行动的开展
	组织人员管理服务	提供对组织机构和人员数据的管理服务(如增删改查等)，包括： 1. 提供对人员的增删改查、编辑、排序等服务； 2. 提供对组织机构的增删改查、编辑、排序等服务
	任务与资源管理服务	提供对任务及资源数据的管理服务(如增删改查等)，包括： 1. 提供对应急任务及动态数据动态查询； 2. 提供对应急资源的静态及动态资源管理服务
	时空数据获取服务	提供对星载/机载/车载等多源传感数据的获取服务，包括： 1. 动态数据查询：提供对不同来源时空数据的索引，进行动态查询； 2. 历史数据获取：提供基础地理数据及历史遥感数据获取的服务； 3. 实时数据获取：提供突发事件实时监测数据的获取
	位置服务	提供人员、设备的位置坐标获取与上传服务
	信息服务	提供信息的处理、分析、可视化、查询、存储和下载等服务，关于信息的定义请参看信息实体的解释

	词条	描述
服务分解	任务与资源规划服务	提供根据事件(任务)信息和资源信息进行最优规划的服务,提高任务优配置的服务,提高任务与资源的匹配度,包括: 1. 资源配置服务:根据区域风险概率和各类资源的属性和配置的约束条件,提供应急资源最优配置服务(最优资源配置方案); 2. 任务与资源匹配服务:根据应急资源配置方案,提供任务与资源匹配服务; 3. 协同规划服务:通过任务的分解和实时判断,提供任务与资源规划方案,提供资源静态规划方案(静态规划); 4. 动态规划服务:以静态规划为基础,在外界发生扰动的情况下,提供快速动态规划方案(动态规划); 5. 仿真验证服务:根据资源优化配置结果和资源属性,提供动态快速资源覆盖能力验证服务; 6. 资源调度服务:根据规划方案提供资源调度服务
	应急信息处理服务	处理多源应急信息的服务,包括: 1. 异常信息发现服务:发现图像上的异常信息并加以标识; 2. 目标信息提取服务:目标物提取、标志物提取、火损特征提取等; 3. 动态目标追踪服务:检测图像上的特定目标(有时空变化),标识并持续跟踪该目标; 4. 专题图管理服务:提供对应急产品专题图的管理(如增删改查等); 5. 专题图绘制服务:各类专题图层的绘制与出图服务; 6. 信息可视化服务:提供应急信息产品的可视化服务
	服务管理服务	对向外提供接口的服务模块进行管理的服务,包括: 1. 代理服务:提供代理服务模块的控制、运行、停止、删除等; 2. 发布服务:提供添加服务发布的服务; 3. 目录服务:提供服务目录的检索、查询、浏览等服务; 4. 注册服务:提供对本地服务、远程服务的注册和聚合
	信息传输服务	提供应急事件发生后的应急组网通信方案

2.3.2 能力视角视图产品

1. 应急能力构想（EC-1）

应急能力构想描述了天空地协同遥感监测与应急服务的能力，能力构想分为构想、目标和能力三个层次。总体构想为：面向"一带一路"倡议，针对重点区域典型突发事件遥感协同监测与应急服务需求，提出区域天空地遥感组网监测应急服务完整解决方案，包括资源规划部署、调度、应急信息获取与管理、综合分析与信息产品生成、应急决策、应急响应指挥等，提升"一带一路"沿线地区天空地遥感协同应急服务保障能力，为自然灾害、社会安全、事故灾难等典型突发事件监测预警及应急空间信息服务奠定技术基础。

2. 应急能力分类（EC-2）

根据应急能力构想，为遥感协同监测应急服务体系设置三个能力目标，分别是：①"快速"，包括快速的数据获取、处理与服务，实现重点区域观测数据获取优于 2 h的响应时间与优于小时量级的覆盖频度；②"准确"，包括提供准确的数据、信息与决策，实现精准的目标捕捉、信息提取和决策支持；③"灵活"，包括提供灵活的算法与模型、服务架构与服务平台，为重点敏感区域和典型突发事件提供智能信息服务。为实现上述目标，设计能力分类，以指导应急活动开展，应急能力分类（EC-2）的视图产品如图 2.3所示。为方便查看，表 2.4 以表格形式展开能力分类。

表 2.4 应急能力分类

一级能力分类	二级能力分类	三级能力分类
快速响应能力	数据快速获取能力	通信保障
		资源规划调度
	数据快速处理能力	在轨处理
		并行处理
	自主服务能力	自主聚合
准确支持能力	精准时空数据获取能力信息	天空地协同监测
		高精度定位
	精准应急信息提取能力	目标识别
		异常提取
		动态监测
	精准决策支持能力	预警发布
		决策模型支持
		预案管理
		态势评估
		指挥调度

一级能力分类	二级能力分类	三级能力分类
灵活服务能力	情景自适应能力	模型自适应
		信息链动态构建
	云服务能力	开放式服务
		服务智能组装

3. 能力与活动映射（EC-3）

能力与活动映射矩阵反映能力与业务活动的双向关系。在矩阵中，行表示能力分类，列表示业务活动，判断活动（列）可以支持什么能力（行）的实现，以及能力（行）可以支持什么活动（列）的开展。能力与活动映射视图产品制表遵循以下原则。

对紧密相关的，单元格中用"√"表示，代表活动与能力之间存在映射关系，如基础数据积累活动与天空地协同监测能力紧密相关，认为协同监测能力能够辅助实现基础数据的积累与更新；对非紧密相关的，单元格中不标识符号，表示业务活动无法支持能力实现，能力也无法为活动提供保障，如信息提取能力与资源的规划调度活动无直接关系，则在该矩阵中认为两者没有映射关系（表 2.5）。

2.3.3 业务视角视图产品

1. 应急业务概念图（EO-1）

应急业务概念图（EO-1）描述用户对遥感协同监测应急业务开展的方式、模式及应用场景的设想，如图 2.4 所示。在"一带一路"敏感区域开展突发事件遥感监测应急服务应用示范，要实现快速、精准、灵活的遥感应急服务，需要平时、应急时多方面的支撑，包括以下几个方面。

（1）平时的体制机制建设。包括建立结构清晰、权责分明的应急组织机构，理顺快速启动、协同联动、信息共享等应急机制，制定纵向到底、横向到边的应急保障预案等。

（2）平时的知识积累。包括基础地理数据、人文经济数据、案例数据等的积累与定期更新。

（3）平时的重点区域观测资源预先优化配置布网。包括对区域的风险评估，对区域遥感资源的摸底调查，对现有应急服务能力的评估，以及为实现预期的应急服务能力而进行的资源配置。

（4）应急时的遥感协同监测应急响应行动。包括启动应急响应后开展的应急任务解析与资源规划、资源组织与协同观测、快速处理与组网通信、信息聚合与产品生成等系列应急业务活动。

2. 应急活动分解树（EO-2）

根据应急业务概念图，遥感监测应急服务的业务活动划分为日常遥感服务和应急遥感服务。应急活动分解树（EO-2）如图 2.5 所示。

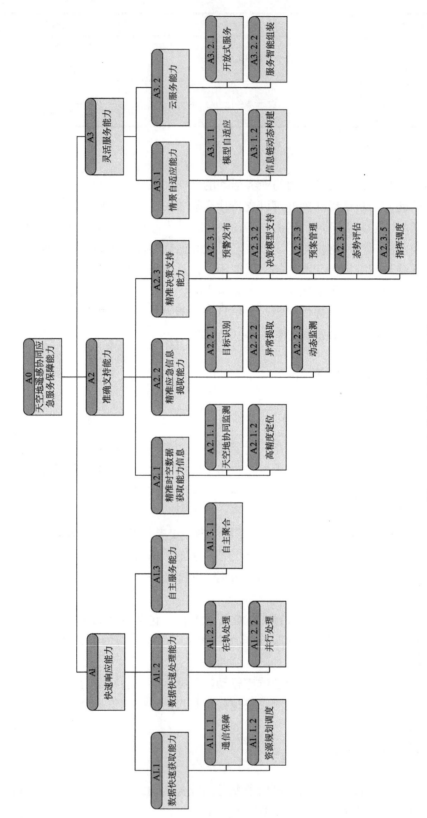

图 2.3　应急能力分类视图产品

表 2.5 能力与活动映射

总类：天空地遥感协同应急服务保障能力

| 应急能力 | | | 日常遥感服务 | | | | | | | 应急遥感服务 | | | | | | | | | | | | | |
一级	二级	三级	基础数据积累	遥感资源优化配置	遥感服务平台建设	定期巡检与定点监测	社会动员准备	专业队伍建设	应急模拟演练	观测任务解析	观测资源规划	规划方案解析	遥感观测资源调度	数据采集	应急人员定位	应急通信组网	星载/机载/车载预处理	信息提取	应急产品生产	信息服务	态势分析	指挥调度	协同会商
快速响应能力	数据快速获取能力	通信保障														√						√	√
		资源规划调度		√									√			√						√	√
	数据快速处理能力	在机处理							√								√						
		并行处理							√								√	√					
	自主服务能力	自主聚合	√		√													√	√		√		√
准确支持能力	精准时空数据获取能力	天空地协同监测	√	√		√	√		√					√				√	√	√	√	√	
		高精度定位	√		√	√	√	√						√	√			√		√		√	
	精准应急信息提取能力	目标识别				√			√					√				√	√	√	√	√	
		异常提取				√								√				√	√	√	√	√	
		动态监测				√								√				√	√	√	√	√	
	精准决策支持能力	预警发布														√				√	√	√	
		决策模型支持			√				√									√			√	√	
		预案管理					√	√	√												√	√	
		态势评估				√			√									√	√	√	√	√	
		指挥调度				√		√			√		√									√	√
灵活服务能力	情景自适应能力	模型自适应								√		√									√	√	
		信息链动态构建	√													√			√	√			√
	云服务能力	开放式服务			√															√		√	√
		服务智能组装			√														√	√			√

· 41 ·

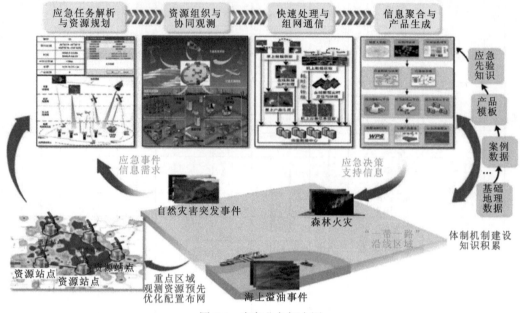

图 2.4　应急业务概念图

扫描封底二维码见彩图

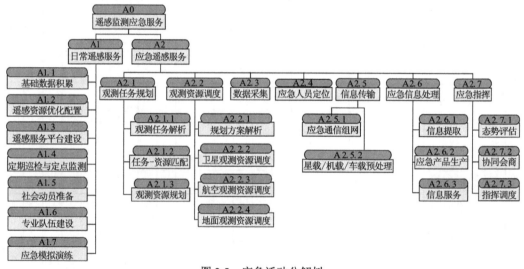

图 2.5　应急活动分解树

3. 应急活动模型（EO-3）

应急活动模型（EO-3）描述应急活动之间的关系及输入输出信息。考虑日常遥感服务类的应急活动颗粒度较大，本节设计的应急活动模型仅描述应急遥感服务类应急活动。应急活动模型通过主活动模型和子活动模型的描述方式来增加该视图产品的可扩展性。

主活动模型描述遥感协同监测应急服务的主节点，具有较强的通用性。主活动模型包括任务规划、资源调度、数据采集、应急人员定位、信息传输、应急信息处理和应急指挥，如图2.6所示。

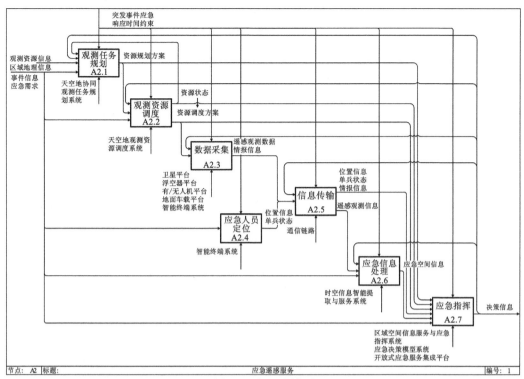

图 2.6 主活动模型

子活动模型是对主活动模型的具体描述，可根据突发事件具体情况进行调整，满足不同突发事件和不同应急阶段的差异化需求。

4. 应急事件追踪描述（EO-4）

应急事件追踪描述（EO-4）是描述应急响应流程的视图产品，按时间顺序给出应急服务过程中的关键行动跟踪。应急事件追踪描述如图 2.7 所示。在不同的应用示范中，应急组织机构的繁简程度、遥感资源的配置情况、应急业务涉及的环节等会有所不同。

2.3.4 数据与信息视角视图产品

1. 应急资源流描述（EDI-1）

应急资源流描述（EDI-1）视图产品描述各业务节点（完成使命的各作战单元）之间的连接性与交换的资源流，包含业务节点、业务节点完成的业务活动、业务节点之间的需求线和信息交换，如图 2.8 所示。各业务节点与完成业务活动的应急组织单位一致（应急组织机构请参看应急组织关系图），业务节点完成的业务活动为归属于该组织单位的应急业务活动，业务节点之间的需求线和信息交换为组织单元之间传递的业务信息。需要注意的是以下几个方面。

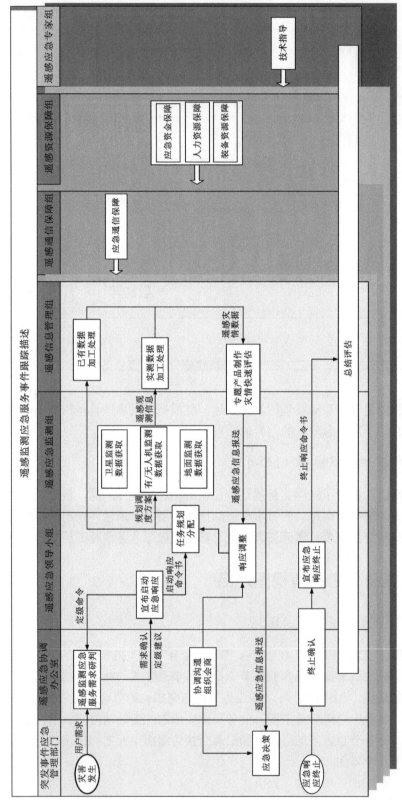

图 2.7 应急事件追踪描述

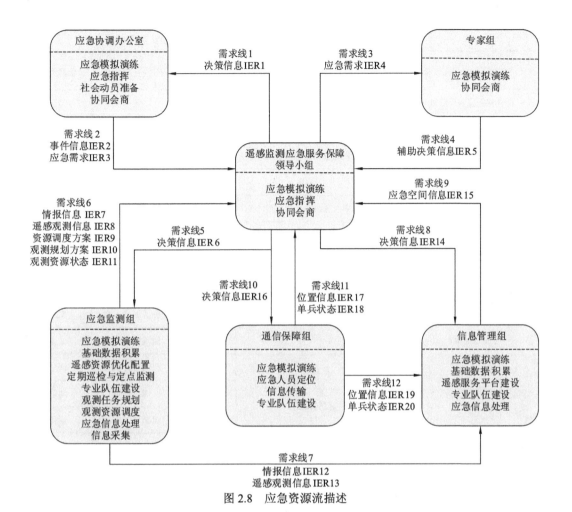

图 2.8　应急资源流描述

（1）需求线是一种逻辑资源流，但并不描述如何实施传输，例如，信息产生于地点 A，途经地点 B，在地点 C 应用，需求线将从地点 A 直接到达地点 C，而不经过地点 B。

（2）资源保障组没有业务活动的信息传输，不单独列出。

（3）地方直属遥感专业队伍在具体活动中会分属于某些工作组，不单独列出。

（4）遥感监测应急服务现场指挥部视为领导小组的延伸，没有独立的业务活动，不单独列出。

（5）应急资源流描述列出了日常与应急状态下的所有业务活动。

2. 应急信息交换矩阵（EDI-2）

各业务节点之间的信息交换和信息属性在应急信息交换矩阵（EDI-2）中详细描述，如表 2.6 所示，该视图产品以表格形式呈现。应急信息交换矩阵来源于应急资源流描述，需求线标识符为应急资源流描述中的信息传输需求线，业务节点为应急业务活动的各作战单元，产生信息的业务节点为应急信息传输的发起方，接收信息的业务节点为应急信息传输的接收方，信息交换标识符为应急信息的唯一标识，信息交换内容为应急信息传输内容，信息类型为所传递的信息类型。

表 2.6　应急信息交换矩阵

产生信息的业务节点	接收信息的业务节点	信息交换标识符	信息交换内容	信息类型
遥感监测应急服务保障领导小组	应急协调办公室	IER1	决策信息	消息
应急协调办公室	遥感监测应急服务保障领导小组	IER2	事件信息	消息
	遥感监测应急服务保障领导小组	IER3	应急需求	消息或文本
遥感监测应急服务保障领导小组	专家组	IER4	应急需求	消息或文本
专家组	遥感监测应急服务保障领导小组	IER5	辅助决策信息	文本
遥感监测应急服务保障领导小组	应急监测组	IER6	决策信息	消息
应急监测组	遥感监测应急服务保障领导小组	IER7	情报信息	消息
		IER8	遥感观测信息	影像
		IER9	资源调度方案	文本
		IER10	观测规划方案	文本
		IER11	观测资源状态	消息
	信息管理组	IER12	情报信息	消息
		IER13	遥感观测信息	影像
遥感监测应急服务保障领导小组	信息管理组	IER14	决策信息	消息
信息管理组	遥感监测应急服务保障领导小组	IER15	应急空间信息	图像及文本
遥感监测应急服务保障领导小组	通信保障组	IER16	决策信息	定位
通信保障组	遥感监测应急服务保障领导小组	IER17	位置信息	消息
		IER18	单兵状态	消息
	信息管理组	IER19	位置信息	消息
		IER20	单兵状态	消息

3. 概念数据模型（EDI-3）

概念数据模型从现实世界出发，聚焦现实需求及其相关的关系，是现实世界到信息世界抽象的研究，概念模型定义了研究主体的实体和关系。本小节中的实体包括：指南、条件、能力、活动、事件、组织、服务、系统、信息、角色，其中指南、能力、活动、组织、系统与服务、信息分别对应该体系设计的"标准""能力""业务""组织""系统与服务""数据与信息" 6 大视角，同时组织又是"角色"职责的承担者，事件和条件为触发遥感应急服务的突发事件信息，以及开展应急服务的约束条件。概念数据模型视图产品如图 2.9 所示。

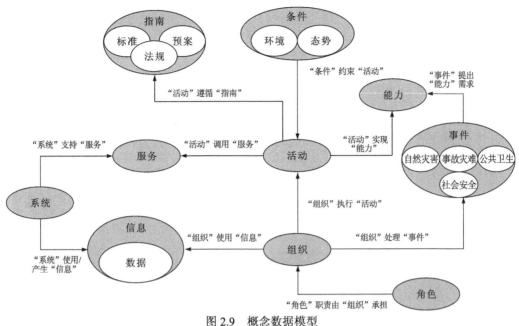

图 2.9　概念数据模型

4. 逻辑数据模型（EDI-4）

逻辑数据模型是在概念数据模型分析的基础上定义的数据规范，进一步描述实体的属性、主键外键、对应关系等，可为数据库的建立提供依据。逻辑数据模型视图产品如图 2.10 所示。

2.3.5　组织视角视图产品

1. 应急组织关系图（EM-1）

在遥感监测应急服务体制建设方面，本小节梳理在突发事件应急管理过程中，参与遥感监测应急服务的组织机构的主要职责，并参考《国家突发公共事件总体应急预案》的分类方法，将遥感监测应急服务组织体系分为领导机构、办事机构、工作机构、地方机构与社会力量 5 个部分。进一步，根据遥感监测应急服务涉及的业务活动，工作机构又可细分为应急监测组、信息管理组、资源保障组、通信保障组、专家组 5 个小组。应急组织关系图如图 2.11 所示，需注意的是，该图描述的其实是概念数据模型中的"角色"。在不同类型突发事件应急响应过程中，遥感监测的主责部门是不同的，因此针对不同突发事件的组织机构的组成部门也有所不同，概念数据模型中的"组织"实体，需要根据突发事件类型和应用部门进行具体化。

2. 应急机制描述（EM-2）

在遥感监测应急服务机制建设方面，按照应急管理流程，详细梳理应急管理 4 个阶段（预防与准备、监测与预警、处置与救援、恢复与重建）涉及的遥感应急服务机制，如图 2.12 所示。

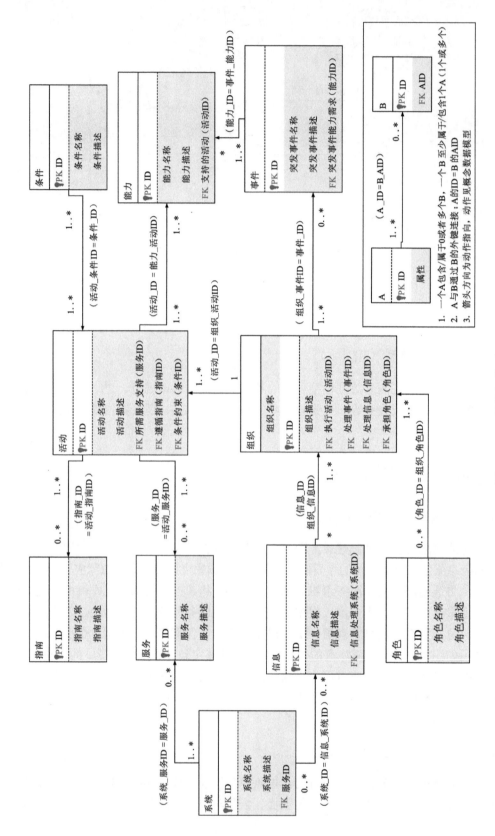

图 2.10　逻辑数据模型

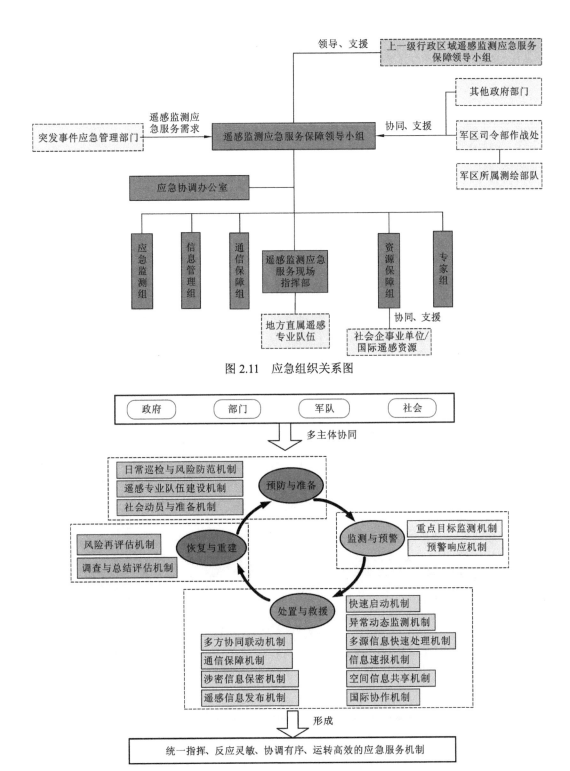

图 2.11　应急组织关系图

图 2.12　应急机制描述

3. 组织机构交互场景图（EM-3）

组织机构交互场景图描述组织机构之间交互的时间顺序，如图 2.13 所示。该图左侧

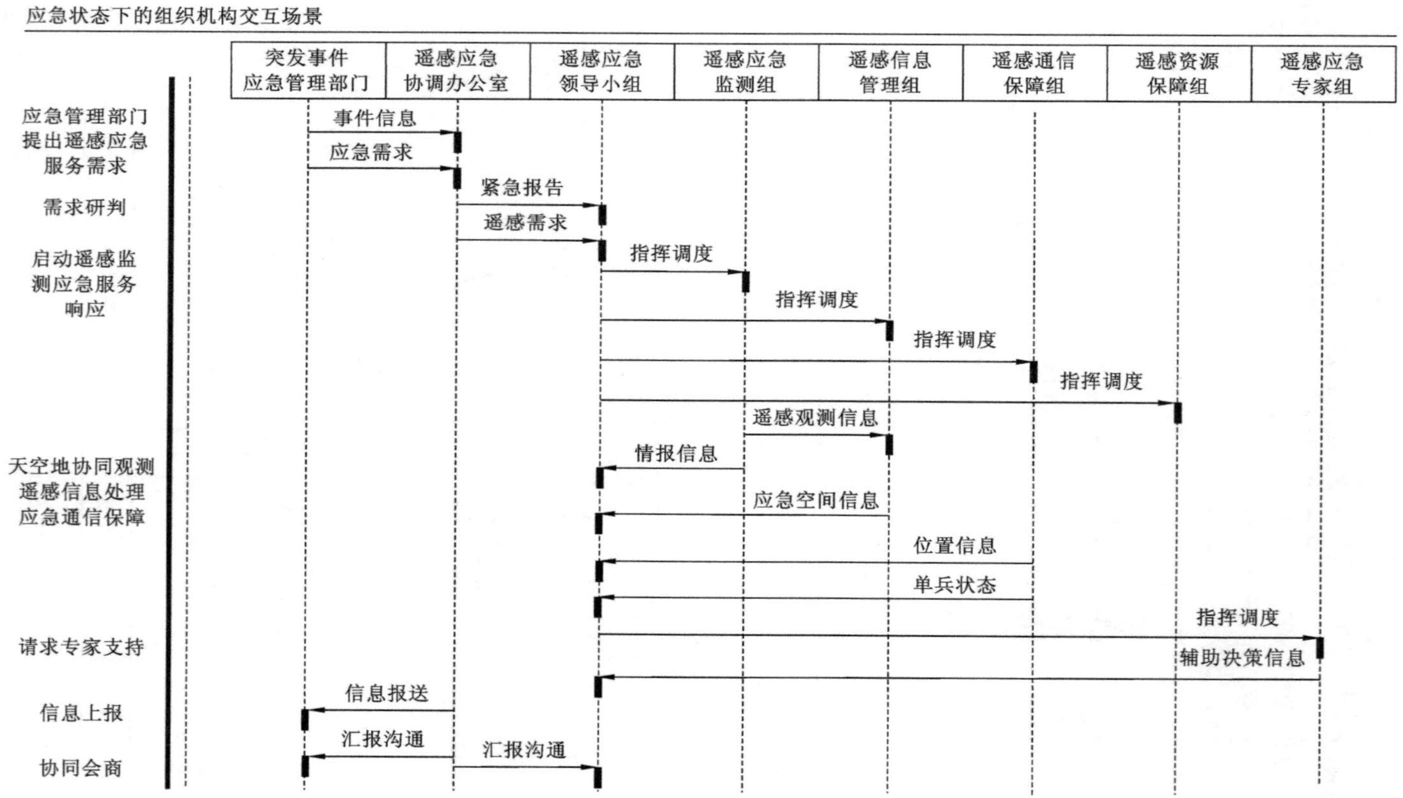

应急状态下的组织机构交互场景

图 2.13 组织机构交互场景图

提供应急状态下的场景描述，主体部分则描述随着场景的转移，各个组织机构之间的交互情况，包括：突发事件发生后，应急管理部门提出遥感应急服务需求；遥感应急协调办公室开展需求研判并向领导小组紧急报告；领导小组宣布启动相应级别应急响应；应急监测组根据任务规划方案开展天空地遥感协同观测；信息管理组根据遥感观测信息开展信息快速处理；通信保障组开展应急通信保障；在需要专家支持时，协调专家组相关领域专家，给出辅助决策信息；应急协调办公室汇总相关信息，持续开展信息报送工作，并组织好突发事件应急管理部门与遥感应急领导小组之间的协同会商工作。

2.3.6 系统与服务视角视图产品

1. 系统接口描述（ES-1a）

系统接口描述（ES-1a）是对系统组成、层次、功能及相互联系的描述。根据系统部署的位置，以及系统之间的相互联系，将 11 个系统划分为 9 个系统节点（图 2.14），其

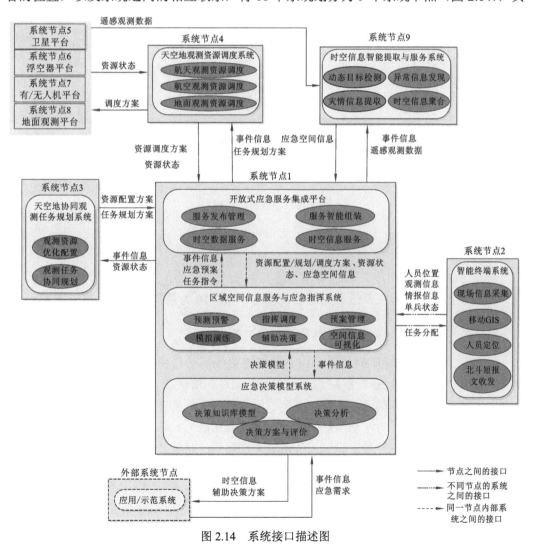

图 2.14 系统接口描述图

中：系统节点 1 为处置突发事件的核心节点，部署在应急指挥中心；系统节点 2 为智能终端系统，部署在突发事件现场，一般由单兵、现场车载装置配备；系统节点 3、系统节点 4 和系统节点 9 分别为天空地协同观测任务规划系统、天空地观测资源调度系统、时空信息智能提取与服务系统，三者均部署在应急指挥中心或者现场指挥中心；系统节点 5、系统节点 6、系统节点 7 和系统节点 8 分别为卫星平台、浮空器平台、有/无人机平台和地面观测平台，根据监测任务需求，部署在载人飞船、航天飞机、空间站、无人机、气球、飞艇、地面巡逻车等遥感装备上。

2. 系统组成分解图（ES-1b）

系统组成分解图描述系统的组成及层次关系，其视图产品如图 2.15 所示。

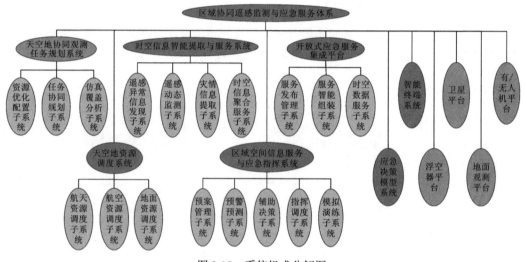

图 2.15　系统组成分解图

3. 系统功能描述（ES-2）

描述系统功能的组成，系统功能描述是系统组成分解的细化，遵循"系统—子系统—系统功能"的层阶关系进行系统功能描述。图 2.16 为系统功能描述图。

4. 业务活动-系统功能映射矩阵（ES-3）

业务活动-系统功能映射矩阵（ES-3）描述业务活动与系统功能的映射关系。该产品中，矩阵的行表示系统-功能，列表示业务活动，判断活动（列）需要什么功能（行）支持。对紧密相关的，单元格中用"√"表示，代表系统功能对业务活动（行对列）提供的支持，如数据的采集活动与规划、调度系统紧密相关，认为需要支持；对非紧密相关的，单元格中不标识符号，表示业务活动不需要系统功能的支持，如信息提取活动不一定需要规划、调度系统，认为不需要支持。受篇幅限制，本小节仅显示业务活动-系统功能映射矩阵的局部示意图，如表 2.7 所示。

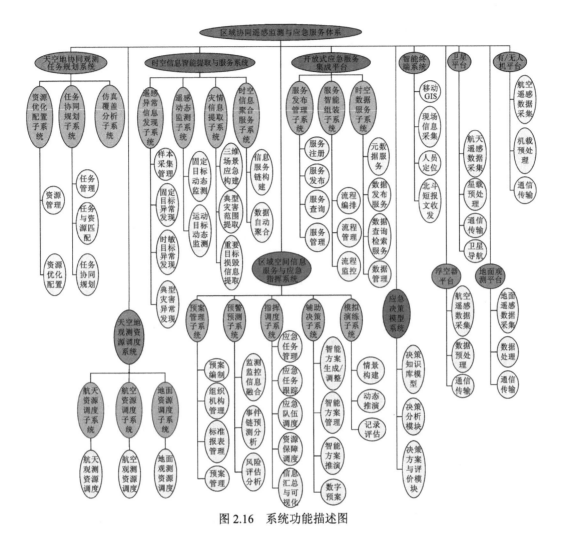

图 2.16　系统功能描述图

5. 系统功能-服务矩阵（ES-4a）

系统功能-服务矩阵（ES-4a）描述系统功能与服务的映射关系。服务集成并封装了系统功能，用户通过在服务集成平台上注册、查询、浏览和调用的方式获取服务。提供的服务包括数据服务、信息服务和模型服务三大类：①数据服务，提供数据的获取、接入、维护、浏览、查询、存储和下载等服务；②信息服务，提供信息的处理、分析、可视化、查询、存储和下载等服务；③模型服务，包括基于模型算法的模拟、分析、预测服务。建立模型的目的是用模型来描述事情，通过模型求解获得对事件、活动、信息更充分的理解。

在系统功能-服务矩阵（ES-4a）（表 2.8）中，矩阵的行表示系统-功能，列表示服务，判断服务（列）封装了哪些系统功能（行）。对有集成关系的，单元格中用"√"标识，代表服务封装了系统功能，如资源调度服务封装了航天资源调度功能，即航天资源调度系统/功能对外提供航天资源调度服务，则认为存在映射关系；对没有集成关系的，单元格中不标识符号，表示系统功能不提供该服务，或者该系统功能不对外提供服务，如航天资源调度功能不支持预案管理服务，认为不存在映射关系。

表 2.7　业务活动-系统功能映射矩阵

系统	功能	日常遥感服务						应急遥感服务																	
		基础数据积累	遥感资源优化配置	遥感服务平台建设	定期巡检与定点监测	社会动员与准备	专业队伍建设	应急模拟演练	观测任务解析	任务-资源匹配	观测资源规划	规划方案解析	航天观测资源调度	航空观测资源调度	地面观测资源调度	数据采集	应急人员定位	应急通信组网	星载/机载/车载预处理	信息提取	应急信息产品生产	信息服务	态势分析	指挥调度	协同会商
天空地协同观测任务规划系统	观测资源管理		✓		✓						✓	✓												✓	
	观测资源优化化配置		✓		✓							✓												✓	
	观测任务管理			✓	✓			✓	✓			✓												✓	
	观测任务与资源匹配			✓	✓			✓		✓	✓	✓													
	观测任务协同规划			✓	✓			✓			✓	✓												✓	
	仿真覆盖分析		✓					✓			✓													✓	
天空地观测资源调度系统	航天观测资源调度				✓			✓					✓			✓		✓						✓	
	航空观测资源调度							✓						✓		✓		✓							
	地面观测资源调度				✓			✓							✓	✓		✓						✓	
时空信息智能提取与服务子系统	样本采集管理	✓		✓	✓			✓								✓									
	固定目标异常发现	✓		✓	✓			✓												✓	✓	✓	✓	✓	
	时敏目标异常发现	✓		✓	✓			✓												✓	✓		✓	✓	
	典型灾害异常发现	✓		✓	✓			✓												✓	✓	✓	✓	✓	

系统功能			日常遥感服务							应急遥感服务															
										观测任务规划				观测资源调度			数据采集	信息传输		应急信息处理			应急指挥		
系统	子系统	功能	基础数据积累	遥感资源优化配置	遥感服务平台建设	定期巡检与定点监测	社会动员准备	专业队伍建设	应急模拟演练	观测任务解析	任务-资源匹配	观测资源规划	规划方案解析	航天观测资源调度	航空观测资源调度	地面观测资源调度	应急人员定位	应急通信组网	星载/机载/车载预处理	信息提取	应急产品生产	信息服务	态势分析	指挥调度	协同会商
时空信息智能提取与服务系统	遥感动态监测子系统	固定目标动态监测	√		√	√			√											√	√	√	√	√	
		运动目标动态监测	√		√	√			√											√	√	√	√	√	
	灾情信息提取子系统	三维场景应急构建	√		√	√			√											√	√	√	√	√	
		典型灾害范围提取	√		√	√			√											√	√	√	√	√	
		重要目标损毁信息提取	√		√	√														√	√	√	√	√	
	时空信息聚合服务子系统	信息服务链构建			√	√			√											√	√	√	√	√	
		数据自动聚合				√																√			
区域空间信息服务与应急指挥系统	预案管理子系统	预案编制							√																
		组织机构管理					√	√	√															√	√
		标准报表管理																						√	
		预案管理							√																
	预测预警子系统	监测监控信息融合				√														√	√	√	√	√	
		事件链预测分析							√														√	√	
		风险评估分析							√											√	√	√	√	√	

系统-功能		基础数据积累	遥感资源优化配置	遥感服务平台建设	定期巡检与定点监测	社会动员准备	专业队伍建设	应急模拟演练	观测任务解析	任务-资源匹配	观测资源规划	规划方案解析	航天观测资源调度	航空观测资源调度	地面观测资源调度	数据采集	应急人员定位	应急通信组网	星载机载车载预处理	信息产品提取	应急产品生产	信息服务	态势分析	指挥调度	协同会商
		日常遥感服务							应急遥感服务 观测任务规划				观测资源调度			数据采集	应急人员定位	信息传输		应急信息处理			应急指挥		
区域空间信息服务与应急指挥系统 指挥调度子系统	应急任务管理								√	√		√				√				√			√	√	
	应急任务跟踪								√	√		√				√				√		√	√	√	
	应急队伍调度							√									√	√						√	√
	资源保障调度							√					√				√	√						√	√
	信息汇总生产与可视化							√						√									√	√	
辅助决策子系统	智能方案生产/调整							√							√									√	
	智能方案管理							√																√	
	智能方案推演							√																√	
	数字预案							√																√	
模拟演练子系统	情景构建					√		√																	
	动态推演					√	√	√																	
	记录评估					√	√	√																	
开放式应急服务集成平台 服务发布管理子系统	服务注册		√	√	√			√																	
	服务发布		√	√	√			√												√		√	√	√	
	服务查询		√	√	√			√														√	√	√	
	服务管理		√	√	√			√													√	√	√	√	

·56·

系统-功能		日常遥感服务							应急遥感服务															
									观测任务规划				观测资源调度			数据采集	应急人员定位	信息传输		应急信息处理			应急指挥		
		基础数据积累	遥感资源优化配置	遥感服务平台建设	定期巡检与定点监测	社会动员准备	专业队伍建设	应急模拟演练	观测任务解析	任务-资源匹配	观测资源规划	规划方案解析	航天观测资源调度	航空观测资源调度	地面观测资源调度			应急通信组网	星载机载车载预处理	信息提取	应急产品生产	信息服务	态势分析	指挥调度	协同会商
服务智能组装子系统	流程编排			√				√															√	√	
	流程管理			√				√															√	√	
	流程监控			√				√														√	√	√	
时空数据服务子系统	元数据服务			√				√															√	√	
	数据发布服务			√				√														√	√	√	
	数据查询检索服务			√				√															√	√	
	数据管理			√				√															√	√	
开放式应急服务集成平台	决策知识库模型			√				√															√	√	
应急决策模型系统	决策分析模型			√				√															√	√	
	决策方案与评价模型			√				√															√	√	
智能终端系统	移动GIS	√		√	√			√									√						√	√	
	现场信息采集			√	√			√								√					√		√	√	
	人员定位			√	√			√									√						√	√	
	北斗短报文收发			√	√			√															√	√	
浮空器平台	航空遥感数据采集	√		√	√			√								√				√		√	√	√	
	数据预处理			√	√			√											√	√		√	√	√	
	通信传输			√	√			√										√				√	√	√	

系统功能		日常遥感服务							应急遥感服务															
									观测任务规划				观测资源调度			数据采集	应急人员定位	信息传输		应急信息处理		应急指挥		
平台	功能	基础数据积累	遥感资源优化配置	遥感服务平台建设	定期巡检与定点监测	社会动员准备	专业队伍建设	应急模拟演练	观测任务解析	任务-资源匹配	观测资源规划	规划方案解析	航天观测资源调度	航空观测资源调度	地面观测资源调度	数据采集	应急人员定位	应急通信组网	星载机载车载预处理	信息提取	应急产品生产	态势分析	指挥调度	协同会商
卫星平台	航天遥感数据采集	√		√	√			√								√				√	√	√	√	
	星载预处理			√	√			√											√	√	√	√	√	
	通信传输			√	√			√										√		√	√	√	√	
	卫星导航			√	√			√									√			√	√	√	√	
地面观测平台	地面遥感数据采集	√		√	√			√								√				√	√	√		
	通信传输			√	√			√										√					√	
	数据处理			√	√			√																
有/无人机平台	航空遥感数据采集	√		√	√			√								√				√	√	√	√	√
	机载预处理			√	√			√											√	√	√	√	√	
	通信传输			√	√			√										√		√	√	√	√	√

表 2.8　系统功能-服务矩阵

系统功能			数据服务								任务与资源管理服务		位置服务	任务与资源规划服务						应急信息处理服务						服务管理服务				信息传输服务	模型服务				
			预案管理服务		组织人员管理服务		时空数据获取服务			任务增删改查服务	资源增删改查服务		资源配置服务	资源调度服务	任务与资源匹配服务	协同规划服务	动态规划服务	仿真验证服务	异常信息发现服务	目标信息提取服务	动态目标追踪服务	专题图管理服务	专题图绘制服务	信息可视化服务	代理服务	发布服务	目录服务	注册服务		专题分析模型服务			推理/推演模型服务	其他模型服务
			报表管理服务	流程管理服务	预案数字化服务	人员信息管理服务	组织机构管理服务	动态信息查询服务	历史数据获取服务	实时数据获取服务																					决策模型服务	评估模型服务	态势分析模型服务		
天空地协同监测任务规划系统	观测资源配置子系统	观测资源管理										√																							
		观测资源优化配置												√																					
	观测任务规划子系统	观测任务管理										√																							
		观测任务与资源匹配															√																		
		观测任务协同规划																√																	
		仿真覆盖分析																	√																
天空地观测资源调度系统	航天观测资源调度子系统	航天观测资源调度													√																	√			
	航空观测资源调度子系统	航空观测资源调度													√																				
	地面观测资源调度子系统	地面观测资源调度													√																				

系统功能			数据服务										任务与资源规划服务						信息服务											模型服务				
			预案管理服务			组织人员管理服务		时空数据获取服务			任务与资源管理服务		位置服务							应急信息处理服务						服务管理服务				信息传输服务	专题分析模型服务			推理/推演模型服务	其他模型服务
			报表管理服务	流程管理服务	预案数字化服务	人员信息管理服务	组织机构管理服务	动态信息查询服务	历史数据获取服务	实时信息获取服务	任务增删改查服务	资源增删改查服务	位置服务	资源配置服务	资源调度服务	任务与资源匹配服务	协同规划服务	动态规划服务	仿真验证服务	异常信息发现服务	目标信息提取服务	动态目标追踪服务	专题图管理服务	专题图绘制服务	信息可视化服务	代理服务	发布服务	目录服务	注册服务	信息传输服务	决策模型服务	评估模型服务	态势分析模型服务	推理/推演模型服务	其他模型服务
时空信息智能提取与服务系统	遥感异常信息发现子系统	样本采集管理						√		√										√															
		固定目标异常发现						√		√										√															
		时敏目标异常发现						√		√										√															
		典型灾害异常发现						√		√										√															
	遥感动态监测子系统	固定目标动态监测						√		√												√													
		运动目标动态监测						√														√													
	灾情信息提取子系统	三维场景构建						√		√														√											
		典型灾害应急范围图构建								√											√			√											
		重要目标损毁信息提取						√			√											√			√											
	时空信息聚合服务子系统	信息服务链构建		√				√		√		√	√																						
		数据自动聚合		√				√																	√										

系统	功能	报表管理服务	流程管理服务	预案数字化服务	组织机构管理服务	人员信息管理服务	动态信息查询服务	历史数据获取服务	实时信息获取服务	任务增删改查服务	资源增删改查服务	位置服务	资源配置服务	资源调度服务	任务与资源匹配服务	协同规划服务	动态规划服务	仿真验证服务	异常信息发现服务	目标信息提取服务	动态目标跟踪服务	专题图管理服务	专题图绘制服务	信息可视化服务	代理服务	发布服务	目录服务	注册服务	信息传输服务	决策模型服务	评估模型服务	态势分析模型服务	推理/推演模型服务	其他模型服务
		数据服务											**信息服务**																	**模型服务**				
		预案管理服务			组织人员管理服务		时空数据获取服务			任务与资源管理服务			任务与资源规划服务						应急信息处理服务						服务管理服务					专题模型服务				
区域空间信息服务与应急指挥系统	**预案管理子系统**																																	
	预案编制			√																														
	组织机构管理				√	√																												
	标准报表管理	√																																
	预案管理		√	√																														
	预测预警子系统																																	
	监测监控信息融合																																	
	事件链预测分析																																√	
	风险评估分析																														√			
	指挥调度子系统																																	
	应急任务管理									√															√							√		
	应急任务跟踪										√																							
	应急队伍调度													√																				
	资源保障调度													√																				
	信息汇总与可视化																							√										

系统-功能		报表管理服务	流程管理服务	预案数字化服务	人员信息管理服务	组织机构信息管理服务	动态信息查询服务	历史数据获取服务	实时信息获取服务	任务增删改查服务	资源增删改查服务	位置服务	资源配置服务	资源调度服务	任务与资源匹配服务	协同规划服务	动态规划服务	仿真验证服务	异常信息发现服务	目标信息提取服务	动态目标追踪服务	专题图管理服务	专题图绘制服务	信息可视化服务	代理服务	发布服务	目录服务	注册服务	信息传输服务	决策模型服务	评估模型服务	态势分析模型服务	推理推演模型服务	其他模型服务
		预案管理服务			**组织人员管理服务**		**时空数据获取服务**			**任务与资源管理服务**			**任务与资源规划服务**						**应急信息处理服务**						**服务管理服务**					**专题分析模型服务**				
		数据服务											信息服务																	模型服务				
区域空间信息服务与应急指挥系统	辅助决策子系统	智能方案生产/调整	√	√																															
		智能方案管理		√																															
		智能方案推演																																√	
	模拟演练子系统	数字预案			√																														
		情景构建																																	
		动态推演																																√	
		记录评估																														√			
开放式应急服务集成平台	服务发布管理子系统	服务注册																											√						
		服务发布																									√	√							
		服务查询																								√		√							
		服务管理																								√									
	服务智能组装子系统	服务流程编排																								√									
		服务流程管理																								√									
		服务流程监控																								√									

下表为"系统功能"与各类服务对应关系表（续表），服务分为数据服务、信息服务、模型服务三大类。

系统	子系统	系统功能	报表管理服务	流程管理服务	预案数字化服务	人员信息管理服务	组织机构管理服务	动态信息查询服务	历史数据获取服务	实时信息获取服务	任务增删改查服务	资源增删改查服务	位置服务	资源配置服务	资源调度服务	任务与资源匹配服务	协同规划服务	动态规划服务	仿真验证服务	异常信息发现服务	目标信息提取服务	动态目标追踪服务	专题图管理服务	专题图绘制服务	信息可视化服务	代理服务	发布服务	目录服务	注册服务	信息传输服务	决策模型服务	评估模型服务	态势分析模型服务	推理推演模型服务	其他模型服务
			| 预案管理服务 |			| 组织人员管理服务 |		| 时空数据获取服务 |			| 任务与资源管理服务 |			| 任务与资源规划服务 |						| 应急信息处理服务 |						| 服务管理服务 |					| 专题分析模型服务 |				
开放式应急服务集成平台	时空数据服务子系统	元数据服务						√	√	√																									
		数据发布						√	√	√																									
		数据查询检索						√	√	√															√										
		数据管理						√																	√										
应急决策模型系统		决策知识库模型						√	√	√																					√				
		决策分析模型						√	√	√																					√	√	√	√	√
		决策方案与评价模型						√	√	√																					√				
智能终端系统		移动GIS						√					√																						
		现场信息采集						√	√	√																									
		人员定位						√					√																						
		北斗短报文收发																												√					
浮空器平台		航空遥感数据采集						√	√	√																									
		数据预处理						√	√	√																									

系统功能		报表管理服务	流程管理服务	预案数字化服务	人员信息管理服务	组织机构管理服务	动态信息查询服务	历史数据获取服务	实时信息获取服务	任务增删改查服务	资源增删改查服务	位置服务	资源配置服务	资源调度服务	任务与资源匹配服务	协同规划服务	动态规划服务	仿真验证服务	异常信息发现服务	目标信息提取服务	动态目标追踪服务	专题图管理服务	专题图绘制服务	信息可视化服务	代理服务	发布服务	目录服务	注册服务	信息传输服务	决策模型服务	评估模型服务	态势分析模型服务	推理/推演模型服务	其他模型服务
浮空器平台	通信传输																												√					
卫星平台	航天遥感数据采集						√		√																									
	星载预处理																																	
	通信传输																												√					
	卫星导航											√																						
地面观测平台	地面遥感数据采集						√		√																									
	通信传输																												√					
	数据处理																																	
有/无人机平台	航空遥感数据采集						√																											
	机载预处理																																	
	通信传输																												√					

6. 系统–服务映射矩阵（ES-4b）

系统–服务映射矩阵（ES-4b）描述系统与服务的映射关系，如表 2.9 所示。服务集成系统对外提供的所有服务，用户通过在服务集成平台上注册、查询、浏览和调用的方式获取遥感监测服务。在该视图产品中，矩阵的行表示系统–子系统，列表示服务，判断服务（列）封装了哪些系统（行）。对有集成关系的，单元格中用"√"标识，代表服务封装了系统，如异常信息发现服务封装了遥感异常信息发现子系统，即遥感异常信息发现子系统对外提供异常信息发现服务，则认为存在映射关系；对没有集成关系的，单元格中不标识符号，表示系统不提供该服务，或者该系统不对外提供服务，如预案管理子系统不提供协同规划服务，认为不存在映射关系。

7. 业务活动追溯服务矩阵（ES-5a）

业务活动追溯服务矩阵（ES-5a）描述业务活动与服务的映射关系，如表 2.10 所示。在该视图产品中，矩阵的行表示服务，列表示业务活动，判断开展业务活动（列）需要调用哪些服务（行）。对紧密相关的，单元格中用"√"标识，代表业务活动的开展需要调用服务，如开展应急模拟演练需要所有服务的支持，则认为存在映射关系；对没有紧密关系的，单元格中不标识符号，表示业务活动的开展不需要调用服务，如资源规划调度活动不需要调用应急信息处理服务，认为不存在映射关系。

8. 应急能力–服务映射矩阵（ES-5b）

应急能力–服务映射矩阵（ES-5b）描述应急能力与服务的映射关系，如表 2.11 所示。在该视图产品中，矩阵的行表示服务，列表示应急能力，判断服务（行）可实现哪些应急能力（列）。对紧密相关的，单元格中用"√"标识，代表服务可以实现的能力，如预案管理服务可支持预案管理能力，以实现精准决策支持，则认为存在映射关系；对没有紧密关系的，单元格中不标识符号，表示服务与能力无关，如模型服务无法实现数据快速处理能力，认为不存在映射关系。

需要说明的是，数据快速处理能力中的在轨处理能力是与观测平台直接相连的设备进行快速数据处理的能力，对应星载/机载处理活动，属于系统预配功能，并未封装成服务，因此该能力没有对应的服务支持。

2.3.7 标准视角视图产品

在体系架构设计中，标准视图用于阐述核心决策过程主管和决策者要求的可用政策、标准、指导方针、约束及其预测。在顶层设计中确定统一的标准和规范约束，有利于各参与方协调一致，在实施过程中有一个统一的依据。该视角包含两个方面，一方面是技术开发过程中需遵循的标准，另一方面是应急行动过程中需遵循的法规、预案。在视图产品中，对于目前已经制定的标准规范，认为是技术标准配置文件（EStd-1）；对于相关标准技术规范可能发展更新的预测，认为是技术标准预测文件（EStd-2）；对于需遵循的应急法规及应急服务保障预案，认为是应急预案配置文件（EStd-3）。

表 2.9 系统-服务映射矩阵

系统-子系统	报表管理服务	流程管理服务	预案数字化服务	人员信息管理服务	组织机构管理服务	动态信息查询服务	历史数据获取服务	实时信息获取服务	任务增删改查服务	资源增删改查服务	位置服务	资源配置服务	资源调度服务	任务与资源匹配服务	协同规划服务	动态规划服务	仿真验证服务	异常信息发现服务	目标信息提取服务	动态目标追踪服务	专题图管理服务	专题图绘制服务	信息可视化服务	代理服务	发布服务	目录服务	注册服务	信息传输服务	决策模型服务	评估模型服务	态势分析模型服务	推理推演模型服务	其他模型服务
	预案管理服务			组织人员管理服务		时空数据获取服务			任务与资源管理服务		位置服务	任务与资源规划服务						应急信息处理服务						服务管理服务				信息传输服务	专题分析模型服务				其他模型服务
数据服务												**信息服务**																	**模型服务**				
天空地协同监测任务规划系统 — 观测资源源优化配置子系统												√																					
天空地协同监测任务规划系统 — 观测任务协同规划子系统									√					√	√	√	√													√			
天空地观测资源调度系统 — 航天/航空/地面观测资源调度子系统													√																				
时空信息智能提取与服务系统 — 遥感异常信息发现子系统						√		√										√															
时空信息智能提取与服务系统 — 遥感动态监测子系统						√	√	√												√													
时空信息智能提取与服务系统 — 灾情信息提取子系统						√	√	√											√			√											
时空信息智能提取与服务系统 — 时空信息聚合服务子系统			√			√		√		√													√										

系统—子系统		数据服务											信息服务																			模型服务				
		预案管理服务			组织人员管理服务		时空数据获取服务			任务与资源管理服务		位置服务	任务与资源规划服务						应急信息处理服务						服务管理服务				信息传输服务	专题分析模型服务				其他模型服务
		报表管理服务	流程管理服务	预案数字化服务	人员信息管理服务	组织机构管理服务	动态信息查询服务	历史数据获取服务	实时信息获取服务	资源增删改查服务	任务增删改查服务		资源配置服务	资源调度服务	任务与资源匹配服务	协同规划服务	动态规划服务	仿真验证服务	异常信息发现服务	目标信息提取服务	动态目标追踪服务	专题图管理服务	专题图绘制服务	信息可视化服务	代理服务	发布服务	目录服务	注册服务		决策模型服务	评估模型服务	态势分析模型服务	推理推演模型服务	
区域空间信息服务与应急指挥系统	预案管理子系统	√	√	√	√	√																												
	预测预警子系统				√																			√								√	√	
	指挥调度子系统										√			√										√										
	辅助决策子系统		√																												√		√	
	模拟演练子系统																																√	
开放式应急服务集成平台	服务发布管理子系统																							√	√	√	√						
	服务智能组装子系统																							√									
	时空数据服务子系统						√	√	√												√	√												
应急决策模型系统																													√	√	√	√	√

系统-子系统	数据服务												信息服务																		模型服务				
	预案管理服务			组织人员管理服务		时空数据表达服务			任务与资源管理服务		位置服务	任务与资源规划服务						应急信息处理服务						服务管理服务				信息传输服务	专题分析模型服务				其他模型服务
	报表管理服务	流程管理服务	预案数字化服务	人员信息管理服务	组织机构管理服务	动态信息查询服务	历史数据获取服务	实时信息获取服务	任务增删改查服务	资源增删改查服务	位置服务	资源配置服务	资源调度服务	任务与资源匹配服务	协同规划服务	动态规划服务	仿真验证服务	异常信息发现服务	目标信息提取服务	动态目标追踪服务	专题图管理服务	专题图绘制服务	信息可视化服务	代理服务	发布服务	目录服务	注册服务	信息传输服务	决策模型服务	评估模型服务	态势分析模型服务	推理推演模型服务	其他模型服务
智能终端系统						√		√			√																	√					
浮空器平台						√		√																				√					
卫星平台						√		√			√																	√					
地面观测平台						√		√																				√					
有/无人机平台						√		√																				√					

表 2.10　业务活动追溯服务矩阵

服务		日常遥感服务							应急遥感服务																
									观测任务规划				观测资源调度			数据采集		信息传输		应急信息处理				应急指挥	
		基础数据积累	遥感资源优化配置	遥感服务平台建设	定期巡检与定点监测	社会动员准备	专业队伍建设	应急模拟演练	观测任务解析	任务-资源匹配	观测资源规划	规划方案解析	卫星观测资源调度	航空观测资源调度	地面观测资源调度	数据采集	应急人员定位	应急通信组网	星载/机载/车载预处理	信息提取	应急产品生产	信息服务	态势分析	指挥调度	协同会商
预案管理服务	报表管理服务							√																	
	流程管理服务							√																	
	预案数字化服务						√	√																	
组织人员管理服务	人员信息管理服务					√	√	√																	
	组织机构管理服务					√	√	√																	
数据服务（时空数据服务）	动态信息查询服务			√	√											√	√			√			√	√	
	历史数据获取服务		√	√	√															√	√	√	√	√	
	实时信息获取服务			√	√											√	√			√	√	√	√	√	√
数据服务（任务与资源管理服务）	任务增删改查服务							√	√	√	√		√	√	√					√		√		√	
	资源增删改查服务								√	√	√	√	√	√	√										
数据服务（位置服务）	位置服务	√															√			√		√			
信息服务（任务与资源规划服务）	资源配置服务		√													√		√						√	
	资源调度服务												√	√	√									√	√

群组说明：日常遥感服务含【基础数据积累、遥感资源优化配置、遥感服务平台建设、定期巡检与定点监测、社会动员准备、专业队伍建设、应急模拟演练】；应急遥感服务含 观测任务规划【观测任务解析、任务-资源匹配、观测资源规划、规划方案解析】、观测资源调度【卫星观测资源调度、航空观测资源调度、地面观测资源调度】、数据采集、应急人员定位、信息传输【应急通信组网、星载/机载/车载预处理】、应急信息处理【信息提取、应急产品生产、信息服务】、应急指挥【态势分析、指挥调度、协同会商】。

服务		基础数据积累	遥感资源优化配置	遥感服务平台建设	定期巡检与定点监测	社会动员准备	专业队伍建设	应急模拟演练	观测任务解析	任务-资源匹配	观测资源规划	规划方案解析	卫星观测资源调度	航空观测资源调度	地面观测资源调度	数据采集	应急人员定位	应急通信组网	星载/机载/车载预处理	信息提取	应急产品生产	信息服务	态势分析	指挥调度	协同会商
任务与资源规划服务	任务与资源匹配服务				√			√	√	√		√	√	√	√	√								√	
	协同规划服务			√	√			√	√		√	√	√	√	√	√							√	√	
	动态规划服务			√	√			√			√	√	√	√	√	√							√	√	
	仿真验证服务		√	√	√			√			√												√	√	
应急信息处理服务	异常信息发现服务	√		√	√			√												√	√		√	√	
	目标信息提取服务	√		√	√			√												√	√		√	√	
	动态目标追踪服务	√		√	√			√															√	√	
	专题图管理服务	√		√	√			√													√	√	√	√	
	专题图绘制服务	√		√	√			√														√	√	√	
	信息可视化服务			√	√			√														√	√	√	
服务管理服务	代理服务			√	√			√														√	√	√	
	发布服务			√	√			√														√	√	√	
	目录服务			√	√			√														√	√	√	
信息传输服务	注册服务			√	√			√										√				√	√	√	

服务		日常遥感服务							应急遥感服务														
		基础数据积累	遥感资源优化配置	遥感服务平台建设	定期巡检与定点监测	社会动员准备	专业队伍建设	应急模拟演练	观测任务规划			观测资源调度			数据采集	信息传输		应急信息处理			应急指挥		
									观测任务-资源匹配解析	观测资源规划	规划方案解析	卫星观测资源调度	航空观测资源调度	地面观测资源调度	应急人员定位	应急通信组网	星载/机载/车载预处理	信息提取	应急产品生产	信息服务	态势分析	指挥调度	协同会商
模型服务	专题分析模型服务	决策模型服务							√															
		评估模型服务		√		√					√											√	√	
		态势分析模型服务							√													√	√	
		推理推演模型服务							√													√	√	
	其他模型服务								√													√	√	

表 2.11 应急能力-服务映射矩阵

分类	服务	快速响应能力					准确支持能力										灵活服务能力			
		数据快速获取能力		数据快速处理能力		自主服务能力	精准时空数据获取能力信息		精准应急信息提取能力			精准决策支持能力					方法情景自适应能力		系统云服务能力	
		通信保障	资源规划调度	在机处理	并行处理	自主聚合	天空地协同监测	高精度定位	目标识别	异常提取	动态监测	预警发布	决策模型支持	预案管理	态势评估	指挥调度	模型自适应	信息链动态构建	开放式服务	服务管能组装
预案管理服务	报表管理服务																			
	流程管理服务					√								√		√		√		
	预案数字化服务													√		√				
组织人员管理服务	人员信息管理服务		√											√		√				
	组织机构管理服务		√											√		√				
数据服务 · 时空数据获取服务	动态信息查询服务		√			√	√	√	√	√	√					√			√	
	历史数据获取服务		√			√			√	√					√	√			√	
	实时信息获取服务					√	√	√	√	√	√					√			√	
任务与资源管理服务	任务增删改查服务	√			√													√		
	资源增删改查服务		√															√		
位置服务	位置服务							√			√				√					
信息服务 · 任务与资源规划服务	资源配置服务	√	√												√	√				
	资源调度服务	√	√													√				
	任务与资源匹配服务		√													√				
	协同规划服务		√													√				
	动态规划服务		√													√				
	仿真验证服务		√													√				

服务			快速响应能力					准确支持能力										灵活服务能力			
			数据快速获取能力		数据快速处理能力		自主服务能力	精准时空数据获取能力信息		精准应急信息提取能力				精准决策支持能力				方法情景自适应能力	信息链动态构建	系统云服务能力	
			通信与保障	资源规划调度	在轨处理	并行处理	自主聚合	天空地协同监测	高精度定位	目标识别	异常提取	动态监测	预警发布	决策模型支持	预案管理	态势评估	指挥调度	模型自适应	信息链动态构建	开放式服务	服务管能力组装
信息服务	应急信息处理服务	异常信息发现服务									√					√	√				
		目标信息提取服务								√						√	√				
		动态目标追踪服务										√				√	√				
		专题图管理服务														√	√			√	
		专题图绘制服务														√	√			√	
		信息可视化服务	√				√									√	√				
	服务管理服务	代理服务				√							√			√	√			√	√
		发布服务		√									√			√	√			√	√
		目录服务											√			√	√			√	√
		注册服务					√						√							√	√
	信息传输服务																				
模型服务	专题分析模型服务	决策模型服务												√		√	√	√			
		评估模型服务												√		√	√	√			
		态势分析模型服务												√		√	√		√		
		推理推演模型服务												√		√	√	√			
	其他模型服务													√		√	√	√			

1. 技术标准配置文件（EStd-1）

表 2.12 列出了目前可参考的遥感应急领域相关标准规范，以及需要进一步制定的标准规范。

表 2.12　遥感应急领域已有和待建的相关标准规范

大类	小类	规范编号	规范名称	是否立项	实施阶段
应急数据产品类规范	卫星遥感应急数据产品规范	GB/T 15968—2008	遥感影像平面图制作规范	是	发布
		GB/Z 34429—2017	地理信息 影像和格网数据	是	发布
		GB/T 35642—2017	1：25 000 1：50 000 光学遥感测绘卫星影像产品	是	发布
		GB/T 32453—2015	卫星对地观测数据产品分类分级规则	是	发布
		GB/T 31011—2014	遥感卫星原始数据记录与交换格式	是	发布
		20141360-T-491	基于地形图标准分幅的遥感影像产品规范	是	计划
		GB/T 36300—2018	遥感卫星快视数据格式规范	是	发布
		CH/T 4018—2013	基础地理信息应急制图规范	是	发布
		DB35/T 1566—2016	应急地理信息图形符号	是	发布
		CH/T 9009.3—2010	基础地理信息数字成果 1：5 000　1：10 000　1：25 000 1：50 000 1：100 000 数字正射影像图	是	发布
		CH/T 9008.3—2010	基础地理信息数字成果 1：500　1：1 000　1：2 000 数字正射影像图	是	发布
		CH/T 9008.1—2010	基础地理信息数字成果 1：500　1：1 000　1：2 000 数字线划图	是	发布
		CH/T 9009.2—2010	基础地理信息数字成果 1：5 000　1：10 000　1：25 000 1：50 000　1：100 000 数字高程模型	是	发布
		CH/T 9009.4—2010	基础地理信息数字成果 1：5 000　1：10 000　1：25 000 1：50 000　1：100 000 数字栅格地图	是	发布
		CH/T 9008.2—2010	基础地理信息数字成果 1：500　1：1 000　1：2 000 数字高程模型	是	发布
		CH/T 9008.4—2010	基础地理信息数字成果 1：500　1：1 000　1：2 000 数字栅格地图	是	发布
		CH/T 1013—2005	基础地理信息数字产品 数字影像地形图	是	发布
		GB/T 28923.1—2012	自然灾害遥感专题图产品制作要求 第1部分：分类、编码与制图	是	发布
		GB/T 28923.2—2012	自然灾害遥感专题图产品制作要求 第2部分：监测专题产品	是	发布
		GB/T 28923.3—2012	自然灾害遥感专题图产品制作要求 第3部分：风险评估专题图产品	是	发布
		GB/T 28923.4—2012	自然灾害遥感专题图产品制作要求 第4部分：损失评估专题图产品	是	发布
		GB/T 28923.5—2012	自然灾害遥感专题图产品制作要求 第5部分：救助与恢复重建评估专题图产品	是	发布
	航空遥感应急数据产品规范	CH/T 3006—2011	数字航空摄影测量 控制测量规范	是	发布
		CH/T 9015—2012	三维地理信息模型数据产品规范	是	发布
		缺失	自然灾害航空遥感监测产品规范	否	需制定

大类	小类	规范编号	规范名称	是否立项	实施阶段
应急数据产品类规范	移动应急数据产品规范	20142133-T-466	实景三维地理信息数据产品	是	起草
		CH/T 6003—2016	车载移动测量数据规范	是	发布
		20141444-T-466	导航地理数据模型与交换格式	是	起草
应急传输保障类规范	星间传输类规范	GB/T 12364—2007	国内卫星通信系统进网技术要求	是	发布
		GB 14391—2009	卫星紧急无线电示位标性能要求	是	发布
		缺失	卫星通信中继传输规范	否	需制定
	星地传输类规范	DB32/T 3162—2016	卫生应急卫星通信系统技术规范	是	发布
		GB/T 35769—2017	卫星导航定位基准站网服务规范	是	发布
		GB/T 33987—2017	S/X/Ka三频低轨遥感卫星地面接收系统技术要求	是	发布
	地面传输类规范	GB/T 34518—2017	陆地观测卫星地面系统传输与交换接口要求	是	发布
		GB/T 34966.1—2017	卫星导航增强信息互联网传输 第1部分：播发体制	是	发布
		GB/T 34966.2—2017	卫星导航增强信息互联网传输 第2部分：接口要求	是	发布
		GB/T 34966.3—2017	卫星导航增强信息互联网传输 第3部分：数据传输格式	是	发布
应急服务类规范	应急协同规划服务类规范	OGC ISx 10-135	OGC® Sensor Planning Service Interface Standard 2.0-Earth Observation Satellite Tasking Extension OGC® Sensor Planning Service（2.0）（开放地理空间信息联盟传感器规划服务接口标准2.0地球观测卫星任务分配扩展）	是	对标
		OGC IS 09-000	OGC® Sensor Planning Service Implementation Standard（开放地理空间信息联盟传感器规划服务实施标准）	是	对标
		OGC IS 12-006	OGC® Sensor Observation Service Interface Standard（开放地理空间信息联盟传感器观测服务接口标准）	是	对标
		GB/T 35651—2017	突发事件应急标绘图层规范	是	发布
		GB/T 35561—2017	突发事件分类与编码	是	发布
		GB/T 35649—2017	突发事件应急标绘符号规范	是	发布
		GA/T 1340—2016	火警和应急救援分级	是	发布
		DB11/T 1498—2017	公共卫生应急样本采集技术规范	是	发布
	应急处理服务类规范	GB/T 30169—2013	地理信息 基于网络的要素服务	是	发布
		GB/T 28589—2012	地理信息 定位服务	是	发布
		GB/T 25530—2010	地理信息 服务	是	发布
		GB/T 25597—2010	地理信息 万维网地图服务接口	是	发布
		缺失	天空地遥感协同监测数据处理服务接口规范	否	需制定
	应急数据融合服务类规范	缺失	异构数据融合服务标准	否	需制定

大类	小类	规范编号	规范名称	是否立项	实施阶段
应急服务集成与互操作类规范	应急服务管理类规范	GB/T 33846.1—2017	信息技术 SOA 支撑功能单元互操作 第 1 部分：总体框架	是	发布
		GB/T 33846.2—2017	信息技术 SOA 支撑功能单元互操作 第 2 部分：技术要求	是	发布
		缺失	应急服务管理规范	否	需制定
		ISO 22320:2018	Security and resilience-Emergency management-Guidelines for incident management（安全与韧性 应急管理 突发事件管理指南）	是	发布
		ISO 22322:2015	Societal security-Emergency management-Guidelines for public warning（社会安全 应急管理 公共警示指南）	是	发布
		ISO 22324:2015	Societal security-Emergency management-Guidelines for colour-coded alerts（公共安全 应急管理 预警颜色指南）	是	发布
		ISO 22325:2016	Security and resilience-Emergency management-Guidelines for capability assessment（安全与韧性 应急管理 能力评估指南）	是	发布
		ISO 22326:2018	Security and resilience-Emergency management-Guidelines for monitoring facilities with identified hazards（安全与韧性 应急管理 危险性设施监测指南）	是	发布
		ISO 22327:2018	Security and resilience-Emergency management-Guidelines for implementation of a community-based landslide early warning system（安全与韧性 应急管理 滑坡灾害社区预警体系实施指南）	是	发布
		NFPA1561 2014	Standard on Emergency Services Incident Management System and Command Safety（应急服务事件管理系统和指挥安全标准）	是	发布
	应急服务交互通信类规范	GB/T 33846.3—2017	信息技术 SOA 支撑功能单元互操作 第 3 部分：服务交互通信	是	发布
		缺失	遥感应急服务协同交互通信规范	否	需制定
	应急服务流程编排类规范	GB/T 33846.4—2017	信息技术 SOA 支撑功能单元互操作 第 4 部分：服务编制	是	发布
		缺失	异构遥感应急处理服务编排规范	否	需制定
		GIRT SOP—2013	United States Geological Survey Geospatial Information Response Standard Operating Procedures（美国地质调查局地理空间信息响应标准操作程序）	是	发布
		EMS Mapping Manual of Procedures v1.1	Copernicus Emergency Management Service Mapping Manual of Operational Procedures（哥白尼应急管理服务制图操作手册）	是	发布
应急交换与共享类规范	应急共享元数据规范类规范	GB/T 19710—2005	地理信息 元数据	是	发布
		GB/T 19710.2—2016	地理信息元数据 第 2 部分：影像和格网数据扩展	是	发布
		CH/Z 9018—2012	地理信息网络分发服务元数据内容规范	是	发布
		GB/T 35643—2017	光学遥感测绘卫星影像产品元数据	是	发布
		缺失	遥感应急数据共享元数据规范	否	需制定
	应急共享服务类规范	DB44/T 1564—2015	地理信息公共服务平台通用规范	是	发布
		DB51/T 1935—2014	地理信息公共服务平台 服务接口规范	是	发布
		DB51/T 1934—2014	地理信息公共服务平台 数据接口规范	是	发布
		CH/Z 9019—2012	地理信息元数据服务接口规范	是	发布

大类	小类	规范编号	规范名称	是否立项	实施阶段
应急交换与共享类规范	应急共享服务类规范	GB/T 35965.1—2018	应急信息交互协议 第一部分：预警信息	是	发布
		GB/T 35965.2—2018	应急信息交互协议 第二部分：事件信息	是	发布
		ISO/TR 22351:2015	Societal security-Emergency management-Message structure for exchange of information（公共安全 应急管理 信息交互结构）	是	发布
	应急分发服务类规范	20170969-T-520	遥感卫星地面应用系统接口规范	是	批准

注：此表是在重点研发计划项目执行期间（2016～2019年）完成，引用的标准规范实施时间在此期间。

2. 技术标准预测文件（EStd-2）

遥感协同监测应急服务领域需要新制定的标准规范，见表2.12中"需制定"的内容。

3. 应急预案配置文件（Estd-3）

应急服务保障预案标准框架包含国家应急法规、国家突发公共事件总体应急预案、地方突发公共事件应急预案、突发事件专项应急预案、遥感协同监测应急服务保障预案等。应急预案配置是与突发事件类型及参与单位密切相关的，如表2.13所示，该视图产品汇总的是本书中涉及的三个应用示范相关的应急法规和应急预案。

表2.13 应急预案配置文件

应急法规、应急预案	生效时间	发布单位
无人区应急处置应用示范		
序号	国家级	
1 《中华人民共和国突发事件应对法》	2007年11月1日	全国人民代表大会
2 《中华人民共和国反恐怖主义法》	2016年1月1日	全国人民代表大会
3 《国家突发公共事件总体应急预案》	2006年1月8日	国务院
新疆新源县地质灾害遥感监测应急服务应用示范		
序号	国家级	
1 《中华人民共和国突发事件应对法》	2007年11月1日	全国人民代表大会
2 《国家自然灾害救助应急预案》	2016年3月24日	国务院
3 《地质灾害防治条例》	2004年3月1日	国务院
4 《国家突发地质灾害应急预案》	2006年1月13日	国务院
	省市级	
5 《新疆维吾尔自治区人民政府突发公共事件总体应急预案》	—	新疆维吾尔自治区人民政府
6 《新疆维吾尔自治区自然灾害救助应急预案》	2017年9月30日	新疆维吾尔自治区人民政府
7 《新疆维吾尔自治区突发地质灾害应急预案》	2006年6月30日	新疆维吾尔自治区人民政府
8 《新疆维吾尔自治区应急测绘地理信息保障预案》	2013年3月29日	新疆维吾尔自治区测绘地理信息局

应急法规、应急预案	生效时间	发布单位
新疆新源县地质灾害遥感监测应急服务应用示范		

序号	应用示范		
9	《新源县 2018 年度突发性地质灾害应急预案》	2018 年 2 月 5 日	新源县人民政府
10	《新源县地质灾害遥感监测应急服务保障预案》	—	新源县自然资源局

吉林敦化市林业局森林火灾遥感监测应急服务应用示范		

序号	国家级		
1	《中华人民共和国突发事件应对法》	2007 年 11 月 1 日	全国人民代表大会
2	《中华人民共和国森林法》	1985 年 1 月 1 日	全国人民代表大会
3	《森林防火条例》	2009 年 1 月 1 日	国务院
4	《国家突发公共事件总体应急预案》	2006 年 1 月 8 日	国务院
5	《国家森林火灾应急预案》	2012 年 12 月	国务院
6	《国家处置重、特大森林火灾应急预案》	2006 年 1 月 14 日	国务院
	省市级		
7	《吉林省突发公共事件总体应急预案》	2006 年 1 月	吉林省人民政府
8	《吉林省森林火灾应急预案》	2014 年 5 月 21 日	吉林省人民政府
9	《吉林省森林防火条例》	1995 年 4 月 14 日	吉林省人大常委会
10	《敦化市森林火灾应急预案》	2018 年 6 月 4 日	敦化市人民政府
	应用示范		
11	《敦化市林业局扑救林火作战预案》	—	敦化市林业局
12	《敦化市林业局森林火灾遥感监测应急服务保障预案》	—	敦化市林业局

注：此表是在重点研发计划项目执行期间（2016～2019 年）完成，引用的应急法规和应急预案生效时间在此期间。

2.4 本章小结

本章面向遥感服务在应急管理领域的迫切实际需求，针对遥感监测与应急服务深度耦合的难点，借鉴体系工程领域体系架构设计方法，对遥感协同监测应急服务体系的组成、层次、各组成单元的相互关系及活动规则进行梳理分析，提出了一种规范化的描述方法，从全景、能力、业务、数据与信息、组织、系统与服务、标准等视角，构建完整的遥感监测应急服务体系架构，研发了 27 个视图产品，保障应急救援处置中各相关方在统一的标准框架下开展高效行动。

第 3 章

遥感协同监测应急服务保障预案

我国应急管理工作是围绕"一案三制"展开的,"一案"是指制订修订应急预案,"三制"是指建立健全应急的体制、机制和法制。应急预案是应急响应过程的重要依据,是对应急响应体制机制进行规范并具体描述的操作性文件。目前我国尚未建立遥感应急服务保障相关预案体系,总体预案与各专项预案虽明确了应急管理过程中的遥感需求,但无法为遥感应急服务响应过程提供具体的行动指南。并且传统的预案主要以文本或简单结构化的电子文档形式展现,不便于应急平台直接提取应急预案的要素内容。

本章提炼出遥感监测应急服务过程中组织机构、工作机制、业务活动、应急流程及应急任务等核心要素的共性特征,形成预案编制框架,并开发了一套预案管理与可视化信息软件系统,提供数字化预案编制与管理方案,实现预案与应急响应过程的紧密结合。并针对具体事件,将预案信息与事件信息、资源信息、领导决策等发展过程中的动态信息结合起来,形成具体的处置方案,直接指导实际的应对过程。

3.1 遥感协同监测应急服务组织体系、工作机制及业务活动

遥感信息获取及分析既是一个涉及多个环节的科学技术问题，也是一个涉及政府、部门、军队、社会甚至国际力量等多主体、多层级协同应对的组织管理问题。要让多种先进的遥感监测技术主动、高效、协同地提供应急响应服务，既需要科技体系支撑，也需要应急体制机制的支撑。

3.1.1 遥感协同监测应急服务组织体系

根据遥感监测应急服务涉及的业务活动，工作机构可分为应急监测组、信息管理组、资源保障组、通信保障组、应急专家组 5 个小组。在不同类型突发事件应急响应过程中，遥感监测的主责部门是不同的，因此针对不同突发事件的遥感监测应急服务保障预案，组织机构的组成部门及其职责也有所不同，在制订预案的过程中，需要根据突发事件类型和应用部门进行细化。核心组织机构具有以下主要职责。

1. 遥感应急领导小组

响应突发事件应急管理部门的遥感协同监测应急服务需求，领导遥感监测应急服务行动，必要时请求其他政府部门、部队力量的协作。

2. 遥感应急协调办公室

日常值守、信息确认、信息传递/报送、部门间协调沟通、组织多部门会商等。

3. 工作机构

（1）遥感应急监测组。包括航空、航天、地面/海面应急监测，负责预防与准备阶段的常态巡检与风险排查；监测与预警阶段的重点定点监测；处置与救援阶段的实时应急监测，以及配合信息管理组做好前期数据处理工作等。

（2）遥感通信保障组。负责平时与战时通信网络维护；临时专用应急通信组网；空间定位基准服务等。

（3）遥感信息管理组。负责遥感信息服务平台运行与维护；平时基础数据的积累与更新；应急状态下数据的处理、加工、快速提供；涉密成果管理等。

（4）遥感资源保障组。负责掌握区域内所有遥感监测相关资源的储备情况；遥感应急服务所需物资、装备、资金的准备与调用；社会力量动员等。

（5）遥感应急专家组。负责为遥感协同监测应急服务提供技术指导。

3.1.2 遥感协同监测应急服务工作机制

在遥感监测应急服务机制建设方面，按照应急管理流程，详细梳理应急管理 4 个阶段涉及的遥感应急服务机制，每一项机制并不限定在某个特定的阶段，如信息共享机制、通信保障机制等往往是贯穿整个应急管理过程的。遥感监测应急服务机制主要包括以下几个方面。

（1）日常巡检与风险防范机制。包括建立对区域进行定期的普查式巡检、数据更新，以及利用更新的数据不断进行异常自动筛查和风险评估的机制。

（2）遥感专业队伍建设机制。包括建立对遥感监测应急服务保障人员的培训、演练；专业队伍的装备、资金投入等机制。

（3）社会动员准备机制。包括事前与具有遥感监测应急服务能力的相关企事业单位建立长期合作关系，签订协同应对协议，共同参与应急演练，以备事发后组织调动其参与应急响应服务等机制。

（4）重点目标监测机制。包括建立利用天空地一体化遥感监测手段，对重点目标、敏感区域进行长期、定点、高频次监测的机制。

（5）预警响应机制。包括收到预警信息后，展开任务规划、数据准备、装备准备、人员准备、应急值班等先期准备工作的机制。

（6）快速启动机制。包括建立事发后人员、装备快速进入应急状态并启动应急服务的机制。

（7）异常动态监测机制。包括建立对异常目标进行动态的锁定与跟踪监测的机制。

（8）多源遥感信息快速处理机制。包括实地获取遥感数据后，对多源数据进行快速聚合与融合处理的机制。

（9）信息速报机制。包括建立绿色通道，进行遥感监测信息成果的快速审批、管理、调用、上报等机制。

（10）空间信息共享机制。包括建立突发事件应急响应主责部门与遥感监测应急服务相关部门之间的信息共享机制。

（11）国际协作机制。包括与其他国家的协同监测、信息共享等。必要时申请启用 CHARTER 机制。

（12）多方协同联动机制。包括建立四方力量在应对过程中的组织、联络、协调、保障等机制。

（13）通信保障机制。包括建立应急响应过程中的指挥通信链路与遥感监测数据链路的通信保障机制。

（14）涉密信息保密机制。包括建立涉密信息的审批、管理、存储与调用等机制。

（15）遥感信息发布机制。包括建立信息对社会公开发布的审批、管理等机制。

（16）风险再评估机制。包括突发事件及其次生、衍生灾害在区域形成的新的灾害风险进行再次排查与评估等机制。

（17）调查与总结评估机制。依据指标体系对遥感监测应急服务全过程的执行效率、执行结果、成果质量等进行总结评估及相应的奖惩制度等。

3.1.3　遥感协同监测应急服务业务活动

应急机制是通过一系列业务活动来体现的，两者不能孤立分析。在翻阅应急预案时，会发现各种工作机制就是通过各个部门日常或战时的任务活动来落实的。因此对照上述应急管理 4 个阶段的应急机制，详细梳理遥感监测应急服务最核心的业务活动，如图 3.1 所示，并探讨其与应急机制多对多的映射关系，为后继预案的编制提供更直接的依据。

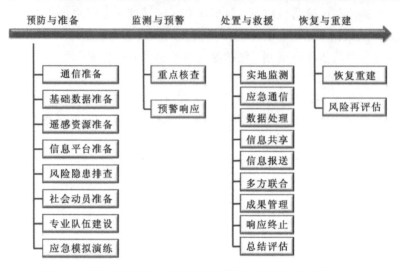

图 3.1　贯穿应急管理全过程的遥感监测应急服务业务活动

1. 预防与准备阶段

预防与准备阶段是防患于未然的阶段，《中华人民共和国突发事件应对法》中称其为应对突发事件最重要的阶段。遥感协同监测是通过提供应急空间信息来辅助应急决策的，属于应急管理过程中的技术支撑手段，因此对其来说，在预防与准备阶段做好数据、装备、平台、队伍等的日常积累工作非常重要。预防与准备阶段至少应包括以下 8 个方面的工作，其中通信准备、基础数据准备、遥感监测资源准备、遥感信息平台建设、专业队伍建设等，均属于遥感专业队伍建设机制的具体体现。

（1）通信准备。包括应急通信装备的准备、应急通信技术的准备、应急通信快速组网行动的演练准备等，确保应急响应过程中指挥调度命令和遥感监测数据传送的畅通。

（2）基础数据准备。建立一整套包括不同分辨率的遥感底图、不同比例尺的地图、地形图、区域人口、经济、社会构成、区域道路、水系等要素数据的积累，并不断更新。

（3）遥感资源准备。遥感监测应急服务的时效性，很大程度是由区域内遥感资源的部署情况来决定的，因此在预防准备阶段，应该有针对性地对区域内的空基、地基遥感监测平台进行合理优化部署，并充分掌握可用的过境卫星情况。

（4）信息平台准备。目前国家级大部分省市的应急管理工作都是通过应急平台提供信息化支撑，各地也应在硬件层面建立遥感信息服务平台，与应急平台实现互联互通，并建立汇总、管理、分发多源遥感数据的标准规范。

（5）社会动员准备。在重大、特大突发事件应急响应过程中，需要社会企业甚至是部队力量支援。在预防准备阶段，政府部门应掌握区域内及区域周边可调动的所有具备遥感监测应急服务能力及资质的部队、单位、企业情况，并积极推动多方建立遥感协同监测保障机制，并在模拟演练过程中充分磨合，做到协同工作、功能互补、资源共享。

（6）风险隐患排查。通过多种天空地遥感手段结合，对区域进行长期、常态的扫描巡检；对巡检数据进行分析；建立区域内典型突发事件分布图、统计图与风险评估图，以及一系列反映突发事件变化规律的专题图；对风险评估图中标示为高风险的区域进行重点评估等。

（7）专业队伍建设。既包括对组织机构中各工作机构对应的专业队伍的建立、技术骨干遴选、定期的培训、考核等，也包括对专业队伍的技术和装备的投入，以提高专业队伍实战能力和水平。

（8）应急模拟演练。为检验体制机制的有效性、应急准备的完善性、专业队伍的协同性，有计划、有重点、周期性开展模拟应急响应的实践活动，可以使桌面演练与实战演练相结合，有条件的地区可以开展双盲演练。通过应急演练提高各机构人员对应急业务的熟练程度和技术水平，进一步明确岗位职责，提高各部门之间的协同应对能力，直观检验应急预案和处置方案的科学性。应急演练活动是检验各种机制的手段，因此其过程也会涉及所有的工作机制。

2. 监测与预警阶段

监测与预警环节是预防与准备环节的逻辑延伸，至少应包含以下两方面。

（1）建立重点核查机制。通过风险排查机制获得的高风险区域需要重点核查，而核查后仍为高风险的，就需要进行定点监测，并随时可能进入预警阶段。

（2）建立预警响应机制。遥感监测预警响应机制需要明确预警响应的启动、终止条件及预警响应措施。一般来说，预警响应的启动和终止与突发事件应急管理部门预警响应的启动和终止同步。预警响应措施可包括启动应急值班，确认通信链路，收集相关信息，制订初步遥感协同监测计划，做好资源、数据、专业队伍准备工作等，有部署在线监控的地区还可以调取在线监控记录，分析并加工报送第一批遥感数据等。

3. 处置与救援阶段

处置与救援阶段是突发事件应急管理最关键的阶段，反映该阶段的应急响应部分也是预案最关键的章节。处置与救援阶段包括快速启动机制、异常动态监测机制、多源信息快速处理机制、信息速报机制、空间信息共享机制、国际协作机制、多方协同联动机制、通信保障机制等。而遥感协同监测应急响应行动可从基本要求、实地监测、应急通信、数据处理、信息共享、信息报送、多方联合、成果管理、响应终止等方面进行阐述。响应行动与应急工作机制之间是多对多关系。

（1）基本要求。基本要求包括对各个组织机构人员到位、值守的要求，现场指挥小组成立要求，应急响应级别确立或调整要求等，对应于快速启动机制。

（2）实地监测。实地监测包括动态调整遥感协同监测任务方案，快速调度航空、航天、地面遥感观测资源进行响应，对突发事件发生区域展开实时、动态、立体监测；对于事发周边没有可调用遥感观测资源的情况，组织专业力量赶赴现场；对于监测过程中遇到的实际困难，协同专家组进行会商指导等。实地监测行动对应了异常信息监测机制。

（3）应急通信。应急通信包括对基础通信网络的运行维护，以及对存在通信盲区的区域组织力量搭建临时通信网络，确保指挥调度指令和遥感监测数据的双向传递。应急通信行动对应了通信保障机制。

（4）数据处理。数据处理包括进行数据预处理，以辅助加快信息传输速度；对各种数据进行汇总、融合、信息提取、解译、评估和专题图制作等。数据处理行动对应了多源信息快速处理机制。

（5）信息共享。信息共享包含两个维度，既包括将前期积累的基础数据、应急服务中获取的实测数据与参与整个突发事件处置救援的各个部门进行共享，以辅助其应急响应过程；也包括在自身资源不足的情况下，向其他政府部门、社会企事业单位紧急调用相关的成果数据，甚至通过 CHARTER 等机制申请国际卫星资源协助。信息共享行动对应了空间信息共享机制和国际协作机制。

（6）信息报送。信息报送包括向突发事件应急指挥部门的信息上报，以及通过正式渠道向新闻媒体、社会公众的信息发布，以辅助正确引导舆论，或者鼓励社会各界共同参与救灾工作。信息报送行动对应了信息速报机制。

（7）成果管理。在遥感应急服务过程中，大量观测数据会汇聚到遥感信息平台，需要信息管理组建立一套标准流程对其进行审批、分类、存储，以及规范应急/非应急状态下的数据成果申请流程。此外成果管理还包括了涉密成果的保密管理工作。成果管理行动涉及了信息速报机制和空间信息共享机制。

（8）多方联合。遥感应急服务顺利开展需要通信管理部门、空域管理部门等其他政府部门的协同配合，在资源不足的情况下，还需要军、地、民等遥感监测资源和技术力量的支援，政府部门之间的协同会商机制，政府部门与军队、地方、社会企事业单位之间的协同联动机制，均在这个应急行动中体现。

（9）响应终止。响应终止包括响应终止条件和终止行动。

4. 恢复与重建阶段

突发事件的恢复与重建阶段主要任务有善后处置、调查评估及恢复重建，相应的遥感监测应急服务的恢复与重建阶段，应配合突发事件恢复重建主责部门开展灾损评估、环境调查等工作。

需要注意的是，某些突发事件（如地质灾害）除本身造成的危害之外，还会引起孕灾环境改变，形成新的隐患点，加大区域灾害风险，因此在恢复与重建阶段，遥感监测主责部门还应该开展新一轮区域隐患点排查与风险再评估，做好灾害重发或次生灾害预防工作。

此外对于遥感监测应急服务工作本身，也需要进行回顾与评估，预案的完善不等于实际应急响应过程的完善，实际上，因为多种原因，预案中的措施往往很难在实践中完全彻底落实，因此每次应急响应结束后均应开展调查与总结。

3.2 遥感协同监测应急响应流程、任务及分级标准

3.2.1 遥感协同监测应急响应流程和任务

在处置与救援阶段，遥感监测应急响应流程可以分为以下 6 个节点。

（1）接报：接收用户需求，如评估某区域灾损信息等。

（2）审核：将用户需求转为遥感行动需求；如仅需调取历史数据，还是需要规划某几类遥感资源进行实时实地协同监测等。

（3）研判：根据审核结果判断遥感应急服务响应级别。

（4）响应：启动相应遥感应急响应服务，如实地监测、信息处理、通信保障等，不断跟进任务完成情况，根据态势变化不断调整响应行动。

（5）终止：结束遥感应急响应服务。

（6）总结：及时评估遥感应急响应各项任务完成情况。

对 6 个节点进行详细拆分解析，按行动顺序给出各个核心机构在应急服务过程中的关键行动流程，如图 3.2 所示。为进一步提供更细颗粒度、更具有操作性的行动指南，也为了便于应急指挥平台在实际处置过程中抽取预案关键要素内容，本小节梳理遥感监测应急响应任务表，如表 3.1 所示。当然在不同的应用示范中，应急组织机构的繁简程度、遥感资源的配置情况、所需的应急任务量等均会有所不同，因此该应急响应流程图和应急响应任务表在具体的应急预案中，还需要根据用户的实际情况进行调整。

3.2.2 遥感协同监测应急响应分级标准

明确的应急响应分级标准是开展明确应急响应行动的前提，遥感监测应急响应的分级标准设定有两种原则，一是直接使用对应突发事件的应急响应分级标准，二是按照遥感应急响应行动规模的大小进行分级，两种原则各有优缺点。

突发事件的应急响应分级标准一般是按照突发事件带来或可能带来的影响大小来确定的，比如海上溢油事故分级标准就与溢油量直接相关，地质灾害分级标准与地质灾害可能影响的人员数、因灾死亡人数、造成的经济损失等直接相关。遥感监测应急响应的分级标准可以参照突发事件应急响应分级标准，这种分级标准的优点是，遥感监测应急响应的各个组织机构在整个响应过程中接收或发出的与响应级别相关的信息，均与突发事件应急管理部门保持一致，不易发生混淆。

但是从部门预案的角度来看，按照部门启动的响应行动规模来进行分级则更为合理。遥感监测服务是突发事件应急管理的基础性技术支撑，但是遥感应急响应行动的规模与突发事件应急处置与救援行动的规模不一定是一一对应的，可能存在突发事件启动了较高级别的应急响应，但是因基础数据积累充分，或者事件处置过程对应急空间信息依赖较少，整个响应过程对遥感应急服务需求较少，从而导致不需要启动大规模遥感应急服务的情况（比如只提供或加工已有数据或调出视频监控即可，不需要启动无人机、卫星等遥感平台进行监测）。针对这种情况，提出依据行动规模进行响应分级的标准，

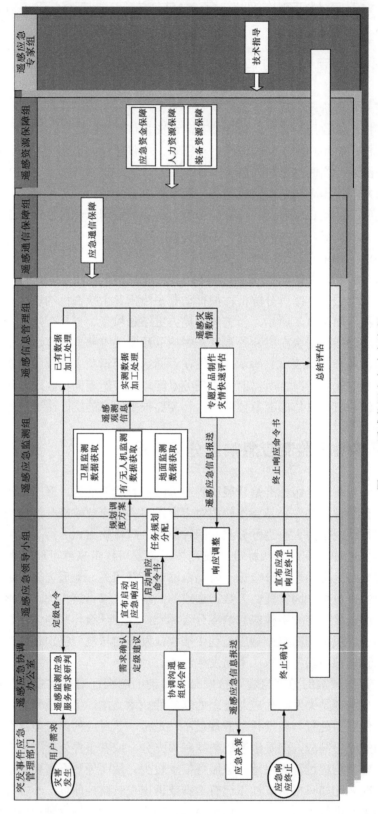

图 3.2　遥感监测应急响应流程

表 3.1 遥感监测应急响应任务表

序号	应急响应节点	任务描述
1	接报	与突发事件应急指挥部保持联络，明确突发事件信息及应急响应启动情况
2		明确突发事件应急指挥及处置救援部门的应急需求
3	审核	根据用户需求明确突发事件遥感监测应急服务需求
4	研判	确定响应等级，宣布启动遥感监测应急响应
5		确认遥感应急领导小组及各机构成员到位，启动24小时值班
6		组建遥感应急现场指挥小组，任命现场指挥负责人
7		明确可申请使用的现有数据成果
8		明确实地监测需求
9		生成任务规划方案
10		任务分配
11		展开实地监测
12		展开通信保障
13	响应	开展数据处理，开展灾情解译、灾损评估等各类专题产品加工
14		开通绿色通道，成果报送，并做好涉密成果管理工作
15		必要时协调其他政府部门、社会企事业单位甚至国际遥感监测成果数据
16		必要时调整应急响应级别
17		必要时向突发事件应急指挥部汇报，提请上一行政级别派出遥感专业队伍或提供专业遥感装备，协助开展遥感应急服务
18		必要时启动遥感协同监测联动机制，协调部队资源、社会企业资源加入
19		超过独立处置范围时，报请启动上一行政级别遥感应急响应，服从上级遥感应急领导小组统一指挥与统筹安排
20	终止	与突发事件应急指挥部保持联络，明确突发事件应急响应终止情况
21		决定终止遥感监测应急响应，下发终止通知
22		汇总遥感应急服务保障成果
23	总结	组织总结评估，形成评估报告
24		报送相关应急管理机构及上一行政级别遥感应急领导小组

如表 3.2 所示。这种分级标准的优点是综合考虑了参与的组织机构及遥感监测应急服务的行动规模，有利于对各组织机构在各级响应下的职责及应对措施进行明确的阐述，响应级别与响应行动对应关系清晰，各工作小组能够更直接地理解任务量与需求紧迫性。

表 3.2 遥感监测应急响应行动分级标准

应急响应等级	分级标准
Ⅰ级响应	需要军方测绘部队协同作战
Ⅱ级响应	需要其他专业领域部门、社会企业或国际遥感力量共同应对
Ⅲ级响应	需要该类突发事件遥感监测应急服务的主责政府部门及所属事业单位提供实地监测应急服务
Ⅳ级响应	只需要主责政府部门及所属事业单位提供现有遥感数据成果

在实际实施过程中，不同的示范单位用户会根据其工作习惯，对分级标准的设定方法做出不同的选择，因此在制订具体应急预案过程中，以契合用户的工作习惯及符合用户实际需求为准。

3.3 遥感协同监测应急服务保障预案框架及管理与可视化软件

3.3.1 遥感协同监测应急服务保障预案框架

应急服务体制和机制的建立均应在应急管理的预防与准备阶段完成。应急预案是预防与准备阶段最重要的输出，预案中应对应急管理的体制机制有清晰的描述。为了便于用户充分利用上述研究成果，有针对性地制订或完善其遥感应急服务保障预案，同时也为了增强成果对不同突发事件类型的适应性，提炼了遥感监测应急服务预案的核心要素，将上述研究中的体制机制总体架构、业务活动、应急响应流程与应急响应任务等成果融合进去，形成预案框架，如表3.3所示。

表3.3 遥感协同监测应急服务保障预案框架

预案一级目录	主要内容	研究成果体现
总则	包含编制目的、编制依据、适用范围、保障对象、工作原则、启动条件、分级标准等一般性预案要素	体现对遥感应急服务的现状及应急需求的分析总结，对于不同示范单位、不同灾害类型，总则的内容，尤其是编制目的、依据、保障对象、分级标准等内容均不相同
组织机构与职责	包含对遥感协同监测应急服务的领导机构、办事机构、工作机构、地方机构、社会力量、部队力量等组织机构的组成、职责、相互关系的描述	体现对遥感应急服务体制的研究成果，用户可根据自身的实际情况，对组织机构的组成进行详细描述。对于某些不必设置的机构，可进行删减
预防与准备	描述预防与准备阶段的遥感协同监测应急服务业务活动	体现各个阶段相关的遥感应急服务机制与业务活动的研究成果，体现应急响应流程与应急任务的研究成果。用户可根据实际情况对活动、流程、任务进行删减和细化
监测与预警	描述监测与预警阶段的遥感协同监测应急服务业务活动	
应急响应	根据遥感协同监测应急响应的分级标准，描述在不同响应级别下，处置与救援阶段的应急活动，包含专门的章节描述该阶段的应急响应流程和应急任务列表	
恢复与重建	描述恢复重建阶段的遥感协同监测应急服务业务活动	
应急保障	包含应急队伍保障、应急资金保障、应急装备保障、应急技术保障、预案模拟演练等内容	从应急保障的角度体现遥感协同监测应急服务体制机制与业务活动的研究成果
监督与管理	包含检查与监督、奖励与责任追究、预案解释、预案管理与更新等内容	体现对监督管理需求的分析总结
附则	包含各种信息表（如预案修订记录、组织机构信息附表、应急装备储备信息表、可调用社会企业资源信息表等），以及各种标准的流程报表（如现有成果申请表、实地监测申请表、外协申请表等），用以辅助应急响应过程中的信息传递和调度过程	从标准报表的角度体现应急流程和应急任务的研究成果

3.3.2 遥感协同监测应急服务保障预案管理与可视化软件

为实现预案数字化编制和信息化管理及应用，配合预案框架，研发了一套遥感协同监测应急服务保障预案管理与可视化软件，提供数字化、要素化预案编制方案。用户可根据其行政级别、机构规模、职责范围、遥感能力等，选取合适的要素定制其遥感应急服务保障预案。

除传统的数字化预案均具有的预案模板和预案内容结构化编辑、管理、展示之外，为便于应急指挥平台快速提取应急流程及任务，软件中设计了应急响应流程模块，可预先设置每个应急节点下的任务列表；为辅助规范化信息接报，设计了报表模块，可设置和查阅响应过程中可以使用的标准报表。该软件可以辅助用户实现遥感监测应急服务保障预案的智能化编制与管理、事件自动关联、快速启动与调阅、应急响应流程及任务提取与下发，以及预案关键要素的可视化展示等功能，如图3.3所示。

（a）预案管理与查询界面

（b）应急响应流程界面

图 3.3　应急预案管理软件界面

3.4 可自主定制的遥感协同监测应急处置方案

应急预案是针对某一类突发事件（如森林火灾）或某一类应急行动（如测绘应急）而制定的规范性文件，具有较强的普适性。而应急处置方案是以应急预案为指导，针对一个具体突发事件制订的方案，具有专用性和临时性，可以说应急处置方案是连接应急预案与具体突发事件应急响应行动的桥梁。

应急处置方案是在考虑了事件发生的具体信息与动态信息，包括事件发生区域的现场环境、时空信息、当地的应急资源、应急队伍等的基础上，并结合预案内容、领导决策和专家意见，生成的针对性强的处置方案。应急过程中可以以应急处置方案为指导，开展具体的行动。显然，应急预案的数字化和要素化，以及应急平台聚合动态信息的能力，是快速生成应急处置方案的基本保障。

应急处置方案包含指挥方案、资源保障方案和工作方案三种类型，其要素如图 3.4 和表 3.4 所示。指挥方案供遥感应急领导小组使用，需要描述事件接报信息、应急响应

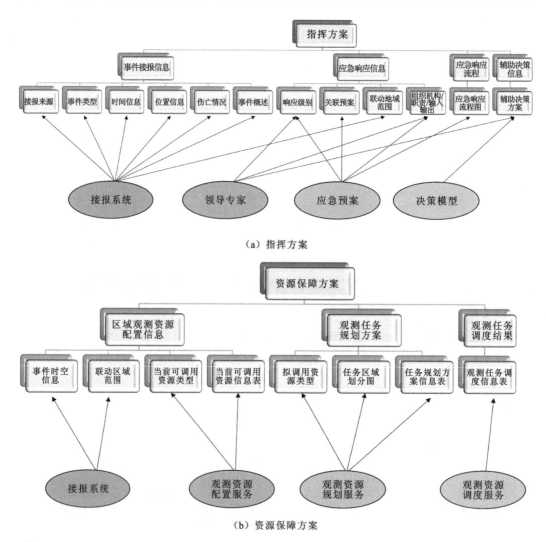

（a）指挥方案

（b）资源保障方案

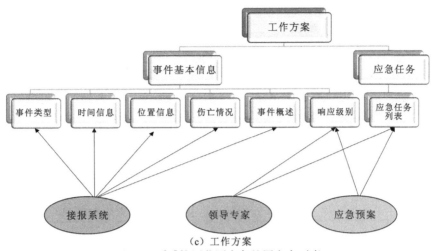

（c）工作方案

图 3.4 遥感协同监测应急处置方案要素

表 3.4 遥感协同监测应急处置方案要素

应急处置方案类型	方案要素	子要素	来源
指挥方案	事件接报信息	接报来源	从接报系统提取，来源于用户的填报
		事件类型	
		时间信息	
		位置信息	
		伤亡情况	
		事件概述	
	应急响应信息	响应级别	由决策者研判并确定
		关联预案	应急平台自动关联
		联动地域范围	根据事件信息与预案确定
		组织机构/职责/输入输出	从相关预案中直接提取，用户可修改
	应急响应流程	应急响应流程图	从相关预案中直接提取
	辅助决策信息	辅助决策方案	调取决策模型实时分析结果，用户可修改
资源保障方案	区域观测资源配置信息	事件时空信息	同指挥方案
		联动区域范围	同指挥方案
		当前可调用资源类型	根据联动区域范围，从观测资源数据库中提供
		当前可调用资源能力图	由观测资源最优配置软件分析并提供图和表
		当前可调用资源信息表	
	观测任务规划方案	拟调用资源类型	根据事件时空信息与资源配置信息，由任务规划软件分析并提供文本、图和信息表
		任务区域划分图	
		任务规划方案信息表	
	观测任务调度结果	观测任务调度信息表	由资源调度软件提供观测资源实时状态信息

应急处置方案类型	方案要素	子要素	来源
工作方案	事件基本信息	事件类型	同指挥方案
		时间信息	
		位置信息	
		伤亡情况	
		事件概述	
		响应级别	
	应急任务	应急任务列表	从预案中直接获取,用户可修改

信息、应急响应流程、辅助决策信息等。资源保障方案供遥感应急领导小组与应急监测组使用,包含区域观测资源配置信息、观测任务规划方案和观测任务调度结果。工作方案供所有组织机构使用,主要包含事件接报信息和应急任务列表,可对照逐项核实应急任务执行情况。在软件模块上提供方案生成、方案调整和方案管理三种业务功能,能够汇聚各类动态信息和预案信息生成方案初稿,并提供用户即时调整功能。

3.5 本章小结

本章介绍了遥感协同监测应急服务保障预案的组织体系、工作机制、业务活动,以及应急响应流程、任务和分级标准。通过对多部门、多资源、多系统的协调合作进行深入分析,提出了完善的应急服务保障预案框架,明确了各类应急任务的响应机制和预案管理工具,形成了可自主定制的遥感协同监测应急处置方案,确保在突发事件中能够实现快速、高效的应急响应,为实现应急服务的标准化、流程化及多部门协同提供了系统性指导,为进一步提升应急服务的精准度和响应速度奠定了坚实的基础。

第4章

天空地观测资源一体化协同规划技术

　　由于天空地单一手段应急监测会出现"时空裂缝"，需要将天空地遥感进行有机协同应急监测。现有的天空地一体化对地观测系统中的各个传感器相互独立运行、独立进行任务规划的工作模式已经成为有效应对应急事件的瓶颈，由于应急事件的突发性及复杂性，应急资源筹划与实际应急需求常常难以匹配。区域应急要在规定时间内完成满足应急用户所需要的信息服务，离不开观测资源的有效配置、一体化的规划。为解决多需求、多资源、多部门的动态最优筹划，有必要统筹组织天空地一体化对地观测资源，形成高效的协同观测网络，全方位满足应急需求，最大限度地发挥天空地一体化对地观测资源的效益。

　　本章建立基于多目标优化的天空地一体化遥感观测网的最优配置模型，实现不确定环境下的天空地一体化基础观测网的最优配置；针对天空地一体化资源观测网资源的时空异质性高难点，提出了基于三维马尔可夫随机场的应急事件时空概率分布预测模型，实现不确定环境下的天空地一体化基础观测网的最优配置；针对规划调度面临大规模观测任务并发的情形，提出顾及多类异构资源的区域目标分解方法，可以协调由不同观测平台的移动方式、观测形式和传感器可见能力所造成的观测区域之间的差异；针对每个观测资源潜在执行的元任务之间在任意两个或多个任务同时执行的情况下存在的冲突情形，提出基于任务冲突启发式的任务分配方法，在保障元任务冲突和资源观测能力的情况下解决观测收益统一估算问题，分别对卫星、无人机、飞艇和地面监测车4类资源的二元任务冲突进行分析和判断，在此基础上构建4类启发式准则，并基于以上两种方法构建原型系统进行有效验证。

4.1 天空地一体化基础观测网的最优配置方法

应急事件发生时空分布的高度动态且不确定，导致资源配置优化目标模糊，难以形成有效的配置方案，并且由于天空地一体化资源观测网资源的时空异质性高，天空地一体化基础观测网的最优配置显得尤其困难。本节提出基于三维马尔可夫随机场的应急事件时空概率分布预测模型，将应急灾害发生时空分布的高度动态且不确定转化成一种基于概率图模型的预测问题，通过应急事件风险性综合度量和区域应急事件风险性随机模拟，构建基于三维马尔可夫随机场的应急事件时空概率分布预测技术，建立基于多目标优化的天空地一体化遥感观测网的最优配置模型，实现不确定环境下的天空地一体化基础观测网的最优配置。

4.1.1 基于三维马尔可夫随机场的应急事件时空概率分布预测模型

天空地资源优化配置的难点在于发生不同类别应急事件所需的资源种类有差别。例如发生地质灾害的区域多为山区，此时主要观测手段为卫星、无人机，地面传感器几乎无法发挥作用。当建立资源优化配置模型时，必须考虑每个地区发生各类应急事件的热度，以及各类应急事件所需应急资源的种类，避免造成资源浪费。

根据研究区域应急事件的历史资料，并结合应急事件的相关因素（如经济、人口、天气等），构建研究区域应急事件的概率图分布模型，以实现重点观测区域应急事件时空特征的分析。

1. 应急事件风险性综合度量

在应急事件的损失程度及应急事件发生的概率两个维度上综合度量单元格内应急事件风险性，首先通过选取合理的指标体系，建立灰色关联度模型，对应急事件的损失程度进行有效的度量，再利用应急事件发生的历史信息，以及与应急事件的影响评价体系，建立历史分布与模糊综合评价相结合的综合度量模型，对应急事件的风险性进行综合评价，进而综合考虑应急事件的损失程度，以及应急事件发生概率，实现对单元网格内应急事件风险的综合度量。

2. 区域应急事件风险性随机模拟

在对样本点的风险性进行综合度量后，为了对整个监测区域的应急事件风险性进行随机模拟，首先对整个监测区域进行网格化处理，随后对样本点的分布进行统计分析，利用统计分析的结果，通过三维马尔可夫随机场对整个监测区域的应急事件风险性进行随机模拟，给出整个区域的应急事件风险性的时空分布。

为了对重点区域应急事件风险进行合理的评估，一般需要经历几个典型过程：首先要搜集相关数据，主要数据包括监测区域的地理信息，监测区域应急事件发生的历史情况（包括历史损失情况），与应急事件发生概率有关的相关因素（如失业率、消防投入占比、极端降雨量等），监测区域的地理气象条件（如海拔高度、风力等级、能见度等），在收集数据后，需要对数据进行相关预处理，然后利用处理后的数据对监测区域具有样本信息的网格进行应急事件风险度量，给出样本点的应急事件风险分布情况，然后利用马尔可夫随机场模型，对整个区域的应急事件风险进行模拟，再利用光滑化的相关技术，对网格数据进行处理。

4.1.2 基于多目标优化的天空地一体化遥感观测网的最优配置模型

为保证观测区域在事件发生 2 h 内可以被有效的观测资源监测到，并获得观测数据，一个重要的问题是资源配置应该能够满足这一目标。天空地一体化遥感观测网的最优配置问题的难点在于为满足任务 2 h 需求，如何用尽量少的观测资源获得最大的观测能力。

针对这一难点问题，在事件时空概率图的基础上，提出了基于深度图卷积网络的无人机、飞艇、卫星、地面传感器等多种监测资源的 2 h 观测能力预测，构建以单位风险资源利用率及时间覆盖度为目标，充分考虑监测目标的实现及地理条件、气象条件、事实约束等多种约束，建立多目标的优化模型，最后利用遗传算法，对模型进行求解，求解得到整个监测区域的监测资源最优配置方案，实现整个监测区域的应急事件合理、高效的监控。从而保证任何地区发生应急事件都有可用资源在 2 h 内到达，并能进行持续监控至应急事件结束。

假设某地区有 m 个应急需求点 $F_1, F_2, \cdots, F_m$，点 F_i 发生应急事件的热度为 R_i；$S_j^a (j=1,2,\cdots,n; a=1,2,\cdots,A)$ 为可能增加的 n 个资源调度中心，第 j 个资源调度中心属于第 a 类，记 t_{ijf} 为第 f 类资源从 S_j^a 到达应急需求点 F_i 的最短时间。记 t 是应急事件发生后要求有监测资源到达的最长等待时间（这里 t 为 2 h），记 $a_{ijf}(t) = \begin{cases} 1, & t_{ijf} \leqslant t \\ 0, & t_{ijf} > t \end{cases}$，记 $N_{if}(t)$ 为在时间 t 内所有资源调度中心可运达应急需求点 F_i 的第 f 类资源量，有

$$N_{if}(t) = \sum_{j=1}^{n+s} a_{ijf}(t) y_{fj}, \quad j=1,2,\cdots,n, \quad f=1,2,\cdots,F \tag{4.1}$$

式中：y_{fj} 为从第 j 个资源调度中心运达至应急需求点的第 f 类资源数量。

4.2 天空地异构资源协同规划问题框架分析

天空地观测资源协同规划的目标是将各类观测资源合理地分配给观测任务，在满足多任务空间位置、时间窗口、光谱波段等要求和观测资源时空、性能等约束条件的情况下，达到天空地资源观测效益最大化的目的。为此，本节在详细分析应急任务需求、各观测资源约束条件及协同规划框架的基础上，层层递进地对此问题进行详细分析和形式化建模。

本节研究思路如图 4.1 所示，首先，从观测资源的角度对天空地观测资源的异构性质进行分析并明确其约束条件，并在对应急任务需求分析的基础上总结天空地资源协同规划问题的难点；其次，对比分析现有的协同规划框架，在充分了解规划框架的适用性后提出合适的观测组织方法；最后，进一步明确规划问题的前提和基本假设并总结协同规划问题的数学模型和基本求解过程。

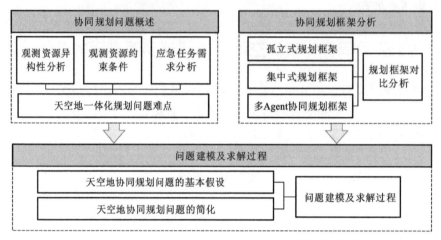

图 4.1 天空地异构资源协同规划问题研究思路

4.2.1 天空地观测资源协同规划问题概述

天空地观测资源的协同规划问题是一个复杂的指派问题，其目标是在满足观测资源承载能力和约束规则、任务需求等情况的前提下，将异构观测资源合理地分配给观测任务，以保证为尽可能多的任务安排观测资源（Smith et al.，2000）。其问题的本质是在资源维度上将天空地观测资源进行抽象和剥离，在任务维度上将多阶段观测任务进行分解和再融合，形成多任务多资源的数学分配场景，根据异构资源的约束条件和冲突判断准则实现异构资源和观测任务的最优匹配。

如图 4.2 所示，在异构观测资源的协同规划问题中，观测资源和观测任务是两类主要的参与对象，双方都有可能包含多个成员。其中，观测资源包括空基、天基、地基对地观测设备（本小节主要考虑卫星、无人机、飞艇、地面监测车 4 类），由于自身的机动能力和感知属性，观测资源会受到一定的空间范围、时间跨度、观测性能的限制，例如，卫星和地面监测车在空间上会受到运行轨道和道路网的约束，无人机和飞艇等在时间上会因为自身能耗的影响而受到最大飞行时长的限制。观测任务是指由于各类应急灾害事件的发生而需要通过遥感手段获取当前地面信息。观测任务不仅受到空间范围、时间窗口和成像质量的约束，还要考虑不同任务类型对成像光谱及光谱分辨率的要求。在实际观测中，观测任务的规模一般大于天空地资源的承载能力，从而导致求解规划问题变得十分困难（Barbulescu，2002）。此外，观测过程中不同平台间与平台内的复杂协作关系和任务之间的冲突关系进一步加剧了异构资源协同规划问题的求解难度。

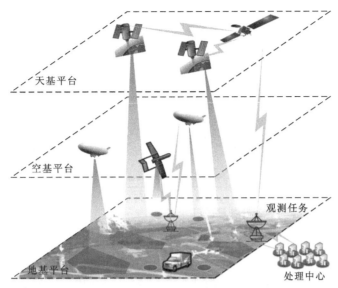

图 4.2   天空地对地观测系统示意图

根据决策分析的不同需求，天空地观测资源的规划方案有不同的优化目标，比如完成观测任务数量的最大化，完成观测任务面积的最大化，获取数据平均时间最短和完成观测所需代价最小等。有学者将异构资源的规划看作多目标优化问题（于海 等，2009；王钧，2007；Gabrel et al.，2003），而任务执行过程中多个目标之间必然会产生冲突，比如在观测代价付出最小的情况下很难达到观测任务面积最大化的目标，即不可能同时满足多个优化目标，所以在多目标分析中势必会采取一些折中处理措施。本书以应急任务为研究背景，观测成本相对来说不是主要优化目标，基本假设是任务区域、时间窗口已知，所以本节的研究目标是在满足资源、任务约束条件的情况下，使观测收益最大化。观测收益是指完成观测的任务能够带给决策者的信息量大小，所以观测收益不仅与完成任务的面积有关，还与任务的重要程度有关，因此用完成观测目标的加权面积表示观测收益。

1. 观测资源工作原理

天空地观测资源协同规划体系的工作流程主要有以下步骤：首先，用户根据应急事件类型和观测需求提出任务请求，任务控制中心对所有任务请求进行统一处理，并根据天空地观测资源的状态、观测能力统一规划观测方案，确定各观测平台的观测任务；其次，在卫星、无人机、飞艇和地面监测车等平台获取任务分配订单后，分别规划各平台内观测资源的具体执行方案和数据传输动作；最后，各观测资源根据相应指令执行观测任务和数据传输。

作为对地观测的重要手段，天空地各类观测平台有其共同点，不同类型观测资源都可以分为运行平台和有效载荷两部分，执行任务过程中平台部分会受到应急任务的时间、空间约束，载荷部分会受到应急任务的分辨率、光谱等数据质量相关限制。除此之外，各类观测资源的数据获取都可以分为规划方案生成、应急任务观测、观测数据传回等过程（本节仅涉及规划方案生成）。相对于共性，各观测平台的差异性更加明显（Koska et al.，2017；D'Oliveira et al.，2016；Xu et al.，2016；Zhu et al.，2016；Ozoroski et al.，2015），本小节不考虑应急任务类型与观测资源载荷的匹配，各类观测资源的承载平台能力指标差异如表 4.1 所示，执行任务过程中天空地平台各有优劣，相对于其他观测资源，卫星的观测范围大、不受地域限制，但也存在灵活性较差、观测成本比较高、仅能观测预设轨道周边的局部区域等问题；而无人机、飞艇等空基平台的灵活敏捷、不受区域限制、观测成本较低等特性能够有效地弥补卫星平台的不足，但同时也易受外部环境、地形地貌的干扰；除此之外，高灵敏度、低成本的观测优势使得地面监测车在对局部点任务的执行中仍然发挥着巨大的作用。

表 4.1　天空地观测资源承载平台对比

观测平台	观测范围	地形约束	区域限制	灵活性	观测成本	观测速度	响应时间
卫星	大	否	是	差	高	极快	长
无人机	一般	是	否	强	一般	一般	短
飞艇	较大	是	否	较强	较高	较慢	短
地面监测车	小	是	是	强	低	慢	短

综上所述，天空地异构资源在执行任务过程中具有很强的互补性，多类平台的协同工作能够提高对地观测的时效性和准确性。为了充分挖掘各观测资源的观测能力，发挥异构平台的互补优势，满足复杂多样的应急任务需求，提高时空数据获取能力和观测信息综合效益，需要根据各平台特点研究天空地观测资源协同规划手段、资源高效配置方法，以最大化资源利用效率与数据获取能力。所以，要了解各类观测资源数据获取过程的特点与差异，为后续研究奠定基础。

1）天基平台对地观测工作原理

按照不同的分类方法，对地观测卫星可以分为不同的类别。按照卫星运行的轨道高度可以分为低轨卫星、中轨卫星、高轨卫星；按照卫星执行任务的不同可以分为测绘卫星、电磁探测卫星、预警卫星、海洋观测卫星和气象卫星等（王永刚 等，2003）。本小节主要研究的是成像卫星。如图 4.3 所示，对地观测卫星沿着预先设计的轨道运行，卫星和地心的连线与地面的交点称为星下点，由于卫星的运动和地球的自转使星下点在地球表面移动所形成的轨迹称为星下点轨迹，星下点轨迹是卫星可视幅宽的中心线，当卫星搭载的传感器垂直于轨道方向侧摆时，能够获取偏离星下点轨迹的任务目标。少数敏捷卫星（Xu et al.，2016；Chang et al.，2015）能够同时在三个维度进行姿态调整，俯仰、侧摆、偏航同时进行互不干预。由于卫星的轨道、速度都是已知的，可以通过轨道预报推算卫星能否观测到某任务和观测此任务的时间窗口。

卫星执行对地观测任务时，首先需要地面站上传开机时间、侧摆角、关机时间等指令，然后在卫星飞抵任务上空时打开传感器对目标进行观测，最后飞离任务区或完成观测时关闭传感器并将观测数据在合适时间传输到地面站，完成此次观测任务。

在不考虑载荷与任务匹配的情况下，对地观测卫星执行任务过程中主要考虑以下约束。

（1）空间可见性约束：对地观测卫星按照固定的轨道运行，因此卫星只能观测到星下点轨迹两侧幅宽范围内的区域，此范围外的任务区域对卫星不可见。

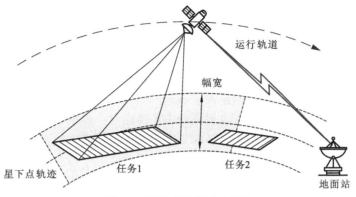

图 4.3　卫星对地观测示意图

（2）观测时间窗口约束：卫星运行过程中不会一直保持开机状态，只有在执行观测任务时才开机观测，执行任务的时间也成为观测时间窗口。而执行两个不同任务的观测时间窗口不能冲突。

（3）开机时长约束：为了在恶劣的太空环境中保护卫星载荷，一般会限制卫星传感器单次、单圈的最长开机时间，卫星执行任务时间必须小于此时间。

（4）开机时间间隔约束：受卫星载荷特性所限，当传感器关机后需要间隔一定时间才能再次开机。

（5）动作唯一性约束：非敏捷卫星在任意时刻只能执行一个观测动作，两个观测动作不能有时间上的交叉。

（6）存储容量约束：受卫星的临时存储容量所限，星上存储的遥感数据量必须小于最大存储容量。

2）空基平台对地观测工作原理

本小节考虑无人机和飞艇两类空基对地观测平台，与卫星平台类似，无人机和飞艇同样由飞行平台和载荷两部分组成。飞行平台主要负责在应急任务时间窗口内到达目标位置，以便使无人机、飞艇能够及时地观测任务区。如图 4.4 所示，无人机执行观测任

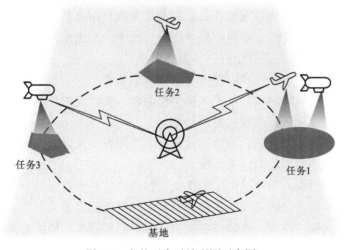

图 4.4　空基平台对地观测示意图

务过程中，首先按照指定的规划方案从基地起飞，当无人机平台到达指定观测目标区域时，传感器开机开始执行对地观测任务，在此任务观测完毕后关闭传感器并按照指定路线飞向下一个待观测目标，继续执行指定的观测动作，直到此无人机所有规划任务观测完毕，最后返回基地完成此次无人机的飞行任务。在观测过程中，当前无人机根据自身存储状态和地面站工作状态将观测数据下传到数据处理中心。

因此，在任务规划过程中，无人机资源主要考虑以下因素。

（1）基地位置约束：执行观测任务时无人机要从所属基地起飞，完成观测任务后最终要返回基地。

（2）空间覆盖范围约束：无人机的最大续航里程决定了无人机的可视半径，应急灾害任务与无人机基地的距离不能大于无人机续航里程的1/2，即必须在无人机覆盖范围内。

（3）观测时间窗口约束：由于应急灾害任务有观测时间窗口的要求，必须在规定时间内完成观测任务。由于受到最大巡航速度的限制，要保证无人机到达观测任务区后从开始观测到结束观测的时间段在任务要求的时间窗口之内。

此外，空基平台在传感器层面还受到开机时长、开机时间间隔、存储容量的约束。

飞艇的飞行原理与无人机有着本质的不同，它利用浮升气体提供升力，并能长期定点驻留或低速机动完成观测任务。相对于无人机，飞艇具有载荷量大、隐身性能好、留空时间长、生存能力强和效费比高等优点（杨跃能 等，2015；郑伟 等，2013）。由于飞艇长期驻留和超长续航能力的特点，在其执行观测任务期间不考虑飞艇的起飞和返航阶段。

与无人机不同，每次执行观测任务前，飞艇平台没有固定起飞基地，因此不存在空间可见性的约束，但仍受时间窗口、传感器开机时间、存储容量的限制。

3）地基平台工作原理

相对于天基、空基观测平台，地面监测车有着灵敏度高、观测成本低、易操控、时效性强等优势，但也存在观测范围小、受路网约束等明显不足。地面监测车通常由两部分组成，即车辆平台和车载传感器。当执行观测任务时，地面监测车沿最近路径到达任务地点并开启车载传感器执行观测任务，当前任务执行结束后驶往下一个观测任务区或返回基地结束此次观测任务。在执行整个任务过程中，地面监测车根据自身存储状态和"动中通"等移动通信基站位置适时回传监测数据。

地面监测车在执行任务过程中主要有以下限制条件。

（1）监测车基地位置约束：与无人机平台类似，执行观测任务中，地面监测车从所属基地出发，所有观测任务结束后返回基地。

（2）道路网约束：与空基、天基平台最大的不同在于地面监测设备必须遵循路网移动，并且仅能监测路网周边的任务区域。

（3）续航里程约束：地面监测车的续航里程决定了监测设备的空间覆盖范围，监测车基地与观测任务区的最短路径必须小于监测车辆续航里程的1/2。

（4）观测时间窗口约束：按照应急灾害任务的时限要求，地面监测车必须在有效的任务时间窗口范围内到达任务区并执行观测任务。

2. 观测任务需求分析

观测任务是天空地资源对地观测的具体目标，按照不同的分类标准有不同的任务类型，如表 4.2 所示，根据任务紧迫性、目标覆盖范围、采样频率、目标动态性等，用户任务可以分为不同的类型（Hao et al., 2014）。

表 4.2 观测任务分类

分类标准	任务类型
任务紧迫性	应急任务、常规任务
目标覆盖范围	点任务、区域任务
采样频率	一次观测任务、多次观测任务、周期任务
目标动态性	静态任务、动态任务、移动目标

以地质灾害等应急任务为背景，其基本的信息要素和约束条件包括以下几个方面。

1）观测任务类型

应急任务都有其特殊性，不同的任务类型在时效性、光谱波段和空间分辨率等方面有不同的观测要求。例如，红外波段通常用在火灾监测中，而地震、泥石流等地质灾害则需要多极化 SAR 数据的支持。因此，在生成协同规划方案之前需要根据观测任务类型和传感器能力指标对观测资源进行筛选。

2）目标空间约束

观测目标和观测资源的空间位置决定了它们的覆盖性。点状目标和区域目标都需要明确其具体位置信息，点状目标的地理位置可以用经纬度、海拔三元组来表达（高度可缺省），而区域目标可以用边界顶点的空间位置和序列号表示。

3）目标时间约束

空间可见性和有效时间窗口是任务目标相对于观测资源最重要的约束条件。目标时间约束主要包含两层含义，任务的有效时间窗口要求和周期性任务的时间分辨率要求。由于恐怖袭击、地震等观测任务中的紧急性事件，通常有很强的时效性要求，所以必须在任务要求的时间窗口之内完成才有意义，越快完成观测任务其收益也就越大。而对于监测灾后重建、城市发展等长时间的周期性监测任务，则必须保证一定的重复观测频率，其时间分辨率根据具体观测任务而定。此外，若用户指定目标的观测顺序，如任务 T_i 和任务 T_j 必须按先后顺序进行观测或同步观测，则两个任务之间存在观测的时序约束。

4）目标优先级

观测目标优先级是应急任务重要性和观测收益的直接体现，由于部署的观测资源有限，通过调整观测任务的优先级或收益权重可以优先执行相对重要、急需解决的应急任务。任务优先级通常在用户提交任务时设定，如果未作说明则认为所有任务拥有同样的重要性。

5）空间分辨率

根据不同的任务类型及遥感数据用途，用户通常对数据的空间分辨率有不同的要求。例如，在森林火灾应急事件中，为了确定过火面积通常仅需要十米级甚至百米级的低分辨率影像；而在恐怖袭击事件中，为了确定人体面貌特征需要厘米级的高分辨率影像。在资源协同规划之前，需要根据分辨率要求筛选当前任务可用的观测资源，只有当传感器的空间分辨率性能指标高于应急任务所需的精度时，此观测任务的执行才有意义。

6）传感器类型

天空地观测资源传感器的类型决定了观测资源的幅宽、光谱波段、空间分辨率、开机次数等指标，间接地确定了观测资源的应用场景。在特殊情况下，应急灾害任务可能会提交可见光、红外波段、SAR 等单类或多类传感器融合的观测请求，根据应急任务需求和传感器性能指标可以初步筛选当前任务可用的观测资源。

3. 天空地观测资源协同规划问题难点

天基、空基、地基观测资源的协同规划是针对不同类型的应急灾害事件，综合分析观测任务的要求、时空冲突和资源的观测能力、约束条件，合理地将天空地观测资源分配给应急任务，实现对异构观测资源的有效协同规划和观测收益的最大化，是一个任务请求类型复杂、规划资源独立异构、冲突约束交叉多变、数学模型高度非线性的复杂优化问题。按照从输入到输出、从整体到局部的方法对天空地观测资源协同规划的难点和关键问题进行详细的梳理与分析。

从协同规划问题的整体层次来看，任务请求和天空地异构观测资源是系统的核心输入。首先，观测任务具有典型的多样性，并且通常以"高层语义"的形式提供任务需求，这种任务表达形式与计算机语言的底层语义存在天然的语义鸿沟，这就需要对任务请求进行抽象，建立任务的高层语义描述到低层机器语言理解的映射。其次，应急任务与观测资源都有一定的特殊性，在对观测资源协同规划时应该抓住其典型特征、屏蔽常规扰动，生成指导性规划方案，在观测任务方面，需要详细分析各类典型应急灾害的特点、应急响应的决策机制，确定任务的指标体系；在观测资源方面，需要充分了解各平台单一规划特性、观测任务响应流程，预测并分析其规划结果。最后，天空地观测资源在使用方式、载荷性能、能力约束等方面有很明显的异构性质，需要从框架层次深度分析各类资源的耦合关系以实现系统内部异质观测资源协同操作的无缝集成。

从协同规划问题的实现细节来看，观测资源及任务需求的各种约束条件及其交互影响导致的任务冲突复杂性、多步决策问题不确定性的累积及联合策略空间的爆炸式增长是多异质资源协同规划问题的主要难点。需要从系统内部着手，厘清各约束条件的影响及其交织关系，根据任务冲突判断结果构建多因子优化模型并结合智能优化算法提高求解效率。

根据协同规划问题的分析过程对研究技术难点进行详细阐述，具体包括以下几个方面。

1）多阶段应急任务的时空随机性

除了应急任务的类型对观测资源成像质量、传感器类型等方面的限制，具有复杂时空特性的应急任务与多类异构天空地平台的可见关系处理也是协同规划问题需要解决的难点之一。观测任务在时间上包括单次观测的短期任务、多次不定时观测的长期任务和定时循环观测的周期任务，每次执行任务都必须在随机的时间窗口内完成；在空间上包括可单次完成观测的点目标和无法单次覆盖的面状目标，且各类任务的空间分布离散。这种时间上的多阶段性和空间上的分布模式随机性及其时空复杂的交互关系导致了观测任务时空分解的多样性和不确定性。在区域目标分解过程中，需要考虑多类平台及载荷在时间窗口内对目标的可见情况，而每次观测时有多种不同的候选观测方案策略，这无形之中提升了区域任务分解的难度。

2）异构天空地资源的相对独立性

天空地对地观测系统中各类观测平台的机动性能、载荷能力、使用方式等都存在巨大差异，使天空地协同规划技术变得更加困难。首先，各类资源自身都存在复杂的约束，难以对天空地所有资源的约束进行统一描述和处理，造成了模型构建和算法求解的困难；其次，在观测收益衡量指标方面，由于观测资源的异构性，很难建立统一的、适应各类异构资源的任务收益计算标准；最后，天空地各类子规划系统已有成熟的自主规划体系，各子规划中心有明显的系统独立性和排外性，这给系统的整体耦合和紧凑关联带来了困难。此外，天空地协同规划系统具有可扩展、大立体、高动态等特征，系统整体观测能力随时间、空间和问题规划动态变化，在规划过程中，不仅要考虑系统中各种观测资源节点的复杂关系，还要分析各观测平台时空属性和资源及资源之间关系的高度动态性。因此，在动态拓扑环境下对天空地观测网中所有资源节点及其关系进行统一描述建模，标准化各类观测节点的任务收益，并用统一框架无缝集成多源异构观测平台，是实现天空地观测网络协同规划和应急决策的必要条件和关键前提。

3）组合优化问题求解的复杂性

天空地资源的协同规划属于组合优化问题，也是 NP 难问题，多类异构资源和多阶段观测任务分解子集的数量规模较大，且系统状态、资源候选动作存在不确定性，从而导致联合策略空间巨大。在给定 N 个观测节点和 T 个观测子任务，并且所有资源都有能力完成观测任务的情况下，问题的候选解数量将达到 $(N/2) \times (T-1)!$ 个（Jackson，2003）。所以，协同规划任务的搜索空间会随着资源节点、任务子集等主要参与成员数量规模的变大而呈指数倍的增长，这种组合爆炸的危险是准确确定规划方案最优候选解的主要困难。

4）任务冲突及资源约束的复杂性

在对天空地资源协同规划问题求解过程中，既要全盘考虑资源的约束条件并合理分析可能引发的任务冲突，也要注意避免资源过度约束导致的问题没有可行解的情况。任务冲突及约束的复杂性主要体现在两个方面。一是异构资源协同规划是一类典型的强非线性约束问题，其资源约束和任务冲突数量众多且复杂。在协同规划过程中不仅要考虑资源节点的资源能力约束、观测时间窗口约束、最大覆盖空间约束、已规划任务约束等资源自身相对独立的约束，还要考虑动作时序约束、资源之间协同关系等耦合性约束。观测任务冲突判断中，不仅要识别观测资源执行多个任务时的目标冲突状况，还要分析多个任务中任意 n 个任务之间的冲突情况及冲突关系的前因后果。二是协同规划过程中任务冲突及资源约束存在逻辑关系，它们之间可以相互制约并能够互相影响。由于约束条件的交叉影响，任务的冲突判断不能仅识别任务冲突的结果，而更要深度剖析约束条件和任务冲突之间的联系，分析当某几个任务的规划状态改变时对其他任务造成的影响。任务冲突交互影响的解析和资源约束逻辑关系的探索是实现多源异构观测资源协同有序规划的关键。

5）多步决策问题中系统的动态性

天空地异构资源的协同规划同时也是一个多步决策问题。首先，天空地资源规划问题中实体规模大、变量多，冲突之间具有复杂的约束关系，其分配过程受众多因素影响并存在诸多不确定性，天空地资源的规划过程中每一步的判断都要取决于上一步的决策结果，而协同规划过程中不确定性的累积最终会造成优化结果的逐渐偏差。其次，在执行观测任务过程中，资源动作执行效果与理论的偏差及外部环境的不确定性始终存在，资源的每一次观测动作的不确定性所带来的误差都会被不断地放大，引发蝴蝶效应，造成与理论分析结果的偏差。协同规划问题中多步决策的不确定性和系统动态性所引起的蝴蝶效应是影响天空地观测资源协同规划的关键难点。

4.2.2 异构观测资源协同规划框架分析

在对地观测资源协同规划过程中，最常使用的传统式规划架构（Herold et al.，2011，2010；Abramson et al.，2010）包括孤立式规划框架和集中式规划框架（王慧林 等，2016；Wu et al.，2016；Li et al.，2014；Robinson，2013；Herold et al.，2010）两种模式。孤立式规划框架是一种各资源平台规划中心单独管控所辖资源的孤立式模式，很难进行不同资源间的协同合作。集中式规划框架是一种以一个综合管控中心管理所有天空地观测资源的集中化管理模式，可以进行不同平台的协同任务规划，但系统整体的灵活性相对较弱。

1. 孤立式规划框架

天空地异构观测资源通常针对特定的观测任务和用户群体进行部署，从而导致各自独立的规划体系。不同的资源规划中心通常由不同的部门直接管理，如图4.5（a）所示，每个任务规划中心均从目标用户获取特定观测任务，通过孤立的规划体系规划所辖资源。这种"烟囱式"的管理模式通常是根据孤立部门和特定任务建设的，一般情况下可满足日常观测需求，但当有大量并发紧急任务需求时，这种孤立的垂直体系结构缺乏交互与协作、不能共享资源，会形成资源孤岛和信息孤岛，从而导致观测效率低下。

2. 集中式规划框架

为了解决孤立式规划框架观测资源间缺乏有效协同共享的不足，集中式规划框架应运而生，所谓集中式框架是指由一个计算平台组成协同规划中心，应急任务集中发送到该规划中心，并且整个天空地观测系统的所有资源都集中部署在该规划中心，系统所有的观测资源管理和协同规划调度任务均由其统一处理。如图4.5（b）所示，集中式规划框架最大的优势是部署简单，无须考虑多个资源节点之间的分布式协作问题，但存在理论模型构建和实际规划调度的困难。

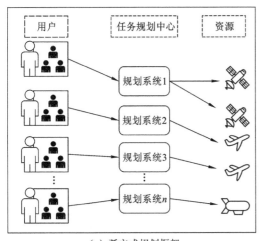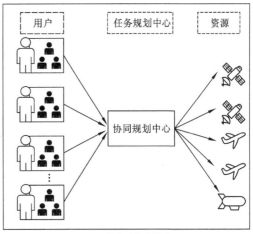

（a）孤立式规划框架　　　　　　　　（b）集中式规划框架

图 4.5　传统协同规划框架

首先，对地观测资源和应急任务巨大的数量规模给集中协同规划中心在应急任务狭窄的时间窗口内完成规划提出了挑战；其次，天空地观测资源性能、属性各异，约束、冲突复杂，怎样构建适应全部资源和动态扰动的高效合理的统一协同规划模型并设计相应的求解算法，是集中式规划框架的核心难题；最后，在实际操作层面，集中式规划框架需要高权限的调度机构来管控所有天空地对地观测资源，而目前的对地观测体系中，不同的对地观测平台均由不同部门的任务规划中心管理，在当前成熟的管理模式下，这种集中式规划框架不具备可行性。

3. 基于智能代理的异构资源一体化任务分配技术框架

近年来，基于多智能体系统（multi-agent systems）的协同规划技术已经在任务计划、调度等方面引起了广泛关注（Zhu et al.，2016；Guo et al.，2014；Wen et al.，2014；Cao et al.，2013；李军 等，2013），这为天空地观测资源的协同规划研究提供了很好的借鉴。由于天空地一体化协同规划过程涉及多类异构观测资源，具有动态性、多因素、多资源-多目标、多约束、不确定性、层次性等特点，不同类型资源的约束和规划方式大有不同，同时某些资源在管理控制上具有相对独立性、局部自治性，所以本小节采用一种基于智能代理的规划调度思想来解决天空地异构资源的协同规划问题，并提出一种基于智能代理的异构天空地观测网的协同规划框架。

如图 4.6 所示，在异构多代理协同规划框架内，将天空地协同规划问题分解为三个层次：原始任务分解层、子规划中心协同层、任务规划层。同时包括四类代理（Agent）：分解后的元任务代理、协同代理、子规划中心代理和观测资源代理。该框架将每一个独立的观测资源、应急任务和单一平台子规划中心都看作一种代理而存在，任务和观测资源通过代理向规划调度中心传递实时状态信息、接收调度中心的动作指示并且及时对指示做出响应，在对子规划中心的规划过程中整个协同合作问题由调度中心统一管理，而对具体资源的调度过程由各子规划中心统筹协调。

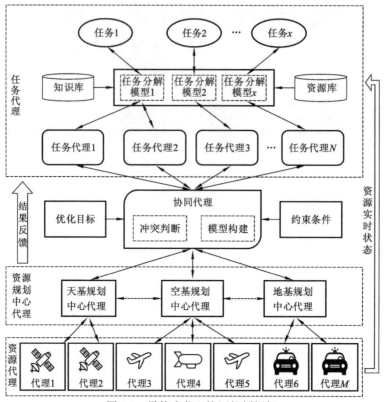

图 4.6　异构多代理协同规划框架

1）原始任务分解层

原始任务分解层主要负责统一管理应急任务，根据任务空间形态和观测时间窗口对原始任务进行分解。用户提交的原始任务空间上包括点状任务、区域目标任务，时间上包括单次观测任务、多阶段重复观测任务和周期性观测任务，通过预先定义的分解模型和相关资源能力信息、知识库，将时空复杂的原始应急观测需求分解为天空地观测资源可单次完成的元任务，并通过任务代理表示。任务代理通过包含元任务位置、时间窗口、观测收益权重、面积等属性的多元组表达每一个元任务，并向协同代理提供元任务信息。

2）子规划中心协同层

子规划中心协同层主要包括协同代理，协商是协同代理的主要功能，是维持整个系统高效协作运行的关键（Shen et al.，2006）。通过元任务代理和观测资源代理获取需要规划的任务和候选的观测资源，并根据任务需求和观测平台的综合能力确定能够完成观测任务的候选平台，最后在资源约束条件和任务冲突构建收益模型的基础上将元任务代理与子规划中心代理进行匹配并分发到具体管理中心。

3）任务规划层

任务规划层包括子规划中心代理，负责从协同代理和其他特定用户接收分发的元任务并根据元任务代理和资源代理提供的性能、约束等指标确定调度和数据传输方案实时调度、调整所辖观测资源。子规划中心代理将规划调度方案实时回传给协同代理并及时更新资源和任务观测状态。此外，子规划中心代理之间的协同交互提高了系统整体的鲁棒性和适应能力。

与传统的对地观测框架相比，异构多代理协同规划框架不仅考虑了各部门对所辖资源各自规划的管理模式现状，使规划框架具备现实性和可操作性；而且这种模块化分布式的异构多代理框架有助于天空地对地观测系统的扩展，能够相对容易地实现任务、观测资源和子规划中心的即时插入、修改；此外，每个子规划中心单独调度管理观测资源的模式加强了系统的灵活性，而子规划中心之间的直接交互和协商增强了系统整体的抗干扰能力和时效性。

4.2.3 异构资源协同规划问题研究策略

1. 协同规划问题基本假设及简化

观测任务需求的多样性、天空地资源的异构性和外部环境的扰动等导致实际的协同规划问题变得异常复杂，为了抽象并解决问题的本质，需要抓住天空地协同规划问题的关键因素，适当地忽略一些次要影响因子。因此，在深度剖析问题的核心和实际应用的基础上，对研究问题进行如下的假设和简化。

（1）不考虑任务的类型需求与传感器能力的匹配。将任务的光谱波段、空间分辨率等需求指标与涉及传感器性能的初始匹配看作一种预处理操作。初始匹配的结果作为该方法的输入进行协同规划。

（2）所有任务目标均为静止的区域目标，不考虑移动目标的监测规划，且不考虑规划过程中任务数据集的动态变化。

（3）不考虑外界环境扰动对观测资源造成的影响。

（4）不对观测资源的数据传输需求进行规划。

（5）考虑两类对地观测卫星：敏捷卫星和非敏捷卫星。

（6）非敏捷卫星在任意时刻只能执行一个观测动作，两个观测动作不能有时间上的交叉。

（7）卫星成像过程一旦开始就不能终止，即在卫星观测过程中不考虑观测目标的部分成像。

（8）假设飞艇的续航能力无限，每次任务结束后不需要返回基地。

（9）地面监测车仅能在已有的路网上行驶。

（10）仅考虑车辆加满油的最大航程，不考虑加油站位置及备用油情况。

（11）资源的观测收益与加权的任务观测面积成正比。

2. 天空地协同规划问题求解过程

传统优化问题的解决可以分为模型构建和模型求解两个阶段。在天空地资源的协同规划体系中，问题的输入包括多类区域目标和异构观测资源，任务需求和资源约束都比较复杂。所以，在构建求解模型之前首先需要对源任务进行时空分解，以形成观测资源单次观测能够完成的元任务。其次，任务冲突结果是任务规划模型的前提，因此有必要判断任务冲突为规划模型做准备。最后，根据启发式准则和相关约束条件构建任务分配模型并设计相应算法求解问题生成规划方案，将元任务分发到各子规划中心。如图 4.7 所示，根据观测资源协同规划问题的求解过程，将此问题划分为 4 个阶段。

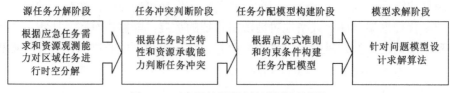

图 4.7　天空地协同规划问题求解过程

源任务分解阶段主要根据任务的相关需求、时空信息和观测资源的性能属性对获取到的源任务进行时间和空间上的分解，将多源区域目标划分成观测资源可一次完成观测的元任务，并作为任务规划模型的直接输入。由于区域目标很难由单个资源一次性完成观测，为了便于问题的分析求解势必要将区域目标进行分解构建元任务集合，并对任务约束进行细化处理。本章 4.2 节详细探讨了区域目标分解及元任务集合的过程。

任务冲突判断是任务分配模型构建的前提条件和必要基础。任务冲突判断阶段根据元任务集合的时空需求和天空地异构资源的承载能力对任务的观测冲突进行判断，为启发式准则的建立奠定基础。本章 4.3 节将分析任务冲突判断的过程。

任务分配模型构建阶段主要依据任务冲突的启发式准则和异构资源的约束条件，以及任务的观测需求，对协同规划问题进行抽象，建立基于任务冲突启发式的任务分配模型。建模过程中，将分解之后的元任务作为分配的基本对象，将子规划中心作为元任务的接收对象，依据天空地资源的约束条件，建立天空地资源协同规划问题的数学模型。本章 4.3 节将详细分析模型的构建过程。

模型求解阶段主要根据优化问题模型设计求解算法，并实现分配方案，以确定天空地子规划中心相对于具体任务的观测方案，并最终输出规划结果。

4.3　顾及多类异构资源的区域目标分解方法

根据前文对天空地异构资源协同规划问题的系统整理与深度剖析，最终确定了问题的解决方案及流程：源任务分解、任务冲突判断、任务分配模型构建及模型求解。本节将结合天空地异构资源的观测能力及任务的时空约束，对面状源任务分解问题进行详细探讨。

如图 4.8 所示，首先从异构资源多样性方面对区域目标分解问题进行阐述并分析问题难点，以确定多源异构观测资源情况下的区域目标分解方案；其次，分别从卫星、飞艇、无人机、地面监测车 4 类观测资源入手，根据资源节点承载能力和任务时间窗口等约束确定异构资源能够观测的子任务，在此基础上，通过确定元任务的空间属性、资源属性和语义属性等信息构建元任务集合；最后，通过模拟实验验证本节方法的有效性。

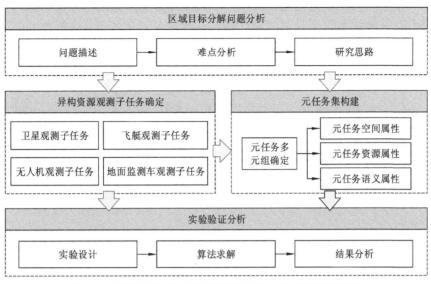

图 4.8　顾及多类异构资源的区域目标分解问题研究思路

4.3.1　区域目标分解问题概述

以应急灾害事件作为应用背景，系统的输入是需观测的灾害区域范围及时间窗口、分辨率等需求，观测任务按照采样频率分类可以分为一次性观测任务、持续性观测任务和多阶段观测任务，按照采样范围可以分为点状目标和区域目标，同时也可能是单个观测任务或随机并发的多任务。

如图 4.9 所示，从时间上看，实际的观测任务构成复杂。首先，单任务中的一次性观测规划比较简单，只需确定符合此次任务的观测资源即可，不需要考虑后续的任务规划。而持续性观测是一类长时间的观测，根据任务要求可以将持续性观测任务在时间上分解成多次的一次性观测任务。相对于前两类任务，多阶段观测任务则更加复杂，是一种不定时的长时观测任务，在时间维度上可以将每个阶段任务分解成多个子任务以变成多个一次性观测任务和持续性观测任务来处理。

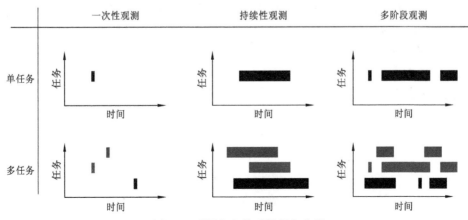

图 4.9　观测任务的采样频率分类

对于多任务一次性观测也比较简单，不需要考虑后续观测对当前的影响，而多阶段任务则可以分解成多个子任务，同样包括一次性观测任务和持续性观测任务，受观测资源的限制，在不考虑空间维度的情况下，可以将多个子任务进行融合处理，如图 4.10 所示。

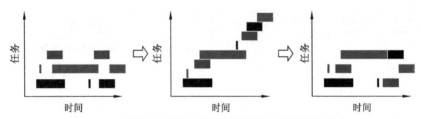

图 4.10　多阶段多任务观测时间维度上的分解与融合

相对于在时间维度上分解的易理解性和简便性，区域目标的空间维度分解更加复杂。区域任务由于其固有的空间形态和空间关系，不能被任意天空地观测资源的一次观测所覆盖，在实际观测过程中必须完全结束当前观测任务后才能执行下一个任务，这与以最大化观测收益为目标的异构资源协同规划相悖，所以必须将区域目标分解为多个子任务再进行协同观测。区域任务空间维度的分解是将区域任务分解为天空地观测资源单次观测可完成的子任务，从而将用户的观测需求转化为可直接在系统中进行规划调度的问题，实现协同规划的系统输入从抽象需求到具体任务的转变。在天空地异构资源协同规划问题的解决过程中，区域目标的分解是关键的一环，任务的分解方式决定了观测目标的空间形态和空间关系，很大程度上影响了异构资源执行任务的效率和观测收益。因此，下面对任务的分解方法和技术难点进行分析。

现有的对地观测区域目标分解方法主要集中在单类观测资源执行任务的划分上，其中，卫星的条带划分方法主要包括依据单景图像分解、预定义参考系分解、固定宽度的条带分解和按照卫星特征分解等方法；而空基、地基对地观测资源的区域目标划分可以归结为航迹（航线）规划问题。天空地多类异构资源的观测任务则大都仅考虑了点状目标（王慧林 等，2016；Wu et al.，2016）或把区域目标网格化处理（万刚 等，2016；李德仁，2012；李曦 等，2006）。而为了达到天空地异构资源统一规划的目标，多类观测资源的区域任务分解是必须要解决的关键问题之一，网格化研究区域的最大缺陷在于计算效率的低下。为了使天空地资源都能够一次完成单个网格的观测，网格划分的大小要依据多类观测资源的最小幅宽而定，从而导致了网格元任务的数量呈爆炸式增长，导致资源–任务匹配效率极其低下。另外，网格化地理目标也会对观测任务造成一定的空间误差。

在多类异构资源规划下，区域任务分解的难点在于怎样协调顾及由不同观测平台的移动方式、观测形式和传感器可见能力所造成的观测区域之间的差异。如图 4.11 所示，本节首先根据观测资源的承载能力、约束条件、区域任务的需求和交通网络等信息确定了天空地四类观测资源相对于每一个区域目标的可观测子任务；其次，根据所有子任务的相离、相交等空间拓扑关系确定元任务的空间属性；最后，由观测资源和元任务的可见性确定元任务的可分配资源属性，由用户提交源任务和分解后元任务的拓扑关系确定元任务的时间窗口等语义属性，并在确定面积、权重等其他属性的基础上构建元任务的表达多元组。基于此，本节提出一种顾及多类异构资源的区域目标分解方法。

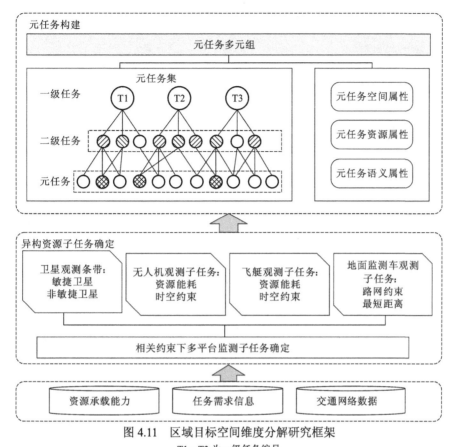

图 4.11　区域目标空间维度分解研究框架

T1～T3 为一级任务编号

4.3.2　天空地异构资源观测子任务确定

如图 4.12 所示，在任务分解过程中，首先在空间上根据天空地四类观测资源的观测能力和任务约束条件确定各自可观测的子任务区域，子规划中心的覆盖范围可以看作子规划中心内所有观测资源观测区域的并集，然后由子任务区域的拓扑关系获取最终的元任务，最后将元任务按照分配模型分发给各自子规划中心。本节主要讨论各类资源的子任务划分方案。

子规划中心包含的每一个观测资源的可达性分别用各自的可达区域来表示，它们的并集表示此子规划中心的可达域（可达域并不是实际的观测区域，只表示可能观测到的空间范围）。

天空地观测资源子任务的确定主要考虑两类约束：①空间约束：观测资源的空间可达域与区域目标的拓扑约束、可达距离约束；②时间约束：观测资源的执行任务时间段与任务时间窗口的关系约束。

可达距离约束是指在时间充分（或不考虑时间限制）的条件下，观测资源能够到达的最远距离与资源当前位置和目标区域之间距离的关系，这里主要指无人机和地面监测车的最大续航里程，与其续航、能耗相关。而卫星和飞艇由于运行消耗能源较少，本节忽略考虑其续航能力，仅考虑其时间约束。时间约束针对卫星、无人机、飞艇、地面监

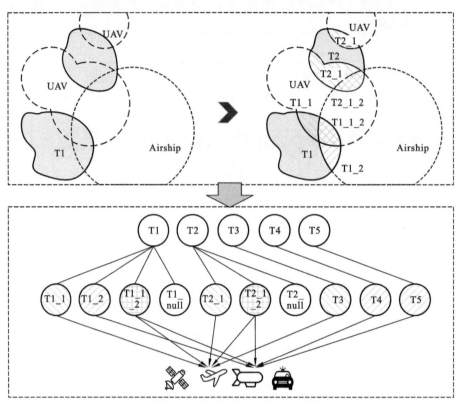

图 4.12　任务分解及分配示意图

Ti 表示第 *i* 个任务，*Ti_j_k* 表示第 *i* 个任务区域与第 *j* 个、第 *k* 个观测资源可观测区域的并集形成的子任务；
UAV 表示无人机观测资源，Airship 表示飞艇观测资源

测车 4 类平台而言，是指在任务观测时间窗口之内能够观测到的可达性区域。

1. 卫星观测子任务确定

卫星种类繁多、用途各异，为贴合实际，解决关键问题，根据常用的对地观测卫星，做出以下合理假设：卫星在观测任务过程中不执行观测动作，而且一旦开始观测不能中止直到当期任务结束。本小节考虑两类对地观测卫星：非敏捷卫星和敏捷卫星。

由于卫星的侧摆能力，卫星的可达范围是星下点轨迹两侧幅宽距离内的区域，但实际观测中卫星只能观测一个条带，所以卫星的可达范围不是实际可覆盖的区域。卫星观测子任务的核心问题是怎样确定观测条带或侧摆的角度，因此卫星观测子任务区域的确定存在两种解决方案：第一，将区域目标按照卫星幅宽分解成多个条带子任务，再根据相关策略确定具体子任务。第二，根据卫星轨迹和当前任务区域精确地确定卫星观测当前任务的侧摆角。由于区域分解的精度与条带的数量成反比，不论是单景分解、预定义参考系分解、固定宽度分解或动态分解（杨文沅 等，2016；白国庆 等，2010；白保存 等，2009；阮启明 等，2007），精确地确定卫星观测条带势必造成卫星划分条带数量的增加，使得后续处理难度、复杂性骤增。所以综合考虑卫星观测收益、协同观测机会和卫星能量损耗情况，采用模糊估计的方法确定卫星的侧摆角。

卫星观测目标区域的子任务区受到空间和时间两类约束，由于卫星具有沿可预报固定轨道运行的特性，所以首先可根据卫星轨道和幅宽确定的可达域排除不过境或不可观

测当前任务的卫星，其次依据时间窗口约束确定观测子任务区。

1）非敏捷卫星观测子任务

非敏捷卫星 $Sat = (s_1, s_2, \cdots, s_n), j \in n$ 仅有侧摆能力，因此对于任务区只能完成一个观测条带。为了确定卫星的子任务区，首先需要根据时间约束条件判断卫星相对于任务的可见性。可以根据卫星 s_j 观测到此任务 Ori_t_i 的观测时间窗口 $[ws_{j-i}, we_{j-i}]$ 和任务 Ori_t_i 的需求时间窗口 $[ts_i, te_i]$ 的约束关系来判断 s_j 是否可以覆盖此任务。约束条件为

$$ts_i \leqslant ws_{j-i} \leqslant te_i \text{ 或 } ts_i \leqslant we_{j-i} \leqslant te_i \tag{4.2}$$

式中：ts_i 为任务 Ori_t_i 的需求起始时间；te_i 为任务 Ori_t_i 的需求结束时间；we_{j-i} 为任务 Ori_t_i 的观测时间窗口起始时间；we_{j-i} 为任务 Ori_t_i 的观测时间窗口结束时间。

如果 $ts_i \geqslant ws_{j-i}$，则按照 $[ts_i, we_{j-i}]$ 窗口内卫星能够覆盖的区域来分割任务。

如果 $we_{j-i} \geqslant te_i$，则按照 $[ws_{j-i}, te_i]$ 窗口内卫星能够覆盖的区域来分割任务。

由此可以最终确定非敏捷卫星对任务的观测窗口：

$$[STws_{j-i}, STwe_{j-i}] = \begin{cases} [ws_{j-i}, we_{j-i}], & ts_i \leqslant ws_{j-i}, we_{j-i} \leqslant te_i \\ [ts_i, we_{j-i}], & ts_i \geqslant ws_{j-i} \\ [ws_{j-i}, te_i], & we_{j-i} \geqslant te_i \\ [ts_i, te_i], & ts_i > ws_{j-i}, we_{j-i} > te_i \end{cases} \tag{4.3}$$

在满足卫星对当前任务可见性要求的基础上，根据 s_j 的轨迹和侧摆角信息可确定其可达域的一个条带，也即确定 s_j 相对于当前任务的侧摆角。本小节分别从观测收益、协同机会和卫星能耗最小三个方面确定卫星侧摆角。首先，面状任务的观测收益与卫星能够覆盖观测的面积成正比，所以观测任务面积越大观测收益越好；其次，考虑子任务区与其他类别观测资源位置的距离，距离越大则整体任务的协同观测机会越大；最后，考虑卫星执行观测动作的能量损耗，侧摆角与能量花费成正比。所以，卫星侧摆角为

$$\theta_{j-i} = \frac{1}{3}(\alpha\theta_s + \beta\theta_d + \lambda\theta_0) \tag{4.4}$$

$$\text{s.t.} \quad \alpha + \beta + \lambda = 1$$

式中：θ_{j-i} 为卫星 s_j 观测任务 r_i 所选择条带的角度；θ_s 为覆盖观测任务面积最大时条带的角度；θ_d 为与周围观测资源基地距离最大的条带的角度；$\theta_0 = 0$ 为不侧摆时的角度。

根据侧摆角 θ_{j-i} 可得非敏捷卫星 s_j 观测任务 Ori_t_i 时的具体观测条带，即卫星观测区域目标的子任务 Sub_t_i。

2）敏捷卫星观测子任务

敏捷卫星可以围绕翻滚、俯仰、偏航三个轴摆动以获取地面信息，为了简化问题，假设只有摆动稳定之后才能进行观测。由于敏捷卫星的机动性，在执行观测任务时，可转换角度观测当前区域目标的多个任务条带，所以本小节首先根据目标区域空间形态和卫星轨迹、幅宽等信息将任务区域划分成多个邻接条带作为子任务区，再根据三个启发式策略对条带优先度进行排序，最后确定观测条带的卫星执行时间窗口。

与非敏捷卫星类似，首先同样需要根据时间约束条件判断卫星相对于任务的可见性。

根据源任务 Ori_t_i 的需求时间窗口 $[ts_i, te_i]$ 和敏捷卫星 $\text{Sat}\_Ag = (sa_1, sa_2, \cdots, sa_n)$，$j \in n$ 观测当前任务区域的最大时间窗口为 $[wsAgi_{j-i}, weAgi_{j-i}]$ 的时间序列关系来判断卫星是否满足任务的时间约束。

设 $wsAgi_{j-i}$ 为最大俯仰角下开始观测到 Ori_t_i 的时间；$weAgi_{j-i}$ 为最小俯仰角下观测到 Ori_t_i 的时间。

则时间约束条件为

$$ts_i \leqslant wsAgi_{j-i} \leqslant te_i \lor ts_i \leqslant weAgi_{j-i} \leqslant te_i \tag{4.5}$$

根据约束满足情况，可以确定敏捷卫星对任务的最大观测窗口：

$$[wsAgi_{j-i}, weAgi_{j-i}] = \begin{cases} [wsAgi_{j-i}, weAgi_{j-i}], & ts_i \leqslant wsAgi_{j-i}, weAgi_{j-i} \leqslant te_i \\ [ts_i, weAgi_{j-i}], & ts_i \geqslant wsAgi_{j-i} \\ [wsAgi_{j-i}, te_i], & weAgi_{j-i} \geqslant te_i \\ [ts_i, te_i], & ts_i \geqslant wsAgi_{j-i}, weAgi_{j-i} \geqslant te_i \end{cases} \tag{4.6}$$

如图 4.13 所示，为了确定卫星 sa_j 观测任务 Ori_t_i 的观测条带，即卫星观测子任务，首先将任务区按照敏捷卫星幅宽分解成多个条带 $(t_1^{i-j}, t_2^{i-j}, \cdots, t_q^{i-j})$，$k \in q$，根据每个条带 t_k^{i-j} 的面积 st_k^{i-j}、与其他资源距离 dt_k^{i-j} 和侧摆角度 θt_k^{i-j} 得到其面积优先度 $\text{nor}\_st_k^{i-j}$、距离优先度 $\text{nor}\_dt_k^{i-j}$ 和角度优先度 $\text{nor}\_\theta t_k^{i-j}$：

$$\text{nor}\_st_k^{i-j} = \frac{st_k^{i-j}}{\max(st_k^{i-j})} \tag{4.7}$$

$$\text{nor}\_dt_k^{i-j} = \frac{dt_k^{i-j}}{\max(dt_k^{i-j})} \tag{4.8}$$

$$\text{nor}\_\theta t_k^{i-j} = 1 - \frac{\theta t_k^{i-j}}{\max(\theta t_k^{i-j})} \tag{4.9}$$

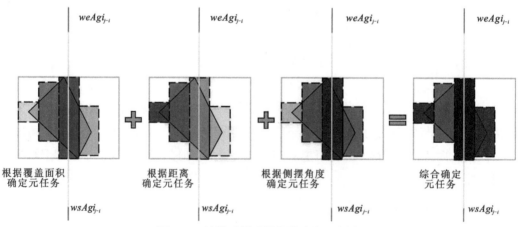

图 4.13　敏捷卫星观测条带确定示意图

最后根据三者综合计算每个条带优先度：

$$\text{pri}\_t_k^{i-j} = \alpha \cdot \text{nor}\_st_k^{i-j} + \beta \cdot \text{nor}\_dt_k^{i-j} + \lambda \cdot \text{nor}\_\theta t_k^{i-j} \tag{4.10}$$
$$\text{s.t.} \quad \alpha + \beta + \lambda = 1$$

如图 4.14 所示，为了确定观测子任务，首先按照优先度 $\text{pri}\_t_k^{i-j}$ 对条带排序并调整

候选子任务集 $(t_1^{i-j}, t_2^{i-j}, \cdots, t_q^{i-j})$，$k \in q$，然后根据时间约束选择观测可能观测到的前 n_i^j 个条带。观测条带的个数取决于时间约束内能够观测的最大任务量：

$$n_i^j = \max(k) \tag{4.11}$$

$$\text{s.t.} \quad \sum_{u=1}^{k} \frac{\theta_u^{i-j} - \theta_{u-1}^{i-j}}{v\theta_j} + k \cdot tSta_j \leqslant weAgi_{j-i} - wsAgi_{j-i}$$

式中：$(\theta_1^{i-j}, \theta_2^{i-j}, \cdots, \theta_q^{i-j})$，$k \in q$ 的侧摆角；$v\theta_j$ 为卫星 sa_j 的侧摆速度；$tSta_j$ 为卫星 sa_j 侧摆之后的稳定时间。

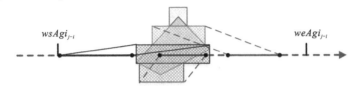

图 4.14　敏捷卫星任务执行过程示意图

由此可以确定子任务集 $(t_1^{i-j}, t_2^{i-j}, \cdots, t_q^{i-j})$ 中前 $n_i^j (n_i^j = k)$ 个任务是卫星 sa_j 需要观测的子任务 $(\mathrm{Sub\_}t_1^{i-j}, \mathrm{Sub\_}t_2^{i-j}, \cdots, \mathrm{Sub\_}t_k^{i-j})$。

2. 无人机观测子任务确定

无人机观测子任务区域的确定涉及相关条件众多，包括无人机最大航程、续航速度、基地位置、任务距离、时间窗口等，主要有时间窗口和空间覆盖范围两类约束。此外，由于无人机的能量（电量）有限，所以一个任务区通常需要无人机多次返航、补充能量并持续观测。本小节在确定无人机最大覆盖范围与目标区域关系的基础上，根据每次起飞能够观测的最大面积和时间窗口等条件确定最终的子任务区域。

1）无人机能耗变化函数

相对于其他观测资源，无人机有其特殊性，由于观测任务的随机性、频发性和无人机部署的匮乏及续航能力的有限性，无人机在执行观测任务中很难保证单次观测完毕，通常需要完成一次任务并返航补充能量后继续工作。首先给出无人机能耗的变化函数。

理想情况下（飞行时耗能匀速、充能匀速），无人机飞行能耗变化曲线如图 4.15 所示。

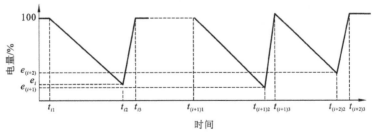

图 4.15　无人机飞行能耗变化曲线

e_i 为 t_i 时刻的剩余电量百分比

其中，t_1 为任务开始执行时刻，t_2 为任务执行结束时间即返回基地时刻，t_3 为充满电量时刻。由此可得，任务执行时间为 $t_2 - t_1$，任务单程距离小于 $(t_2 - t_1)v$，无人机充电时

间为 $t_3 - t_2$。每次执行任务耗能不同（由飞行时间决定），充能时间也不同。所以，无人机能耗变化函数可以表示为

$$e = \begin{cases} \alpha t + x, & t \in [t_{i1}, t_{i2}] \\ \beta t + y, & t \in [t_{i2}, t_{i3}] \\ 100, & \text{其他} \end{cases} \qquad (4.12)$$

式中：e 为剩余电量百分比；α 为耗电斜率；β 为充电斜率。

2）无人机观测子任务确定

首先给出决策变量与常量定义：$(u_1, u_2, \cdots, u_m)$，$j \in um$ 为无人机集合；$(uv_1, uv_2, \cdots, uv_{um})$ 为无人机巡航速度集合；$(ud_1, ud_2, \cdots, ud_{um})$ 为无人机续航里程；t_s 为无人机出发时间；s_i 为任务 Ori_t_i 的面积；$d_{\min_{ij}}$ 为无人机基地 u_j 距离任务 t_i 的最近距离；t_{du_j} 为无人机最大连续开机时间；width_j 为无人机幅宽；d_{cen_j} 为无人机基地到任务区域质心的距离；$t_{\text{cen}_j} = d_{\text{cen}_{ij}} / uv_j$ 为无人机到任务地点飞行时间；$[ts_i, te_i]$ 为任务 Ori_t_i 时间窗口。

考虑无人机观测任务划分的复杂性和多约束性，无人机子任务的确定拟采用以下研究思路：首先根据最大航程、任务距离、巡航速度等确定无人机理论上能够观测的区域、需要观测的次数 k 及每一次飞行能够完成的最大观测面积；其次分析在任务时间窗口约束下能完成的最大面积；最后在无人机优先观测距离起飞基地较近的任务区的前提下根据此最大面积确定任务区域。

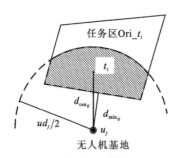

图 4.16 无人机观测子任务划分示意图

u_j 为可能的最大观测区域，Ori_t_i 为观测任务，t_i 为在空间上无人机航程最大的观测区域与任务的交集

如图 4.16 所示，为了确定无人机 u_j 能够观测到任务 Ori_t_i 的区域范围，先给出一个 u_j 可能的最大观测区域，即在空间上无人机航程最大的观测区域与任务的交集 t_i。其次，判定无人机 u_j 相对于任务 t_i 的观测次数 k，然后根据观测次数 k 和单次观测面积确定无人机 u_j 能在任务时间窗口内完成的面积，并得到观测半径 $\text{ober}\_ud_i^j$，最后根据观测半径确定最终的无人机观测子任务 Sub_t_i。

（1）观测次数 k 的确定

在不考虑任务时间窗口的情况下，观测次数 k 的确定也即确定无人机单次飞行能够观测的最大面积 $s_{\text{one}_i^j}$，$s_{\text{one}_i^j}$ 主要受到两个方面的影响：单次能够观测的最长时间及最大连续开机时间。所以，$s_{\text{one}_i^j}$ 可由下式确定：

$$s_{\text{one}_i^j} = tu\_\text{one}_i^j \cdot uv_j \cdot \text{width}_j \qquad (4.13)$$

$$\text{s.t.} \quad tu\_\text{one}_i^j = \min\left\{ \frac{ud_j - 2 \cdot d_{\text{cen}_{ij}}}{uv_j}; t_{du_j} \right\}$$

由此，根据下式可得无人机 u_j 相对于任务 t_i 的观测次数 k：

$$k = \left\lceil \frac{s_i}{s_{\text{one}_i^j}} \right\rceil \qquad (4.14)$$

（2）观测半径 ober $\_ud_i^j$ 的确定

① $k=1$ 情况

$k=1$ 表示无人机仅需起飞一次即可完成观测任务，对于这种情况，首先需要根据式（4.15）判断此次任务是否满足任务时间窗口，如果满足约束则通过式（4.16）得到观测半径。

$$ts + \frac{d_{\mathrm{cen}_{ij}}}{uv_j} + \min\left\{\frac{ud_j - 2 \cdot d_{\mathrm{cen}_{ij}}}{uv_j}; t_{\mathrm{du}_j}\right\} < te_i \qquad (4.15)$$

$$\mathrm{ober}\_ud_i^j = \frac{ud_j}{2} \qquad (4.16)$$

如果不满足时间约束，则通过式（4.17）确定在时间窗口约束下能够完成的面积 $S_{\mathrm{cstr}_i^j}$，并根据 $S_{\mathrm{cstr}_i^j}$ 在无人机优先观测距离近的任务区的前提下确定无人机最终观测半径 ober $\_ud_i^j$，最后依据此半径得出无人机观测任务的最终的子任务区。

$$S_{\mathrm{cstr}_i^j} = \left(te_i - t_s - \frac{d_{\mathrm{cen}_{ij}}}{uv_j}\right) \cdot uv_j \cdot \mathrm{width}_j \qquad (4.17)$$

② $k>1$ 情况

$k>1$ 表示无人机需要多次重返观测才能完成当前任务，对于此种情形，首先需要根据式（4.18）确定执行 k 次任务所需时间，并由式（4.19）判断执行多次观测是否满足任务时间窗口，如果满足时间约束则可通过式（4.20）得到观测半径。

$$tk_i^j = \sum_{x=2}^{k}\left(\frac{T_{\mathrm{dut}_{x-1}} \cdot |\alpha|}{|\beta|}\right) + \sum_{x=1}^{k-1}(T_{\mathrm{dut}_x}) + \frac{d_{\mathrm{cen}_{ij}}}{uv_j} + tu\_\mathrm{one}_i^j \qquad (4.18)$$

$$\text{s.t.} \quad T_{\mathrm{dut}_0} = 0, \quad T_{\mathrm{dut}_x} = \frac{2d_{\mathrm{cen}_{ij}}}{uv_j} + \frac{s_{\mathrm{one}_i^j}}{\mathrm{width}_j \cdot uv_j}$$

式中：T_{dut_x} 为第 x 次任务持续时间；α 为耗电速率；β 为充电速率。

$$t_s + tk_i^j < te_i \qquad (4.19)$$

$$\mathrm{ober}\_ud_i^j = \frac{ud_j}{2} \qquad (4.20)$$

如果不满足时间窗口约束，则首先根据单次观测的时间确定满足时间窗口的最大观测次数 k[式（4.21）]，并由式（4.22）计算 k 次观测所能完成任务 t_i 的面积 $S_{\mathrm{cstr}_i^j}$，并根据此面积确定观测半径 ober $\_ud_i^j$。

$$k = \max(x) \qquad (4.21)$$

$$\text{s.t.} \quad tk_i^j < te_i$$

$$S_{\mathrm{cstr}_i^j} = k \cdot s_{\mathrm{one}_i^j} \qquad (4.22)$$

3. 飞艇观测子任务确定

首先给出决策变量与常量定义：$(a_1, a_2, \cdots, a_{am})$，$j \in am$ 为飞艇集合；$(av_1, av_2, \cdots, av_{am})$ 为飞艇巡航速度集合；t_s 为出发时间；s_i 为任务 t_i 的面积；$d_{\min_{ij}}$ 为飞艇 a_j 距离任务 t_i 的最近距离；t_{da_j} 为飞艇最大连续开机时间；$\mathrm{widthas}_j$ 为飞艇幅宽；$d_{\mathrm{cen}_{ij}}$ 为飞艇基地到任务区

域质心的距离；$t_{\text{cen}_j} = d_{\text{cen}_{ij}} / av_j$ 为飞艇到任务地点飞行时间；$[ts_i, te_i]$ 为任务 t_i 时间窗口。

与无人机续航短、活动范围小的缺陷不同，飞艇一般拥有长时续航能力，但同时航行速度比较慢，由于与飞行次数 k 无关，所以仅需要先确定其在时间约束下能够完成的观测面积，再依据此面积确定任务区。由面积确定其观测半径时，将在任务时间窗口内飞艇能够航行的最大距离作为最大观测半径。

为了确定飞艇 a_j 能够观测到任务 Ori_t_i 的区域范围，首先需要确定在有效时间内飞艇 a_j 可完成任务 t_i 的最大面积 $S_{\text{cstr}_i^j}$：

$$S_{\text{cstr}_i^j} = t_{as_i^j} \cdot av_j \cdot \text{widthas}_j \tag{4.23}$$

$$\text{s.t.} \quad t_{as_i^j} = \min\left\{ te_i - t_s - \frac{d_{\text{cen}_{ij}}}{av_j}; t_{\text{da}_j} \right\}$$

最后根据 $S_{\text{cstr}_i^j}$ 确定飞艇最终观测半径 $\text{ober}\_ad_i^j$，并最终依据此半径得出飞艇观测任务的子任务区。

4. 地面监测车观测子任务确定

首先给出决策变量与常量定义：$d_{t_{ji}}$ 为车辆 r_j 从当前地点到达任务 Ori_t_i 地点的最短路径距离；v_{c_j} 为车辆 r_j 的平均速度；dc_{ji} 为车辆 r_j 观测任务 Ori_t_i 的持续观测时间；cd_j 为车辆 r_j 最大续航里程；Sub_t_i 为车辆 r_j 观测子任务；Arri_t_i 为车辆 r_j 可达区域；$[ts_i, te_i]$ 为任务 t_i 时间窗口。

地面监测车由于以车辆为平台载体，与空天资源相比最明显的不同在于受道路网约束，车辆行驶路径必须遵循路网，除此之外，车辆观测子任务还受汽车行驶里程及任务时间窗口的限制。为简化问题，做出合理假设：车辆总是以最短路径接近目标区域。

如图 4.17 所示，$d_{t_{ji}}$ 表示从车辆出发点到任务区域地点最短路径距离，灰色区域表示地面监测车 r_j 可达区域 Arri_t_i。要判断地面监测车的观测子任务，首先需要根据式（4.24）。判断监测车是否满足行驶距离和时间约束，如果满足约束，则可达区域 Arri_t_i 与任务 Ori_t_i 的观测交集即是观测子任务 Sub_t_i [式（4.25）]。

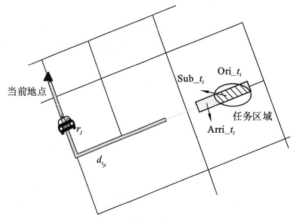

图 4.17 地面监测车观测子任务划分示意图

扫描封底二维码见彩图

$$\frac{d_{t_{ji}}}{v_{c_j}} + dc_{ji} < te_i \wedge cd_j > d_{t_{ji}} \tag{4.24}$$

$$\text{Sub}\_t_i = \text{Arri}\_t_i \bigcap \text{Ori}\_t_i \tag{4.25}$$

4.3.3 复杂区域目标元任务集构建

通过确定天空地观测资源对任务区域的观测范围，可以获得各类异构观测资源对各观测任务的子任务，但由于任务的复杂性和资源的有限性，观测资源（除了卫星）不可能也没有必要观测所确定的子任务的所有区域，而这正是协同观测的意义所在。为了确定多类资源协同观测的任务区域，有必要将观测资源子任务再次分解成可由单个资源一次观测完成的元任务。元任务的构建过程可以分为两个过程：元任务空间属性的确定和元任务其他语义属性的确定。

如图 4.18 所示，空间属性根据得到的各类资源子任务的拓扑空间关系来确定，用户提交的源任务可以看作一级任务，天空地异构资源确定的子任务是二级任务，而根据无人机、飞艇、地面监测车的二级任务之间的空间覆盖关系进行分割确定的区域即是三级任务，也就是最终的元任务。由于卫星一旦开始观测便不能中止的特殊性，所以卫星的二级任务可以看作最终的元任务。如图 4.18 所示，T1 包含三个子任务 T1UAV、T1AS 和 T1_null，其中 T1UAV、T1AS 又可以按照空间拓扑关系划分为三级任务：T1only_UAV、T1AS_UAV 和 T1only_AS。其中 T1only_UAV 和 T1only_AS 是分别由两种不同的子规划中心观测到的子任务区，T1AS_UAV 是两种子规划中心都可以观测到的任务区，T1_null 是所有子规划中心都观测不到的任务区。它们之间的派生关系可以用图 4.18 表示。

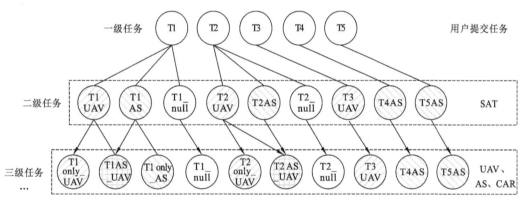

图 4.18 元任务构建过程示意图

SAT 代表卫星，AS 代表飞艇，CAR 代表地面监测车

元任务的语义属性包括元任务与资源的对应观测关系、时间窗口、权重等信息，分别根据一级任务和观测资源确定。

综上，为了便于冲突判断、模型构建，将元任务用一个多元组来表示：{EleId,TaskId,Type,Res,Level,Win,weight,Loc,Area,Rt,St}。

其中：EleId 为元任务标识；TaskId 为观测源任务标识；Type 为元任务类型；Res 为能够覆盖该观测活动的资源集合，$\text{Res} = (R_{\text{SAT}}, R_{\text{UAV}}, R_{\text{AS}}, R_{\text{CAR}})$，$\forall r_i \in \text{Res}$；Win 为该

任务时间窗口，$Win = [ts, te]$；Loc 为该任务位置，用区域定点坐标表示，$Loc = (x_1, y_1; x_2, y_2; \cdots; x_n, y_n)$；Area 为当前元任务面积；Rt 为当前元任务收益集合，$Rt = (rt_1, rt_2, \cdots, rt_j, \cdots rt_m)$ $j \in Res$；St 为当前元任务完成状态；Level 为当前元任务覆盖级别；weight 为当前元任务权重。

4.3.4 实验验证及分析

为了验证元任务构建方法在天空地资源协同规划过程中的有效性，与传统的网格分解方法进行对比。由于任务分解是任务分配的前提和基础，分解目的是更加方便地进行协同规划，所以单独地比较分解的元任务数量、大小等结果没有意义。将分解结果置于异构资源的协同规划分配过程中，求解出最终的分配方案，分别从算法耗时、完成分配任务个数、可观测面积、可观测加权面积等几个方面对分配结果进行对比。同时，如表 4.3 所示，为了保证实验合理性，采用多组模拟数据，分配方法统一使用基于任务冲突启发式的方法，求解过程统一采用 MOSEK 优化工具包，以此保证对分解方法的横向对比。

表 4.3　目标区域分解实验对比方案

方案	分解方法	观测数据	任务规划模型	求解工具	对比指标
方案一	基于任务冲突启发式的方法	6 组模拟数据	基于冲突概率估计规划模型	MOSEK	耗时、任务完成率、可观测面积等
方案二	网格分解	6 组模拟数据	基于冲突概率估计规划模型	MOSEK	耗时、任务完成率、可观测面积等

网格分解方法是将分解后的网格看作观测资源可一次性完成观测的元任务并将此元任务进行统一分配，而为了保证任意资源对任意分解网格的可观测性，网格必须被天空地所有资源都能一次性完成观测，因此网格大小不能大于天空地观测资源中所有传感器幅宽的最小值。

1. 仿真场景设置

为了测试基于观测资源能力的区域目标分解方法的性能，在实验中以阿克苏拜城县地区为背景区域设定一个仿真场景。针对拜城县潜在的地质灾害等各类应急任务，场景中设置了 2 颗不同性能参数并符合观测条件的卫星，同时设置了 6 处无人机基地并配备共 10 架次性能各异的无人机，此外设置了 2 架飞艇和 2 台地面监测车，天空地资源分别由不同的子规划中心统一管理。其中，观测资源的主要参数如表 4.4 所示。

表 4.4　实验场景中观测资源参数设定

资源主要性能参数	设定值
卫星幅宽/m	{8 200, 5 000}
卫星侧摆角/(°)	{30, 25}
无人机巡航速度/(km/h)	{90, 60}
无人机续航里程/km	{21, 30}
无人机幅宽/m	{500, 600}

资源主要性能参数	设定值
飞艇巡航速度/(km/h)	60
飞艇幅宽/m	650
地面监测车平均速度/(km/h)	65
地面监测车里程/km	600

实验考虑实际应急观测任务的随机并发性，同时为了验证本节方法在大量多任务、少资源这种负载不均衡条件下的表现，为实验场景设计 6 组大面积的模拟任务数据，其空间位置、空间形态各异，随机散布在拜城县区域范围内，应急观测任务的权重为 0～1 的随机值，任务时间窗口是 6 h 内的随机时间节点（表 4.5）。此外，网格分解方法中的网格大小取所有资源传感器的最小幅宽。

表 4.5   实验场景中任务指标设定

模拟任务主要指标	设定值
任务个数	{10，8，11，9，7，9}
任务总面积/km²	{722，787，864，815，852}
任务权重	0～1 的随机值
时间窗口	6 h 之内随机值
敏捷卫星参数	$\alpha=\beta=\lambda=1/3$
网格分解大小/m	500

2. 实验结果分析

区域目标分解成元任务的准则是所有观测资源能够一次性观测完成，所以网格大小不能大于任意观测资源所搭载传感器的可视幅宽，考虑计算效率本节将网格大小设置为 500 m。由于面状任务的复杂多样性和观测资源时空能力的有限性，很难对原始任务进行统一规划和管理，同时为了实现各资源观测能力的优势互补，采取区域目标分解的方法对任务进行预处理，这也是天空地资源协同规划的重要前提。仅对比元任务的空间形态、数量指标等本身没有意义，区域目标分解的价值在于后续任务分配的适宜性和高效性，所以通过对比分配结果的完成度和时效性来分析区域分解的合理性。通过目标划分与分配算法的求解，其计算结果如表 4.6 所示。

表 4.6   区域目标分解方法对比结果

模拟数据组别	分解方法	观测收益/×10⁷ m²	加权任务完成率	任务完成率	元任务数量	约束规则量	求解耗时
G1	本节	7.65	0.520 4	0.498 1	102	284	9.13 s
	网格	7.59	0.531 1	0.505 1	3 182	1 979 404	>24 h
G2	本节	8.97	0.500 2	0.463 5	99	342	8.65 s
	网格	8.76	0.485 1	0.450 4	3 704	4 795 259	>24 h

模拟数据组别	分解方法	观测收益 /×10⁷ m²	加权任务完成率	任务完成率	元任务数量	约束规则量	求解耗时
G3	本节	7.27	0.436 7	0.448 9	108	436	9.76 s
	网格	7.27	0.429 1	0.430 8	3 588	7 304 089	>24 h
G4	本节	7.17	0.435 6	0.438 4	135	706	14.81 s
	网格	7.17	0.449 8	0.446 5	3 914	13 700 000	>24 h
G5	本节	8.31	0.572 8	0.539 2	155	860	18.25 s
	网格	8.31	0.557 1	0.520 6	3 191	11 500 000	>24 h
G6	本节	8.20	0.625 5	0.586 2	126	747	13.06 s
	网格	8.20	0.624 5	0.585 7	2 946	8 876 895	>24 h

注：分解方法中"本节"指本节顾及多类异构资源的区域目标分解方法，"网格"指传统网格分解方法。

通过影响区域分解方法的三个指标对比不同方案计算结果，其中，加权任务完成率表示已规划任务的加权面积占用户提交观测任务加权面积的比例；任务完成率表示已规划任务的面积与用户提交观测任务面积的比值。由表 4.6 可以发现，在不考虑求解效率的情况下，两种分解方案在任务完成度方面相差不多，但本节分解方法在求解效率方面有巨大的优势。而在应急任务规划过程中，时效性是非常重要的指标。其直观对比结果如图 4.19 所示，可以得出以下结论。

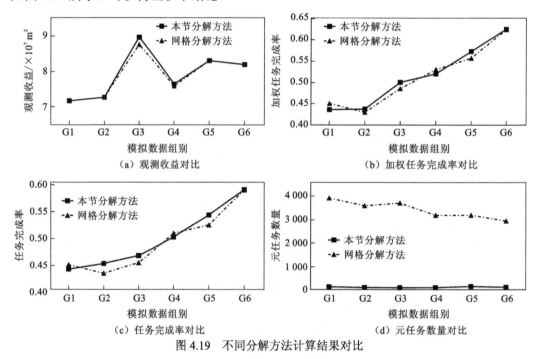

图 4.19 不同分解方法计算结果对比

（1）在观测收益、任务完成率等观测质量方面，两种分解方案效果相当，均能较好地完成观测任务。其中，观测收益是根据基于任务冲突启发式的任务分配模型得到的分配指标，与任务完成面积和执行概率成正比，所以当某任务[图 4.19（a）G3]的观测面积相对较小但执行概率很高时仍旧会获得较大的观测收益。

（2）基于网格的分解方法由于没有考虑观测资源的观测能力和任务的时空特性，生成了巨大数量的元任务，给后续的任务冲突判断、观测收益构建带来了繁重的计算代价。本节基于冲突概率估计的任务分配方法综合考虑了元任务两两之间的冲突判断，也就意味着在分析任务的时空约束过程中至少需要进行 $n(n-1)/2$ 次冲突判定（n 为元任务数量），除此之外，在分配计算过程中，众多的约束规则严重影响了任务的分配效率。本节分解方法效率的提高主要体现在任务规模和求解效率两个方面。综上，网格分解方法导致了大量的冗余计算，在计算时间上不能满足实际任务需求（表 4.6 求解耗时），而本节分解方法通过考虑资源和任务的时空特性，避免了大量的冗余运算，从而有效地提高了分配效率。

4.4　基于任务冲突启发式的任务分配方法

4.3 节将区域目标分解成异构资源可一次性完成观测的元任务，本节将着重讨论元任务分配到子规划中心的过程。天空地资源的协同规划问题具有多层次、多约束、不确定性、多因素和动态变化等特性，很难用一个确定的描述模型涵盖如此众多的条件，而且在元任务分配到子规划中心的协同层次中无法控制和实际调度异构观测资源的动作，因此以元任务能够以最大的概率被观测为出发点，基于启发式准则提出任务分配模型。

基于以上分析，本节研究思路如图 4.20 所示。首先对天空地多类异构资源协同规划问题进行详细描述和深度分析，以确定问题的难点和解决方案；其次，在对多类资源观测任务进行冲突判断的基础上构建解决任务分配问题的启发式准则；然后，根据该准则分别从资源负载度、任务冲突率、任务冲突度、冲突剩余观测能力 4 个方面确定观测收益机制，并建立任务分配模型；最后，设计仿真实验分别与三种传统方法对比以验证本节方法的合理性。

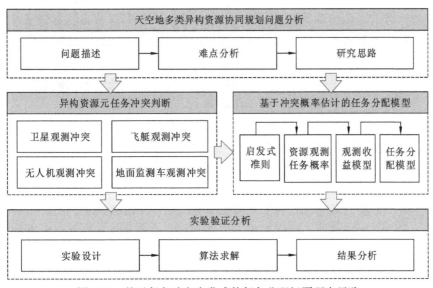

图 4.20　基于任务冲突启发式的任务分配问题研究思路

4.4.1　天空地观测资源协同规划问题分析

协同代理是整个天空地资源协同规划系统的核心，而任务分配方法是协同代理中影响其协同能力的关键。在已将用户提交应急任务与观测资源初步匹配并构建元任务多元组的基础上，任务分配方法决定了元任务与子规划中心的最终映射关系。天空地异构资源与元任务的匹配可以看作复合指派问题，主要存在以下难点。首先，观测资源与元任务是多对多的关系，任意观测资源都可能观测多个不定的元任务，同时每个元任务都可能被多个资源所观测。每个观测资源潜在执行的元任务之间在任意两个或多个任务同时执行的情况下可能存在冲突，不定数量的复杂冲突关系是任务分配的核心问题，而怎样评估元任务之间的冲突是解决问题的关键。其次，在元任务分配阶段具有高度不确定性，元任务之间冲突关系和天空地观测资源的实时观测能力都会随着两者匹配关系的变动而改变，在这种高度不确定的条件下怎样进行元任务与资源子规划中心的精确匹配是需要解决的难点问题之一。再次，天空地异构观测资源在机动能力、观测能力、载荷性能、使用约束、机动形式等方面存在很大差异，怎样统一评估观测资源的实时观测能力及在元任务发生冲突的情况下的剩余观测能力也是亟待解决的关键问题。最后，构建分配模型中涉及的观测收益不仅取决于元任务的权重、面积等必要条件，也与观测节点的冲突度、观测能力及负载能力相关，所以综合考虑以上元任务冲突、资源观测能力等问题并统一协调资源、元任务相关因素构建观测收益模型是解决分配问题的基础。

综上所述，依据如图 4.21 所示的研究框架对元任务进行分配。为了在综合考虑元任务冲突和资源观测能力的情况下解决观测收益统一估算问题，提出了基于任务冲突概率估计的观测收益模型，并在此基础上构建任务分配模型。此外，由于在高度不确定的情况下很难准确确定元任务与子规划中心的匹配关系，所以观测收益模型采取概率估计的形式，即观测收益与资源观测当前元任务的观测概率和元任务的加权面积成正比，以解决不确定性带来的匹配困难问题。在综合分析任务冲突和资源观测能力对任务分配的影响的基础上，根据资源的承载能力和任务发生冲突时对当前元任务的观测概率提出资源负载度、任务冲突率、任务冲突度和冲突剩余观测能力 4 个启发式准则，其中的核心是元任务冲突的估计。为了简化问题，分别对卫星、无人机、飞艇和地面监测车 4 类资源的二元任务冲突进行分析和判断，并在此基础上构建 4 个启发式准则。

4.4.2　基于任务冲突的启发式准则构建

为了统一协调多类异构资源与元任务的匹配问题，本节以资源对元任务观测概率来估计资源的观测收益，其对元任务的观测概率越大则观测收益越大。而观测概率取决于任务的观测机会、冲突情况，因此基于以下 4 个启发式准则构建任务分配模型。

资源负载度：表示观测资源在当前元任务时间窗口下的可观测任务情况，该资源在此窗口下的资源负载度与可观测任务数量成正比，可观测任务越多则执行当前任务的概率越小。当前任务倾向于选择资源负载度较小的资源。

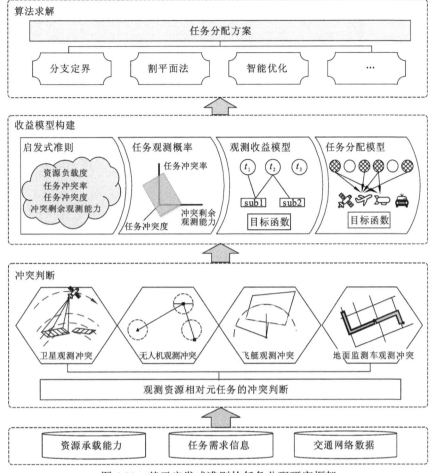

图 4.21　基于启发式准则的任务分配研究框架

任务冲突率：表征在某一个观测资源与元任务匹配过程中，其他元任务与当前元任务在时间、空间和资源能耗方面发生冲突的概率。当前分配任务更倾向于选择与该任务发生冲突概率较小的资源。

任务冲突度：表示在当前资源不能同时完成两个候选元任务的情况下，两者冲突的严重程度。通过任务冲突度可以体现在观测活动发生冲突的情况下，观测资源仍然执行当前待分配任务的可能性。元任务倾向于选择总体冲突度小的资源。

冲突剩余观测能力：表征观测资源在完成与当前任务冲突的元任务之后相对于当前任务的剩余观测能力，体现了在发生冲突之后继续观测当前元任务的剩余能力。元任务倾向于分配给剩余观测能力较强的观测资源。

首先给出公共决策变量与常量定义：

$T_{\text{allot}} = (t_1, t_2, \cdots t_i, \cdots, t_n)$ 为当前待分配的元任务集合，n 是待分配任务个数，$i \in n$；

$w_{\text{allot}} = (w_1, w_2, \cdots, w_n)$ 为当前待分配元任务的权重集合；

$s_{\text{allot}} = (s_1, s_2, \cdots, s_n)$ 为当前待分配元任务的面积集合；

$l_{\text{allot}} = (l_1, l_2, \cdots, l_n)$ 为当前待分配元任务的覆盖度集合，覆盖度指能够观测当前元任务的资源数目；

$R_t^i = (r_1, r_2, \cdots, r_j, \cdots, r_{im})$ 为第 i 个待分配元任务观测资源集合，im 是观测资源个数，$j \in im$；

$T_j = (t_1, t_2, \cdots, t_u, \cdots, t_{jn})$ 为第 j 个观测资源可观测的元任务集合，$u \in jn$；

$T_j^i = (t_1, t_2, \cdots t_k, \cdots, t_{jm})$ 为第 j 个观测资源观测第 i 个元任务时，与该元任务冲突的任务集合，$k \in jm$；

$w_j^i = (w_1, w_2, \cdots, w_{jm})$ 为第 j 个观测资源观测第 i 个元任务时，与该元任务冲突的任务的权重集合；

$s_j^i = (s_1, s_2, \cdots, s_{jm})$ 为第 j 个观测资源观测第 i 个元任务时，与该元任务冲突的任务的面积集合；

$l_j^i = (l_1, l_2, \cdots, l_{jm})$ 为第 j 个观测资源观测第 i 个元任务时，与该元任务冲突的任务的覆盖度集合；

$[ts_j^i, te_j^i]$ 为资源 r_j 观测任务 t_i 的时间窗口；

$[ts_j^u, te_j^u]$ 为资源 r_j 观测任务 t_u 的时间窗口；

nst_{ji} 为资源 r_j 观测任务 t_i 需要的开关机次数；

nst_{ju} 为资源 r_j 观测任务 t_u 需要的开关机次数；

nrs_j 为资源 r_j 的开关机次数总量；

vol_{ji} 为资源 r_j 观测任务 t_i 需要的存储容量；

vol_{ju} 为资源 r_j 观测任务 t_u 需要的存储容量；

vol_j 为资源 r_j 的存储总量。

1. 元任务冲突判断

元任务的冲突判断是任务冲突率、冲突度和冲突剩余观测能力等启发式准则构建的基础，元任务冲突是指当前资源如果执行其他元任务而导致没有足够的剩余能力或时间完成当前元任务的观测，造成该元任务与其他元任务的冲突。本小节从两个方面分析冲突：任务与资源的时空关系冲突和资源能耗冲突。时空关系冲突指两个元任务的时间窗口冲突、距离约束冲突、传感器最长连续工作时间约束冲突等；资源能耗冲突指两个元任务的存储容量约束冲突、资源运行能量约束冲突等。

1）卫星冲突判断

由于卫星的特殊性，假设卫星在观测一个任务未完成的情况下不会自行中断，所以卫星的冲突任务是卫星能够观测的子任务，而不是最终分解的元任务。

设定变量：$v\theta_j$ 为卫星 r_j 的侧摆速度；$t\theta_j^i$ 为卫星 r_j 观测任务 t_i 的侧摆角；$t\theta_j^u$ 为卫星 r_j 观测任务 t_u 的侧摆角；in_t_j 为卫星 r_j 开机间隔时间；$tSta_j$ 为卫星 sa_j 侧摆之后的稳定时间；ds_j 为卫星 r_j 持续观测时间。

如图 4.22 所示，卫星的冲突判断条件如下。

当 $ts_j^i < ts_j^u$ 时，即 r_j 先观测任务 t_i，时间窗口约束条件为

$$te_j^i + \frac{\left| t\theta_j^i - t\theta_j^u \right|}{v\theta_j} + \text{in}\_t_j + tSta_j \leqslant ts_j^u \tag{4.26}$$

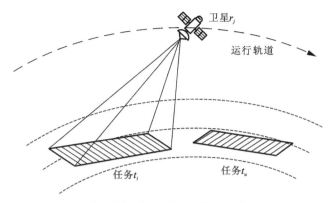

图 4.22　卫星冲突判断示意图

持续时间约束条件为

$$ds_j \geqslant \left| te_j^i - ts_j^i \right| + \left| te_j^u - ts_j^u \right| \tag{4.27}$$

开关机次数约束条件为

$$\mathrm{nrs}_i \geqslant \mathrm{nst}_{ji} + \mathrm{nst}_{iu} \tag{4.28}$$

存储容量约束条件为

$$\mathrm{vol}_j \geqslant \mathrm{vol}_{ji} + \mathrm{vol}_{ju} \tag{4.29}$$

若不满足上述约束条件中的任意一个或多个，则判断任务 t_i 和 t_u 冲突。

当 $ts_j^i \geqslant ts_j^u$ 时，即 r_j 先观测任务 t_u，时间约束条件为

$$te_j^u + \frac{\left| t\theta_j^i - t\theta_j^u \right|}{v\theta_j} + \mathrm{in}\_t_j + tSta_j \leqslant ts_j^i \tag{4.30}$$

持续时间约束条件为

$$ds_j \geqslant \left| te_j^i - ts_j^i \right| + \left| te_j^u - ts_j^u \right| \tag{4.31}$$

开关机次数约束条件为

$$\mathrm{nrs}_i \geqslant \mathrm{nst}_{ji} + \mathrm{nst}_{iu} \tag{4.32}$$

存储容量约束条件为

$$\mathrm{vol}_j \geqslant \mathrm{vol}_{ji} + \mathrm{vol}_{ju} \tag{4.33}$$

若不满足上述约束条件中的任意一个或多个，则判断任务 t_i 和 t_u 冲突。

2）无人机冲突判断

无人机在执行任务过程中从固定基地出发执行完观测任务后返回基地，所以任务冲突的影响因素主要是时空约束，此外任务的执行次序不同也会对冲突的结果造成误判，所以要综合考虑两种观测次序的情况，只有两种情况都冲突时才认为元任务满足冲突条件。

设定变量：ts_j^i 为无人机 r_j 观测任务 t_i 的出发时间；d_{t_i} 为任务 t_i 与无人机基地的距离；d_{t_u} 为任务 t_u 与无人机基地的距离；$d_{t_{iu}}$ 为任务 t_i 和 t_u 的距离；tu_j^i 为无人机 r_j 观测任务 t_i 的持续时间；tu_j^u 为无人机 r_j 观测任务 t_u 的持续时间；uv_j 为无人机 r_j 巡航速度；ud_j 为无人机 r_j 续航里程。

如图 4.23 所示，无人机的冲突判定条件如下。

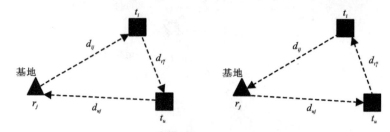

图 4.23　无人机冲突判断示意图

d_{ij} 为无人机 r_j 与观测任务 t_i 间的距离；d_{uj} 为无人机 r_j 与观测任务 t_u 间的距离

时间约束条件为

$$ts_j^i + tu_j^i + tu_j^u + \frac{d_{t_i} + d_{t_i^u} + d_{t_u}}{uv_j} \leqslant te_j^u \vee ts_j^u + tu_j^i + tu_j^u + \frac{d_{t_i} + d_{t_i^u} + d_{t_u}}{uv_j} \leqslant te_j^i \quad (4.34)$$

续航里程约束条件为

$$dt_i + dt_i^u + dt_u \leqslant ud_j \quad (4.35)$$

开关机次数约束条件为

$$nrs_i \geqslant nst_{ji} + nst_{iu} \quad (4.36)$$

存储容量约束条件为

$$vol_j \geqslant vol_{ji} + vol_{ju} \quad (4.37)$$

若不满足上述约束条件中的任意一个或多个，则判断任务 t_i 和 t_u 冲突。

3）飞艇冲突判断

与无人机不同，飞艇具有长航时、低耗能特征，基于此本节将飞艇抽象成可无限续航的飞行器，而且执行任务时飞艇没有固定的起飞基地，同样任务结束也无须返回特定地点。所以，飞艇的冲突判断中不需要考虑续航里程约束，主要根据任务的时间窗口判断任务冲突。此外，同样任务执行次序也作为判断条件之一，只有当所有观测路径都发生冲突时才判定两任务冲突。

设定变量：ta_j^i 为飞艇 r_j 观测任务 t_i 的持续时间；ta_j^u 为飞艇 r_j 观测任务 t_u 的持续时间；av_j 为飞艇 r_j 巡航速度；d_{t_i} 为任务 t_i 与飞艇当前位置的距离；d_{t_u} 为任务 t_u 与飞艇当前位置的距离；$d_{t_{iu}}$ 为任务 t_i 和 t_u 的距离。

如图 4.24 所示，飞艇的冲突判断条件如下：

时间约束条件为

$$ts_j^i + ta_j^i + ta_j^u + \frac{d_{t_i} + d_{t_{iu}}}{av_j} \leqslant te_j^u \vee ts_j^u + ta_j^i + ta_j^u + \frac{d_{t_{iu}} + d_{t_u}}{av_j} \leqslant te_j^i \quad (4.38)$$

开关机次数约束条件为

$$nrs_i \geqslant nst_{ji} + nst_{iu} \quad (4.39)$$

存储容量约束条件为

$$vol_j \geqslant vol_{ji} + vol_{ju} \quad (4.40)$$

若不满足上述约束条件中的任意一个或多个，则判断任务 t_i 和 t_u 冲突。

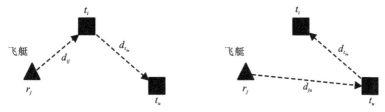

图 4.24　飞艇冲突判断示意图

4）地面监测车冲突判断

相对于其他观测资源，地面监测车最明显的约束是受路网约束，所以主要根据空间上车辆距离和时间上任务时间窗口判断监测车观测任务的冲突。为了解决核心问题，假设监测车按照路网中欧氏距离最近的路线行驶并且优先观测距离较近的任务。

设定变量：$d_{t_{ji}}$ 为车辆 r_j 从当前地点到达任务 t_i 地点的最短路径距离；$d_{t_{iu}}$ 为车辆 r_j 从任务 t_i 地点到达任务 t_u 地点的最短路径距离；vc_j 为车辆 r_j 平均速度；tc_j^i 为 r_j 观测任务 t_i 的持续观测时间；tc_j^u 为车辆 r_j 观测任务 t_u 的持续观测时间；cd_j 为车辆 r_j 最大续航里程。

如图 4.25 所示，飞艇的冲突判断条件为（假设任务 t_i 距离车辆较近）：

时间约束条件为

$$ts_j^i + \frac{d_{t_{ji}}}{vc_j} + tc_j^i + \frac{d_{t_{iu}}}{vc_j} + tc_j^u \leqslant te_j^u \tag{4.41}$$

续航里程约束条件为

$$d_{t_{ji}} + d_{t_{iu}} \leqslant cd_j \tag{4.42}$$

开关机次数约束条件为

$$\mathrm{nrs}_i \geqslant \mathrm{nst}_{ji} + \mathrm{nst}_{iu} \tag{4.43}$$

存储容量约束条件为

$$\mathrm{vol}_j \geqslant \mathrm{vol}_{ji} + \mathrm{vol}_{ju} \tag{4.44}$$

若不满足上述约束条件中的任意一个或多个，则判断任务 t_i 和 t_u 冲突。

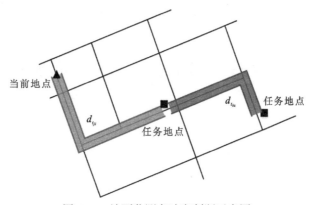

图 4.25　地面监测车冲突判断示意图

2. 资源负载度

观测资源与元任务匹配过程中冲突关系错综复杂，仅以两两元任务之间冲突的启发式准则为基础构建的收益模型不能准确地表达元任务之间的冲突关系，特别是在元任务分解面积小而数量多的情况下，两两元任务之间几乎不存在冲突，但大量的微小任务对观测资源的负载造成巨大压力，从而导致资源完成当前元任务的可能性降低。考虑多个任务之间冲突的复杂关系和计算效率，不可能精确计算元任务之间所有的冲突关系，所以本节用资源负载度表征观测资源在观测当前元任务时的承载情况，从而间接地表示在发生大量元任务冲突时观测资源观测当前元任务的能力。

在观测时间与观测面积成正比的合理假设前提下，观测资源 r_j 执行元任务 t_i 的资源负载度可以用所有冲突元任务与当前元任务 t_i 在交叉时间段内的观测面积之和与当前元任务时间窗口内观测面积的比值来确定：

$$Pl_j^i = \frac{\sum_{k=1}^{j_n} \dfrac{t_k^i \cdot S_k}{te_k - ts_k}}{(te_i - ts_i) \cdot v_j \cdot w_j} \tag{4.45}$$

式中：t_k^i 为元任务 t_k 与当前元任务 t_i 时间窗口的交集时间；$[ts_k, te_k]$ 为元任务 t_k 的时间窗口；S_k 为元任务 t_k 的面积；v_j 为资源 r_j 的速度；w_j 为资源 r_j 的幅宽；j_n 为资源 r_j 可观测的元任务个数。

由于卫星轨道具有运行的稳定性和持续性，粗略地用可观测的所有面积代替任务的观测面积，所以卫星的资源负载度可简化成

$$Pl_j^i = \frac{\sum_{k=1}^{j_n} t_k^i}{te_i - ts_i} \tag{4.46}$$

3. 任务冲突率

任务冲突率表示资源在执行当前元任务 t_i 时与其他元任务 t_k 发生冲突的概率，发生冲突的概率越大则资源观测当前元任务 t_i 的可能性越小，从而导致观测收益越小。在当前资源匹配待分配元任务 t_i 时，可以通过发生冲突的任务个数与能够观测的所有任务的个数之比来体现。所以，资源 r_j 观测待分配元任务 t_i 的冲突率为

$$Pr_j^i = \frac{j_m}{j_n} \tag{4.47}$$

式中：j_m 为与待分配元任务 t_i 发生冲突的元任务个数；j_n 为资源 r_j 能够观测到的元任务个数。

4. 任务冲突度

当元任务 t_k 和当前观测任务 t_i 冲突时，任务冲突度体现了冲突的严重程度，从侧面反映出其他元任务与 t_i 发生冲突时资源选择执行当前元任务 t_i 的概率。冲突度受到冲突任务双方的权重、面积和覆盖度的影响。面积和权重体现任务的观测收益大小，相对于 t_k，元任务 t_i 的面积或权重越大则资源选择执行当前元任务 t_i 的概率就越大。而覆盖度体现完成当前任务的可能性，相对于 t_k，元任务 t_i 的覆盖度越小则说明可用来观测 t_i 的天空地异构资源越少，因此当前资源 r_j 选择元任务 t_i 的概率越大。综上，可以用式（4.48）表

示任务冲突度，Pd_j^i 越大表示冲突越严重。

$$Pd_j^i = \frac{1}{3 \cdot j_m} \sum_{k=1}^{j_m} \left(\frac{w_k}{w_i + w_k} + \frac{s_k}{s_i + s_k} + \left(1 - \frac{l_k}{l_i + l_k}\right) \right) \tag{4.48}$$

式中：j_m 为与待分配元任务 t_i 发生冲突的元任务个数；w_i、w_k 分别为任务 t_i 与任务 t_k 的权重；s_i、s_k 分别为表示任务 t_i 与任务 t_k 的面积；l_i、l_k 分别为任务 t_i 与任务 t_k 的覆盖度。

5. 冲突剩余观测能力

假设当前资源 r_j 在完成与 t_i 冲突的任务 t_k 后，仍旧能够完成 t_i 的面积为 s_j^{i-k}，则 s_j^{i-k} 体现资源 r_j 相对于当前任务的剩余观测能力，s_j^{i-k} 越大表示资源 r_j 的剩余观测能力越强。s_j^{i-k} 主要受时空冲突和资源能耗的影响。

设 r_j 完成 $T_j^i = (t_1, t_2, \cdots, t_{j_m})$ 中单个任务 t_k 后仍能完成 t_i 的面积集合为 $S_j^i = (s_j^{i-1}, s_j^{i-2}, \cdots, s_j^{i-j_m})$，则当前资源完成冲突任务后剩余的观测能力可表示为

$$pc_j^i = \frac{1}{j_m} \sum_{k=1}^{j_m} \frac{s_j^{i-k}}{s_i} \tag{4.49}$$

式中：j_m 为与待分配元任务 t_i 发生冲突的元任务个数；s_i 为任务 t_i 的面积。

6. 基于冲突概率估计的任务分配模型

通过对以上四个启发式准则的描述，可以构建观测收益模型。根据观测目标，观测收益与元任务的加权面积成正比，而资源负载度、任务冲突率、任务冲突度和冲突剩余观测能力间接地体现了元任务的执行概率。基于此，资源 r_j 观测待分配任务 t_i 的收益可用式（4.50）表示，Q_j^i 为 r_j 观测 t_i 的期望收益。

$$Q_j^i = \varphi_1 \frac{1 - Pl_j^i}{j_n} w_i \cdot s_i + \varphi_2 \left(\alpha s_i \cdot w_i (1 - Pr_j^i \cdot Pd_j^i) + \beta \frac{w_i}{j_m} \sum_{k=1}^{j_m} s_j^{i-k} \right) \tag{4.50}$$

$$\text{s.t.} \quad \alpha + \beta = 1; \varphi_1 + \varphi_2 = 1$$

式中：φ_1、φ_2 分别为潜在多任务之间存在冲突情况下所产生收益的权重（负载度权重）和两两任务冲突情况下的收益权重；α、β 分别为两两冲突发生概率和剩余观测能力对收益的影响权重。

假设子规划中心 sub_k 中拥有 g 个观测资源，则子规划中心 sub_k 观测子任务 t_i 的期望收益为

$$R_k^i = \sum_{j=1}^{g} Q_j^i \tag{4.51}$$

综上，子规划中心的任务分配模型可以表示为

$$\max \sum_i^n \sum_k^m x_k^i R_k^i \tag{4.52}$$

s.t.

（1）$x_k^i \in \{0,1\}$；

（2）$0 \leqslant \sum_k^m x_k^i \leqslant 1$；

$$（3）\sum_{i}^{n} x_k^i \leqslant n ;$$

$$（4）\sum_{k=1}^{Sk} x_{subS}^k \in \{0, Sk\}$$

式中：约束（1）x_j^i 表示 0～1 变量，m 和 n 分别为子规划中心和元任务的数量；约束（2）表示一个任务只能分给一个子规划中心或不分配；约束（3）表示一个子规划中心最多能够观测 n 个任务；约束（4）表示卫星子规划中心观测的子任务中的元任务必须同时被卫星观测或同时不被卫星观测。

式（4.52）代表的目标函数表示在保证以完成加权面积为第一目标的情况下，更大的完成概率意味着更大的观测收益，即高权重、大面积的元任务将优先分配给能够以更高概率执行该任务的子规划中心。

7. 实验验证及分析

为了验证本节提出的基于任务冲突的启发式分配方法的有效性，在统一分解方法、求解工具的基础上与传统的面积优先分配、权重优先分配和加权面积优先分配等方法进行对比，并分别以任务完成率、加权任务完成率、完成数量比等作为对比指标，如表 4.7 所示。面积优先的分配方法是指优先按照面积的大小次序对元任务进行分配，面积相等的情况下比较其权重；权重优先的分配方法是按照权重、面积的次序分配元任务；加权面积优先分配方法是按照加权面积的顺序分配任务。

表 4.7　任务分配方案对比实验

方案	分配方法	分解方法	观测数据	对比指标
方案一	本节分配方法			
方案二	面积优先分配	顾及多类异构资源的区域分解方法	6 组模拟数据	任务完成率、加权任务完成率、完成数量比
方案三	权重优先分配			
方案四	加权面积优先分配			

注：本节分配方法指基于任务冲突的启发式分配方法，后同。

实验场景同样以阿克苏拜城县区域为背景，设置了 2 颗对地观测卫星、6 处无人机基地（共配置 10 架次无人机）、2 架飞艇及 2 台地面监测车，具体资源参数如表 4.4 所示。此外，场景中设计了 6 组超过资源观测量的模拟任务数据，具体任务指标如表 4.5 所示。此外，分配模型中 φ_1、φ_2 和 α、β 权重系数与具体的资源分布及观测任务相关，案例场景中资源越多、元任务分解情况越复杂，则 φ_1 的取值越大，经过实验分析本节给出经验值 $\varphi_2 = n/m$（m、n 分别为分解元任务数量和用户提交任务数量）；场景中资源观测能力越强则 β 取值越大，本实验取 $\alpha = \beta = 0.5$。

由于本节分配方法目标是将任务分配给各子规划中心，观测资源具体执行方案需要由各子规划中心各自协调，所以本实验在各子规划中心都可完成调度任务的合理假设下从任务完成率、加权任务完成率和完成数量比三个方面对分配方法进行对比，同时为了保证对比的合理性统一，采用本章顾及多类异构资源的区域分解方法作为任务分解方案，任务分配结果如表 4.8 所示。

表 4.8 各分配方法求解结果

模拟数据组别	分配方法	加权任务完成率	任务完成率	任务完成数量比
G1	本节分配方法	0.520 4	0.498 1	0.725 5
	面积优先分配	0.306 2	0.357 6	0.519 6
	权重优先分配	0.335 8	0.272 0	0.490 2
	加权面积优先分配	0.395 0	0.354 0	0.411 8
G2	本节分配方法	0.500 2	0.463 5	0.666 7
	面积优先分配	0.286 1	0.326 8	0.505 1
	权重优先分配	0.324 9	0.263 7	0.484 8
	加权面积优先分配	0.383 0	0.341 5	0.393 9
G3	本节分配方法	0.436 7	0.448 9	0.740 7
	面积优先分配	0.274 4	0.315 3	0.564 8
	权重优先分配	0.281 7	0.281 1	0.638 9
	加权面积优先分配	0.369 8	0.395 8	0.592 6
G4	本节分配方法	0.435 6	0.438 4	0.748 1
	面积优先分配	0.280 9	0.294 4	0.525 9
	权重优先分配	0.272 5	0.247 2	0.481 5
	加权面积优先分配	0.323 1	0.305 2	0.422 2
G5	本节分配方法	0.572 8	0.539 2	0.819 4
	面积优先分配	0.478 7	0.444 1	0.671 0
	权重优先分配	0.465 4	0.409 0	0.638 7
	加权面积优先分配	0.510 5	0.471 9	0.638 7
G6	本节分配方法	0.625 5	0.586 2	0.833 3
	面积优先分配	0.526 1	0.499 5	0.754 0
	权重优先分配	0.512 4	0.454 3	0.650 8
	加权面积优先分配	0.568 1	0.526 1	0.706 3

本节通过三个指标对比不同方案计算结果，其中，加权任务完成率表示已规划任务的加权面积占用户提交观测任务加权面积的比例；任务完成率表示已规划任务的面积与用户提交观测任务面积的比值；完成数量比表示已规划元任务与所有元任务数量之比。由表 4.8 可以发现，本节分配方法在加权任务完成率、任务完成率及完成数量比方面都具有明显优势。如表 4.9 所示，从完成任务规划面积来看，相对于面积优先分配、权重优先分配、加权面积优先分配等传统分配方法，本节分配方法的平均效益分别提高了 32.90%、54.31%、24.20%；从任务规划加权面积看，本节协同观测方法的平均收益分别提高了 43.60%、40.96%、21.24%；从观测子任务数量看，本节协同观测方法的平均收益分别提高了 28.06%、33.94%、43.22%。

表 4.9　本节分配方法相对传统方法协同收益提升百分比　　　（单位：%）

模拟数据组别	分配方法	加权任务完成率	任务完成率	任务完成数量比
G1	面积优先分配	69.90	39.28	39.63
	权重优先分配	54.95	83.11	48.00
	加权面积优先分配	31.74	40.70	76.18
G2	面积优先分配	74.81	41.80	31.99
	权重优先分配	53.95	75.71	37.52
	加权面积优先分配	30.58	35.69	69.26
G3	面积优先分配	59.13	42.36	31.14
	权重优先分配	54.99	59.69	15.93
	加权面积优先分配	18.06	13.40	24.99
G4	面积优先分配	55.03	48.90	42.25
	权重优先分配	59.84	77.30	55.37
	加权面积优先分配	34.80	43.63	77.19
G5	面积优先分配	19.64	21.42	22.12
	权重优先分配	23.06	31.82	28.29
	加权面积优先分配	12.20	14.24	28.29
G6	面积优先分配	18.89	17.33	10.52
	权重优先分配	22.06	29.03	28.04
	加权面积优先分配	10.10	11.41	17.98

其详细对比结果如图 4.26 所示。

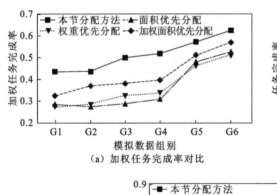

（a）加权任务完成率对比

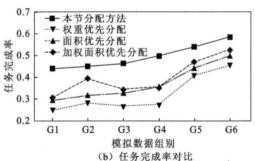

（b）任务完成率对比

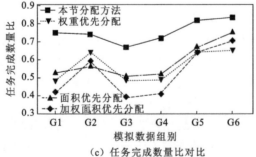

（c）任务完成数量比对比

图 4.26　不同分配方案结果对比

根据此结果可以得出以下结论。

（1）相对于传统的几种分配方法，本节基于概率估计的分配模型考虑了任务的冲突情况及资源约束条件，以最大化观测面积和执行概率、最小化任务冲突为优化目标，综合分析任务与资源多对多的最优匹配情况，能够规划更多数量的元任务，因而本节分配方法具有较高的任务规划完成率[图 4.26（a）和（b）]；而传统分配方法中，按照一定准则对任务进行排序并依次分配，一旦某任务与已规划任务发生冲突，由于缺少冲突处理机制，当前任务便只能放弃观测。

（2）在加权任务完成率方面[图 4.26（a）]，由于任务重要程度和范围大小是本节规划模型的主要收益来源，所以规划完成率普遍优于传统分配方法。其中，加权面积优先分配方法综合考虑了任务的权重和所占面积，因此其规划效果优于其他两种分配方法。而权重优先分配方法和面积优先分配方法的方案各自考虑了该目标的一部分，因此两者效果相当。

（3）如果将规划的任务面积作为对比指标[图 4.26（b）]，本节分配方法仍然具有较大优势。而由于都将观测面积作为优化目标，加权面积优先分配方法和面积优先分配方法则效果基本相当，但在某些情况下由于观测任务空间分布和权重设置的特点（G2），相对于面积优先分配方法，加权面积优先分配方法的任务分配数量更多，从而造成观测面积更大。与此同时，权重优先分配方法由于没有考虑任务的面积因素，分配效果最差，满足不了协同规划的需求。

（4）从各分配方法完成的规划任务数量来看，本节分配方法基于任务之间冲突分析多任务与多资源的匹配情况，以最大化执行概率为目标综合考虑了观测任务的多种候选观测方案，所以能够规划更多的子任务。而加权面积优先分配方法的观测效益来自任务的范围和重要性，而不是任务数量，所以任务完成数量比相对较低[图 4.26（c）]。

通过以上对比分析，在不同任务需求的情况下，本节分配方法充分发挥了各类观测资源的互补优势，能够基于复杂面状任务的各种冲突约束给出合理的规划方案，并均表现出良好的协同效果。本节分配方法具有一定普适性，在天空地协同规划方面具有重要的实践价值。

4.5 本 章 小 结

本章介绍了天空地观测资源一体化协同规划相关技术，探讨了如何优化多源异构观测资源的配置，提出了基于马尔可夫随机场的时空概率分布预测模型和多目标优化模型，实现不确定环境下的天空地一体化基础观测网的最优配置；系统分析了天空地观测资源的协同规划框架，结合天空地异构资源的观测能力及任务的时空约束，对面状源任务分解问题进行详细探讨；基于启发式准则提出了任务分配模型，在保障元任务冲突和资源观测能力的情况下解决观测收益统一估算问题，进一步优化了资源调度的合理性和灵活性；为多类观测资源在突发事件中的高效协同提供了理论依据和技术支撑。

第 5 章

空天遥感在轨/在线应急快速处理

高时效性是突发事件应急响应的灵魂。目前的应急响应模式中，卫星数据获取的典型模式是从卫星紧急调度、成像、过境数据传输到数据处理和分发，整个周期环节繁杂、耗时较长，卫星影像特别是视频数据大导致传输压力非常大，难以满足应急响应对信息时效性的需求；而大多数航空手段实时回传的视频数据主要用于浏览观看，通常进行了压缩，高质量的图像数据一般要航空器飞行落地后才能集中处理。同时，目前遥感数据特别是卫星遥感数据获取、地面处理和应急专题处理通常分散在不同部门，难以实现信息的实时传递与共享，整体遥感信息服务周期长、环节多、时效性不能满足应急需要，用户难以第一时间获得实时应急信息。

对卫星与航空手段获取的视频/图像直接进行在轨/在线智能处理，实现分钟级甚至秒级的"从传感器到射手"的应用，是提升应急响应工作效能的核心技术之一。本章主要从遥感快速应急响应模式、卫星在轨智能处理、机载在线实时处理、无人机遥感数据远程快速传输等方面进行研究，突破了相关技术，研制视频卫星在轨智能处理、机载在线实时处理、高速/中高速远程快速传输系统等硬件装备，实现应急遥感数据的"处理快"和"传输快"。

5.1 天空地遥感协同监测快速应急响应模式

遥感信息服务包括天空地数据获取、数据传输、数据处理、分发共享等，链路复杂，如何提高遥感信息服务时效性以满足应急响应的高实时性是核心问题。传统的遥感监测服务模式为"独立获取—数据汇集—集中处理—分发服务"，导致信息分离、服务滞后、响应速度慢，不能实时有效地支持突发事件处置，天空地传感网面向突发事件处置应用必须实现三大转变：从静态获取到动态感知、从集中处理到在线处理、从流程分析到智能决策。其核心问题是传感器观测数据"加载—处理—分析"没有实时闭环，面临的挑战是如何压缩"感知—处理—认知"链路时间，实现分钟级"从传感器到射手"，支持突发事件处置决策。

5.1.1 天空地遥感协同监测快速应急响应模式

传统的应急遥感数据接收—预处理—专题处理—应急服务割裂，使得遥感信息服务的周期长、环节多、时效性不能满足应急需要，用户难以第一时间拿到遥感数据。星载/机载数据通常要在地面接收站接收后进行预处理和专题处理，由于遥感影像预处理一般由卫星公司或专门的接收站来进行，专题处理则分散在各个应用部门，所以应急遥感服务难以及时与持续。

1. 遥感协同监测快速应急响应模式

本节提出一种面向应急任务的"边飞行—边传输—边处理—边分发"遥感协同监测快速应急响应模式（图 5.1），突破了传输处理一体化、存算协同一体化、软硬一体化等关键技术，大大缩短了应急响应的流程。这种模式可分为两种：一是"地面模式"，即在地面机动/固定遥感站中实现接收—传输—预处理—处理—服务的一体化；二是"天上模式"，即在轨遥感数据接收—预处理—处理一体化。

2. 空地传感器数据实时"观测—处理—判断"闭环模式

针对现有天空地数据获取、传输、处理、分发共享等链路复杂，时效性无法满足实时应急响应等问题，创立了面向应急的天空地传感器数据实时"观测—处理—判断"（real-time observation processing orientation，ROPO）闭环模式（图 5.2），提出了传感器"实时接入—异常发现—提取—用户"的边缘计算链路和传感器"实时接入—处理—云平台分析—用户"的云边协同链路，构建了应急任务与观测数据混合驱动的应急空间服务链模型，为实时应急奠定了基础。

5.1.2 应急处理服务链的自动构建与演化

面向突发事件应急响应的重大需求，针对区域应急响应观测数据多源、高动态和高

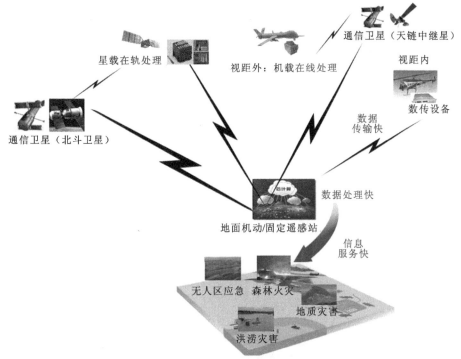

图 5.1　遥感协同监测快速应急响应模式

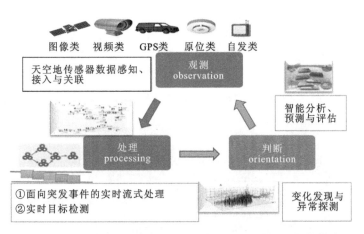

图 5.2　天空地传感器数据实时"观测—处理—判断"闭环模式

维度特点及应急突发事件时变空变、不确定特征导致信息获取不及时、难以满足应急决策需求的难题，分别从信息提取、统一描述、关联规则、智能聚合、自动进化等关键技术出发，提出了一套应急任务与观测数据混合驱动的应急空间服务链动态自主构建及动态环境下的服务链自适应快速聚合方法，实现应急动态环境下的快速处理服务，满足区域突发事件的应急辅助决策需求。

1. 基于本体的应急处理任务和观测数据的统一描述

由于不同阶段应急任务选择的模型不同，模型对数据源、数据类型、传感器、波段、空间参考等信息的需求各异，而数据日益多元化，获取的速度加快，更新周期缩短，时效性越来越强，从海量数据中寻找到不同任务所需的数据难度越来越大。针对该问题，对应急任务和观测数据进行多维度特征分析与抽象，进行本体描述，通过本体模型将多源异构数据的元数据进行统一表达，为进一步建立数据与数据、任务与数据的语义关联奠定基础。本体模型构建结果如图 5.3 所示。

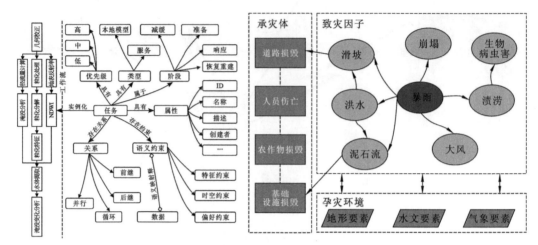

图 5.3　应急任务与观测数据本体模型示意图

NDWI 为归一化水体指数（normalized difference water index）

2. 多级语义约束的处理任务-数据关联

由于应急观测数据多源、高动态、高维度、语义复杂，难以支持全局关联分析。针对该问题，提出一种多级语义约束的任务-数据关联方法。定义应急语义描述，反映应急任务的需求特点；提取观测数据的多维语义特征，从时空、属性和偏好三个层次建立任务与数据的关联规则。应急任务和观测数据的多级语义映射如图 5.4 所示。

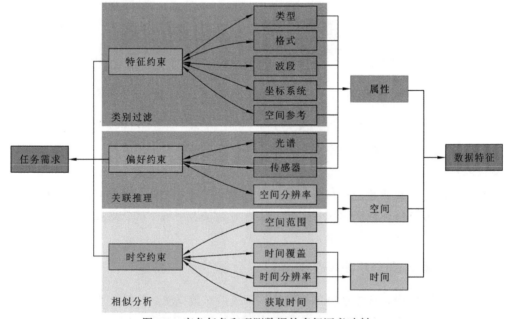

图 5.4　应急任务和观测数据的多级语义映射

3. 任务-数据混合驱动的应急处理服务链动态自主构建

由于当前应急阶段数据的检索与发现仍以"简单元数据索引+人工检索"为主，面对海量多源异构应急数据孤立割裂、缺少关联信息的现状，难以满足决策的时效性和可靠性需求。针对该问题，面向应急事件与数据要素多级语义特征分析，研究任务-数据混合驱动的信息聚合方法及应急空间服务链动态自主构建方法（图 5.5），结合云环境下的异构并行计算模型，实现时空服务快速聚合分析和处理，为应急决策提供主动推送与反馈评价。

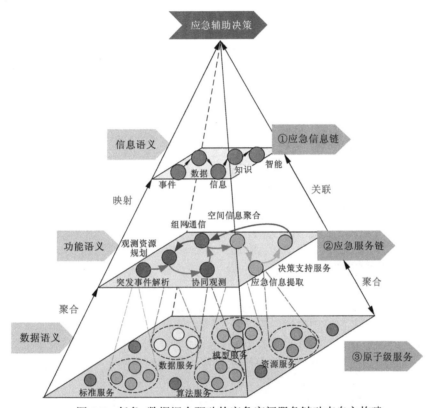

图 5.5 任务-数据混合驱动的应急空间服务链动态自主构建

应用于应急响应的遥感信息处理任务需求频繁变化且非均匀并发，现有遥感信息处理服务组合方法为每一个任务需求独立生成新的服务链，导致越来越严重的效率和稳定性瓶颈。为了最大化重用已有服务资源，并自动适应任务需求的变化，建立形式化定义的流程约束和完整性约束，提出基于最小冲突启发式的回归搜索算法实现服务链重构过程。该方法不仅可以降低服务组合过程的时间复杂度，提高组合效率，还可以减少服务提供者的负载，保证所有服务链的稳定性。

5.2　星载在轨应急信息实时处理

5.2.1　跨平台/高性能/轻量化遥感影像推理引擎

针对主流遥感影像推理引擎推理效率低、难以支持国产化平台等问题，研制跨平台/高性能/轻量化遥感影像推理引擎（图 5.6），实现深度学习模型的高效推理和快速部署。从设备、驱动接入、数据、数据接入、统一推理、统一数据、算子、运行调度、任务、适配等层面进行设计，实现遥感影像跨平台、高性能的推理。

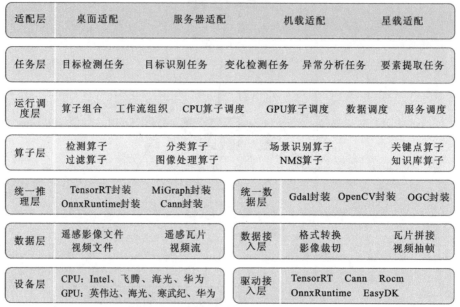

图 5.6　跨平台/高性能/轻量化遥感影像推理引擎结构图
NMS 为非极大值抑制（non-maximum suppression）

1. 推理引擎结构组成

设备层针对不同的 CPU 和 GPU 硬件进行设计和适配，支持 Intel、飞腾、海光、华为等主流 CPU 硬件和英伟达、海光、寒武纪、华为等主流 GPU 硬件，实现遥感影像推理引擎的跨平台适配。

驱动接入层主要负责支持 TensorRT、Cann、Rocm、OnnxRuntime 和 EasyDK 等底层推力驱动。

数据层主要负责支持遥感影像文件、遥感瓦片、视频文件和视频流等数据输入形式。

数据接入层主要支持数据层的各种类型数据的格式转换、瓦片拼接、影像裁切、视频抽帧等操作，为后续的软件处理做准备。

统一推理层主要负责将 TensorRT、MiGraph、OnnxRuntime 和 Cann 等主流推理框架进行封装，将输入和输出标准化，统一推理流程。

统一数据层将接入的数据进行格式标准化封装。

算子层主要负责算法的不同子步骤，用于推理层后的处理过程。检测算子主要负责对网络输出进行解码，解析出标准的目标检测结果；分类算子主要负责对网络输出进行解码，解析出标准的瓦片分类结果；关键点算子主要负责对目标图像进行目标关键点提取，用于后续的细分类识别；过滤算子主要根据已有的地理学知识，对明显不符合地理学常识的检测识别结果进行过滤和筛选；图像处理算子主要负责对遥感影像进行常规处理，用于遥感影像的界面显示和后续处理；NMS 算子主要负责对目标检测结果进行非极大值抑制，过滤掉重复目标；知识库算子主要负责对网络输出的各种目标属性进行推理，综合判断目标类别。

运行调度层主要负责推理框架内的各种软硬件资源和工作流的组织与调用，主要有算子组合、工作流组织、CPU 算子调度、GPU 算子调度、数据调度和服务调度。

任务层主要负责不同任务的工作流程组织，主要包括目标检测任务、目标识别任务、变化检测任务、异常分析任务和要素提取任务。

适配层主要负责针对不同的应用场景进行平台适配，主要包括桌面适配、服务器适配、机载适配和星载适配。

2. 推理引擎运行流程

本节提出的推理引擎运行模式采用工作流的模式，每个算法计算过程是一个单独的算法单元，具有标准的输入和输出，如图 5.7 所示。算法单元的可拓展性配置的特性支持不同工作流的算法模块搭建。例如，目标检测识别过程可以分解为图像处理算子、检测算子、NMS 算子、识别算子、知识库算子。这些算子的输入和输出都是标准的，可以串联，按照工作流的形式进行调用。同时由于其可拓展性配置的特性，不同任务只需更改配置文件中的工作流程配置，推理引擎就可以用在不同任务上。

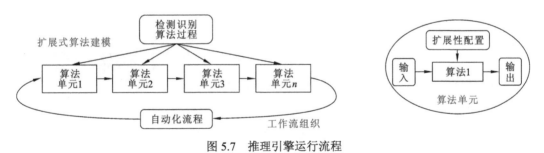

图 5.7　推理引擎运行流程

3. 平台无关的推理模型构建封装

针对所用算法的特性，将算法过程中的单元过程进行抽离和封装，这些单元处理过程适应多平台。主要封装类型分为 3 类，分别是深度学习算法相关算子、深度学习推理相关算子、常规算子。深度学习算法相关算子主要针对不同任务，如检测算子、分割算子和分类算子。推理相关算子主要是针对不同平台需求，如 TensorRT 封装对应英伟达高性能计算显卡环境，MiGraph 封装对应海光深度计算处理器（deep computing unit，DCU）高性能计算显卡环境。常规算子主要是算法中除深度学习以外的其他算子，如图像增强算子、图像变换算子等。

4. 高性能轻量化多任务推理

高性能轻量化多任务推理主要负责任务流程的组织和执行，主要包括推理任务、任务管理、推理调度。推理任务主要负责根据具体的遥感解译任务，将不同算子组织成算法流程。任务管理主要负责根据算子间的运算和并行关系，将算子进行多线程调度。推理调度主要负责根据任务需求、算子组合和资源配额，进行算法级和资源级的调度，旨在快速完成解译任务。

5.2.2　卫星在轨火灾应急处理系统

1. 卫星在轨火灾提取方法

卫星由于其较广的监测范围和稳定的观测频率，可有效监测火灾等异常信息。卫星在轨火灾处理主要基于卫星传感器中热红外通道数据，检测地表的异常高温点，结合可见光等波段信息，发现真实火点。具体处理过程如图 5.8 所示。

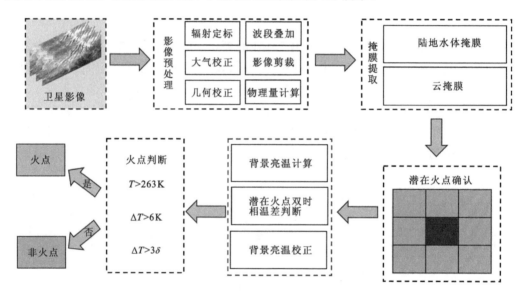

图 5.8　星载在轨火灾处理流程图

T 为像素亮温；ΔT 为潜在火点像素亮温与校正背景亮温的差值；δ 为潜在火点像素的背景像素亮温的方差

影像预处理：当卫星传感器获取到影像后，对其进行辐射校正和几何校正等预处理，获取真实地表反射率及辐射率，根据所关心区域及地物覆盖类型数据剪裁出目标区域，降低星上计算压力；然后在目标区域影像上进行波段叠加及物理量计算，得到归一化水体指数（NDWI）和亮温数据。

掩膜提取：基于归一化水体指数提取目标区域影像中的水体，根据近红外及红波段提取云掩膜，避免在水体及云像素上产生疑似火点。

潜在火点确认：基于亮温数据，根据目标区域设定的亮温阈值筛选出高温像素作为疑似火点。

背景亮温计算：以潜在火点像素为中心，利用 3×3 至 27×27 的窗口计算背景亮温，窗口大小取保证正常背景像素不低于窗口总像素 25% 的最小值，其中正常背景像素指非潜在火点像素、非水体像素及非云像素；然后计算前一天同时刻同坐标的背景像素的均值和方差，用该均值和方差对当前时刻背景像素进行亮温校正，防止潜在火点对背景亮温的计算造成干扰，得到校正后的背景亮温，用来支撑后续火点确认；同时与潜在火点坐标前一天同时刻亮温进行比较，若前一天该坐标未发现火点且其亮温低于前一天亮温，则将其从潜在火点中排除。

火点判断：

$$T > 263 \text{ K} \tag{5.1}$$

$$\Delta T > 6 \text{ K} \tag{5.2}$$

$$\Delta T > 3\delta \tag{5.3}$$

最后的判断条件为满足所有条件的潜在火点即为真实火点，否则为正常高温点。

2. 卫星火灾提取实验

基于该方法，使用 2022 年 8 月 22 日和 2022 年 8 月 21 日 GF4 卫星影像，拍摄时间均为北京时间上午 10 时 49 分 20 秒；提取重庆区域山火，实验过程如下。

影像预处理：分别对 2022 年 8 月 22 日和 2022 年 8 月 21 日的 GF4_IRS（中红外）影像进行辐射校正和几何校正，剪裁出目标区域并基于其中红外通道反演亮温图[图 5.9（a）和（b）]；由于目标区域水体及云覆盖较少，无须水体及云掩膜。

潜在火点确认：根据 2022 年 8 月 22 日 GF4 数据亮温分布情况，选用 263 K 作为潜在火点筛选阈值，共筛选出 488 个候选火灾像素。

背景亮温计算：首先确定背景窗口，以潜在火点像素为中心，利用 3×3 至 27×27 的窗口计算背景亮温，窗口大小取保证正常背景像素不低于窗口总像素 25% 的最小值；然后在该窗口位置下计算 2022 年 8 月 21 日 GF4 亮温数据的背景像素的均值 M_1，并计算该窗口向外扩展两个像素的亮温均值 E_1，将两均值作差，得到窗口区域与周边区域平均亮温差值 d；然后在 2022 年 8 月 22 日 GF4 亮温数据的窗口周边位置计算周边亮温均值 E_2，基于 E_2 及 d 即可得到校正后的背景亮温均值 M_{2c}，可降低潜在火点对背景亮温造成的影响，然后基于窗口 2022 年 8 月 22 日内 GF4 亮温数据计算背景亮温方差 δ，将 3δ 和 6 K 中的较大值作为阈值，筛选最终火点。最终筛选出 5 处火点[图 5.9（d）中黄色圆圈内]，监测出的所有火灾像素坐标见图 5.10；基于 2022 年 8 月 21 日 GF4-RGB 影像人

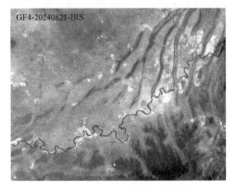

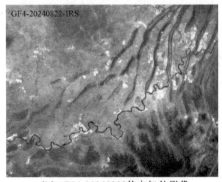

（a）GF4-20240821的中红外影像   （b）GF4-20240822的中红外影像
（火点探测使用的影像）

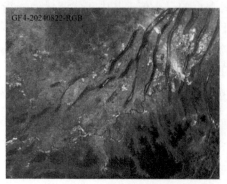

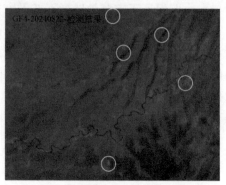

（c）GF4-20240822的真彩色影像　　　　　　（d）火点探测结果（黄色圆圈中为探测到的火点像素）

图 5.9　星载在轨算法火灾处理结果图

扫描封底二维码见彩图

火点1	2 像素	([105.74480446580766], [30.00420539555454])	([105.74477750829345], [30.000595858654034])		
火点2	6 像素	([106.2849707413521], [29.761817087359994])	([106.28906097288731], [29.758167777830227])	([106.28487864348044], [29.754598956345646])	([106.2890
火点3	1 像素	([105.88246989771153], [29.624333024965075])			
火点4	21 像素	([106.52731871797064], [29.37303286721987])	([106.53138488313587], [29.36937671331798])	([106.53545075790883], [29.365720444044545])	([106.5353
火点5	8 像素	([106.51848936789227], [29.33342884694114])	([106.52255435498405], [29.329772986967406])	([106.52661905225979], [29.32611701174274])	([106.5226
火点6	5 像素	([105.70631023915547], [28.639811440302683])	([105.71030534691035], [28.625348823201016])	([105.71439713946182], [28.625327317848704])	([105.7103
火点7	2 像素	([105.6978867207034], [28.60375064911683])	([105.69791058003719], [28.60736097882074])		

图 5.10　星载在轨算法火灾像素处理结果

工目视判断，检测结果仅存在一处虚警[图 5.9（d）最上方黄色圆圈]，其他监测出的火点均为真实火点，一定程度上证明了该方法的有效性。

3. 卫星在轨火灾提取验证

武汉大学联合长光卫星技术有限公司等单位提出了星载在轨处理应急响应技术体系，突破了目标监测与跟踪、高性能处理、多任务调度等一系列关键技术，研制了原理样机和工程样机，技术成果进一步工程化后，在"吉林一号"光谱 01/02 星上进行了在轨应用，具备森林火点、海面船舶等目标的自动检测功能。星上处理结果可通过我国自主导航系统发送给地面终端，其中包含"成像时刻，目标经纬度，目标大小"等高价值信息，极大提升了应急信息获取的时效性。

2019 年 3 月 21 日，开展了森林火点自主识别试验，在星上每秒处理 500 km² 的中波红外图像，对高温火点进行识别。星上在轨处理 13 s 后，地面终端接收到信息，结果显示湄公河流域发现多处高温火点，经卫星图像人工比对验证结果正确，如图 5.11 所示。

2019 年 6 月 8 日，在某海域进行了船舶自主搜寻试验。星上在轨处理 3 min 后，地面终端接收到信息，显示获取一艘大型船舶信息，该时刻目标区域影像及船舶区域检测结果如图 5.12 所示[图（a）红色框为船舶位置]，通过地面比对验证，证明系统工作符合预期。

星载在轨智能处理技术成果在"吉林一号"光谱 01/02 星上的成功应用，提高了系统存储和数据传输的利用率，大大提升了遥感应急信息获取的时效性，为未来卫星遥感应急响应提供了核心技术支撑。

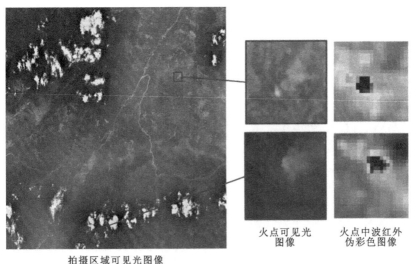

火点可见光
图像

火点中波红外
伪彩色图像

拍摄区域可见光图像

图 5.11　星载在轨处理获得的火点区域图像

扫描封底二维码见彩图

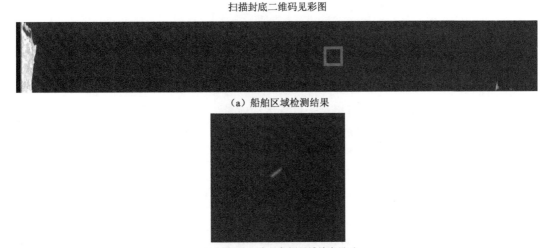

（a）船舶区域检测结果

（b）图（a）中红色框区域放大显示

图 5.12　星载在轨处理获取的船舶目标区域影像

扫描封底二维码见彩图

5.2.3　视频卫星在轨实时处理

　　时效性是应急响应的核心，目前应急情况下卫星数据获取的典型模式是"上注任务、卫星成像、接收图像、图像处理、信息分析"，整个周期环节繁杂，耗时至少需要数十分钟，特别是视频卫星由于成像时间长、获取数据量巨大且冗余，传输压力非常大，难以满足应急响应对信息时效性的需求。为此，本小节创新性提出视频卫星在轨智能处理模式（图 5.13），将传统光学卫星处理方法和地面视频处理多种并行算法引入视频在轨处理，提出功耗、体积受限条件下视频卫星智能处理方法，实现星载影像的典型目标自动检测，将视频数据从传统模式半小时的传输效率（数据传输带宽为 600 Mb/s）直接提升到在轨一体化传输处理分钟级的效率。

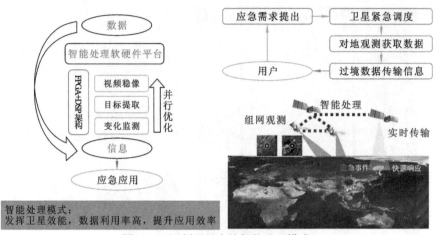

图 5.13　视频卫星在轨智能处理模式

扫描封底二维码见彩图

1. 视频卫星在轨智能处理方法

针对星上处理器相较于地面处理器存在较大的差距，无法满足运动目标、火点和水体信息实时提取的要求，提出一系列低复杂度稳像算法。

1）运动目标在轨检测

卫星视频序列中的背景是指相对于目标运动前景，运动状态保持静止或低速运动的像素，视频帧中的前景就是运动速度较背景快的像素。因此，可以把运动目标的检测视为影像的像素分类，即判断视频帧中的每个像素点是否为背景点。针对卫星视频目标所占像素少、无明显形状特征、颜色与背景相似度高等问题，提出一种利用上下文语义信息辅助检测的思想解决目标太小、与相似背景区分难等问题，并构建卫星视频运动目标检测与跟踪框架。在此框架中会动态地进行背景建模，提取出变化区域，利用运动方向一致性和先验地理信息，形成完整的目标轨迹。基于上下文语义信息的卫星视频目标检测，主要包括三部分。首先对卫星视频与基准影像进行配准，引入先验地理信息，提取出目标可能存在的道路等需要检测的区域。然后利用 Vibe 算法从视频序列帧中将运动的像素提取出来，动态地对需要检测区域进行背景建模和前景提取，获取每一帧的变化目标区域。最后利用运动方向一致性，连接每帧的变化目标，形成高精度的目标轨迹。

Vibe 算法的核心思想就是，为每个像素点随机采集了一系列样本集合 $M(x)=\{V(1),V(2),\cdots,V(N)\}$，其中 $V(x)$ 为该点的像素亮度，将新的一帧视频的像素值与样本集合进行比较，通过阈值判断来确定该像素是否为固定的背景。若新的一帧视频的像素值属于背景点，则新帧的像素值和样本集合中的采样值较为相似，Vibe 算法就可以判定该点为背景。

背景模型初始化：传统的检测算法往往需要很多帧视频才能构造背景模型，而 Vibe 算法能够在第一帧就构造一个较为准确的背景模型，以供下一帧使用，因此可以做到快速目标检测。利用第一帧卫星视频构造一个初始的背景模型，在第一帧视频中，遍历所有像素点，为每一个像素点在其周围随机地选择 N 个其他像素点作为该点的样本。

$$M_0(x) = \{v_0(y \mid y \in \mathrm{NG}(x))\} = \{v_0, v_1, \cdots, v_N\} \tag{5.4}$$

式中：M_0 为第一帧视频 x 位置的样本模型；$\mathrm{NG}(x)$ 为第一帧视频 x 位置的邻近像素点；v_0、v_1、v_N 是从 $\mathrm{NG}(x)$ 中选取的 N 个邻近像素的样本值。从式（5.4）中可以看出，此计算复杂度不高，可以及时地提供一个背景模型以供目标检测。

前景背景判定：原算法中，对于第 k 帧视频，像素点 (x, y) 的背景模型可表示为以该像素点为中心、半径为 R 的区域 $\mathrm{SR}(v(x))$，若 $M(x)[\{\mathrm{SR}(v(x)) \cap \{v_1, v_2, \cdots, v_N\}\}]$ 大于某一阈值 c，就可以判定该点为背景。

改进的算法将放弃采用固定的半径，即采用一种根据背景改变情况而变化的半径来统计，该半径 R 是根据背景像素的复杂度来确定的，一般背景越复杂，需要判定背景的范围越大，这样才能避免卫星视频复杂背景干扰。而背景的复杂度可通过样本的方差来表示，视频的背景像素的方差越大说明背景的复杂度越高。

半径 R 的具体计算公式为

$$R = \lambda S^2(x, y) \tag{5.5}$$

式中：λ 为常数，$\lambda \in \mathbf{R}$；$S^2(x, y)$ 为背景样本集像素值的方差。

在该算法的工程实践中通常设定一个固定的参数，其中样本的个数取 20，判定阈值 c 取 2。

背景模型的更新策略：卫星视频的像素值具有一定的随机性，传统的算法在进行背景模型的更新时忽略了这个随机性导致大面积的目标错误提取。本节对背景模型提出一种随机策略的更新方案，可以克服卫星视频中光照变化等随机因素。随着时间的推移，要获得准确的结果并处理场景中出现的随机事件，如光照变化和高层建筑物视差等，必须定期更新背景模型。由于传统的方法忽略了图像内的像素位置，但是为了确保整个图像背景模型的空间一致性，采用类似于随机选择的更新过程更新了像素背景模型。模型直接将新视频帧的像素与样本进行比较，因此模型持续保留样本时间的长短问题至关重要。Vibe 算法向外传播像素值的策略和保留样本时间的长短上都具有随机的特点，其具体方法如下。

（1）模型更新空间随机性：在背景像素中，每个像素点更新本身样本值的概率为 $1/\varphi$，在一定空间范围内，更新该像素点周围一定范围内的样本值的概率同样是 $1/\varphi$。当前像素的邻域：分别用 $\mathrm{NG}(x)$ 和 $p(x)$ 表示像素 x 的空间邻域及其本身像素值。假设通过插入 $p(x)$ 来更新 x 的样本集，使用 $p(x)$ 来随机选择更新邻域 $\mathrm{NG}(x)$ 的一个样本的集合值，这样的更新策略充分利用了样本像素空间随机传播的特性。

（2）模型更新时间随机性：理论上，样本值保留在样本集内的概率呈单调衰减时，样本模型的效果最好。这样可以使用更少的样本来提高相关性。根据 Vibe 算法的更新机制，当要更新一个背景样本集中的样本时，需要在这个样本集中随机挑选一个样本，这个样本有一定的概率可以不更新，这个概率是 $(N-1)/N$，当经过 $\mathrm{d}t$ 的时间，该样本可以继续保留而不更新的概率 $P(t, t+\mathrm{d}t)$ 如图 5.14 所示，这样在时间上就体现了样本更新的随机性：

利用 Vibe 算法不断更新背景模型并判定前景和背景，最后获取每帧视频中的动态像素的二值图。再通过以下步骤，获取每一帧的候选运动目标像素。

$P_G(1)$	$P_G(2)$	$P_G(3)$
$P_G(4)$	$P(x)$	$P_G(5)$
$P_G(6)$	$P_G(7)$	$P_G(8)$

$P_G(1)$	$P_G(2)$	$P_G(3)$
$P_G(4)$	$P_t(x)$	$P_G(5)$
$P_G(6)$	$P_G(7)$	$P_G(8)$

（a）N帧背景模型中的随机抽取一个P_G　　　　（b）视频序列中的新一帧

图 5.14　背景模型更新示意图

P_G 表示样本 G 继续保留而不更新的概率，P_t 表示在 t 时间后样本更新的概率

（1）计算标记为动态像素的二值图连通域。

（2）对连通域进行腐蚀和膨胀处理，可去除噪点，也可分离一部分粘连的动态目标连通域。

（3）计算每个运动前景像素连通域的中心位置，作为动态点目标的空间位置。

卫星视频目标检测跟踪技术流程如图 5.15 所示。

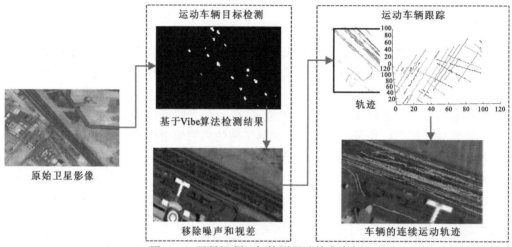

图 5.15　卫星视频目标检测跟踪技术流程

扫描封底二维码见彩图

本节提出方法获取的部分目标检测结果，同时叠加原始视频帧显示，如图 5.16 所示。

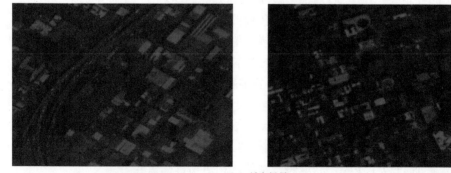

（a）城市场景

（b）乡村道路

（c）水上场景

图 5.16　动态目标检测结果

扫描封底二维码见彩图

图 5.17 截取部分地区，显示本节提出方法与其他算法结果，红色部分为该算法的检测结果。

（a）原始视频帧　　　　　　　　　　（b）人工标记目标位置（真实目标）

（c）帧差法　　　　　　　　　　　　　（d）GMM

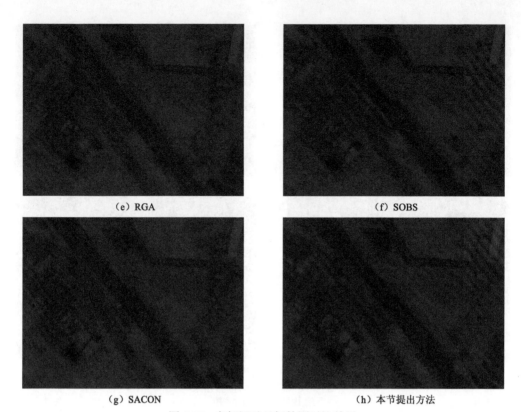

(e) RGA   (f) SOBS

(g) SACON   (h) 本节提出方法

图 5.17　车辆运动目标检测对比结果

GMM 为高斯混合模型（Gaussian mixture model），RGA 为滑动高斯平均（running Gaussian average），SOBS 为自组织背景减法（self-organizing background subtraction），SACON 为基于样本一致性的算法（sample consensus）；扫描封底二维码见彩图

从目标检测结果可以看出，帧差法和 GMM 算法倾向于寻找更多的疑似目标，将一些由建筑物视差效应和水面光线反射引起的亮度变化检测为疑似目标，因此这两种算法的准确率较低。RGA、SOBS、SACON 算法的准确性较高，但遗漏了道路上的许多车辆目标，一些行驶速度较慢的车辆目标没有检测出来。本节提出方法在卫星视频车辆目标的检出率和准确率上表现得更好。

2）火点信息提取

卫星视频数据量大，下行传输带宽有限，而地面获取卫星数据提取感兴趣信息时效性低，数据传回地面进行处理的方式无法满足对应急响应应用的时效性的要求，因此提出星上处理模式及星上高效运行算法，快速提取和下传火灾范围信息，从而实现火灾发生区域星上动态监测。星上处理的卫星平台空间、能源、计算资源有限，另外星上处理无法利用地面海量的辅助信息及人为干预，因此必须优先选择思路简单、阈值自适应能力强、线性化好、易于移植改造的火灾范围检测方法进行星上算法改造和适配，以实现对 12 000×5 000 大小的视频帧平均检测时间小于 15 s。

红外尤其是热红外谱段是火灾信息提取的重要依据，而视频卫星影像只有可见光三个波段，可用光谱信息十分有限，是基于视频卫星影像进行火灾信息提取的一大难点。针对光谱信息不足，且星上资源受限的问题，利用过火区与背景区的光谱差异大的特点通过历史数据获取先验知识，设计计算复杂度低、便于星上移植的火灾范围提取算法，对视频帧影像进行火灾范围检测。先通过历史影像统计过火区在可见光波段的光谱特性，例如均值和方差，在视频影像历史资料不足的情况下，利用其他空间和光谱分辨率较为接近的卫星火灾历史影像，如 GF-1、GF-2、Landsat 等数据，通过人工神经网络学习，模拟视频卫星火灾影像统计均值和方差，然后基于火灾区的统计数据构建火灾指数，选取一个能将二者区分开的阈值，最终将过火区提取出来。

本小节提出的火灾范围提取方法思路及步骤如下。

（1）利用视频卫星历史火灾影像统计过火区光谱特性（均值及方差），在视频影像历史资料不足的情况下，利用其他卫星历史火灾数据通过人工神经网络学习模拟视频卫星火灾影像，然后统计过火区在可见光波段的均值和方差，作为先验知识。

（2）利用历史数据统计得到的过火区在可见光波段的均值和方差构建可以区分过火区和非过火区的指数：

$$IF=\sqrt{\frac{1}{NB}\sum_{i}^{NB}\left(\frac{b_i-\overline{b}_i}{SD_i}\right)} \tag{5.6}$$

式中：IF 为构建的火灾指数；NB 为波段数量，此处为 3；b_i 为第 i 波段的天顶反射率或 DN 值；$\overline{b}_i$ 和 SD_i 分别为从历史火灾数据中统计得到的过火区域在第 i 波段的均值和方差。

（3）通过阈值法对构建的火灾指数进行分割，提取火灾范围。

阈值选取的方法较多，常用的有双峰法、P 参数法、最大类间方差法（Otsu、大津法）、最大熵阈值法、迭代法（最佳阈值法）等。

利用卫星过境时获取的视频影像，提取火灾前后关键视频帧图像，提取火灾的范围，掌握火灾蔓延的趋势，另外还可以统计过火面积，为相关决策部门提供科学依据。视频卫星能够起到对生态破坏进行连续监测和监控的作用，对评估火烧强度和灾情的严重性有着重要的意义。以单帧视频图像为例，测试结果如图 5.18 所示。

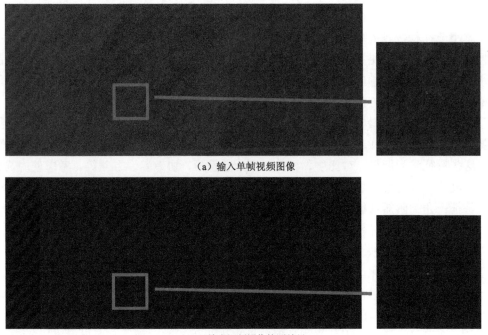

（a）输入单帧视频图像

（b）输出视频图像检测结果

```
469    uint8_t* ThreadImg = (uint8_t*)0x96000000;
470    Thread_img(input_resize, 180, mod_width, height, ThreadImg);
471    int32_t min_boloarea = 1;
472    uint8_t* Fire_out = (uint8_t*)0x98000000;
473    t1 = _itoll(TSCH, TSCL);
474    Connected_img_Fire(ThreadImg, input_resize, Fire_out, mod_width, height, min_boloarea);
475    t2 = _itoll(TSCH, TSCL);
476    processing_time = (double)(t2 - t1) / 1000000.0; //ms
477    printf("Runtime: %f ms\n", processing_time);
```

```
Console      Image    Properties
Copy (2) of 6678test.CIO
[C66xx_0] Processing start, frame:1,  size: 60000000
[C66xx_0]  func start
[C66xx_0] No. 0 : [9158, 678] Fire Area: 8
[C66xx_0] No. 1 : [9180, 934] Fire Area: 4
[C66xx_0] No. 2 : [7712, 980] Fire Area: 8
[C66xx_0] No. 3 : [7960, 994] Fire Area: 4
[C66xx_0] No. 4 : [5456, 1542] Fire Area: 20
[C66xx_0] No. 5 : [9962, 1852] Fire Area: 4
[C66xx_0] No. 6 : [6424, 2562] Fire Area: 16
[C66xx_0] No. 7 : [8918, 2658] Fire Area: 4
[C66xx_0] No. 8 : [8290, 2902] Fire Area: 4
[C66xx_0] No. 9 : [4182, 2928] Fire Area: 12
[C66xx_0] No. 10 : [4192, 2934] Fire Area: 32
[C66xx_0] No. 11 : [6506, 3026] Fire Area: 4
[C66xx_0] No. 12 : [6504, 3032] Fire Area: 4
[C66xx_0] No. 13 : [2192, 3214] Fire Area: 4
[C66xx_0] No. 14 : [7038, 3932] Fire Area: 4
[C66xx_0] No. 15 : [2788, 4382] Fire Area: 8
[C66xx_0] No. 16 : [8514, 4552] Fire Area: 4
[C66xx_0] Runtime: 2024.323819 ms
Licensed      LE
```

（c）输出视频图像火点检测结果信息

图 5.18　火点检测测试结果

综上所述，采用大小为 12 000×5 000 的单帧遥感视频图像，火灾检测测试耗时 2.02 s，输出火点 16 个，同时输出各火点相应的图像位置及火点面积。

3）水体范围提取

视频卫星对目标区域实施"盯着"成像：一是数据量大，画面存在抖动，视角随着在轨移动而变化，因此在进行信息提取时一般需要进行严格预处理，而且预处理结果精度对后续地物信息提取具有影响；二是卫星视频影像只有 RGB 三个波段，因此信息提取时可用的光谱信息受限，定量遥感手段受限，提高了水体等目标提取难度。

本小节在稳像预处理基础上，充分挖掘卫星视频数据的高空间分辨率、高帧率时序性特点，一是利用卫星视频数据中水体区域纹理和颜色不同于其他地物的特点，二是利用水域平坦无起伏、帧间不存在视差引起的变化等特点，提出了综合纹理、时序视差及光谱信息的水体提取方法，基于该方法实现了卫星视频数据水体范围的提取。

灰度共生矩阵是最常用也是性能最好的一个纹理分析方法，在遥感影像分析和数字图像处理领域中大量应用，通过灰度共生矩阵可以提取 14 个特征值来描述影像纹理特征，这些特征量为能量、对比度、相关、熵、逆差矩、协方差、方差等。考虑使用简便、运算速度快，同时对遥感影像纹理描述效果突出，通常采用 5 个常用的特征值提取影像纹理特征：角二阶矩（能量）、对比度（惯性矩）、相关、熵和逆差矩。

本小节提出的水体范围提取方法思路及步骤如下。

（1）对卫星视频帧纹理特征进行提取，纹理平滑的区域是水域的可能性较大。对纹理粗糙程度进行归一化，最大为 0，最小为 1。

（2）水体区域视频帧间变化的强度小，对视频帧之间进行差值计算，差值越大说明帧间视差大，不是水域的可能性越大。对差值进行归一化，最大为 0，最小为 1。

（3）在可见光谱段，水体光谱反射特性表现为强透过，静止水面反射率远低于其他地物，排除阴影干扰的情况下，光谱反射率越低，水域的可能性越大。对视频帧影像 RGB 三个波段取均值并进行归一化，反射率均值最小为 1，最大为 0。

（4）综合纹理，对帧间视差及光谱信息进行水体范围检测：

$$P_{\text{water}}=W_{\text{r}} \cdot P_{\text{r}}+W_{\text{d}} \cdot P_{\text{d}}+W_{\text{s}} \cdot P_{\text{s}} \tag{5.7}$$

式中：P_{water} 为水体的概率；W_{r}、W_{d}、W_{s} 分别为纹理粗糙度、视差及光谱信息的权重；P_{r}、P_{d}、P_{s} 分别为归一化后的纹理粗糙度、视差及光谱信息。最后对 P_{water} 进行阈值分割，提取水体区域。

对星载视频水体范围提取功能进行星上移植改造，并利用美国旧金山 2017 年 4 月 24 日的吉林视频卫星数据进行测试。先提取视频关键帧影像（图 5.19），反演水体指数，然后基于阈值分割将水体区与非水体区分开，从而得到水体范围（图 5.20）。

图 5.19　星载视频截图

图 5.20　水体范围提取视频截图

2. 视频卫星在轨智能处理样机

针对视频卫星数据冗余、数据量大，采取多核数字信号处理器（digital signal processor，

DSP）作为处理器，并对其周围电路进行设计。根据星上在轨智能处理性能的要求，具备图像数据的接收、处理和信息发送等功能，设计硬件平台的主要功能如表 5.1 所示。

表 5.1　硬件平台主要功能

序号	主要功能需求	设计功能
1	具备 Camera Link 图像数据接收功能	具备 full 模式的图像接收
2	高性能计算能力	主频不小于 10 GHz
3	高速数据交互功能	数据传输速率>1 Gb/s
4	JTAG 烧写及电源接口	将 DSP 与 FPGA 的 JTAG 通过自测试接插件引出，电源接口采用单独的接插件
5	具备数据并行缓存功能	配置 2 GB@64 bits DDR3 缓存
6	调试交互接口功能	RS422 接口

注：JTAG 为联合测试工作组（Joint Test Action Group）；FPGA 为现场可编程门阵列（field programmable gate array）。

按照模块化设计思想，根据不同的功能需求设计不同的功能模块，设备的模块配置清单如表 5.2 所示。

表 5.2　模块配置清单

序号	模块	实现功能	配置数量/个
1	电源保护与交换模块	将一次母线电源转化为系统所需的各类电源	1
2	DSP 系统模块	DSP 系统最小系统运行及与 FPGA 之间通信	1
3	FPGA 系统模块	FPGA 最小系统运行及与 DSP 之间通信	1
4	系统时钟模块	完成设备所使用的各个时钟	1
5	DDR3 缓存模块	实现图像数据缓存，FPGA 和 DSP 具备各自的 DDR3	1
6	Camera Link 通信模块	实现图像数据的传输	1
7	RS422 通信模块	DSP 和 FPGA 各一路 RS422 通信	1

在轨智能处理系统主要以 Virtex-5 FPGA XQ5VFX200T-2FF1738I 芯片为核心，采用 TI 公司的 DSP 芯片 TMS320C6678ACYPA 作为处理器参与数据运算处理。在轨智能处理系统采用两片 SSD 实现对发送/接收数据的存储，单片容量为 256 GB，通过 GTX 接口与 V5 FPGA 进行数据交互；采用 4 片 DDR2 芯片（MT47H128M16RT-25EIT 芯片）实现对高速数据的缓存处理。处理板内部结构如图 5.21 所示。

下面对主要模块进行简述。

1）存储系统

存储系统 FPGA 选用 Xilinx 公司生产的 XC5VFX200T-2FF1738I 芯片。XC5VFX200T-2FF1738I 芯片的主要性能如下。

（1）具有 2 000 万系统门。

（2）具有 2 280 Kbit 内部随机存储器（random access memory，RAM）。

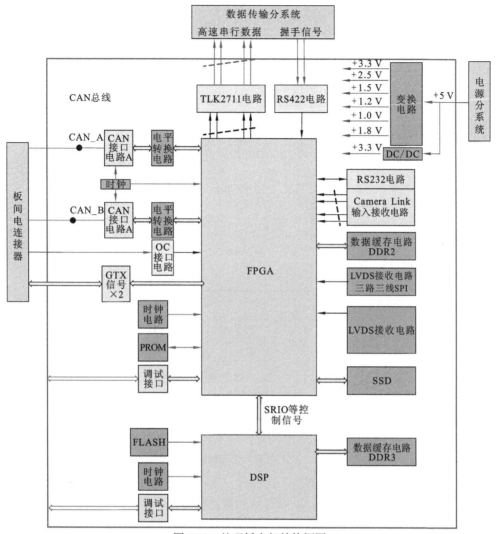

图 5.21　处理板内部结构框图

CAN 为控制器局域网络（controller area network），DC/DC 为直流斩波器，PROM 为可编辑只读存储器（programmable read only memory），SSD 为固态盘（solid state disk），LVDS 为低电压差分信号（low voltage differential signaling），DDR2 为第二代双倍数据传输率（double data rate 2），DDR3 为第三代双倍数据传输率（double data rate 3），SPI 为串行外设接口（serial peripheral interface），SRIO 为串行快速输入输出（Serial RapidIO）

（3）具有 912 个 18 Kb 块随机存储器（Block RAMs）。

（4）具有 384 个 DSP48E 模块。

（5）6 个片上多线程（chip multithreading，CMT）模块。

（6）支持 3.3 V、2.5 V、1.8 V、1.5 V、1.2 V I/O 接口。

（7）具有 960 个 I/O 管脚。

结合"吉林一号"光谱 01/02 星发射计划，考虑搭载平台载荷情况，FPGA 电路对外接口框图如图 5.22 所示。

具备对 TLK2711、DDR2 芯片、SSD 的配置管理、GTX 数据的收发、LVDS 接口、CAN 接口、RS232 接口数据收发控制等功能，以及与 DSP 芯片的数据交互功能。

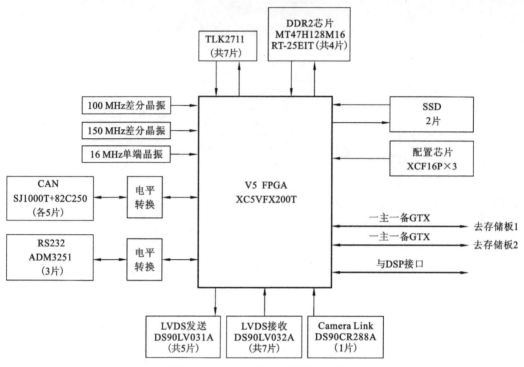

图 5.22　FPGA 电路对外接口框图

2）高速遥感图像数据接收

为了满足高速高性能遥感图像数据的处理需求，采用 TLK2711 用于高速遥感图像数据接收。TLK2711 是一种基于串行/解串技术的高速收发器件，单路传输速率高达 2.5 Gb/s，采用 VML 差分信号，具有较好的抗干扰能力，采用自同步通信方式，利用时钟和数据恢复技术实现串行代替并行传输，可以有效解决传输中信号和时钟的偏移问题，此外，串行通信充分利用传输媒介的信道容量，减少所需要的连接器引脚数目，设备及电缆布线更为简单，系统抗干扰能力更强。

TLK2711 电路图及接口原理如图 5.23 所示，采用交流耦合（AC-coupled）方式。

3）高速遥感图像数据缓存

为了满足高速高性能遥感图像数据的处理需求，采用 DDR2 芯片用于高速遥感图像数据缓存。DDR2 芯片选用镁光公司生产的 MT47H128M16RT-25EIT，该芯片容量为 2 Gb，封装为 BGA84。在处理板中，使用两组共计 4 片 DDR2 芯片。

DDR2 芯片主要用于缓存外部高速接口收发的数据。在电路设计中，将 DDR2 芯片的数据线、控制线、时钟线等均连接到 V5 FPGA 的 SSTL18_II 电平的 Bank 上，使用 FPGA 内部的数字控制阻抗（digitally controlled impedance，DCI）端接，同时使能 DDR2 芯片内部 ODT 功能，数据线不用增加额外的端接，对地址、控制信号通过 51 Ω 电阻上拉至终端电压（tracking termination voltage，VTT）（0.9 V）。DDR2 芯片电路图如图 5.24 所示。

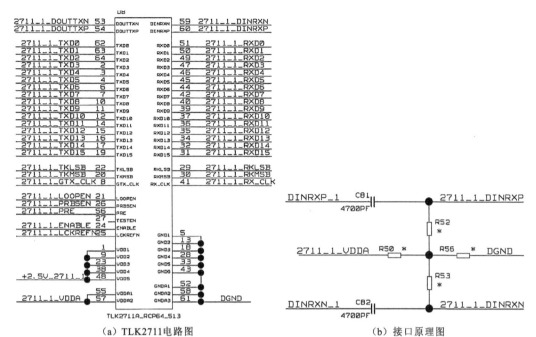

（a）TLK2711电路图　　　　　　　　　　　　　（b）接口原理图

图 5.23　TLK2711 电路图及接口原理图

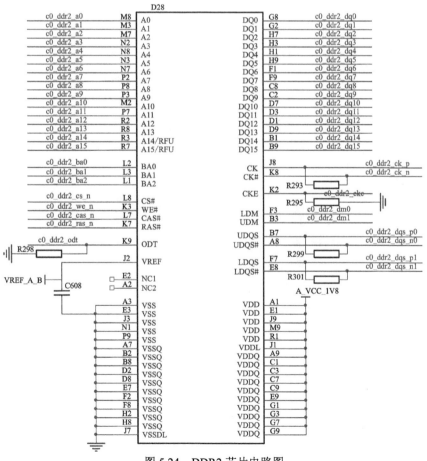

图 5.24　DDR2 芯片电路图

4）星载通信方法

星载通信方法采用 NXP 公司的独立 CAN 总线控制器 SJA1000 与 CAN 总线收发器 PCA82C250 实现，由于 SJA1000 为+5 V 供电，需增加电平转换芯片 SN74ALVC164245DL。 CAN 总线接口电路实现框图如图 5.25 所示。

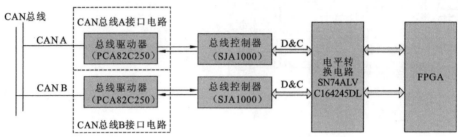

图 5.25   CAN 总线接口框图

5）高速遥感数据缓存

高速遥感数据存储器件，采用 2 组美国 FOREMAY 公司生产的高性能 OC177 系列军工级 min-SATA 固态硬盘作为数据存储模块，该硬盘容量为 256 GB，平均读写速率在 260 Mb/s，工作温度范围在-40～+85 ℃。通过 FPGA 的 GTX 接口实现与 SSD 的 SATA 接口的高速数据交互。

6）高速遥感图像数据处理系统

为了满足高速高性能遥感图像数据的处理需求，将 DSP 芯片用于高速遥感图像数据处理。DSP 芯片选用 TI 公司的 TMS320C6678 芯片。TMS320C6678 为 TI 公司生产的一款多核 DSP，多核 DSP 将多个内核集成到一个芯片内，多个核共享芯片所有的外设资源，相对于多个 DSP 系统，多核 DSP 耦合性更强，可以发挥更高的效率。

TMS320C6678 是高性能定点/浮点 DSP 芯片，基于 TI 公司的 KeyStone 多核架构，在单个核上的运行速度可达 1.25 GHz。其内部结构如图 5.26 所示。

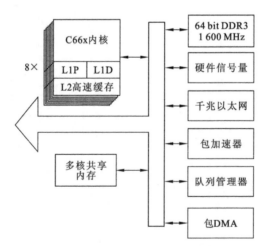

图 5.26   6678DSP 内部结构框图

DMA 为直接存储器访问（direct memory access）

该 DSP 芯片可以通过内部电源状态控制寄存器的不同设置，将 DSP 芯片设置为冬眠（hibernation）状态或者待命（standby）状态，便于不使用 DSP 时降低功耗。DSP 对外接口框图如图 5.27 所示。

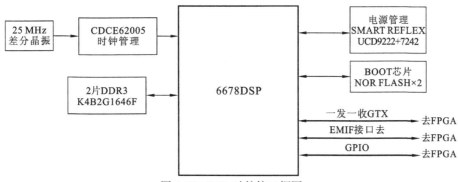

图 5.27　DSP 对外接口框图

7）元器件降额分析

视频卫星在轨智能处理系统中使用的元器件按《元器件降额准则》（GJB/Z 35—93）的要求执行 I 级降额准则，针对每块电路板中不同的元器件或同一元器件而使用方式的不同，对元器件使用的最恶劣状况逐一进行降额分析。

视频卫星在轨智能处理系统在元器件选用上遵循以下原则。

（1）性能指标符合设计要求。

（2）按《元器件降额准则》（GJB/Z 35—93）要求，降额使用元器件。

在轨智能处理系统所用元器件应被限制的应力因素见表 5.3。

表 5.3　元器件应力因素

序号	元器件类型	降额参数
1	电阻	功率、电压、温度
2	电容	直流工作电压、工作温度
3	二极管	反向电压、电流、功率、最高结温
4	三极管	反向电压、电流、功率、温度范围、最高温度、集电极-发射极电压、集电极最大电流
6	集成电路	输出电流、频率、工作温度、最高结温、电源电压
7	晶体	工作温度
8	导线	应用电压、应用电流
9	接插件	电压、电流、最高接触对额定温度

元器件降额分析就是使元器件所承受的应力低于其额定值，以达到延缓其退化和提高其使用可靠性的目的。正确使用元器件，按《元器件降额准则》（GJB/Z 35—93）要求，设备中所用元器件均进行了降额使用，确保符合 I 级降额的要求。

研制的硬件系统如图 5.28 所示。

（a）原理样机 （b）工程样机

图 5.28 视频卫星在轨智能处理原理样机和工程样机

3. 视频卫星在轨智能处理系统研制及运行

视频卫星在轨智能处理系统已在敦化市森林防火中得到成功应用并装备到业务系统中。作为"吉林一号"后续卫星标配，采用 FPGA+GPU 硬件架构已在"吉林一号"高分 03 组星中采用，2019 年 6 月 5 日入轨运行，提升卫星应急遥感服务时效性，具备浅层人工智能处理能力，支持数据压缩、船舶、飞机检测功能。研制的飞行正样如图 5.29 所示。

图 5.29 第二代处理系统实物图

2019 年 6 月 7 日进行飞机识别功能测试，识别的部分结果如图 5.30 所示。

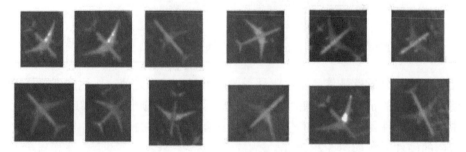

图 5.30 飞机识别的部分结果

2019 年 6 月 27 日进行船舶识别功能测试，识别的部分结果如图 5.31 所示。

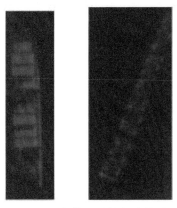

图 5.31　船舶识别的部分结果

5.3　机载在线应急信息实时处理

机上应急信息的实时处理是影响机载遥感应急响应的关键环节。针对机上资源受限，遥感影像应急目标-背景的复杂性、影像特征提取的困难性、多源影像成像-尺度-质量的差异性，突破了基于异源影像匹配的无人机在线快速定位、机载典型应急信息实时监测等关键技术，研制了机载在线实时处理原理样机。

5.3.1　无人机影像机上实时地理定位

卫星定位技术为无人机提供空间位置信息，使无人机能够完成定点飞行、航线规划、自动返航等飞行任务，保障了飞行安全。但常用导航卫星定位手段极易受干扰，无人机视觉定位方法正逐步受到重视，而异源图像差异大，现有特征匹配方法定位鲁棒性和实时性不能满足无人机应用需求。针对定位鲁棒性和实时性的瓶颈问题，提出一种新的异源影像快速匹配定位算法。利用残差网络提取鲁棒特征，结合小型 Transformer 获取高精度定位；通过迁移学习以最小欧氏距离替代 Transformer 来加速模型推理。

1. 基于影像匹配的视觉定位

基于异源匹配定位的方法是通过建立异源图像间的仿射变化关系，确定无人机在卫星地图上的坐标，最后利用卫星影像预存的地理信息实现经纬度转换。

整个定位系统可划分为三个模块，如图 5.32 所示。首先，利用无人机上的惯性导航系统等传感器确定无人机影像在卫星地图上的大致区域；其次，设计端到端的匹配模型，利用残差网络（residual network，ResNet）结合特征金字塔网络（feature pyramid network，FPN）提取图像多尺度特征，结合最小欧氏距离和轻量 Transformer 模块，实现特征从粗到精的匹配，构造高精度异源影像映射关系；最后，利用匹配点对来估计单应矩阵，实现地理坐标转换。因此，图像匹配算法是定位系统的核心，其鲁棒性和实时性是影响定位效果的关键。

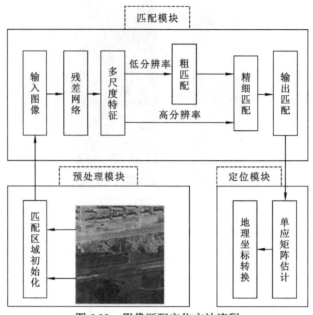

图 5.32　影像匹配定位方法流程

2. 异源影像匹配网络设计

1）特征提取网络设计

特征提取模块的整体框架如图 5.33 所示，模块结合了残差网络和特征金字塔网络。ResNet 利用了残差连接和恒等映射，残差连接通过学习残差特征，缓解了随着网络层次加深带来的特征变化较小的问题，使得残差特征表征能力更强。恒等映射解决了网络层次数量影响特征表征效果的问题，使得模型提取特征能力不受网络层次数量影响。特征金字塔通过融合不同层次的特征图，使得特征具有一定的尺度不变性。因此，结合 ResNet 和 FPN 输出鲁棒性较强的特征。

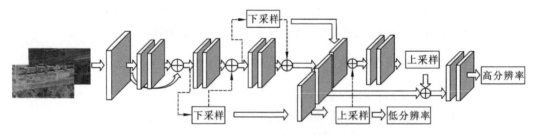

图 5.33　特征提取网络框架体系构成

基于实时性考虑，采用规模最小的 ResNet18 作为骨干网络。首先将输入的异源影像预处理成 640×480 的单通道图，进行灰度归一化后放入同一批次（batch），同时提取异源图像的特征。然后通过卷积核大小 7×7 和步长为 2 的初始卷积层，分别生成 128 张尺寸为 320×240 的特征图；该组特征图连续通过 6 个结构一致的残差卷积块，结构如

图 5.34（a）所示。每两个残差卷积块构成一个残差卷积组，具有相同的卷积核数量，卷积核大小都为 3×3。通过改变卷积步长得到不同分辨率和通道数的特征图。

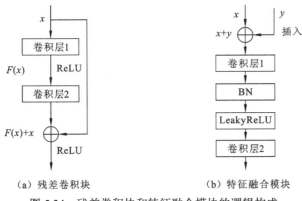

（a）残差卷积块　　　　　　（b）特征融合模块

图 5.34　残差卷积块和特征融合模块的逻辑构成

BN 为批标准化（batch normalization）

特征图通过三个残差模块组后，利用 1×1 卷积统一所有特征图的通道数并进行融合。特征融合模块结构如图 5.34（b）所示，首先采用双线性插值方法上采样低分辨率特征图，与高分辨率特征图相加，然后通过两个卷积核大小为 3×3 且步长为 1 的卷积层实现特征高维融合，并统一通道数。其中，卷积层间通过批标准化（BN）将输入分布归置到均值为 0、方差为 1 的标准正态分布，使输出落在激活函数的敏感区域。同时用 LeakyReLU 函数对卷积输出进行非线性激活，激活函数见式（5.8），其中 a 为一个较小的斜率。

$$\text{LeakyReLU} = \max(ax, x) \tag{5.8}$$

特征金字塔执行两次融合，网络最后输出低分辨率特征图和融合了多尺度信息的高分辨率特征图。

2）特征匹配方法设计

（1）基于 Transformer 的匹配模型

将残差金字塔网络提取的特征由粗到精构筑密集匹配。在进行匹配之前，还需要利用 Transformer 模块对特征编码，目的是融合注意力，通过结合局部和全局信息来增强特征，提升特征区分度，便于度量特征的相似性，并由此建立精细的匹配概率分布，使匹配关系的鲁棒性更强。Transformer 模块由顺序连接的编码器层组成。图 5.35（a）显示了编码器的结构，编码器的输入是由残差网络提取的特征图。编码器层的关键模块是注意力层。根据输入的特征一致性，可以实现自注意力和交叉注意力机制。在粗匹配阶段之前设计了 8 层 Transformer 编码器，通道数与残差网络输出特征通道数一致，并采用自注意力和交叉注意力交替编码，精细匹配之前则进行单次自注意力和交叉注意力编码，即 2 层 Transformer 编码器。

由于传统 Transformer 的注意力层计算复杂度太高，采用线性注意力（Katharopoulos et al.，2020），计算方式见图 5.35（b）。基于矩阵乘法结合律，通过 Elu 激活函数替换原计算核，使计算复杂度从 $O(N^2)$ 降低到 $O(N)$，提升了算法效率。

基于编码后的特征实现粗匹配。粗匹配阶段首先通过关联 Transformer 编码特征构造

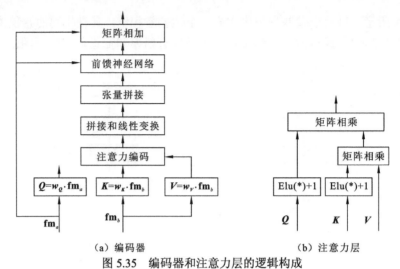

（a）编码器   （b）注意力层

图 5.35   编码器和注意力层的逻辑构成

Q 为查询向量矩阵，K 为被键向量矩阵，V 为值向量矩阵，w 为权重向量矩阵，$\mathbf{fm}$ 为输入向量矩阵

代价矩阵；然后使用 softmax 函数将代价矩阵转换为匹配的概率分布矩阵，输出不同像素间的匹配概率；最后根据匹配概率输出置信度高的低分辨率影像上的匹配点坐标。代价矩阵和概率分布矩阵的计算式分别为式（5.9）和式（5.10），其中 F_{UAV} 和 F_{SAT} 分别为经过 Transformer 编码的无人机和卫星影像特征图，代价矩阵即计算两个特征图的点积相似度，然后通过 softmax 函数将代价矩阵行列指数归一化，输出概率分布矩阵，概率分布矩阵中的每个元素代表不同局部的匹配概率：

$$S(i,j) = F_{\text{UAV}} F_{\text{SAT}}^{\text{T}} \tag{5.9}$$

$$P(i,j) = \text{softmax}(i,\cdot)_j \cdot \text{softmax}(\cdot,j)_i \tag{5.10}$$

建立粗匹配后，基于粗匹配的匹配点对利用精细匹配模块将匹配细化到原始图像分辨率。首先在高分辨率特征图上定位所有粗匹配点的位置，固定其中一张特征图的匹配点位置，在另一张特征图上以匹配点为中心构造大小为 $5×5$ 的局部窗口；然后通过小型 Transformer 模块在局部实现特征关联，构建代价矩阵；构建代价矩阵后，不同于粗匹配阶段，精细匹配结合了基于卷积神经网络的数值坐标回归（Nibali et al.，2018），将代价矩阵输入可微空间数值转换（differentiable spatial to numerical transform，DSNT）层，DSNT 层是可微的数值变化层，适应现有卷积神经网络的训练框架，利用 DSNT 层输出粗匹配点的像素坐标微调量，最终能够实现亚像素的匹配精度。

（2）基于最小欧氏距离的匹配模型

无人机机载计算机算力有限，粗匹配阶段的大型 Transformer 难以部署，同时结合了残差网络、特征金字塔网络及 Transformer 的匹配框架过于复杂，对算法效率产生非常大的影响。由于残差网络已经具备强大的特征提取能力，已有学者研究了基于预训练 ResNet 的特征匹配方法（Rocco et al.，2022），通过卷积神经网络直接构筑密集的特征匹配，证明了利用迁移学习实现特征匹配的可行性。

因此，本小节算法基于 Transformer 匹配算法的预训练模型，首次采用最小欧氏距离算法直接实现粗匹配。最小欧氏距离的计算复杂度为 $O(N^2 d)$。而大型 Transformer 模块需要先特征编码，再建立匹配，编码和匹配计算复杂度分别为 $O(N^2 d^2)$ 和 $O(N^2 d)$，因此通过去除特征编码能有效提升匹配效率。在精细匹配阶段虽然也应用了 Transformer 模块，但由于局部窗口较小且仅应用了小型 Transformer 模块，精细匹配的效率已经相对较高，同时 Transformer 模块有助于提升匹配精度。算法仅对粗匹配阶段进行优化，该匹配方法结构如图 5.36 所示。

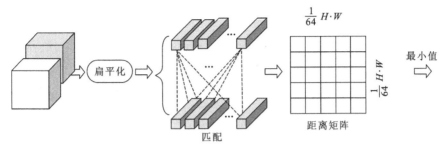

图 5.36　最小欧氏距离匹配模块结构
H 为原始图像高度，W 为原始图像宽度

残差网络提取的低分辨率特征传入特征匹配模块，首先将输入的特征展平并同时做归一化处理，得到长为 $1/8H \times 1/8W$、宽为 C 的二维张量。采用欧氏距离矩阵度量所有特征描述，矩阵元素代表特征间的欧氏距离相似度，距离矩阵计算式为式（5.11）。最后输出矩阵中的行列最小值，便得到了一一对应的匹配点对，取代了 Transformer 模块的编码匹配过程，将粗匹配模块的运行时间由秒级降低到毫秒级。精细匹配模块保持一致，在一定程度上保证了匹配精度。

$$M = \sqrt{F_{\mathrm{UAV}}^2 + F_{\mathrm{SAT}}^2 - 2F_{\mathrm{UAV}}F_{\mathrm{SAT}}^{\mathrm{T}}} \tag{5.11}$$

（3）匹配模型训练

特征提取和匹配模块在 MegaDepth（Li et al.，2018）数据集上进行训练，数据集包含了多视角影像，并包含对应拍摄角度的相机参数和深度信息。但该数据集缺少匹配真值，通过以下策略生成了匹配真值。数据在训练前处理过程分为 4 个步骤：首先，取出同一目标的两幅不同视角图像，将其中一幅图像的像素坐标利用相机参数和深度值反投影到三维坐标；其次，将另一幅图像的相机参数投影到二维坐标，建立两幅图像的像素对应关系；再次，针对存在遮挡或投影坐标并不匹配的情况，进行投影坐标的深度比对，如果估计深度和真实深度差异在一定范围内，则确定为匹配真值；最后，根据网络输出整理成置信度矩阵。

网络训练采用两种损失函数，在低分辨率匹配阶段，采用 Focal 损失。Focal 损失能够缓解损失振荡的问题，同时可以通过设置使训练过程中更关注困难样本的匹配。Focal 损失表达如下：

$$L_{\mathrm{C}} = -\frac{1}{|P_{\mathrm{C}}^{\mathrm{gt}}|} \sum_{i,j \in P_{\mathrm{C}}^{\mathrm{gt}}} \lg P_{\mathrm{C}}(i,j) \tag{5.12}$$

式中：$P_{\mathrm{C}}^{\mathrm{gt}}$ 为粗匹配阶段的置信度真值；$P_{\mathrm{C}}(i,j)$ 为粗匹配模型推理估计的置信度矩阵；i,j 分别为两幅图像上的像素坐标。

在精细匹配阶段采用 L2 范数损失，实现点对的精细匹配。匹配时其中一幅图像的匹配点像素位置保持不变，仅调整其对应匹配点的像素位置，所以损失仅针对其中一幅图像的像素位置，损失函数是像素的坐标误差，计算方法如下：

$$L_F = -\frac{1}{|\boldsymbol{P}_F|} \sum_{i,j \in \boldsymbol{P}_F} \|j - j_{gt}\| \tag{5.13}$$

式中：i 为参照影像的像素位置；j 为坐标微调影像的像素位置；j_{gt} 为通过相机参数、深度信息和参比影像的像素位置 i 计算出的地面真值。

3. 定位模块设计

单应矩阵约束了同一三维空间点在两个像素平面的二维齐次坐标。通过单应矩阵估计，能建立异源图像间的仿射变化关系，由此确定无人机影像像素在卫星影像上的像素坐标对应关系。而卫星影像预存对应的地理坐标，通过仿射变化，最终输出无人机位置的经纬度。

单应矩阵通过随机抽样一致（random sample consensus，RANSAC）算法估计，每对匹配产生两个约束方程，即式（5.14），其中 H_{xy} 为单应矩阵的元素，(X,Y) 和 (x,y) 为对应的匹配点对。因此，利用 4 组匹配点就可以估计单应矩阵。RANSAC 算法在此基础上，随机选取 4 对匹配点对，估计单应矩阵并计算其余匹配点对的误差，记录误差小于阈值的匹配点对数量。不断迭代重复上述过程，将正确匹配点对数量最多的估计单应矩阵作为输出结果。

$$\begin{cases} X = \dfrac{H_{11}x + H_{12}y + H_{13}}{H_{31}x + H_{32}y + 1} \\ Y = \dfrac{H_{21}x + H_{22}y + H_{23}}{H_{31}x + H_{32}y + 1} \end{cases} \tag{5.14}$$

估计单应矩阵后，接着投影无人机影像中心坐标到卫星影像的像素坐标，并根据卫星地图的地理坐标转换得到无人机的经纬度，转换计算式为式（5.15）。卫星影像存储的地理信息一般表示为 6 个仿射系数，分别是 A 和 E 表示的 x 和 y 方向上的像素分辨率，D 和 B 表示的 x 和 y 方向上的旋转系数，C 和 F 表示的左上角像素中心的经度（longitude）和纬度（latitude）。

$$\begin{cases} \text{longitude} = Ax + By + C \\ \text{latitude} = Dx + Ey + F \end{cases} \tag{5.15}$$

4. 实验结果与分析

本小节在影像匹配数据集 HPatches（Balntas et al.，2017）上测试了算法的性能。HPatches 数据集包含光照强度变化显著的 57 个序列、视角变化角度较大的 59 个序列，图像内容涵盖建筑、物品、生物、风景等多种类型。匹配效果通过单应性分析评估，并与典型匹配算法对比。

目前没有针对影像匹配定位性能测试的公开数据集，因此构建了相应的测试数据集。使用大疆精灵 4 RTK 采集了武汉城郊 6 km² 左右的正射航拍影像。无人机先后飞过城市和丛林区域，飞行高度保持在距离地面 300 m，采集的影像分辨率为 1 920×1 080，地面分辨率为 0.245 m。数据集共采集了 910 张影像，包含 461 张（50.66%）纹理丰富的城市居民区影像、120 张（13.19%）纹理稀疏的丛林区域影像和 329 张（36.15%）对两种区域均有一定程度覆盖的影像。数据集同时记录了无人机拍摄时的卫星导航数据，作为匹配定位精度的评判依据。卫星地图采用在谷歌地图上获取的 2018 年武汉区域影像，空间分辨率为 0.5 m。通过对算法定位和卫星定位差异分析来评估定位性能。

在自行构建的数据集上，首先对无人机影像和局部卫星影像提取的匹配点对计算单应矩阵，单应矩阵利用 RANSAC 算法估计，像素误差阈值设置为 1。通过单应矩阵计算无人机影像中心在卫星地图上的投影坐标，然后根据卫星地图的地理坐标转换得到无人机的经纬度坐标。由于 SIFT 匹配效果较差而且较慢，对比了性能最好的三种匹配算法。

定位测试结果如图 5.37 所示，图中的红色直线代表 GPS 参考轨迹，绿色直线代表匹配定位轨迹，从图 5.37（a）可以发现 SuperGlue 虽然在 HPatches 数据集上取得了较为理想的结果，但在丛林区域丢失了定位，这是由基于特征点匹配方法的固有缺陷导致的，该类方法通常在纹理稀疏区域无法获得鲁棒特征点，从而难以建立稳定的匹配。LoFTR 匹配结果如图 5.37（b）所示，虽然 LoFTR 是利用特征建立密集匹配的匹配方法并取得最佳匹配效果，但也未能处理好纹理稀疏区域，虽然有一定数量的匹配点对，但由于误差较大，估计的单应矩阵产生了错误的定位结果，在丛林区域也丢失了定位，匹配鲁棒性不足。Patch2Pix 匹配结果如图 5.37（c）所示，相比其他匹配算法没有丢失定位，但定位的波动比较大。定位与无人机的飞行稳定性息息相关，不稳定的定位将对无人机飞行控制产生不利影响，算法稳定性有待提升。图 5.37（d）所示为本节所提算法的匹配结果，定位的稳定性和完整性都有较好表现。

| （a）SuperGlue | （b）LoFTR | （c）Patch2Pix | （d）本节所提算法 |

图 5.37　定位测试结果

扫描封底二维码见彩图

利用真实 GPS 对算法匹配定位成功的所有图像进行评估，统计结果如表 5.4 所示。从整体来看，所有算法不论是平均误差还是最大误差，精度都比较接近，基本处于米级。其中，LoFTR 和 SuperGlue 的平均误差和最大误差只统计了成功定位的部分，不包括图 5.37（a）和（b）所示的偏离匹配部分，偏离匹配的判断是前后两帧的定位误差差异超过 15 m。本节所提算法取得了最好的定位精度，同时完成了整个轨迹的匹配定位，证明了在视角变化较小的情况下本节所提算法匹配性能的先进性。

表 5.4　定位精度

算法	平均误差/m	最大误差/m	匹配个数
LoFTR	2.92	10.05	870/910
SuperGlue	3.04	10.32	850/910

算法	平均误差/m	最大误差/m	匹配个数
Patch2Pix	2.95	10.59	910/910
本节所提算法	2.86	10.04	910/910

无人机搭载计算设备算力有限，算法效率是必须考虑的问题。在 Jetson Xavier NX 上测试了各算法运行效率，结果如表 5.5 所示，本节所提算法在保证了相当精度时，相比其他算法运行效率是最高的，虽然 SuperGlue 算法取得与本节所提算法接近的效率，但在稀疏纹理场景下易丢失定位。SuperGlue 是基于特征点的匹配方法，匹配效果与匹配点的鲁棒性直接相关。然而在纹理稀疏场景下，局部特征与邻域特征没有区分度，导致提取的特征点不稳定。因此 SuperGlue 在弱纹理区域匹配鲁棒性不足，无法稳定定位，产生了图 5.37（a）所示的定位丢失情况。

表 5.5　算法效率

算法	时间/s
LoFTR	1.6
SuperGlue	1.0
Patch2Pix	2.3
本节所提算法	1.0

5.3.2　机载典型应急信息实时检测

传统的应急目标检测方法主要依靠人工巡查和救援，存在响应时间慢、救援效率低、人员安全难以保障等问题，已经不能满足应急处理的需要。随着科技不断发展，基于航空数据分析技术的应急处理方法被逐步开发，高分辨率的无人机影像可以用于检测受灾车辆、受困人员，指导自动化、高效化的救援工作。

针对无人机机载实时应急目标检测要求，当前研究存在的问题体现在三个方面：①大多数研究仅将无人机用作数据采集平台，无人机获取的用于目标探测的航拍图像中的数据也需要在地面上进行处理，这使得它难以满足实时探测的要求；②现有的大多基于无人机的实时目标检测算法，为了适应嵌入式平台的性能和架构，大多数研究都使用了深度学习模型的轻量级嵌入式版本，此类模型处理速度快，但检测精度差；③目前基于无人机的实时目标检测应用缺乏合适的可开发无人机样机，样机要求兼顾系统的可扩展性和高交互能力，并系统地集成开发的相应软件模块。

由于无人机平台成像条件的特点，不可避免地存在视角特殊、背景复杂、尺度和方向多样性及与小尺寸相关的问题，因此提高无人机影像中目标检测的精度和效率，重点关注小目标的检测性能及在遮挡背景下的识别能力，对无人机视觉任务来说至关重要。

1. 无人机遥感影像车辆目标实时检测

本小节提出一种专为无人机影像目标检测设计的改进模型——基于 YOLO 的多尺度

注意力机制小目标检测方法（multi-scale attention in small object detection based on YOLO，MSD-YOLO），旨在解决无人机影像中目标尺寸小和存在遮挡等问题。

在针对无人机影像的车辆目标检测任务中，使用 YOLOv8 基准模型检测时常常出现小目标的漏检和检测准确度不高的情况，为了应对这项挑战，在 YOLOv8 模型中引入一种改进策略，即添加小目标检测层。YOLOv8 模型默认配置了 3 个检测头，分别对应于不同的检测尺度，即特征金字塔网络骨干网中的 P3、P4、P5 层：P3 层拥有 80×80 的检测特征图，主要用于检测尺寸在 8×8 像素以上的中等尺寸的目标；P4 层拥有 40×40 的检测特征图，专注于检测 16×16 像素以上的较大尺寸的目标；P5 层拥有 20×20 的检测特征图，针对 32×32 像素以上的大目标进行检测。针对于像素低于 4×4 的小尺寸目标，这些特征图很难捕捉其细节特征，因此，本小节引入了一个针对微小目标的新增检测层。

原模型的 3 个检测头新增到 4 个，提高了模型捕获微小目标特征的能力，从而弥补了原有模型在小目标检测方面的不足，改进后的整体网络结构如图 5.38 所示。

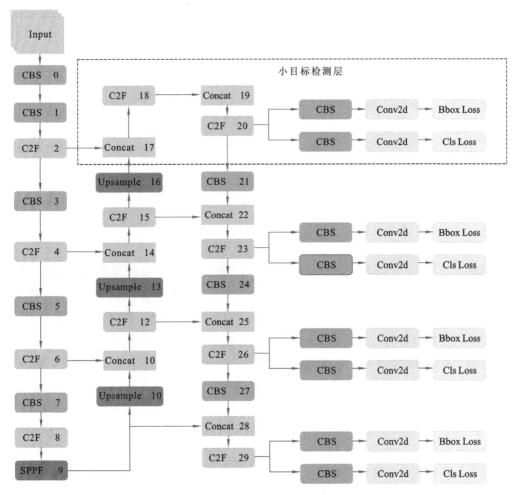

图 5.38　添加小目标检测层的网络结构示意图

CBS 为卷积-批量归一化 SiLU 激活函数，C2F 为跨阶段特征融合，Upsample 为上采样，Concat 为通道维度特征融合，SPPF 为空间金字塔池化，Bbox Loss 为边界框损失，Cls Loss 为类别损失，Conv2d 为 2D 卷积层；扫描封底二维码见彩图针对无人机影像中背景复杂造成遮挡的问题，要求网络不仅能捕获局部特征，还能理解对象的整体上下文信息，通过引入注意力机制能够有选择地引导模型的焦点，从而应对遮挡的挑战。本小节在卷积块注意力模块（convolutional block attention module，CBAM）的基础上提出了一种优化的注意力机制，该机制采用多尺度特征提取，以增强模型在复杂场景中识别显著特征的能力。本小节所提机制在 CBAM 基础上扩展，提出了一种多尺度注意力（multi-scale attention，MA）机制，利用多尺度处理来适应无人机影像中物体的不同尺度，所提出的架构包含空间注意力模块和通道注意力模块，如图 5.39 所示。MA 架构中还包含 4 个多尺度分支，能够处理不同尺度的特征。

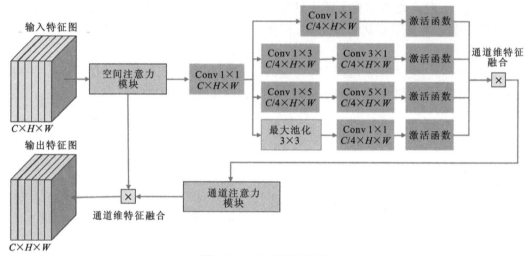

图 5.39　MA 结构示意图

如图 5.39 所示，在多尺度注意力机制中，输入的特征映射张量 $T \in \mathbf{R}^{W \times H \times C}$ 首先被传递到空间注意力模块，该模块输出特征映射张量 $S \in \mathbf{R}^{W \times H \times C}$，其中空间关联性得到加强。随后进行降维卷积操作，利用 $\frac{C}{4}$ 个 1×1 卷积核对张量 S 进行处理，得到降维后的特征映射张量 $D = \mathbf{R}^{W \times H \times \frac{C}{4}}$，此步骤减少了特征维度，为后续计算降低了复杂度。对张量 D 的多尺度特征提取包括 4 个具有不同感受野的卷积分支，分别为 P_1，P_2，P_3，$P_4 \in \mathbf{R}^{W \times H \times \frac{C}{4}}$，其中 P_1，P_2 为级联非对称卷积，卷积核尺寸分别为 1×3 和 3×1，以及 1×5 和 5×1，通过对输入特征映射先后应用这 4 种尺寸的卷积核，其效果与尺寸为 3×3 和 5×5 的卷积核效果一样，但能够保持相对较低参数数量，每组卷积操作的顺序执行扩展了感受野，能够捕捉到各种尺度上的特征信息。每个卷积操作后都接一个非线性激活函数 Sigmoid，提高了模型的深度和非线性，使其能够学习更复杂的特征表示。再通过 Concat 操作将 P_1，P_2，P_3，P_4 融合，生成融合后的特征映射张量 $Q \in \mathbf{R}^{W \times H \times C}$，将 Q 输入通道注意力模块后进一步加强特征的通道关联性，输出特征映射张量 $C \in \mathbf{R}^{W \times H \times C}$，之后融合经过空间注意力加强的特征映射张量 S 与经过通道注意力加强的张量 C，得到最终的输出特征映射张量 $H \in \mathbf{R}^{W \times H \times C}$，它综合了空间和通道注意力机制的优势，不同算法对目标特征关注度的 Grad-CAM 热力图如图 5.40 所示。

（a）原图像   （b）YOLOv8

（c）YOLOv8+CBAM   （d）YOLOv8+MA

图 5.40 不同算法的 Grad-CAM 热力图

扫描封底二维码见彩图

  为验证本小节所提算法的有效性，进行了一系列实验，采用的实验平台为安装 Ubuntu18.04 操作系统的服务器，搭载了 5 张具有 24 G 显存的 NVIDIA GeForce RTX3090 显卡，同时使用 Anaconda3 虚拟环境管理工具配置深度学习运行环境，计算平台和加速库安装了 CUDA11.6 和 CuDNN8.6.0。实验采用 python3.10.8 版本的 python 和 1.12.1 版本的 pytorch 深度学习框架。

  针对无人机视角下的目标检测问题，本小节自定义一个包含车辆目标的目标检测数据集，其中部分影像如图 5.41 所示，图中包含目标的类别标签，其中类别 0～3 分别对应汽车、卡车、货车和公交车。

图 5.41 自定义目标检测数据集部分影像图

扫描封底二维码见彩图

实验采用了学习率预热和余弦退火衰减策略，在开始训练时采用学习率预热，即设置一个较小的学习率，然后线性增大到预设定的初始学习率，这是因为未经训练的模型以较大的学习率进行训练时，可能会导致训练不稳定，模型难以收敛。初步训练后，模型会以一个设定的学习率学习一段时间，以此来探索可能的优化解空间，这可以帮助模型"跳出"初始的局部最优解并在空间中进一步探索。在探索了足够的解空间后，余弦退火衰减阶段开始，其基本思想是将学习率按照余弦函数的衰减过程进行减小，学习率先以较快的速度下降，随着衰减过程的深入，降低速率逐步放缓，最终稳定在一个较小的值，利用训练完成后的网络模型在测试集上的检测结果可视化如图 5.42 所示。

图 5.42　MSD-YOLO 模型检测结果可视化
扫描封底二维码见彩图

基于自定义目标检测数据集的实验结果如表 5.6 所示。

表 5.6　自定义目标检测数据集实验结果对比　　　　　　　　　　　　　（单位：%）

方法	交并比	精度	召回率	F1 分数
YOLOv8n（基线）	83.7	82.5	77.2	79.76
YOLOv8n+SOD	84.2	83.2	76.6	79.76
YOLOv8n+MA	84.6	83.3	78.6	80.88
MSD-YOLO	**85.3**	**84.6**	**80.8**	**82.66**

根据表 5.6，针对 YOLOv8 模型的各种改进均取得了精度的升高，证明 MSD-YOLO 模型中的小目标检测层、多尺度检测策略可以有效提升模型的检测性能。本节提出的 MSD-YOLO 模型与基线模型 YOLOv8n 相比在 mAP50（模型在交并比阈值为 0.5 时的平均精度）上提高了 1.6%，精度提高了 2.1%，召回率提高了 3.6%，F1 分数提高了 2.9%，这些显著提升验证了 MSD-YOLO 在综合性能上的优势，证明了该模型能够很好地适应无人机影像的目标检测任务。

为了更加直观地定性分析其在小目标车辆和目标存在遮挡的检测能力，利用 M350 无人机采集了一些真实环境下的无人机影像，无人机影像包括了在同一地点的 60 m、90 m 和 120 m 三个飞行高度的图像，在三种飞行高度下利用 YOLOv5+ Shufflenetv2、YOLOv8 和 MSD-YOLO 三种模型训练结果进行车辆目标检测，其结果可视化如图 5.43 所示。

YOLOv5+Shufflenetv2　　　　　YOLOv8　　　　　MSD-YOLO
（a）无人机飞行高度60 m车辆检测结果

YOLOv5+Shufflenetv2　　　　　YOLOv8　　　　　MSD-YOLO
（b）无人机飞行高度90 m车辆检测结果

YOLOv5+Shufflenetv2　　　　　YOLOv8　　　　　MSD-YOLO
（c）无人机飞行高度120 m车辆检测结果
图 5.43　不同飞行高度下车辆检测结果
扫描封底二维码见彩图

可视化实验结果表明，在 60 m 飞行高度下，三种算法表现相差不大，MSD-YOLO 比其他两种算法多检测出 1 辆车；在 90 m 飞行高度下，MSD-YOLO 则能够比 YOLOv5+ Shufflenetv2 多检测出 4 辆车，同时比 YOLOv8 多检测出 3 辆车；而在 120 m 飞行高度下，MSD-YOLO 则分别能够多检测出 8 辆车和 5 辆车，这表明 MSD-YOLO 在针对无人机影像中目标尺寸小的挑战时能够提升检测精度。

同样，为验证 MSD-YOLO 在遮挡环境下的表现，从图 5.44 统计不同无人机影像中 YOLOv5+ Shufflenetv2 和 YOLOv8 均未能检测出的、但 MSD-YOLO 能够检测出的车辆目标，实验结果表明在面对目标存在一定遮挡时，MAD-YOLO 模型能够根据融合多尺度信息，根据局部特征实现目标的检测（图 5.45），这在目标搜寻任务中能够发挥重要作用。

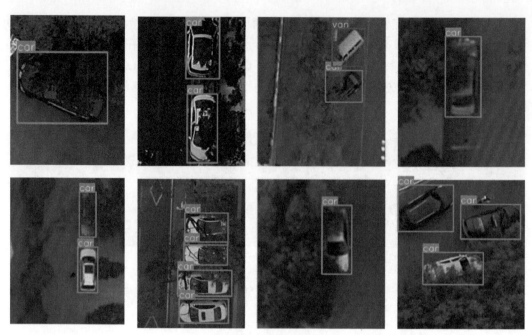

图 5.44　遮挡目标检测效果图

扫描封底二维码见彩图

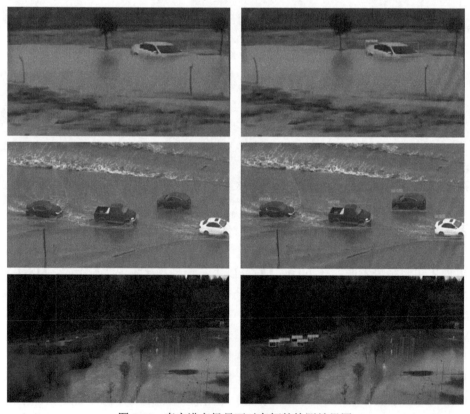

图 5.45　真实洪灾场景下对车辆的检测效果图

扫描封底二维码见彩图

此时，尽管模型实现了无人机的目标检测，但要进行机载部署，必须进行模型轻量化，本小节采用基于知识蒸馏的模型轻量化策略，知识蒸馏使用的是 Teacher-Student 模型，其中 Teacher 是"知识"的输出者，Student 是"知识"的接收者。知识蒸馏的过程分为以下 2 个阶段。

1）原始模型训练

训练 Teacher 模型，简称为 Net-T，它的特点是模型相对复杂，也可以由多个分别训练的模型集成。对 Teacher 模型不做任何关于模型架构、参数量、是否集成方面的限制，唯一的要求就是，对于输入 X，其都能输出 Y，其中 Y 经过 softmax 的映射，输出值对应相应类别的概率值。

2）精简模型训练

训练 Student 模型，简称为 Net-S，它是参数量较小、模型结构相对简单的单模型。同样，对于输入 X，其都能输出 Y，Y 经过 softmax 映射后同样能输出对应相应类别的概率值。

Teacher 模型学习能力强，可以将它学到的知识迁移给学习能力相对弱的 Student 模型，以此来增强 Student 模型的泛化能力。复杂笨重但是效果好的 Teacher 模型不上线，就单纯是个导师角色，真正部署上线进行预测任务的是灵活轻巧的 Student 小模型，知识蒸馏的结构如图 5.46 所示。

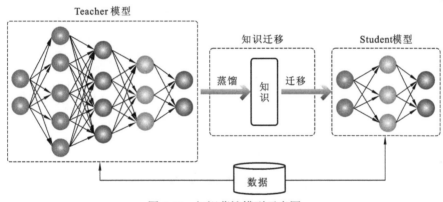

图 5.46　知识蒸馏模型示意图
扫描封底二维码见彩图

在本书中将 MSD-YOLO 模型作为 Teacher 模型，将其学到的知识迁移给学习能力弱的 Student 模型，从而实现在嵌入式设备上的部署，为验证 Student 模型的效果，将 MSD-YOLO 在构建的时敏目标数据集中的训练知识迁移至 Student 模型。将 Student 模型部署在无人机模型样机上后，对无人机影像视频的检测模型运行速度能够达到平均 12 帧/s，基本满足实时需求应急目标的检测。

2. 无人机遥感影像人员目标实时检测

本小节关注无人机视角下的人员目标检测，并考虑后续研究中可能需要在嵌入式系统中部署，因此选择 YOLOv5 网络作为基础模型结构。YOLOv5 包括 4 种结构：YOLOv5s、YOLOv5m、YOLOv5l 和 YOLOv5x。它们之间的主要差异在于网络特定位置的特征提取模块数量和卷积核数量。

为了满足无人机视角目标检测的便捷性和实时性要求，本小节选定了最轻量的 YOLOv5s 架构作为改进和设计检测网络的基础。在此基础上，选择添加注意力机制来提高网络对无人机图像小目标的关注度。引入注意力模型时主要遵循三个原则：不增加网络复杂度、确保网络实时性能及增强更深层次的特征提取。充分考虑这些因素后，最终在颈部网络的上采样和下采样模块中加入了 4 组注意力模块，从而关注更深层次小目标的特征信息，提高无人机视角图像更深层特征的融合效果。改进后的 YOLOv5s 模型被记作 DA-YOLO（Dual Attention YOLOv5s），模型的结构如图 5.47 所示。由于网络是在 Neck 部分进行特种融合，先通过使用侧边连接的方式在多层尺度上自上到下构建出高级语义特征图，但在经过中间多层的网络后，底层的目标信息已经非常模糊，因此，网络在横向连接融合前加入 CBAM 模块，强化特征图通道间的关系的同时，保留目标的空间信息。网络后续在进行自底向上的路线时，同样也在横向连接融合前加入 CBAM 模块，弥补并加强了定位信息使网络更加关注更深层次小目标的特征信息。

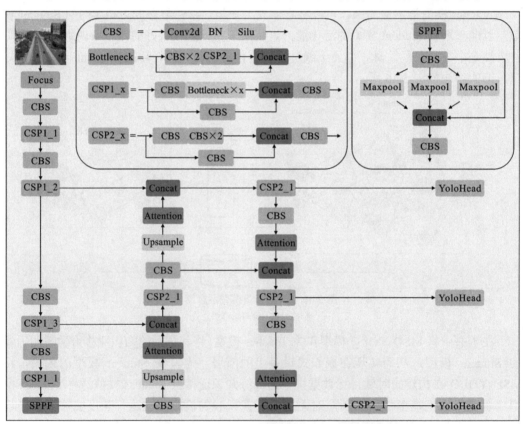

图 5.47　集成双重注意力机制的 DA-YOLO 模型网络结构

扫描封底二维码见彩图

本小节所使用的数据来源于互联网、新闻资料中收集的无人机航拍视角下洪灾真实影像，包括 2021 年河南省郑州市内涝、2022 年四川省彭州市山洪、2017 年美国休斯敦（Houston）地区飓风哈维引发的洪灾、2023 年美国吉尔罗伊（Gilroy）洪灾等世界多地区洪水影像。图 5.48（a）是河南省郑州市洪水的影像，可以看出洪灾的水域覆盖视野面积较大、受灾目标分布极其稀疏，画面中仅在远处有一个行人和一台车辆。图中还可以看出，由于洪水过深，目标存在部分被遮挡的现象。第一行右侧图像为 DA-YOLO 检测结果图，可以看出本节提出的模型能精确识别出目标行人和车辆。图 5.48（b）是四川省彭州市山洪的影像，对于情况紧急的被困在湍急洪流中的人群，虽然有山体等背景噪声的引入，DA-YOLO 仍能够实现准确检出。对于这类危急情况，轻量级机上模型对现场照片实时解译，第一时间发现水域中受灾人员，对保障灾害中人民的生命安全至关重要。图 5.48（c）是美国休斯敦地区的城市洪水影像，在洪水淹没的城市街道存在待救援人员。从右侧检测结果看出，待救援目标多且密集、目标被水体淹没程度较大时，提出的检测模型能够对受灾目标进行不遗漏的检测，为洪水抢险救灾行动提供了完备的信息通道。

（a）河南省郑州市洪水影像

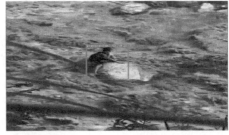

（b）四川省彭州市山洪影像

（c）美国休斯敦地区城市洪水影像

图 5.48　真实洪灾场景下对人员的检测效果图

扫描封底二维码见彩图

综上，经过前期大量无人机多角度、多高度数据的训练，结合双重注意力机制对上下文信息的强化激活，DA-YOLO 模型能够在多种洪灾场景中表现出稳定、高效的检测效果。轻量化的设计满足机上搭载需求，对无人机拍摄洪灾场景中的小目标或被淹没的人群车辆等要素均能准确、快速地检出，为后续救援工作提供信息技术支持。

综上所述，本小节基于传统洪水灾害应急处理方法中存在的难点和不足之处，提出一套完整的洪灾场景下无人机机上实时应急处理方案。基于多尺度特征融合的分割方案对影像中上下文语义信息建立长连接关系，为洪涝灾害中水体、建筑等要素识别提供可靠的模型支撑。引入双重注意力机制的检测框架充分结合全局特征和局部特征，为水体中人群、车辆等关键小目标的精准检测提供理论框架支撑。基于轻量化的设计保证了模型的体积和运行速度与无人机机上搭载环境适配，为前两项工作在洪水应急救援的应用提供了实践支撑。三项工作之间前后呼应，为无人机在洪水灾害救援场景中的实时应急措施提供了一种示范性信息化方案。

3. 无人机遥感影像火灾检测

火灾对人类生命财产安全具有严重威胁，及时准确的火灾监测是控制灾害蔓延和应急响应的基础。无人机具有机动性强、实时性强、视角灵活等特点，在火灾监测中得到了广泛的应用。火灾分割是无人机火灾监测的关键技术，但面临遮挡、多尺度、视角多变、浓烟干扰等挑战。尽管基于无人机影像的火灾分割技术进展迅速，但这些挑战带来的分割边界不准确、误提取和遗漏等问题仍然存在。为了解决上述问题，本小节提出了一种基于 YOLOv9 改进的无人机影像火灾语义分割模型。该模型利用 YOLOv9 的可编程梯度信息（PGI），可以用较少参数获取更好的分割结果。为了有效地减轻遮挡和烟雾的干扰，引入通道注意力机制来模拟通道之间的相互依赖性，并自适应地重新校准通道特征响应，从而提高提取精度并减少漏检。此外，利用语义与细节融合（semantic and detail infusion，SDI）模块来合并多层次特征，有效地为特征图注入丰富的语义属性和跨各个层次的复杂细节，这使该模型能够从不同的角度实现对不同规模火灾的增强分割。为了更好地应对网络在前馈过程中的信息损失问题，构建一种可扩展广义高效层聚合网络（extensible generalized efficient layer aggregation network，EGELAN），能够克服信息瓶颈，修正带有偏差的梯度流，从而使模型提取到正确的特征来提高分割精度。本小节提出的方法在森林场景火灾数据集上表现出了良好的性能，通过与其他模型的比较分析，进一步证明该方法的优越性。

1）通道注意力/多层次特征及可扩展高效聚合模块

在无人机火灾提取中，需要考虑遮挡和浓烟带来的干扰，同时火灾的大小多变，在影像中所占比例也不固定，需要同时关注不同尺寸的火灾，因此将通道注意力及多层次特征融合引入模型中，实现对多尺度特征的高效提取。在分析各种火灾场景下火灾的特点后，引入压缩和激励网络（squeeze-and-excitation network，SENet）模块加强模型对通道间注意力的关注，提高模型在烟雾及遮挡场景中的提取能力；同时为了能够更好地提取多尺度下的火灾特征，引入 SDI 模块，通过整合编码器生成的层级特征图来增强图像中的语义信息和细节信息，从而提高不同尺度火灾的提取能力。为了提高火灾分割精度，设计可扩展广义高效层聚合网络（EGELAN），可降低输入数据在前馈过程中的信息损失，克服信息瓶颈，减少梯度流可能出现的偏差，让模型提取到正确的特征。

SENet 构建块的通道注意力结构如图 5.49 所示，其主要思想是通过显式地建模卷积特征通道之间的相互依赖性来提高网络的表示能力，从而使模型更容易关注到重要的通道特征，提高关键通道特征的权重，降低浓烟等背景像素的干扰。具体过程为：特征 X

首先通过 Squeeze（压缩）操作，该操作使用全局平均池化（global average pooling）将特征 X 压缩为一个 C 维向量，从而跨越空间维度 $W \times H$ 聚合特征映射来产生通道特征向量。该向量嵌入了通道特征响应的全局分布，使来自网络全局感受野的信息能够被其较低层利用。这之后是一个 Excitation（激活）操作，采用两层全连接层从向量中提取通道权重，第一层全连接层将维度降为原来的 $1/r$（r 为能整除 C 的整数），通过 ReLU 函数激活，第二层全连接层用于恢复原始维度，最后通过 Sigmoid 函数得到 C 个通道权重；其中基于通道依赖性的自门机制为每个通道学习特定采样的激活，控制每个通道的激励。最终输入特征 X 被重新加权以生成 SENet 模块的输出，然后可以将其直接输入随后的层中。

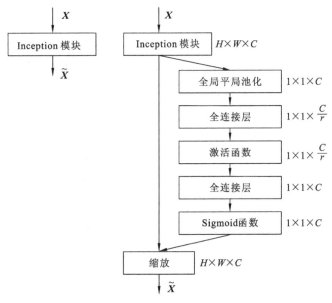

图 5.49　SENet 构建块的通道注意力结构图

SDI 模块的多层次特征融合结构如图 5.50 所示，其主要作用方式为将包含更多语义信息的高级特征和捕捉更精细细节的低级特征进行融合，对于每个层级的特征图，SDI 模块通过空间和通道注意力机制对其进行处理，使特征能够整合局部空间信息和全局通道信息；然后对高级特征进行上采样，增大其尺寸，使其与中间层级的尺寸匹配，有助于将更高层次的语义信息导入当前层级；对低级特征进行下采样，减小其尺寸来匹配中

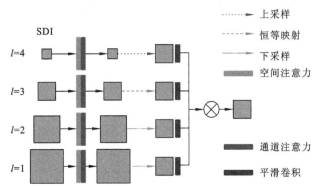

图 5.50　SDI 模块的多层次特征融合结构图

l 为层级；扫描封底二维码见彩图

间层级尺寸，能够将更细节的信息带入当前特征图中；各个层级特征图被重采样至相同尺寸后，分别应用平滑卷积降低特征噪声，最后通过哈达玛积（Hadamard product）操作融合多层级特征，输出包含语义信息和精细细节的特征图，增强了每个层级特征的语义和细节。

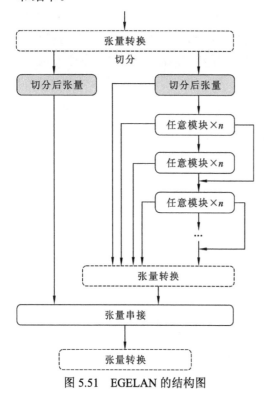

图 5.51　EGELAN 的结构图

EGELAN 的结构如图 5.51 所示，该结构设计结合了广义高效层聚合网络（GELAN）及残差网络（ResNet）的设计。它采用了 GELAN 的分割和重组的概念，并在每一部分引入了任何计算块处理方式。不同之处在于 EGELAN 不仅支持 2～3 块的计算块，同时引入 ResNet 的跳跃连接思想，保证计算块增加时依然能够保持较为完整的信息流，使得网络可以更加灵活地进行扩展，能够根据不同的应用需求定制。EGELAN 的设计考虑了轻量化、推理速度和精确度，以此来提高模型的整体性能。图 5.51 中显示的模块和分区的可选性进一步增加了网络的适应性和可定制性。EGELAN 的这种结构允许它支持多种类型和任意数量的计算块，可以更好地适应各种不同的计算需求和硬件约束。总体来说，EGELAN 的架构提供了一个更加通用和高效的网络，可以适应从轻量级到复杂的深度学习任务，同时保持或增强计算效率和性能。

2）基于通道注意力及多层次特征改进的 YOLOv9 模型结构

本小节重点关注基于无人机影像的火灾检测分割，考虑分割精度及后续机载轻量化推理问题，选择 YOLOv9 网络作为基础模型结构。YOLOv9 提出了一个新概念，即可编程梯度信息（programmable gradient information，PGI）。该概念是通过辅助可逆分支生成可靠梯度，以便深层特征仍然可以保持执行目标任务的关键特性。辅助可逆分支的设计可以避免传统深度监督过程中可能造成的语义损失，该过程整合了多路径特征，在不同的语义层次上编程梯度信息传播，从而实现最佳训练结果。PGI 的可逆架构建立在辅助分支上，因此不会增加额外成本。由于 PGI 可以自由选择适合目标任务的损失函数，它还克服了掩码建模遇到的问题。

改进后的 YOLOv9s 模型结构如图 5.52 所示。该网络模型在 backbone 部分进行特征提取，通过卷积下采样和集成通道注意力的 EGELAN 层提取不同级别的特征，然后通过 SDI 模块进行多层级特征融合，在保留细节特征的同时为特征图注入更多的高级语义信息，其中 CBLinear 和 CBFuse 模块即为 PGI 的结构实现，能够辅助可逆分支生成可靠的梯度并更新网络参数；同时该部分在后续推理过程中能够丢弃，使模型在应用时更加轻量化；最后将多级特征融合输入检测分割模块得到输出结果。

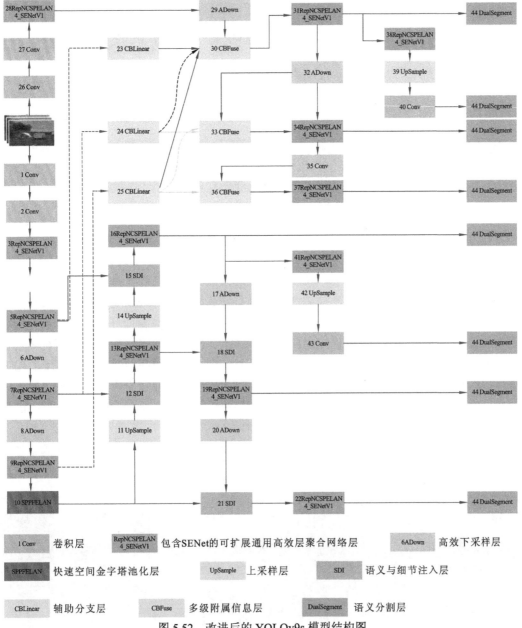

图 5.52　改进后的 YOLOv9s 模型结构图

扫描封底二维码见彩图

3）实验分析

本小节实验选择 FLAME 数据集作为数据源，FLAME（fire luminosity airborne-based machine learning evaluation）数据集是基于航空摄影的森林火灾图像，由美国亚利桑那大学北部分校的学者和其他人于 2020 年公开。FLAME 数据集是由无人机摄影形成的，从而形成了具有小火点的大图像视角，这有助于森林火灾图像分割的研究。该数据集共有 2 003 张影像，其中 1 602 张用来训练，200 张用来验证，201 张用来测试，训练、验证、测试的数据比例为 8∶1∶1。FLAME 数据集部分影像如图 5.53 所示。

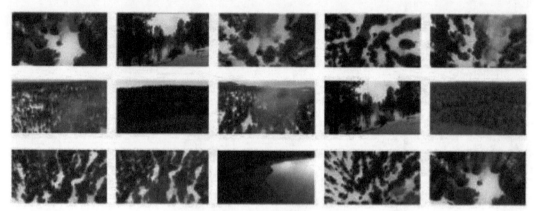

图 5.53　FLAME 数据集部分影像

　　同时为了增强模型的鲁棒性，使用数据增强扩充数据，通过对图像进行旋转、裁剪、缩放等方式进行位置增强，以提高训练样本的多样性。这有助于提高模型在处理不同视角、姿态和尺度目标时的鲁棒性。在无人机视角火灾检测中，由于火灾可能出现在各种姿态和尺度下，位置增强对提高检测性能具有重要意义。使用亮度增强对图像的亮度进行调整，以模拟不同光照条件下的场景。在无人机视角火灾检测任务中，光照条件可能因天气、时间等因素而发生变化，亮度增强有助于让模型适应这些变化，提高在复杂光照环境下的检测性能，并且在图像中添加随机噪声，模拟实际拍摄过程中可能出现的噪声干扰。这种增强方法能够提高模型对噪声干扰的鲁棒性，从而在无人机视角火灾检测中获得更准确的检测结果，提升模型泛化能力和鲁棒性，使其在实际应用中获得更高的检测性能，增强后效果如图 5.54 所示。

　　采用 epoch 为 400 的模型进行测试，分割结果如图 5.55 所示，分割效果基本满足使用需求，不同尺度的火灾均被检测出来，且分割效果较好；火灾分割结果评估指标见表 5.7。

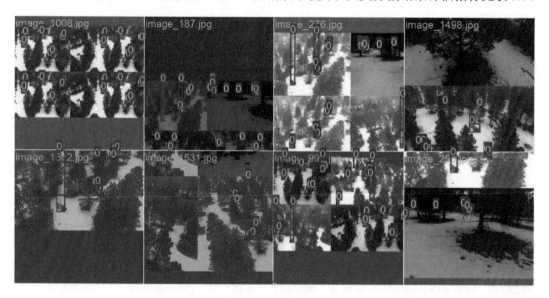

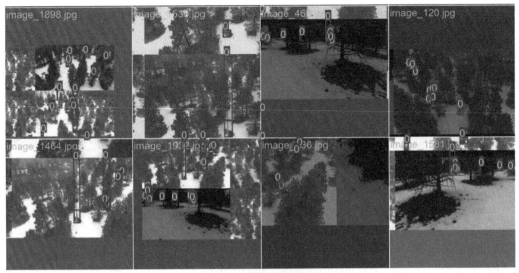

图 5.54　数据增强后结果

扫描封底二维码见彩图

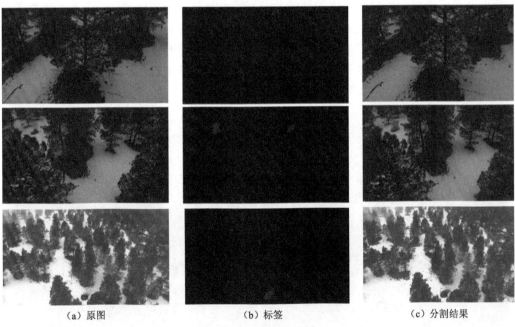

（a）原图　　　　　　　　　（b）标签　　　　　　　　　（c）分割结果

图 5.55　火灾分割结果

扫描封底二维码见彩图

表 5.7　火灾分割结果评估指标

项目	交并比	召回率	损失率
得分	0.553 3	0.451 9	0.746 7

4. 无人机遥感影像烟雾检测

火灾发生时总伴随着烟雾和火光，烟火随时间发生扩散与移动，通过几百个无人机拍摄的火灾影像发现，有时火灾本身会被烟雾覆盖无法直接"看到"，但真实着火位置与扩散的烟火呈现一定的影像表征联系，人眼可以通过观察烟雾的扩散规律、浓淡纹理、火光的亮点等易于深度学习网络识别的特征确定烟雾火光的"发起点"，这个"发起点"往往与真实火灾位置区域高度重合，由此深度学习模型在通过大量的高质量数据训练学习后也可以根据烟雾火光的相关特征确定火灾位置。

传统的图像分割方法常基于机器学习分类器[如纹理基元森林（texton forest）和随机森林（random forest）等]，在速度、精度上受到了基于深度学习算法的冲击，目前在图像分割的深度学习算法常用的经典通用 sota 模型包括：FCN，移除了全连接层并在解码器中使用转置卷积进行特征图上采样，但存在对细节不敏感、精度不高的问题；U-Net系列，使用编码器-解码器结构，分别采用卷积层下采样和反卷积上采样，它构建了高层次的语义特征提高了分割精度；Deeplab 系列，结合深度卷积神经网络和概率图模型DenseCRFs，并设计和改进了 ASPP 模块、改进了解码器结构等，使得分割结果的边界更加准确清晰、分割结果更精细；YOLO 系列，在初始前代专注于目标检测任务，后续系列则采用了统一框架的方法，由主干网络结构提取图像的特征信息，然后通过不同的头部网络结构完成不同的任务，其采用的 backbone 受启发于 GoogLeNet 的结构在快速的更新迭代中继承了很多主干网络的优秀模块并引入了很多有效的创新模块，在特征提取的精度、速度上有了质的飞跃，且本身模型对算力的需求也不是很高，是非常多应用的选择。

本小节实验基于 YOLOv5-seg 模型结构展开，烟雾分割算法实验在训练时直接使用原始影像与烟雾标注数据参与训练，在预测时仅需将待预测影像输入直接分割模型得出烟雾分割区域，分割结果如图 5.56 所示。

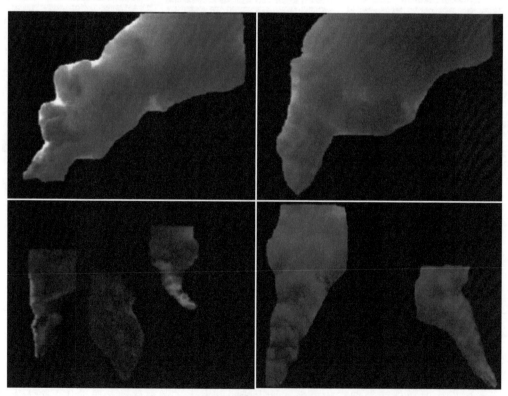

图 5.56　烟雾分割结果

5.3.3　机载在线实时处理原理样机

针对无人机任务多样、影像数据冗余，本小节阐述机载实时处理原理样机设计及无人机系统构建方案，采用含有 AI 计算的多核嵌入式处理器，并对整体硬件进行重新规划。根据机载在线实时处理性能的要求，具备图像数据的接收、处理和信息发送等功能，并适配大疆 M300 系列无人机。

1．机载样机及系统构建

机载硬件总体框图如图 5.57 所示，包含以下 4 个部分：机载实时处理样机、机载模块总成、相机和云台、M300 四旋翼无人机。其中 M300 四旋翼无人机提供飞行平台，以实现基本的飞行功能。相机和云台为机载硬件系统中的图像获取组件。机载模块总成是处于相机云台、M300 四旋翼无人机和机载实时处理样机中间的一个硬件总成部分，其实现的功能如下：①采集相机的视频数据发送给机载实时处理样机；②机载实时处理样机通过机载模块总成实现云台的控制；③通过机载模块总成，机载实时处理样机能实现对 M300 四旋翼无人机的飞行控制；④相机的视频图像数据通过机载模块总成能输入 M300 四旋翼无人机的图传系统；⑤电压转换功能，机载模块总成将从 M300 无人机电池获取的 24 V 电压转换成 12 V 给云台和机载实时处理样机供电。

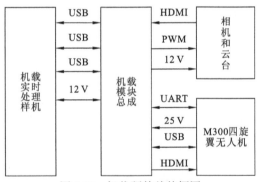

图 5.57　机载硬件总体框图

机载实时处理样机采用 NVIDIA Jetson TX2 人工智能计算模块。其采用 NVIDIA Pascal™ GPU 架构，搭载双核 Denver 2 和四核 ARM Cortex-A57 CPU，以及 8 GB 128-bit LPDDR4 内存，具备强大的计算能力和高效的功耗控制性能。Jetson TX2 还提供丰富的连接接口，如 USB 3.0、HDMI 2.0、Gigabit Ethernet 等，以便与外部设备通信。此外，Jetson TX2 支持 CUDA、cuDNN、TensorRT 等 NVIDIA 的深度学习加速库，可快速部署深度学习模型，适用于需要实时处理大规模数据和运行复杂 AI 算法的机载嵌入式系统应用场景。Jetson TX2 模块功耗控制在 7.5～15 W，可在资源受限的环境下实现强大的人工智能计算，为机载嵌入式系统带来了高性能和低功耗的优势。通过连接相机并部署算法，可实现机载实时目标检测。

基于机载实时处理原理样机，在大疆 M300 飞行平台上搭载立体视觉相机、超声波传感器等载荷，完成了无人机智能遥感系统的构建。

大疆 M300 是一款专业的多旋翼飞行平台，采用模块化设计，用户可根据需求自定义安装传感器及设备，为飞行任务提供个性化解决方案。搭载先进的飞控系统和稳定传感器，确保飞行平稳可靠，最大起飞重量可达 3.6 kg，最大遥控距离为 5 km，最高飞行速度可达 17 m/h。M300 无人机支持多种传感器接入，如热成像相机、气象传感器等，满足航拍、农业、环境监测等领域需求。智能飞行功能包括 GPS 导航、自动起降、航点飞行等，配备大容量锂电池，具备长时间续航能力，适用于各种专业应用场景，为用户提供可靠的飞行支持和高效的数据收集能力。图 5.58 所示为搭载了传感器和计算单元的大疆 M300 飞行平台，实现了原理样机的研制。

图 5.58　机载在线实时处理原理样机

在基于大疆 M300 飞行平台的机载在线实时处理原理样机中，选择了 Intel RealSense D435i 立体视觉相机和 MaxBotix MB1242 超声波传感器作为环境感知设备。Intel RealSense D435i 立体视觉相机拥有双摄像头设计，可获取 RGB 图像和深度信息，分辨率高达 1 080 像素，深度精度可达 1 mm，视场角度广，可覆盖室内外不同场景。图 5.59 所示为 Intel RealSense D435i 相机。

图 5.59　Intel RealSense D435i 立体视觉相机

MaxBotix MB1242 超声波传感器（图 5.60）测距范围高达 7 m，精度高达±1 mm，可在恶劣环境下稳定工作，为飞行器实时提供周围环境的距离信息。

Intel RealSense D435i 立体视觉相机通过 USB 3.0 接口连接到 NVIDIA Jetson TX2。USB 连接确保了快速稳定地传输 RGB 图像和深度数据，为飞行平台提供详细的环境感知信息；MaxBotix MB1242 超声波传感器通过 GPIO 接口连接到 NVIDIA Jetson TX2。允许传感器与 NVIDIA Jetson TX2 实时通信，将精确测量的距离信息传输给处理器，用于飞行器的避障和高度感知功能；NVIDIA Jetson TX2 作为机载实时处理系统负责处理来自立体视觉相机和超声波传感器的数据。相机和传感器的数据经过 NVIDIA Jetson TX2 进行实时处理和分析。

图 5.60　MaxBotix MB1242 超声波传感器

传感器选型保证了样机在飞行过程中能够准确感知周围环境的图像和距离信息，为飞行平台提供了强大的感知能力，同时结合 NVIDIA Jetson TX2 的高性能计算能力，使得样机能够进行高效的在线实时处理，实现更加智能和安全的飞行控制。传感器的参数优良，确保了样机环境感知系统的可靠性和稳定性，为机载在线实时处理带来了充分的支持和保障。

2. 机载样机软件结构及功能

无人机软件功能模块组成如图 5.61 所示。软件系统机载处理的主要过程是 NVIDIA Jetson TX2 接收到来自相机的图像数据后先由目标检测模块对图像内容进行检测得出目标的位置坐标，然后实时传给 SLAM 系统，此时 SLAM 系统正在根据关键帧建图，经过实验发现，由于视频流分解成图像帧后连续的图像中包含关键帧，而关键帧必然也包括含目标检测的结果，所以直接把关键帧对应的目标检测结果在三维空间中重建就可以实现空间内容感知。

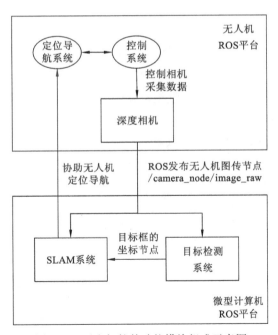

图 5.61　无人机软件功能模块组成示意图

无人机软件系统主要包括无人机 ROS 平台与机载实时处理系统 ROS 平台。无人机 ROS 平台由定位导航系统、控制系统、深度相机三部分组成。控制系统为大疆飞行控制系统 N1，飞行控制系统的主要功能是控制飞机达到期望姿态和空间位置，所以这部分的感知技术主要测量飞机运动状态相关的物理量，涉及的模块包括陀螺仪、加速度计、磁罗盘、气压计、GNSS 模块及光流模块等。另一个用途是提供给无人机的自主导航系统，也就是路径和避障规划系统，所以需要感知周围环境状态，比如障碍物的位置，相关的模块包括测距模块及物体检测、追踪模块等。无人机 ROS 平台 M300 通过飞行控制系统控制无人机平稳飞行，并且控制深度相机采集视频数据，视频数据包括图像的 RGB 信息及深度信息，图像数据可用于后续的目标检测与 SLAM 系统。ROS 系统是一个适用于机器人编程的框架，这个框架把原本松散的零部件耦合在一起，为它们提供了通信架构。ROS 虽然称为机器人操作系统（robot operating system），但并非 Windows、Mac 和 Linux 通常意义的操作系统，它只是连接了操作系统和开发的 ROS 应用程序，也可称为中间件，在各应用程序之间建立起沟通桥梁，使得机器人的感知、决策和控制算法可以更好地组织和运行。无人机 ROS 平台将采集到的视频数据通过 ROS 系统打包成 ROS 话题 /camera_node/image_raw 发布图传节点，机上实时处理系统发布创建接收节点读取 ROS 话题/camera_node/image_raw，并对读取到的视频数据进行解码处理。

基于大疆 M300 飞行平台的机载在线实时处理原理样机集成了多种传感器和设备，包括立体视觉相机、超声波传感器、机载电脑等硬件系统。这个系统通过协同工作，实现了无人机的边飞行边建图的功能，为实时建图提供了全面而准确的数据。

在硬件系统的支持下，软件系统负责协调各个部分的工作，保障系统的高效性、实时性和准确性。样机包含以下主要软件模块。

（1）控制模块：负责对飞行平台进行实时控制和调度，确保飞行过程的平稳和安全。通过与其他系统的协同工作，实现对无人机的精准操控。

（2）定位导航模块：利用传感器数据，特别是 GPS、超声波传感器等，对无人机进行实时的定位和导航。这使得无人机能够精确地知道自身在空间中的位置，为后续的建图提供准确的基础。

（3）目标检测模块：利用立体视觉相机等传感器，对飞行过程中的目标进行实时检测。这个系统负责识别和定位环境中的目标，为 SLAM 系统提供关键的环境信息。

（4）SLAM 模块：同时构建和更新地图，将目标检测结果与飞行中的关键帧关联，实现对环境的三维建模。SLAM 系统在无 GPS 信号或有限特征点的环境中表现出色，为无人机提供精确的空间认知。

机上实时处理系统接收来自相机的图像数据后，首先通过目标检测模块对图像内容进行实时检测，获取目标的位置坐标。这一步骤的结果被传递给 SLAM，SLAM 通过连续的图像帧构建地图并确定相机在三维空间中的位置。由于目标检测结果与关键帧的位置信息相对应，可以直接将关键帧上的目标检测结果映射到三维空间，从而实现对环境中目标的空间感知。SLAM 系统将处理后的定位坐标输出给无人机 ROS 平台的定位导航系统，以协助无人机在空间中进行准确的定位和导航。这有助于提高无人机的自主飞行能力，使其能够感知和适应环境的实时变化。

总之，整个系统具备较为强大的感知和导航能力，确保无人机能够在复杂环境中智能决策和稳定飞行，使其更具适应性和自主性。

3. 基于 TensorRT 的机载部署方法

为了实现机载实时推理，需要进一步轻量化模型，常通过参数量压缩、网络结构优化、知识蒸馏等手段来减小模型的大小和计算复杂度。然而这类方法需要重新修改设计模型并重新训练，实施周期较长且轻量化后的模型的精度难以保障，同时量化、剪枝等轻量化还对模型结构进行大量数据分析，实施烦琐困难，轻量化后的模型性能也是未知的。

出于精度保持和轻量化程度考虑，采用基于 TensorRT 的嵌入式部署方案。TensorRT 是 NVIDIA 推出的高性能推理引擎，专用于深度学习推理任务的加速和部署。TensorRT 能够优化深度神经网络模型，提供低延迟、高吞吐量的推理性能。TensorRT 使用精细粒度的层次融合和卷积推理优化，以减少推理过程中的内存访问和计算量，还可以使用动态图来执行尺寸推断，从而将内存需求降至最低。此外，TensorRT 支持 FP16 和 INT8 量化，通过低精度计算，以提高推理性能并降低内存占用，这对资源受限的设备尤为重要，可以在保持准确性的同时提高推理速度。TensorRT 支持多种模型转换，其部署流程如图 5.62 所示。

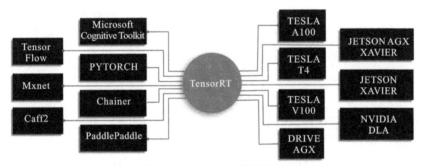

图 5.62 TensorRT 部署模型

TensorFlow、PyTorch 等原生模型通过 TensorRT 模块，可以在多种英伟达 GPU 上部署推理，实现模型轻量化。但由于模型冗余复杂的特点，对 PyTorch 等模型的转化难度较高，易导致转换失败，特别地，针对 PyTorch 中的 Einsum（爱因斯坦求和）等特殊算子，在 TensorRT 模型中并不支持，需要用户自定义编写转换算子，提高转换难度。此外，由于 PyTorch 的特点，生成的 ckpt 模型往往存在大量冗余，使得转换后的模型仍然有大量压缩空间。ONNX 是一个开放的机器学习框架中间表示的格式，具有跨平台、跨框架的兼容性，可以在不同的深度学习框架中执行和部署模型，提高了模型的可移植性和灵活性。其次，ONNX 支持多种硬件设备和加速器，包括 CPU、GPU 和专用的神经网络加速器，实现了模型的高效推理和运行。此外，ONNX 还支持模型的转换和优化，提供了构建和优化模型的工具和接口，提高模型的性能和效果。因此，采用 ONNX 的中继转换方式会得到更轻量和稳定的 TensorRT 模型，模型转换流程如图 5.63 所示。

原模型首先会被转换成 ONNX 模型，由于 ONNX 模型优秀的跨框架兼容性，转换输出的模型会更稳定；其次作为中继的 ONNX 模型会利用其丰富的软件接口进行轻量化，去除模型中的冗余，onnxoptimizer 和 onnxsim 是常用的模型库优化器，其中 onnxsim 可以优化常量，onnxoptimizer 可以对节点进行压缩；最后，将优化后的 ONNX 转换为

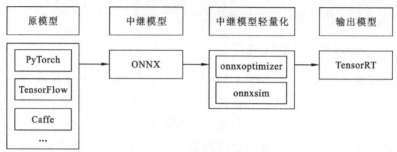

图 5.63　TensorRT 转换流程

TensorRT 模型，实现嵌入式部署。

为了使算法更加高效地运行，需要进行地面模型在机上部署时的轻量化处理操作。近年来，随着以深度学习为代表的人工智能技术的兴起，目标检测识别任务取得了长足的进展。神经网络逐渐变深，模型结构逐渐复杂，带来了精度的提升。但是问题随之而来，模型参数量的增加导致训练好的模型很难在机上环境部署与运行。在遥感领域中许多应用场景需要模型在边端部署与运行，因此模型剪枝的技术应运而生。

本小节介绍基于特征图的和值期望的模型剪枝算法。假设网络模型有 L 层。本节用 N_i 与 N_i+1 来表示第 i 层卷积的输入与输出特征图的通道数，这就意味着第 i 层有 N_i+1 个卷积核。同时，用 $F_{i,j}$ 来表示第 i 层的第 j 个卷积核。本小节用 $M_{i,j}$ 来表示 $F_{i,j}$ 生成的特征图。将输入图像经过卷积核输出的特征图的和值的期望用 $E_{i,j}$ 来表示，则 $E_{i,j}$ 可以表示为

$$E_{i,j} = \frac{1}{b \times s} \sum_{k=1}^{b \times s} \text{sum}(M_{i,j,k}) \tag{5.16}$$

式中：b 为批处理（batchsize）的大小；s 为输入网络的图像的数量为 s 倍的 batchsize，也就是说 $E_{i,j}$ 为根据全部输入图像所得的期望值。

将图像 I 输入训练好的剪枝前的模型中，可以获得网络输出的特征图 M。之后求出 M 和值的期望 E，然后将期望值按照从小到大的顺序排序，并按照一定的剪枝比率按照从小到大的顺序裁剪与特征图对应的卷积核。其中，$E_{i,j}$ 相对较小，其指示特征图所含有的信息量相对较小，也就意味着与之对应的卷积核的重要程度相对较小，故优先裁剪这样的卷积核。确定要裁剪的卷积核之后的训练过程与 Hrankplus 相同，核心工作在于确定所要裁剪的卷积核。图 5.64 展示了本小节的剪枝策略，同时伪代码也对模型剪枝流程进行了描述。由图 5.65 可知，根据卷积核输出的特征图来计算 $E_{i,j}$，并对 $E_{i,j}$ 进行排序，裁剪的卷积核为 $E_{i,j}$ 值相对较小的卷积核，同层网络所裁剪卷积核的数量主要依据此层网络卷积核的数量与剪枝率来确定。

随着深度学习、强化学习等算法的迅速发展，人工智能技术已被广泛应用于航天任务的多个领域。但是目前为止人工智能技术的主要应用集中在地面的任务规划或数据的事后处理方面，机载直接运行智能算法仍面临诸多挑战。其中最主要的问题在于传统的轻小型无人机能提供的算力资源与智能算法运行需要的算力需求不匹配。深度学习算法中的核心模块深度神经网络（deep neural network，DNN）属于典型的密集计算模块，对于部分复杂结构的网络模型，即使算法的推理也需要高性能计算平台支持。加上功耗体积受限和结构热控等其他特殊要求，机载高性能计算平台的设计具有较大难度。人工智能的研究热潮推动了芯片设计领域的理念创新和架构升级，面向人工智能应用的 AI 芯

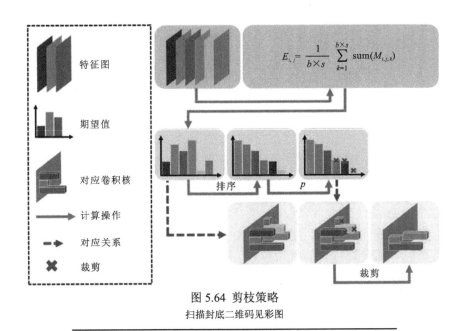

特征图

期望值

对应卷积核

→ 计算操作

⇢ 对应关系

✖ 裁剪

$$E_{i,j} = \frac{1}{b \times s} \sum_{k=1}^{b \times s} \mathrm{sum}(M_{i,j,k})$$

排序 p

裁剪

图 5.64 剪枝策略

扫描封底二维码见彩图

算法1　基于特征图的和值期望的模型剪枝算法

输入：输入图像 I

输出：输出特征图 $M_{i,j}$

1. 根据式（5.16），利用 $M_{i,j}$ 计算 $E_{i,j}$

2. 对同一层卷积的 E 进行排序

3. 根据给定 p 对每层卷积排序后的 E 对应卷积核进行剪枝

4. 模型微调训练

图 5.65　剪枝算法流程

片不断涌现。为了实现深度学习算法的机载运行，部分项目尝试在无人机上搭载基于边缘计算 AI 芯片的高性能计算平台进行验证。该类型计算平台针对智能算法的特点进行了硬件计算架构的优化，能够在低功耗的条件下提供较强的算力。

目前机上处理资源能够支持一些智能算法的计算与推理，现亟须开展对各类目标检测识别算法的机载测试和验证，研发高性能推理框架，为智能算法的机载应用提供技术支撑。针对机载环境计算资源类型各异、性能受限、计算需求高、图像处理和人工智能推理任务重的特点，突破平台无关的人工智能推理模型构建技术、受限资源下的引擎轻量化技术、基于软件定义的算法框架、多任务高性能推理调度等关键技术，研发高性能轻量化人工智能图像推理引擎，实现机载受限环境下图像目标检测识别任务的在线实时处理，具体结构如图 5.66 所示。

引擎建立在跨 Windows 和 Linux 操作系统，跨 x86 和 arm 处理器架构、跨英伟达和寒武纪等 GPU 架构的基础平台上，通过平台无关的推理模型构建实现跨软硬件平台的高度抽象，通过高性能轻量化多任务推理调度实现机载资源受限环境下的高性能多任务执行，通过软件定义的算法框架实现各类人工智能推理算法的有机集成，构建面向目标检测识别等多种机载图像处理与分析任务的实时在线处理平台，支撑各类图像任务的实时在线处理。

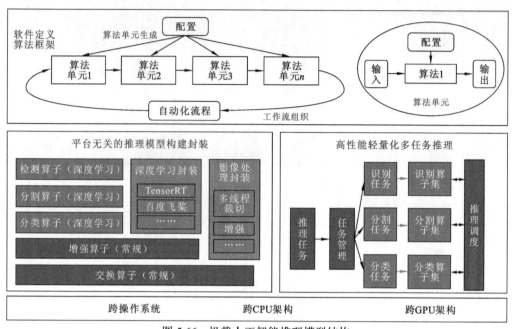

图 5.66　机载人工智能推理模型结构

综合而言，机载在线实时处理原理样机在传感器融合、实时决策和多传感器协同作业等方面的设计，为 M300 飞行平台注入了更为强大的感知和决策能力，使得无人机在各种环境下都能执行复杂任务，具备更广泛的应用前景。整个机载在线实时处理原理样机的集成使无人机具备了在飞行中实时感知、识别和建模的能力。这样的系统在需要边飞行边获取环境信息的场景中非常有用，如搜索救援、智能巡航等领域，提升了无人机的智能和自主性。

5.4　无人机遥感数据远程快速传输技术

在无人机飞行过程中，数据链在高速传输条件下多径干扰会引起系统中同步的不准确和码间干扰，导致接收端的星座点不清晰，是影响航空链路通信质量的主要因素。而均衡等技术是可以有效削弱多径衰落或者补偿多径衰落影响的关键技术，用来解决宽带传输面临的无线信道多径干扰问题。受窄带干扰、突发干扰、天线抖动等影响，可能出现大动态多普勒频移现象，导致通信中断。因此更大的频偏捕获范围和更短的载波快捕时间，是数据传输稳定性、可靠性的必要保障。在数据传输速率为 300 Mb/s 时，当 FPGA 工作时钟频率低于调制后组帧速率时，直接面临的问题就是一般的串行处理方式已经不满足设计需求，需要合理的高速并行处理结构，在实现功能的同时尽量减小延迟。同时当受限于无人机搭载能力时，遥感数据传输小型化、便携化需求日益突出。因此，需要研究一种直接变频技术，将基带信号直接调制到载波频率而省去中频处理技术，可直接降低设备组成与系统复杂度。

本节针对远距离、高速率条件下多径干扰、信号串扰、快速重建和时钟瓶颈等问题，研究面向远距离和宽频带的抗多径自适应信道均衡技术、面向高频段和大频偏的载波快速捕获跟踪技术、面向板卡互联和信号完整性的机载总线协议技术，以及面向高吞吐率和强约束关系的多核并行处理技术，实现无人机遥感数据的高鲁棒性远程传输。

5.4.1　机载高速高鲁棒性远程数据传输技术

针对高速率混合传输技术，依据空地信道特征，确定信道响应类型，建立蒙特卡罗仿真模型，仿真验证抗多径性能，确定自适应均衡参数；通过调研分析确定载波频偏，对比各同步算法的捕获带宽等指标，确定快速同步的算法；通过分析资源需求和信号处理速率需求，确定可编程逻辑的并行处理架构，建立逻辑约束和时序约束设计要求；通过宽带自适应信道均衡能够克服高速数据传输中频率选择性衰落，避免高峰均比，降低功耗和复杂度；通过载波快速捕获跟踪克服环路锁相捕获带宽与跟踪精度之间的矛盾；通过机载总线架构克服了散热、串扰和多板卡互联问题；通过并行处理解决了串行流水速率受限问题；依据网络型互联机载总线架构，设计满足高速串行数据传输的物理连接框架。

针对远距离中高速率终端高效化、小型化问题，研究面向高质量和窄带宽的高效视频编解码技术、面向低复杂度和高频段的一次捷变频技术，满足了中小型无人机搭载要求。对于中高速率混合传输技术，根据传输速率能力，对比不同参数下照片、视频传输效果，确定图像、视频带宽分配比例，建立 H265 编解码模型，进行编解码仿真分析，开发高效视频编解码体制；调研当前变频方式，衡量通信体制直接变频移植可行性，设计一次捷变频物理架构。

5.4.2　硬件样机及试验

通过通信体制直接变频移植，设计一次捷变频物理架构，完成中高速率混合传输系统的软硬件设计，研制了无人机遥感数据中高速率传输系统，重 0.78 kg。中高速率传输系统已完成机载收发终端重量测试、图像传输功能测试、数据传输功能测试、上/下行发射功率测试、上/下行接收灵敏度测试、外场拉距挂飞测试。经过视距传输距离 50 km的系统软硬件联调、外场拉距试验及有人机飞行测试（图 5.67），表明各项测试中链路状态良好，图像（图 5.68）清晰稳定。

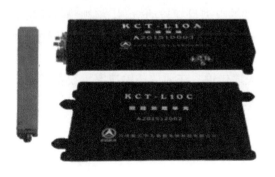

（a）无人机遥感数据中高速率传输系统　　　　　（b）有人机飞行测试

图 5.67　无人机遥感数据中高速率传输系统与有人机飞行测试

开展高速率传输系统收发信机硬件设计，包括单板设计、PI/SI 仿真（PI 为电源完整性，SI 为信号完整性）、结构设计、热力学仿真。通过仿真，不断迭代优化单板电路及结构设计，并最终完成设计进行投产，研制出无人机遥感数据高速传输系统，包括收发信机与微波前端，如图 5.69 所示，并通过了仿真模型验证。该套系统具备图像传输、数据传输、链路监控等功能，能够满足传输速率 300 Mb/s、传输距离 100 km 的要求。

图 5.68　无人机遥感数据中高速率传输系统有人机飞行测试视频截图　　　　图 5.69　无人机遥感数据高速传输系统

5.5　本 章 小 结

本章针对应急响应数据获取—数据处理—应急服务存在割裂的难题，提出了"边飞行—边传输—边处理—边分发"遥感应急快速处理模式，突破了传输处理一体化、存算协同一体化、软硬一体化等关键技术，大大缩短了应急响应的流程，研制了软硬一体的便携式遥感影像实时处理系统，可部署在机动地面遥感站中，实现了卫星数据和无人机数据分钟级的接收—处理—服务，直接将第一手遥感信息送到应急决策部门；针对应急时视频卫星数据、机载数据海量大量冗余，不利于快速响应的难点，在国际上创新性提出了视频卫星在轨快速处理模式，研制了视频卫星在轨智能处理原理样机和机载实时处理系统原理样机，实现了星载/机载影像的典型目标自动检测，将视频数据从传统模式半小时的传输效率（数据传输带宽为 600 Mb/s）直接提升到在轨一体化传输处理分钟级的效率；针对无人机遥感数据传输研制了无人机遥感数据高速远程传输、中高速混合传输两套系统，实现了无人机数据的远程快速传输，在通信传输速率、设备重量、功耗等方面，技术指标对标美军同类型装备。

第 6 章

多源遥感影像典型应急信息精准提取

从应急遥感"大数据"中智能挖掘"小信息"是国际难题,应急情况下获取数据通常质量不尽如人意,缺乏智能化的空天遥感信息提取理论方法加剧了问题的难度。在现代社会,随着技术进步和复杂性提升,各种应急场景的出现频率也在逐渐上升,快速动态构建应急场景,对帮助救援团队确定受灾程度、评估损失、规划救援路线等有着重要作用。不同的突发事件关注的应急目标不一样,例如,自然灾害需要提取灾害目标的二维/三维精确损毁情况,社会安全关注车辆、人群目标的检测识别,事故灾难关注待救援的人员定位。应急目标类别多样,加之成像条件和应急场景多变,造成了遥感影像应急目标提取难,如何实现应急目标的全方位、多粒度、智能化的精准提取面临重大挑战。

本章主要基于天空地多源数据,开展应急场景快速构建、灾损范围/目标提取和应急目标精准提取研究。针对自然灾害,研究洪涝灾害范围监测、震后建筑物精细损毁识别和耕地灾损信息提取;针对公共安全和事故灾难事件关注的车辆等目标,研究天空地多源遥感数据目标检测,为应急救援指挥提供技术支撑。

6.1 大范围遥感应急场景动态构建

随着遥感技术发展，人们拥有更多的手段（天、空、地）获取应急场景中的视频与图像。但如何从这些数据中快速提取救灾人员需要的有效信息已成为研究者必须面对的难题。遥感应急场景构建是解决这一难题的重要手段之一。它主要基于三维重建技术，利用获取到的天空地遥感影像数据将复杂的应急现场转化为更直观的三维模型，辅助救灾人员快速清晰掌握应急现场状况。同时，为了确保信息的实时性和准确性，基于视频嵌入技术将重点区域观测视频嵌入三维场景中，使救灾人员能够实时掌握重点区域的动态变化。在实际的应用中，遥感应急场景构建已经在多个领域得到了验证。例如，在自然灾害（如洪水、地震、森林火灾等）事件中，遥感应急场景构建技术可以迅速地提供受灾区域的三维模型及动态实景图，帮助救援团队确定受灾程度、评估损失、规划救援路线等。

6.1.1 顾及结构特征的增量式快速建模技术

在灾害应急应用中，参与人员需要快速了解区域内突发事件（如灾害等）造成的现场损毁程度。现有的多视角光学影像建模过程中均为数据完全获取后的统一处理模式，建模周期较长，严重制约了突发事件应急处置时实时人员对现场情况的掌握效率；而且已有的常规建模方法主要针对规则建筑物，缺乏对非规则完整的损毁建筑物有效建模的方法。针对区域/现场环境三维场景采用传统方法构建中存在的建模效率低、自动化程度不高等突出问题，基于多视角光学遥感影像数据，研究顾及结构特征的快速建模技术，实现在无人机影像数据分步获得的情况下对密集点云进行增量式坐标变化及快速构网建模。

1. 密集匹配方法

密集匹配为生成密集点云的过程。在已知无畸变影像集合的内外方元素的基础上，首先依次把每一张影像当作当前参考影像，把与参考影像存在物方重叠区域的影像称为待匹配影像，随之为当前参考影像中的每一个像素在待匹配影像集合中寻找同名点即逐点匹配，然后通过去噪、过滤等手段提取每一张参考影像对应的深度图集合，如果使用的是多视密集匹配每一张影像对应的深度图集合为单元素集合，最后经过物方点云融合，即得到密集物方点云。在密集匹配过程中涉及三个主要的关键技术：匹配相似度量函数的选取与匹配、误差剔除与漏洞弥补、点云融合技术。

在双视密集匹配中，匹配相似度量函数也称为视差匹配代价函数。由于效率的原因，这些相似度量函数不可能使用类似稀疏匹配的方法与策略来增强相似度量函数对影响因素的抵抗性，所以双视密集匹配中利用核线影像对在一维区域内使用能量数据项和约束项平滑、约束同名点匹配，把局部或者全局稳定信息纳入当前像素点的匹配中；而多视密集匹配则是把双视密集匹配中在像方的操作变更至物方，使用物方面元的深度、法向量更新与物方点扩散的方法代替了使用能量约束中的紧耦合方法，利用物方点的扩散、更新消除匹配误差。对于误差剔除与漏洞弥补是密集匹配中不可避免的处理环节，经过相似度量函数的最佳同名点匹配，往往会因为弱纹理、遮挡等因素的存在，使相似度量函数值不显著或违反密集匹配的局部几何约束，因此需要进行误差剔除处理，例如视差左右一致性约束、深度值平滑约束、相似度量函数显著性阈值约束等。

经误差剔除之后在对应的深度图中还存在孤岛和空洞，在密集匹配中认为微小孤岛并不可信，需要剔除，而微小空洞则需要分析其形成的机理，如果是由物方局部平面弱纹理所致则需要通过平面拟合弥补。对于点云融合，不仅需要评价不同观测计算值的质量，而且需要对噪声具有鲁棒性，另外当点云融合发生在大场景和海量数据集中，还需要平衡处理平台的计算容量和数据量之间的关系。

2. 快速构网及三角网优化方法

对于使用基于多视角光学遥感数据生成的密集点云构建精细、高精度网，传统的低维度扩展方法已不再适用，例如使用平面德洛奈（Delaunay）构网然后提升至 2.5 维，还有直接使用 2.5 维方法的高度图方法，这些方法都建立在地物由垂直的立方体构成，且在竖直方向不存在遮挡的假设基础上，而现实情况中地物存在更为复杂的拓扑关系和复杂形状，因此这些传统方法只限于特定场景、应用下，例如正射影像、快拼影像的生成。一般常见的构网方法分为隐式构网方法、显式构网方法和表面演化方法，相对于前两种方法，表面演化方法在大场景和大数据下计算效率最慢，因此在基于多视角光学遥感影像的三维构网中多使用隐式构网方法和显式构网方法。其中隐式构网进一步可分为水密构网和非水密构网，水密构网的定义为不存在空洞的网。一般的显式构网方法都是水密构网方法，且与隐式构网方法的最大区别在于，显式构网不需要另外的等值面提取过程，而是直接使用计算模型中的体元，从中提取子集形成线性分段网。构网流程如图 6.1 所示。

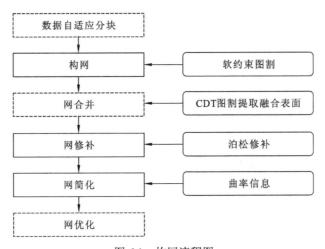

图 6.1　构网流程图

CDT 为约束德洛奈三角网（constrained Delaunay triangulation）

1）软约束的图割构网

相对于硬约束加权图割方式，本小节使用一种变化权重的软约束加权方式，使用距离高斯加权方式，使用采样点沿着可视光束的距离 d 为连续函数的自变量，权重函数变为

$$\alpha_w = \alpha_{\text{vis}}(1-\mathrm{e}^{-d^2/2\sigma^2}) \tag{6.1}$$

式中：α_{vis} 表示可见性权重，通常是一个二元值，如果可见则为 1，不可见则为 0，如果目标不可见（$\alpha_{\text{vis}}=0$），则无论距离如何，权重 α_w 都为 0，只有当目标可见（$\alpha_{\text{vis}}=1$）时，距离才会影响权重；e 为自然常数；σ 为尺度因子，其应该与采样点的平均尺度有关，例如选择 1.5 倍的平均尺度。如图 6.2 所示，可视光束反向与四面体 T_6 相交，图节点直接与汇点相连，其图节点之间的权重使用式（6.1）计算。

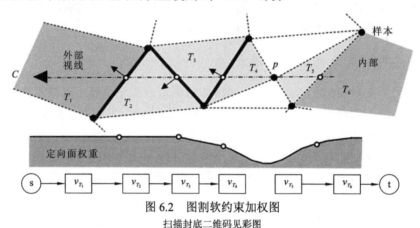

图 6.2　图割软约束加权图
扫描封底二维码见彩图

使用软约束加权方式虽然可以防止重建曲面颠簸问题，但是依然存在其他人工伪迹，如图 6.3 所示，产生的主要原因是构建的四面体中存在细长的四面体，由于缺乏多余观测可视光束，部分节点被强行标记为模型外的节点。因此需要在平滑项中增加启发式的约束，为了防止重构的三角网中出现不良形状，使用三角形的最长边长和最小边长的比例为评价标准。同时把二维的 β-skeleton 方法扩展至三维中，弥补了当四面体过扁平时产生的漏洞问题，提出使用两个相交外包围球与截平面的夹角余弦函数，如图 6.3（b）所示，两夹角 θ、φ 都为切平面与截平面的二面角，图割平滑约束项为 $1-\min\{\cos\theta,\ \cos\varphi\}$。

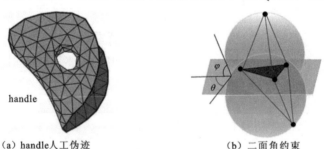

（a）handle人工伪迹　　　　　　（b）二面角约束

图 6.3　图割平滑约束
扫描封底二维码见彩图

2）基于边塌陷方法的三角网简化

三维 Mesh 模型简化过程更多的是为了在冗余的数据表达中保留基本的几何特征，

或者是在特定的要求下做符合分辨率的数据压缩操作。Mesh 的简化方法大体可以分为三类，即优化方法、塌陷方法、重构方法。本小节主要使用边塌陷方法进行简化，并使用网曲率信息来指导边塌陷操作，把曲率变化差异作为简化偏差函数，然后再根据曲率差异对边进行优先级边塌陷操作。边塌陷产生的新点位置则使用塌陷边的中点。另外在边塌陷过程中受到边界边和特殊连接方法的影响，边塌陷之后出现非流形表达。图 6.4（a）为边界边处的边塌陷，加粗边为塌陷边，此时边塌陷之后就违反了网流形的约束。图 6.4（b）为特殊连接边处的边塌陷，加粗边塌陷之后出现复杂边，图 6.4（c）所示复杂边为两个曲面的交线（加粗显示），不符合流形原则。因此在边塌陷中设置塌陷边约束，当且仅当满足以下条件时才进行边塌陷：①当需要塌陷的边为边界边时；②当需要塌陷边两端点的一环邻域边不存在交集，即两端点共同的一环顶点与任意一端点不存在三角形连接。

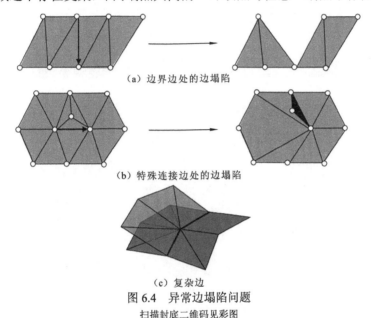

（a）边界边处的边塌陷

（b）特殊连接边处的边塌陷

（c）复杂边

图 6.4　异常边塌陷问题

扫描封底二维码见彩图

3）顾及结构特征的网优化

使用密集匹配的点云直接构网，虽然已经可以得到可靠的网结构，但是受到噪声的影响，重构的网在局部细节中存在精度问题，例如细长局部没有重建出来、局部平面不够平坦等。传统方法利用全局可视信息在物方面的差异，构建出能量函数来优化网形结构，但是这些网优化方法存在计算效率低的问题。针对传统网优化算法计算效率问题，本小节使用法向量方向迭代优化的方法，约束数值求解的梯度方向，但是仍然没有区分弱信息区域和强信息区域。因此使用活动（active）区和冻结（inactive）区的策略，把轮廓边缘上的像素（包括物方边缘和遮挡边缘）加入永久冻结区，把对精度影响小、对时间复杂度影响大的区域加入冻结区不参与优化计算，在局部可靠的强信息区域内动态优化求解，提高了整体优化计算的效率和精度。其中轮廓边缘的定义为当物方边 e 相邻的三角面 $t1$、$t2$ 在某张影像 I 中不能同时可见或不可见，物方边 e 成为可见区域和不可见区域的分界线，e 在 I 的投影应加入冻结区，不可参与优化计算。此算法由能量函数的定义、快速 NCC 计算、提取冻结区组成。

基于顾及结构特征的增量式快速建模技术开发对应建模软件，并开展相关实验验证该技术有效性，使用增量式区域环境快速建模技术生产 DOM、DSM、DEM 产品的时间为 8.5 min/km²，而 Smart3D 等商业软件在空三解算后，需要经过密集匹配等步骤进行三维建模后才可输出 DOM、DSM、DEM 产品，其中建模耗时就长达十多个小时，证明该技术大大提升建模效率，满足应急场景下即来即重建的需求，图 6.5 所示为软件界面与建模结果。

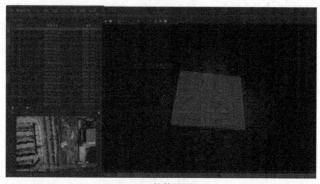

（a）软件界面

（b）建模结果

图 6.5　快速建模效果图

扫描封底二维码见彩图

6.1.2　空地联合的重点部位精细化构建

精细场景目标受到遮挡后损失了建筑立面的细节信息，很多情况下只能获得 2.5 维模型，而非真正精细的三维模型，难以完全满足实际的应用需求。因此，需要结合地面视频或照片数据对重点部位进行立体重建。

重点目标的精细化立体建模主要包括几何建模、纹理自动映射和整体优化三个环节（图 6.6）。输入数据为建模需要的粗模数据及空三参数，输出建模后的精细三维模型。其中，几何建模基于粗模数据交互式构建建筑物的各个结构性面片来生成建筑结构面片；纹理自动映射模块基于空三及影像匹配关系，自动完成建筑物表面纹理自动映射；最后基于结构语义分析对建筑物进行整体优化。

几何建模分为三个步骤：数据预处理、多边形初始边界提取和多边形边界拓扑重建。数据预处理包括：①带有参数的平面点云边界提取，并分离内外边界；②基于提取的平

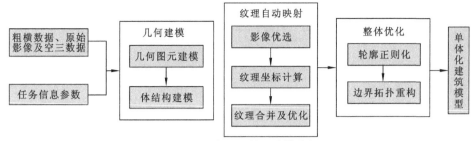

图 6.6　重点部位精细建模流程

面边界识别线状地物和小平面点云并予以剔除,以便重建简洁、紧凑的建筑物三维模型。多边形边界提取是根据建筑物邻接平面的相交、平行和共面关系得到多边形的初始边界。多边形边界拓扑重建是根据多边形的初始边界的相邻关系,基于多边形邻接边界多相互垂直的假设,补充缺失的边界,恢复多边形边界拓扑关系和角点位置信息。

　　受到遮挡和点云平面分割算法的影响,通常的三维建模方法难以保证构建的三维模型的完整性,主要的原因在于该方法难以保证提取的基元的完整性,提取的平面基元存在部分甚至全部缺失的现象,因此需要基于一定的先验知识补全缺失的部分进行整体优化。整体优化方法分为三个步骤:①嵌套多边形内边界拓扑重建;②平面平行关系驱动的缺失平面补全;③非关系直线匹配。多边形内边界拓扑重建是识别嵌套多边形,得到其内多边形的初始边界并恢复边界之间的拓扑关系;缺失平面补全是针对树木等地物对建筑物的遮挡和基元提取算法的影响导致的建筑物平面完全缺失的情况,根据邻接平面之间相互平行的关系和多边形的平行边界位置补全缺失的平面,并将平行边界类别属性修正为相交;多边形非关系边界匹配是针对人为补充的非关系边界,依据建筑物多边形的位置和方向,匹配非关系边界和其他多边形边界,以修正非关系边界的位置和关联的邻接多边形,并将非关系边界属性修改为相交。

　　为了验证精细化建模有效性,选取武汉大学一栋教学楼为实验场景,由于拍摄影像光线较暗,所建的大楼模型的一侧显示效果较差,通过在地面补拍大楼影像,并进行空地联合的重点部位精细化构建,结果显示精细化构建的模型效果明显增强,图 6.7 为精细化重建效果图。

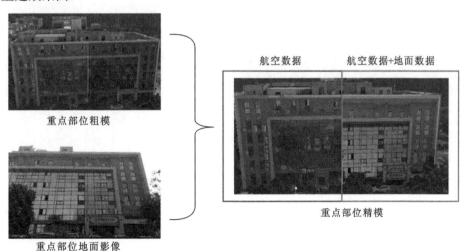

图 6.7　精细化重建效果图

6.1.3 视频嵌入的动态实景图构建

三维重建后的场景难以反映现场的动态变化情况，因此需要将地面视频动态嵌入，形成重点部位的实景图。相较于图像而言，视频数据能够更直观和清晰地展示目标区域的人物场景变化，但同时也会使数据量大大增加，所以通常视频数据是具有局部针对性的，从而导致视频数据的延展性受限。通过视频配准技术可以实现视频数据和图像数据优势互补、信息融合，准确把握视频中的局部动态信息和图像中的全局结构信息。

静态图像匹配已经被广泛地研究。静态图像匹配是指通过空间变换将一幅图像映射至不同时相、不同角度、不同光照等条件下获取的同一场景的另一幅或多幅图像中，在该两幅或多幅图像之间建立空间对应关系的过程。视频匹配是静态图像匹配在时间轴上的延伸，是要估算出视频中每一帧影像相对于遥感底图的空间变换关系。因此视频匹配包含图像匹配的难点：视频与遥感图像存在多尺度、多视角、多时相、多模态等差异，这些差异增大了视频与遥感图像匹配的难度。同时考虑视频自身数据量巨大的特性，视频匹配的时效性也是需要关注的重要问题。

视频中人物车辆变化多样，与静态底图之间存在较大时相差异、时空不统一等问题，利用视频与底图影像相同背景特征，采用深度学习算法提取统一背景表征，实现多时相影像配准；针对视频拍摄角度多变，与静态底图之间存在较大视角差异问题，构建基于梯度特征和维度特征的高维度描述符，提高同名显著特征匹配成功率，实现多视角影像配准；针对视频与底图影像存在较大尺度问题，构建特征金字塔模型，融合多尺度特征，实现不同尺度特征相互匹配；针对视频与静态底图模态不统一导致的配准效率低下问题，采用联合匹配框架的模式，根据匹配难度自适应采用不同的匹配算法来提高匹配效率，并且利用抽帧匹配的方式进一步提高匹配效率，实现实时视频与地理场景精确配准；针对视频与静态底图存在的变化关系多样问题，采用自适应配准方法自动识别变化关系（仿射变换、透视变换），从而选择相应的配准方式，实现视频与静态底图之间的精准配准。技术路线如图 6.8 所示。

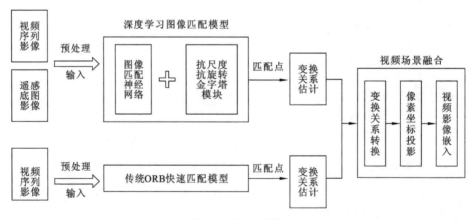

图 6.8 技术路线

ORB 为基于特征点检测和描述子计算的快速匹配方法（oriented FAST and rotated BRIEF）

1. 基于纹理结构特征深度融合的特征匹配网络结构

该匹配网络有 4 个模块，分别是特征提取模块、特征编解码融合模块、抗尺度抗旋转模块和精匹配模块。

1）特征提取模块

特征提取模块采用 ResNet+FPN 网络结构，该网络结构具有局部空间不变性，其引入的降采样也减小了输出特征图的尺寸，降低了网络计算复杂度。特征提取模块的输入是单通道图像。首先，对多源输入图像进行灰度归一化处理，并放入同一批次（batch）。然后，图像批次经过带有 7×7 卷积核和步长 2 的初始卷积层，生成一个具有 128 通道的特征图，其分辨率为原始图像的 1/4。接下来，特征图经过三个连续的 Block，所有 Block 均使用 3×3 的卷积核。此外，Block3 和 Block4 中具有下采样模块。三个 Block 输出的通道数分别为 128、192 和 256，特征图的分辨率分别为原始图像尺寸的 1/4、1/16 和 1/64。最后，Block2 和 Block4 输出的特征图被输入不同的 1×1 的卷积层，获得用于粗匹配和精匹配的多尺度特征图。特别地，使用不同的 1×1 卷积层输出是为了对精匹配模块进行微调，提升匹配精度。

2）特征编解码融合模块

特征编解码融合模块由 Transformer 编码器和解码器组合形成，如图 6.9 所示。编码器目的是对输入的卷积神经网络局部特征在图像间和图像内进行全局性描述，获得融合局部纹理特征和全局结构特征的特征表达，增强特征表征能力。将特征图输入 Transformer 编码模块，该 Transformer 编码模块由多个交替的自注意力层和交叉注意力层构成，自注意力层使每个点关注其周围所有点的关联，交叉注意力层使点关注与另一幅图上的所有点的关联，两类注意模块的结合使模型能够通过自注意力层融合全局特征和局部特征，同时通过交叉注意力层提取其相似性，即提取特征匹配度。因此在 Transformer 编码器的层次结构方面，在浅层次阶段采用自注意力层提取特征纹理信息，在深层次阶段采用交叉注意力层的提取特征全局结构信息。

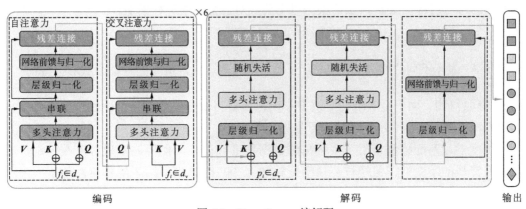

图 6.9 Transformer 编解码
扫描封底二维码见彩图

Query 矩阵（Q）：表示当前的关注点或信息需求，用于与 Key 矩阵进行匹配。Key

矩阵（K）：包含输入序列中各个位置的标识信息，用于被 Query 矩阵查询匹配。Value 矩阵（V）：存储了与 Key 矩阵相对应的实际值或信息内容，当 Query 与某个 Key 匹配时，相应的 Value 将被用来计算输出。f_i 表示第 i 个单词的词嵌入向量，d_v 表示 d 维的词嵌入空间（vocabulary embedding space），v 代表词汇表或词嵌入矩阵，d 是词嵌入的维度。p_i 表示第 i 个位置的位置编码向量。Transformer 模型使用位置编码来弥补其本身缺乏位置信息的缺点。

解码器目的是输出同名特征的表征，得到初始匹配结果。通过 Transformer 编码器的自注意力和交叉注意力机制增强后，模型能够利用特征相似度构建更鲁棒的代价矩阵。因此，能够实现更稳健的像素级匹配。具体来说，用于输出匹配点的代价矩阵和概率分布矩阵可以按照式（6.2）计算。

$$\begin{cases} S(i,j) = F_A \cdot F_B^{\mathrm{T}} \\ P(i,j) = \mathrm{softmax}(i,\cdot)_j \cdot \mathrm{softmax}(\cdot,j)_i \end{cases} \tag{6.2}$$

式中：$S(i,j)$ 为点 i（来自图像 A）和点 j（来自图像 B）之间的相似性度量；$F_A F_B^{\mathrm{T}}$ 为特征向量 F_A 与特征向量 F_B^{T} 的点积，点积越大代表两个向量相似度越高，这意味着找到了特征最相似的点对；$P(i,j)$ 为集合 A 中元素 i 和集合 B 中元素 j 匹配的概率；$\mathrm{softmax}(i,\cdot)_j$ 表示对矩阵的第 i 行进行归一化指数函数（SoftMax）操作，得到一个概率分布，表示该分布中第 j 个元素的概率值。

代价矩阵实际就是计算所有 256 维特征向量的点积相似度，而通过 SoftMax 函数输出匹配概率分布矩阵则将匹配问题转换为分类问题。简单来说，匹配概率分布矩阵中的元素代表每两个像素间的匹配概率。

3）抗尺度抗旋转模块

虽然深度学习匹配模型通过使用多尺度的数据集进行训练，使得该模型可以在一定程度上学习尺度不变性，但对过大的尺度仍旧难以适应。因此，本小节通过构建离散图像金字塔模型来解决图像大尺度差异问题。对于输入影像 I 和金字塔影像 I^ρ，使用 4 种不同分辨率（ρ=0.25, 0.5, 1, 2）的离散尺度层来适应两幅影像分辨率的急剧变化。提取金字塔的每一层特征图 F^ρ，然后根据以下公式对融合结果进行累加。

$$\widetilde{F}^\rho = F^\rho + \sum_{\gamma < \rho} F^\gamma \tag{6.3}$$

其中 $\sum_{\gamma < \rho} F^\gamma$ 表示不同分辨率的特征图，γ 代表当前分辨率，最终的特征图从融合特征图 $\widetilde{F}^\rho$ 提取得到。由于金字塔的分辨率不同，需要将低分辨率的特征图线性插值到与高分辨率特征图相同的大小后才能进行累加。

深度学习匹配模型使用了多视角的数据集进行训练，使得该模型可以在一定程度上学习旋转的不变性，但经过测试当旋转超过 90°时该模型的匹配鲁棒性急剧下降。因此本小节采用自适应旋转匹配影像的方式来解决影像间大旋转差异的问题。设置正确匹配阈值 N，当匹配点数小于 N 时判定未成功匹配，便对输入影像 I 正时针旋转 90°后重新输入模型中，并记录旋转次数（以便后续将输入影像 I 还原），直至旋转 360°或者匹配成功。

4）精匹配模块

经过粗匹配模块后，通过精匹配模块将获得的粗匹配点对细化到原始图像的分辨率上。精匹配模块的框架如图 6.10 所示。

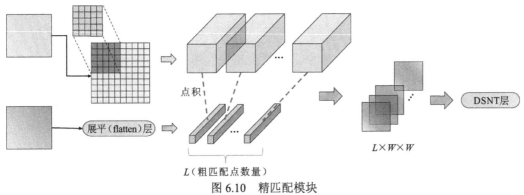

图 6.10　精匹配模块

扫描封底二维码见彩图

该模块的输入是高分辨率特征图和粗匹配坐标。首先，在高分辨率特征图上定位所有的粗匹配点，然后以粗匹配点为中心构建一个 5×5 大小的局部窗口。接下来，在局部窗口上实现特征相似度度量，并输出一个 5×5 大小的置信度矩阵。置信度矩阵构建完成后，精匹配模块使用 DSNT 层来回归坐标，实现亚像素匹配。DSNT 层是一个可微的数值变化层，契合卷积神经网络的训练框架，可以直接融入现有卷积神经网络模型。DSNT 层只需要输入置信度矩阵，通过预设的调整矩阵和交叉卷积，DSNT 层输出像素坐标的微调结果，范围从(-1,-1)到(1,1)，具体的实现如图 6.11 所示。

S				
S_{11}	S_{12}	S_{13}	S_{14}	S_{15}
S_{21}	S_{22}	S_{23}	S_{24}	S_{25}
S_{31}	S_{32}	S_{33}	S_{34}	S_{35}
S_{41}	S_{42}	S_{43}	S_{44}	S_{45}
S_{51}	S_{52}	S_{53}	S_{54}	S_{55}

X				
−0.8	−0.4	0	0.4	0.8
−0.8	−0.4	0	0.4	0.8
−0.8	−0.4	0	0.4	0.8
−0.8	−0.4	0	0.4	0.8
−0.8	−0.4	0	0.4	0.8

Y				
−0.8	−0.8	−0.8	−0.8	−0.8
−0.4	−0.4	−0.4	−0.4	−0.4
0	0	0	0	0
0.4	0.4	0.4	0.4	0.4
0.8	0.8	0.8	0.8	0.8

图 6.11　DSNT 层

图中 **S** 是生成的代价矩阵，在提出的匹配算法中，该矩阵大小为 5×5。**X** 和 **Y** 分别是 x 和 y 方向上的预设矩阵，对于一个 $m×n$ 的代价矩阵，**X** 和 **Y** 生成公式为

$$\begin{cases} X_{ab} = \dfrac{2b-(n+1)}{n} \\ Y_{ab} = \dfrac{2a-(m+1)}{m} \end{cases} \tag{6.4}$$

通过三个矩阵的十字点积和，可以输出两个方向上的坐标微调。具体来说，对于 5×5 大小代价矩阵的精匹配模块，考虑坐标位置为(x, y)的像素，最终输出的像素坐标计算方式为

$$\begin{cases} x = x + \dfrac{2 \cdot \sum\limits_{a,b=1}^{5} \langle \boldsymbol{S}_{ab}, \boldsymbol{X}_{ab} \rangle}{25} \\ y = y + \dfrac{2 \cdot \sum\limits_{a,b=1}^{5} \langle \boldsymbol{S}_{ab}, \boldsymbol{Y}_{ab} \rangle}{25} \end{cases} \quad (6.5)$$

其中 $\langle \boldsymbol{S}_{ab}, \cdot \rangle$ 算符被定义为十字点积和。精匹配模块利用 DSNT 层对粗坐标进行调整，从而实现亚像素级匹配精度。

为了验证本小节提出的视频与地理场景精确配准方法的可行性，拍摄 10 组不同区域的视频数据（包括大旋转、不同时相、不同视角、不同尺度），基于此进行视频嵌入实验，图 6.12 展示了部分视频嵌入底图的效果，左边是视频影像，右边是视频影像嵌入底图的结果，可以明显看出在不同场景的条件下，本小节提出的方法仍旧能够有效将视频准确嵌入底图之中，如图 6.13 所示。

（a）大旋转

（b）时相差异

（c）视角变换

（d）尺度差异

图 6.12　视频与场景融合实验部分视频嵌入底图的效果

扫描封底二维码见彩图

图 6.13　三维模型上叠加显示实时视频数据

扫描封底二维码见彩图

6.2　灾害目标损毁信息提取

灾害目标损毁信息提取最终的目的是为灾后的应急响应和重建工作提供信息支撑。灾后目标损毁检测应用需求分为两个阶段：第一阶段是灾害发生早期，为了给救援和应急响应提供及时准确的信息，主要关注的要点是损毁区域和快速检测，并不需要获取详细的损毁信息；第二个阶段是灾害发生后期，为了赈灾和灾后重建的需要，损毁检测需要获取详细的损毁信息，这样可以为决策部门进行灾后安置和重建提供重要的决策支撑，主要关注的要点是高精度损毁信息提取。本节重点针对洪涝、地震等自然灾害场景下典型地物要素的损毁情况开展快速监测与精细提取技术研究。

6.2.1　时序卫星遥感影像洪涝灾损信息提取

本小节提出的方法采用时间维度逐对分析的方式描述洪水范围在时间轴上的发展过程。首先将时序影像拆分为若干对前/后时相影像，利用双时相遥感影像洪水变化检测方法提取前/后时相影像间的水体变化范围；然后将前/后时相水体变化信息向高维度时序洪水范围信息转换，联合相邻的水体变化范围提取下一个时相的洪水范围信息；最后根据洪水持续时间判定规则和叠掩分析策略，从时序洪水范围中分析灾区的洪水过水时间和不同时刻的重要地理要素受灾情况（图 6.14）。

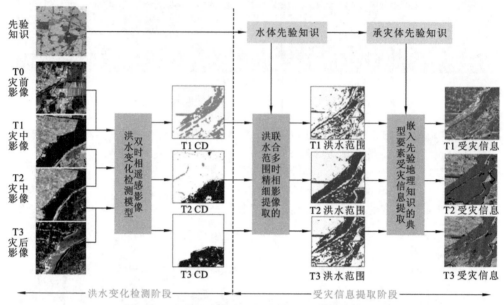

图 6.14 多时相多模态卫星影像洪灾受灾信息提取
CD 为变化检测（change detection）；扫描封底二维码见彩图

假设 T0 为灾前影像，采用临近洪灾发生前的无云光学影像提供灾前正常水体信息；T1 和 T2 为灾中应急观测影像，由于洪灾发生时伴随云雾遮挡，T1 和 T2 的 SAR 影像及时观测洪水范围；T3 为灾后无云时的光学影像，监测洪水的消退状况。本方法对前时相光学/后时相 SAR 和前时相 SAR/后时相光学均采用 Zhao 等（2024b）提出的异质影像洪水淹没范围提取模型（heterogeneous images flood inundation extraction，H-FIENet）提取水体变化信息，对前/后时相 SAR 影像采用本节提出的孪生-水体精细提取网络（siamese-detail refinement water extraction network，Siam-DWENet）提取水体变化信息。利用这两个水体变化检测模型，可以分别对相邻的两时相影像进行水体变化信息提取，为进一步分析洪水动态范围提供某一时刻相较前一时刻的水体变化数据。

基于灾前影像的语义信息利用深度学习方法提取匹配特征，对灾前光学与灾后 SAR 影像快速自动完成多时相遥感影像配准。相较于传统匹配算法，该方法不仅能够保证光学与 SAR 多时相遥感影像之间的配准效率，而且能显著提高光学与 SAR 多源遥感影像的配准准确率。通过水体提取与变化检测算法在灾后第一时间提取洪灾动态监测信息，基于深度学习和开源地理数据提取准确的承灾体要素信息，进一步耦合先验信息与洪灾监测信息进行灾损自动提取，实现灾后应急态势图的快速构建。

1. 基于变化检测模型的水体变化提取

水体变化范围提取是基于洪灾发生后对异常增大水体范围和减小水体范围的判定。通过对处在洪灾期间不同时相的卫星影像的水体范围监测数据进行比较，区分水体的变化部分，判断异常增大水体与减小水体的范围与位置。异常增大水体是指用前时相影像的水体范围作为背景，后时相影像中水体扩增部分为新增水体，例如前时相影像拍摄时间是临近洪灾发生前，后时相影像拍摄时间是洪灾发生后，则新增水体范围为洪水淹没范围。异常减小水体是指成像时间处于洪灾发生后且时相相近的影像中水体短时间快速减小的范围，例如前时相影像拍摄时间是洪灾中期，后时相影像拍摄时间是洪灾后期，则减小水体范围为洪水消退范围。

遥感卫星应急观测获取的数据覆盖了灾区大范围和洪水全过程，灾前/灾中/灾后的时序影像往往来自不同模态的遥感卫星。为了从多源多时相影像中提取前/后时相的洪水范围变化信息，需要采用不同的变化模型。这里提出的方法基于双时相 SAR 影像洪水范围检测模型和双时相异质影像洪水范围检测模型，从两两成对的双时相影像中提取初步的水体变化范围。方法流程如图 6.15 所示。

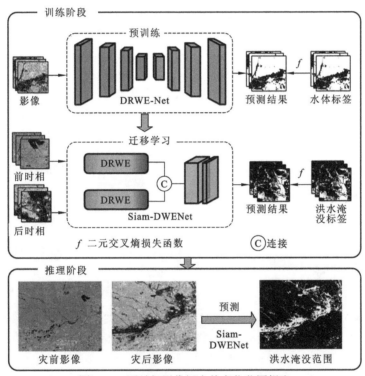

图 6.15　两时相影像间水体变化范围提取
扫描封底二维码见彩图

这里所提方法的策略是设计一个能够提取水体语义特征的深度卷积网络 Siam-DWENet，并基于该预训练网络模型将学习的水体语义知识向洪水范围检测的任务迁移，促使洪水范围检测模型快速准确地学习洪水语义知识。水体提取相关的 SAR 影像数据集相对丰富，洪灾双时相 SAR 影像的变化检测训练数据集相对较少，这里所提方法采用迁移学习的方式能够大大降低模型训练对样本的需求，提高模型在样本不充足的洪灾应急信息提取任务中的洪水范围识别精度。

以预训练模型作为 Siamese 网络的分支组成 Siam-DWENet 模型，将 SAR 影像水体提取的源域知识迁移至双时相 SAR 影像洪水检测任务。该洪水检测方法包括三个阶段：

①预训练阶段，对 SAR 影像水体提取 DWENet 进行预训练，学习不同尺度的水体特征知识；②迁移学习阶段，将预训练的 DWENet 模块作为 Siamese 网络结构的双分支组成 Siam-DWENet，利用非常少量的洪水淹没样本对 Siam-DWENet 训练，实现 DWENet 水体特征知识迁移至洪水淹没检测模型 Siam-DWENet；③推理阶段，把灾前和灾后的洪涝灾害 SAR 影像输入 Siam-DWENet 模型进行推理，得到洪水淹没范围。具体的洪水淹没检测流程如图 6.15 所示。

预训练阶段利用 SAR 影像水体提取数据集对水体提取模型开展预训练，该模型实现水体范围的精细提取。迁移学习阶段，基于预训练模型构建一种具有 Siamese 结构的双时相 SAR 影像洪水范围检测模型 Siam-DWENet。Siam-DWENet 两个分支的网络参数在模型训练阶段同步更新，每个分支结构具有 SAR 影像水体语义特征提取能力。Siam-DWENet 模型的网络输出部分是全连接层，用于区分变化和未变化类别的作用。该阶段仅需要少量的训练样本便能够达到很好的识别精度。推理阶段，训练完成的洪涝范围检测模型基于灾前和灾后双时相 SAR 影像识别洪水淹没区域。

2. 联合先验地理信息的典型要素受灾信息提取

基于若干个代表前后时相影像间的水体变化预测结果，采用串联方式依次计算某一时刻的洪水范围，可以动态监测洪水发展过程。通过结合先验知识和洪水范围预测结果，进一步去除非洪水区域，提高洪水范围检测精度。具体的方法流程如图 6.16 所示。

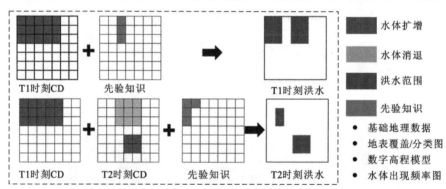

图 6.16　多时相影像洪水范围精细提取
扫描封底二维码见彩图

T1 时刻 CD 结果描述了灾前影像 T0 和灾中影像 T1 之间的水体变化范围，由于正常水体和非水体区域没有发生变化，水体变化范围预测结果可以描述为 T1 时刻的洪水范围；T2 时刻 CD 结果描述了灾中前时相影像 T1 和灾中后时相影像 T2 之间的水体变化范围，联合 T1 时刻洪水范围和 T2 时刻洪水变化预测结果，将洪水扩展区域（图中蓝色区域）和消退区域（图中黄色区域）添加到 T1 时刻 CD 结果，即获得 T2 时刻的洪水范围（图中红色区域）；以此类推，实现不同时刻的洪水范围提取。

先验知识来自其他基础数据产品，包括地表覆盖/地表分类图，提供季节性水体范围如湿地等；水体出现频率图（Pekel et al.，2016），提供永久性水体范围；数字高程模型，用于移除山地区域；基础地理数据如开放街道地图（open street map，OSM）数据提供正常水体范围等。所提方法的具体步骤如表 6.1 所示。

表 6.1　多时相卫星影像洪水范围精细提取算法步骤

输入：地表覆盖/地表分类 LULC，水体出现频率图 JRC，数字高程模型 DEM，基础地理数据 OSM，多时相水体变化提取结果 X_{ti}，永久水体阈值 γ_{RC}，坡度阈值 γ_{DEM}；

输出：洪水范围监测结果图 $Pred_{ti}$

初始化：提取灾前永久水体范围图 Y_W，当 JRC>γ_{JRC} 时该区域为灾前永久水体，否则为季节性水体；

提出山区范围图 Y_m，当 DEM 坡度>γ_{DEM} 时该区域为山区，否则为平原；

While 时相 i<影像时相数 n，do:

1. i 时刻水体变化提取结果 X_{ti} 与 $i-1$ 时刻水体变化提取结果 X_{ti-1} 进行并集运算，获取水体消退与扩增后的 i 时刻初步洪水范围图 $Pred'_{ti}$；

2. i 时刻初步洪水范围图 Y'_{ti} 依次与永久水体范围图 Y_W、山区范围图 Y_m 作差值运算，去除灾前正常水体和山区范围后，获得的 i 时刻洪水范围图 $Pred_{ti}$；

3. i 时刻洪水范围图 $Pred''_{ti}$ 依次与地表覆盖/地表分类 LULC、基础地理数据 OSM 进行逻辑运算，获得 i 时刻洪水范围图 $Pred_{ti}$ 淹没区域的承灾体类型属性，供后续受灾信息判定使用；

4. $i+1$；

End While

卫星遥感洪灾监测的一个重大目标是提高洪灾态势信息获取的空间和时间分辨率，并及时准确获取重要设施的受灾情况。通过实现这一目标，可以更详细和及时地掌握洪灾发展过程，评估洪灾造成的道路/建筑等地理要素的损失。中分辨率卫星影像聚焦于大范围观测地表信息，道路/建筑受灾程度评估需要洪水淹没深度等信息，本小节所提受灾道路为受到洪水覆盖的道路，受灾建筑/居民地为受洪水围困的建筑/居民地。在两次卫星观测任务间，从双时相影像中检测到的洪水区域可以依据卫星影像拍摄时间推算相应的洪水持续时间，洪水持续时间有助于了解洪水变化过程，研判洪水发展态势，图 6.17 是洪水持续时间与地理要素受灾信息提取。

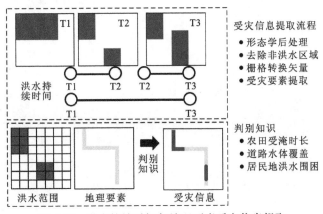

图 6.17　洪水持续时间与地理要素受灾信息提取

扫描封底二维码见彩图

典型地理要素的受灾信息自动提取，采用传统的图层叠掩分析方法判别基础地理要素是否受洪水覆盖，并进一步识别为受灾道路/建筑。基础地理要素的来源可以是灾前影像的道路房屋地物提取结果，也可以从开源地理数据如 OSM 获取。受灾判定规则中首先对洪水范围提取结果进行形态学后处理，包括去除碎小斑块和填充空洞；利用灾前地理先验知识（包括地表覆盖/地表分类、水体出现频率图、DEM）去除非洪水区域；对精细处理后的洪水范围结果进行栅格矢量转换；将典型承灾体图层与洪水范围图层进行叠掩分析，识别受灾道路与受灾居民地等。

洪灾全过程的洪水持续时间自动提取，通过对比不同时相的洪水范围提取结果，将两时相影像间连续被识别为洪水区域的洪水持续时间定义为两时相遥感影像获取时刻之间的时间间隔。洪水变化推理中在对洪水范围进行形态学后处理和去除非洪水区域操作后，对不同时相的洪水分布图层进行逻辑运算，计算灾区的洪水持续时间。通过该方法可以在不断获得最新遥感影像的同时形成时序遥感影像，动态分析灾区的洪水持续时间，从而掌握洪水发展态势。

3. 洪水变化监测与受灾要素提取

基于时序遥感影像对不同时刻的洪水范围动态监测结果，结合收集的洪灾相关承灾体地理要素数据，采用本节所提方法对王家坝区域 2020 年 6 月 3 日至 8 月 17 日的基础地理要素开展受灾分析。考虑影像的空间分辨率因素，本小节采用道路、居民地两类基础地理要素开展洪灾受灾要素监测实验。图 6.18 所示为 2020 年 8 月 1 日灾中道路/居民地受灾情况和洪水分布范围，图 6.19 所示为 2020 年 8 月 17 日灾后道路/居民地受灾情况和洪水分布范围。

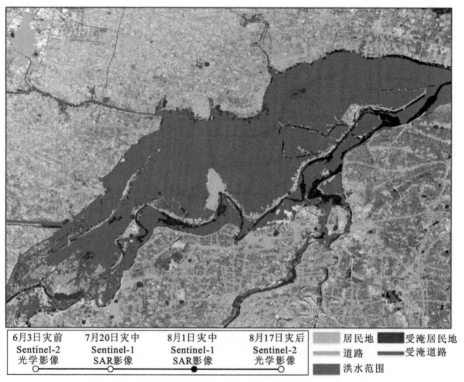

| 6月3日灾前
Sentinel-2
光学影像 | 7月20日灾中
Sentinel-1
SAR影像 | 8月1日灾中
Sentinel-1
SAR影像 | 8月17日灾后
Sentinel-2
光学影像 | 居民地   受淹居民地
道路   受淹道路
洪水范围 |

图 6.18　王家坝区域 2020 年 8 月 1 日灾中受灾监测图
扫描封底二维码见彩图

从四个基础要素受灾监测图可以直观地获得洪灾发生后的道路、居民地的受灾情况。7 月 20 日洪灾刚暴发时受淹道路主要分布于王家坝区域的河流两岸和湿地公园区域，受灾居民地相对较少；8 月 1 日处于洪灾的中期，受淹道路和受灾居民地明显增多，处于王家坝蓄洪区内的道路基本均受到洪灾影响，多个居民地被识别为受灾状态；8 月 17 日随着洪水的消退，部分受灾道路洪水退却，受灾居民地也相应减少。

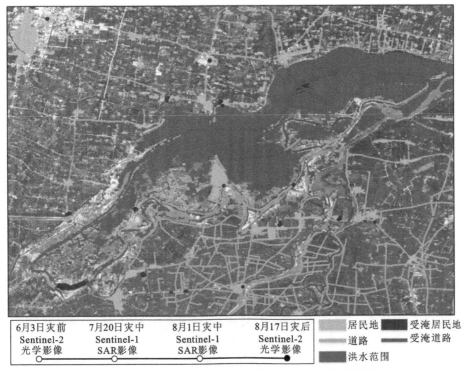

6月3日灾前	7月20日灾中	8月1日灾中	8月17日灾后	居民地 ▮	受淹居民地
Sentinel-2	Sentinel-1	Sentinel-1	Sentinel-2	道路	受淹道路
光学影像	SAR影像	SAR影像	光学影像	洪水范围	

图 6.19　王家坝区域 2020 年 8 月 17 日灾后受灾监测图

扫描封底二维码见彩图

6.2.2　震后建筑物损伤精细检测

建筑物损毁作为震害损失评估重点关注的内容，开展震后准确的建筑物损毁检测对灾害应急救援和灾后重建至关重要。近年来快速发展的高分辨率、多平台、多传感器的遥感技术为震后灾损检测提供了有效的观测手段和数据支撑。尤其是数据采集机动性更强、观测精度更高的航空和地面影像数据，逐渐成为建筑物精细化灾损检测应用的重要力量。本小节主要研究如何联合空地影像开展多尺度、多维度的精准损毁检测，围绕建筑物损毁范围提取、空地影像融合的三维结构损毁识别以及局部轻微损伤分割三个方面开展方法探索，提出了新的方法和技术框架，并在不同的震后场景中进行了应用验证。

1. 联合变化检测与梯度聚类方法的建筑物倒塌信息提取

完全倒塌与严重损毁作为最典型的建筑物损毁特征往往是震后灾损检测第一时间、最为重点关注的内容。常规的倒塌建筑物遥感检测研究较少将不同来源的多个特征组合，而且大多数研究在像素级进行图像提取，往往存在边界识别和对象定位不好的问题。这里针对传统建筑物损毁特征表达能力不足、损毁检测精度较低等问题，利用震前震后航空影像构建边界优化的超像素级梯度损毁指数，融合空间自相关聚类结果和变化检测结果实现建筑物损毁区域的精准提取。

1）基于超像素级梯度聚类的倒塌范围提取

损毁建筑物区域所表现出的杂乱边界就是典型损毁特征之一。虽然许多算法已被用于边缘检测，但使用 Sobel 算子（其被广泛用于获取一阶图像梯度信息和边缘检测），因为它在方便性、效率和灵活性之间提供了最佳平衡。在这两种情况下，基于灰度强度成功地提取了结构特征，并选择高值灰度随机分布的区域往往包含受损的建筑物。因此，基于超像素的边界区域，计算每个超像素内的平均梯度，并以此作为检测受损建筑的基本单元。如图 6.20 所示，震前震后建筑物影像出现了显著的梯度差异。

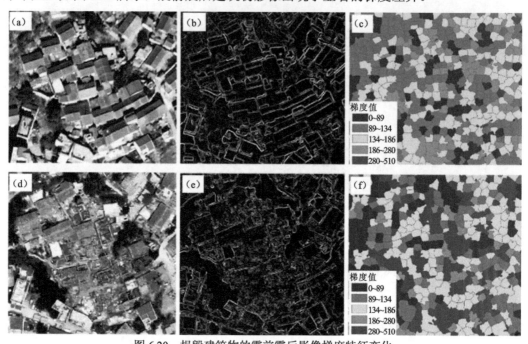

图 6.20　损毁建筑物的震前震后影像梯度特征变化
（a）和（d）分别是震前和震后的影像，（b）和（e）是像素级的梯度图像，（c）和（f）是超像素级的相应梯度图像；
扫描封底二维码见彩图

因此，这里提出一种基于震前震后航空影像损毁指数自相关聚类的快速损毁提取方法。首先，以超像素级损毁提取为目标，基于简单线性迭代聚类来限制特征边界，重建损毁特征分析对象。然后，采用 Sobel 算子检测梯度特征，并基于梯度特征和超像素级结果，在超像素对象级通过构建建筑物梯度损毁指数实现了综合损毁特征的表达，包括梯度聚合指数（gradient cluster index，GCI）和梯度变化指数（gradient difference index，GDI）。其中，采用了改进的 Relief 算法实现对综合损毁指数（synthetic damage index，SDI）的权重优化。接着，在构建的 SDI 的基础上，利用局部空间关联指标（local indicators of spatial association，LISA）方法进行损毁区域自动聚类。之后，为减少损毁指数聚类造成的局部小面积损毁区域漏检，联合变化检测结果对提取的初始结果进行了优化，其中变化检测的结果利用变化向量分析和光谱斜率差异方法联合的手段进行最优化。最后，在对阴影和植被进行掩膜处理后，SDI 值较高且空间自相关特征突出的区域即可被确定为包含受损建筑物。震后建筑物损毁区域提取的详细技术路线如图 6.21 所示。

（1）灾后图像的 GCI：损毁区域和未损毁区域的梯度特征表现出明显的特征聚集模式的差异性。在像素级层面，完好建筑物内的梯度分布是均匀的，而受损建筑物内的梯度分布则不均匀；在对象级层面，受损区域的空间相关性仍然很高，具有高相关值的区域往往表现出集群分布的模式。为了表征这种特征，如式（6.6）所示，本节提出梯度聚

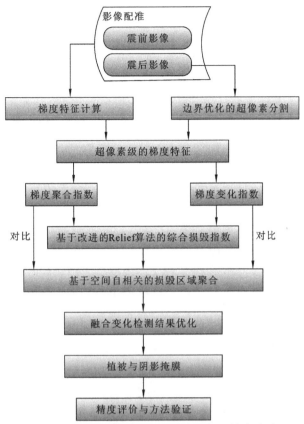

图 6.21 震后建筑物损毁区域自动提取技术路线

集指数来计算相邻对象的相关性来表示聚集特征。通常 GCI 值越高，该区域受损的可能性就越大。

$$\text{GCI} = \frac{\sum_{j=1}^{n} w_{ij}(d)x_j}{\sum_{j=1}^{n} x_j} \tag{6.6}$$

式中：d 为间隔距离；w_{ij} 为超级像素 i 和 j 之间影响的空间权重（1 或 0）；x_j 为超级像素 j 的梯度值；n 为超级像素的总数。将 d 设置为 1，并使用上、下、左、右方向上相邻的超级像素来计算空间权重。

（2）灾前和灾后图像之间的 GDI：灾前和灾后图像之间梯度的变化也是十分明显的可用于损毁提取的特征。GDI 有助于发现所有梯度变化，并检测所有可能受损的区域。尽管由于配准误差，在建筑物边界周围发现了部分较为明显的梯度变化，但可以通过对超像素段进行平均来减少甚至消除。应用中考虑三个不同波段对 Sobel 计算的影响，最终公式定义为

$$\text{GDI} = \sqrt{\sum_{i=1}^{n} (s_i^a - s_i^b)^2} \tag{6.7}$$

式中：$n=3$ 是波段数；s^a 和 s^b 为超级像素级的 Sobel 梯度值。

（3）梯度损毁指数构建：上述提出的 GCI 和 GDI 分别可以对建筑物损毁特征进行一

定程度的表达，但仅能提供受损建筑区域的大致位置。为了解决这个问题，提出了一种基于改进的 Relief 算法的新方法来评估特征权重，实现双特征的有效联合。Relief 算法旨在实现二元分类，它根据其区分邻近样本的能力来评估特征，并为具有良好分类能力的特征分配更高的权重。传统 Relief 算法中的最终权值方法受样本选择数量的影响较大，其权重容易倾向于样本数量更多的类型。为了减少样本数量的影响，改进常规的样本点选择策略，为不同类型选择相同数量的样本，并在此基础上实现对传统算法的优化。

（4）基于空间自相关的损毁区域聚类：如上所述，受损建筑区域的梯度特征表现出一定的空间相关性，这些区域通常呈现高梯度变化和梯度聚类特征。这种特征可以充分借鉴地理学中的空间统计分析工具进行分析开展研究。目前，空间自相关分析已被广泛用于统计分析空间分布模式。局部自相关反映了一个属性与小区域内相邻区域的相关程度。这里采用局部莫兰指数实现可视化和分析梯度指数的局部聚类特征，如式（6.8）所示。与提出的用于梯度聚类分析的 GCI 相比，局部莫兰指数（Local Moran's I）对细微差异更为敏感，可识别具有统计意义的空间异常值。

$$\text{Local Moran's I} = \left(\frac{x_i - \bar{x}}{m}\right)\sum_{i=1}^{n} W_{ij}(x_j - \bar{x}) \tag{6.8}$$

$$m = \frac{\sum_{j=1,j\neq i}^{n} x_j^2}{n-1} - \bar{x}^2 \tag{6.9}$$

式中：n 为超级像素的总数；x_i 和 x_j 分别为超级像素 i 和 j 的梯度值；$\bar{x}$ 为整个研究区域的平均梯度值；W_{ij} 为超级像素 i 和 j 之间影响程度的空间权重矩阵。

LISA 分析不仅计算局部莫兰指数，还可以对索引值进行聚类。根据聚类结果，可以确定 SDI 的 4 种空间分布模式：①HH 型，区域内 SDI 高，区域周围 SDI 高，空间相关性也高，该模式识别大面积建筑损毁特征的空间分布；②HL 型，区域内 SDI 较高，但区域周围 SDI 较低，该模式识别了小面积建筑损毁特征的空间分布；③LL 型，区域内的 SDI 较低，区域周围的 SDI 也较低，该模式确定了相对未受损和大型同质区域的空间分布；④LH 型，区域内的 SDI 较低，但区域周围的 SDI 较高，该模式确定了小面积未受损区域的空间分布。

2）震前震后高分辨率遥感影像变化检测

前面通过聚类的方法能够实现大部分损毁目标的提取，但是结果依然存在部分漏检与误检，因此需要联合灾前灾后影像变化检测的结果对聚类结果进行进一步优化。尽管前面利用震前震后影像的梯度特征变化参与了损毁特征指数的构建及最后的损毁聚类提取，但是 Sobel 梯度算子对边界的敏感性导致其对非典型严重损毁区域（如小区域的损毁）的提取存在一定的误差。此外，考虑航空影像的超高分辨率造成目标的"同物异谱"现象显著，传统的光谱统计的方法难以实现高精度的变化检测。此外，像素级的变化检测方法难以满足对变化目标边界提取精度的要求，因此对象级的变化检测方法依然是重点。目前在非监督变化检测方面，常用的方法包括变化向量分析（change vector analysis，CVA）方法和光谱斜率差异（spectral gradient difference，SGD）方法这两种。其中基于 CVA 的方法用于描述和衡量两幅影像在光谱空间上的变化程度，基于 SGD 的方法则用于具体对比光谱曲线（斜率向量）的变化特征。本小节利用以上两种方法，基于边界优化得到超像素的分割单云，通过基于熵率的阈值分割方法实现变化区域的快速提取。此部分详细实现流程如下。

（1）变化向量分析

如前面所述，震前震后高分影像上损毁建筑物区域出现明显的梯度差异。此外，其在单波段影像上的光谱差异也较为明显。基于此，构建了基于影像梯度值和波段均值的变化向量。如式（6.10）所示，P_i 表示的是超像素震前震后的差异性特征，用于表征前后不同影像的变化强度；μ_{ix} 与 μ_{iy} 分别为震害前后对应的超像素的第 i 个特征的均值；σ_x 与 σ_y 分别为震害前后对应的超像素的第 i 个特征的方差；σ_{xy} 为震害前后对应的超像素的第 i 个特征的协方差；C_1 和 C_2 则为常数。

$$P_i = 1 - \frac{(2\mu_{ix}\mu_{iy} + C_1)(2\sigma_{ixy} + C_2)}{(\mu_{ix}^2 + \mu_{iy}^2 + C_1)(\sigma_{ix}^2 + \sigma_{iy}^2 + C_2)} \tag{6.10}$$

因此，对于震前震后影像相同位置的双时相不同超像素对象，对应的变化向量则如式（6.11）所示，其中 n 为所有用于特征计算的总数。这里主要利用高分影像 RGB 三个波段的 Sobel 梯度值和平均光谱值作为 6 个基础特征。

$$\boldsymbol{P}_c = [P_1, P_2, \cdots, P_n]^{\mathrm{T}} \tag{6.11}$$

（2）光谱斜率差异

上一步通过光谱特征的变化向量分析能够实现在光谱空间的变化强度分析，但是考虑"异物同谱"现象的存在，并不能实现对真实变化区域的完整提取及部分非变化区域的准确区分。光谱斜率差异的方法则能够在一定程度上克服这点，通过将传统的光谱空间变化检测转变为光谱斜率的变化过程，能够通过光谱斜率的差异优化变化检测结果。该方法通过比较在同一位置连续不同的波段的斜率，可以有效地应用于高分遥感影像地物的变化检测。针对同一位置不同时相的点位，其对应的光谱段$(m, m+1)$的斜率可用式（6.12）计算得到。其中，R 为对应波段对应位置的光谱亮度，λ 为经过标准化处理后（所有遥感影像波段）得到的对应波段对应位置的波长（单位：μm）。

$$K_{(m,m+1)} = \frac{1}{10\,000} \times \frac{R_{m+1} - R_m}{\lambda_{m+1} - \lambda_m} \tag{6.12}$$

依据式（6.12），则可根据震前震后不同影像每个点位的不同波段的斜率值构建斜率向量，用于进一步分析光谱曲线的变化。由于选用的航空影像只有 RGB 三个波段，震害前后的斜率向量可用如下公式表示：

$$\begin{cases} \boldsymbol{K}_A = \begin{bmatrix} K_{i(1,2)} & K_{i(2,3)} \end{bmatrix}^{\mathrm{T}} \\ \boldsymbol{K}_B = \begin{bmatrix} K_{j(1,2)} & K_{j(2,3)} \end{bmatrix}^{\mathrm{T}} \end{cases} \tag{6.13}$$

因此，光谱斜率的变化程度可以通过其绝对距离来计算，公式如下：

$$D_K = \left| K_{i(2,3)} - K_{j(2,3)} \right| + \left| K_{i(1,2)} - K_{j(1,2)} \right| \tag{6.14}$$

在计算得到各个点的光谱斜率特征以后，对具体的每个超像素而言，其最终的斜率可通过式（6.15）取平均值计算得到。其中 num 为特定超像素目标内像素点的总数量。

$$S_{(m,m+1)} = \frac{\sum_{i=1}^{\text{num}} K_{(m,m+1)}}{\text{num}} \qquad (6.15)$$

在此基础上，根据式（6.14）即可实现对超像素目标的光谱斜率的变化程度的计算。在通常情况下，得到的 D_K 值越大，则此超像素震前震后变化概率越大，反之则变化概率越小。

（3）超像素级的变化信息融合

考虑两种变化检测方法的特点和优势，联合以上两种方法得到的变化检测结果，通过加权求和的方式实现超像素级的变化信息融合，如式（6.16）所示。最后通过大津阈值分割法实现变化与未变化区域的提取，为后面的像素级损毁范围提取提供位置参考。当其变化大小超过某个给定的阈值时，即可判定该超像素目标存在变化，反之没有变化。

$$F = \omega \times P_c + (1-\omega) \times D_k \qquad (6.16)$$

由于建筑物内部小区域的损毁区域由于其可能只是存在于单个或少数几个超像素内，其空间聚集现象不显著，在空间自相关聚合分析时往往难以准确识别（存在漏检）。但这些区域在变化检测时可以被准确提取，而且这些目标的 SDI 特征指数显著高于周边区域。因此，联合聚类结果和变化检测结果，针对变化检测结果中未成功聚类的超像素目标，重点分析这些超像素的 SDI 极大值超像素（SDI 值显著高于其整体均值的超像素），设定邻接的极大值超像素的数量阈值为 T，统计区域内具有 SDI 极大值邻接的超像素个数 N_i，对于第 i 个极大值聚集邻接对象，若 $N_i \leqslant T$，则该邻接聚集对象可判定为损毁目标；反之，则判定为未损毁目标。通过以上联合处理，可一定程度地减少对损毁目标的漏检。

3）实验分析与验证

为了验证提出的建筑物损毁区域提取方法，使用 2014 年鲁甸地震的部分区域的震前震后高分辨率航空影像来测试所提出的方法。对两个具有代表性的区域，包括一个城镇损毁区域和一个村落损毁区域，进行精细损毁范围提取研究。影像空间分辨率优于 0.1 m，包括获取的具有 RGB 波段的震前和震后高分影像，满足建筑物损毁目标精细损毁观测要求。地震前后的航空影像已实现亚像素级配准精度，并使用 ArcGIS 软件对不同航空影像进行几何校正。

为了定量评估变化检测结果对损毁提取结果准确性的影响，分别将对应的处理后的结果与处理前的损毁提取结果进行比较。在实验中，通过目视判读标定，在选定的实验区域超像素级上手动对 2 131 个受损区域和 3 026 个未受损区域进行精度验证。从表 6.2 中可以发现，对比融合变化检测前后整体精度的变化，其取得超过 5%的提升；对比准确率和召回率的变化，准确率的提升整体不超过 3%，但是召回率平均提升超过 6%，说明通过融合变化检测结果，建筑物损毁的漏检得到很大的改善。通过以上分析，可以发现变化检测融合是十分有价值的后处理内容。而且，后处理得到的最终准确度和召回率分别达到 0.88 和 0.91，表明损毁检测中漏检的控制效果优于误检。此外，通过在城镇和村落场景的验证分析（取得的精度接近），说明该方法在不同灾害场景中表现出良好的泛化能力。总体来看，本节提出的方法对控制错检漏检具有较好的效果。

表 6.2　变化检测融合处理前后的实验区损毁提取平均精度变化

场景类别	融合变化检测前			融合变化检测后		
	Pre.	Rec.	OA	Pre.	Rec.	OA
城镇	0.806 5	0.838 5	0.816 2	0.841 6	0.902 6	0.877 1
村落	0.815 3	0.843 1	0.825 6	0.821 8	0.883 2	0.865 2
平均	**0.810 9**	**0.830 8**	**0.820 9**	**0.831 7**	**0.892 9**	**0.871 2**

2. 注意力机制优化 Mask R-CNN 的建筑物立面损伤信息提取

结合建筑物立面影像损毁精细提取结果，能够帮助工作人员对单栋建筑物的损毁程度建立起有效认知体系，从而对建筑物进行损毁分析和结论判定。因此，在震后第一时间获取灾区建筑物视频数据并得知其大致受损情况后，还需要一种能够基于地面影像进行建筑物立面损毁精细化提取的手段，以帮助我们进一步对建筑物损毁程度进行定级判定。因此，本节提出一种基于深度学习实例分割方法对建筑物立面损毁信息进行分割提取的技术。具体地，本节采用 Mask R-CNN 模型作为建筑物立面损毁信息提取的核心算法，并对其网络特征提取层通过添加 CBAM 注意力机制的方式提升模型在复杂建筑物立面背景中对损毁信息的识别和提取能力。具体流程如图 6.22 所示。

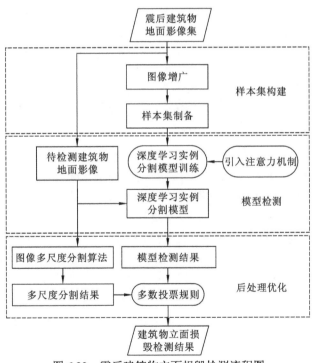

图 6.22　震后建筑物立面损毁检测流程图

1) 引入 CBAM 注意力机制优化 Mask R-CNN 模型

由于建筑物立面会不可避免地存在诸如窗、门、阳台等部件元素的干扰，为了使模型更好地聚焦于立面损毁信息，通过引入注意力机制的方式对 Mask R-CNN 模型进行改进。具体地，选取 ResNet-101 作为 Mask R-CNN 模型的特征提取网络，如图 6.23 所示，在特征提取阶段，首先对输入影像进行逐层卷积，然后由浅入深地提取其各个阶段所得到的特征图，并记作 C1、C2、C3、C4、C5。在特征融合阶段，首先，对 C5 进行 1×1 卷积，输出 P5；然后，对 P5 进行 2×2 上采样，并与经过 1×1 卷积后的 C4 进行对应元素求和操作，得到 P4，以此类推，分别得到 P3 和 P2；接着，对 P2、P3、P4、P5 分别进行 3×3 卷积，以消除上采样操作中所带来的混叠效应；最后，对 3×3 卷积后的 P5 进行池化，得到 P6，并将最终输出的{P2，P3，P4，P5，P6}作为区域提议网络（region proposal network，RPN）的输入特征用于后续训练。

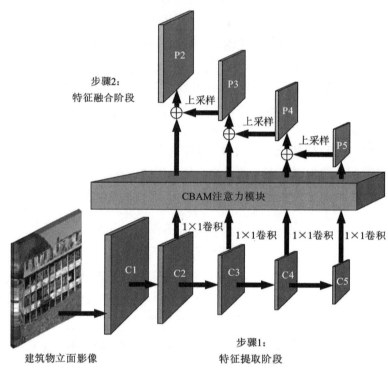

图 6.23　引入 CBAM 注意力机制的 Mask R-CNN 模型特征提取网络
扫描封底二维码见彩图

采用 CBAM 注意力机制对 Mask R-CNN 模型特征提取网络的特征融合阶段进行改造，通过在 C_2、C_3、C_4、C_5 的 1×1 卷积层后分别添加 CBAM 注意力模块，以提高 Mask R-CNN 模型对建筑物立面损毁信息的通道和空间聚焦能力，如图 6.23 所示。由于 CBAM 注意力模块直接嵌入 Mask R-CNN 模型中，并参与整个模型的网络参数迭代更新，随着模型的不断训练，CBAM 注意力权重矩阵也会不断优化并逐渐收敛得到最优权重矩阵。

2）融合多尺度分割算法的后处理优化

随着卷积神经网络层数的叠加，建筑物立面损毁的边界信息容易丢失，因此基于建筑物立面影像的多尺度分割结果对其损毁检测结果进行后处理优化，从而借助多尺度分割算法的同质像元聚类属性，尽可能多地保留建筑物立面损毁的边界信息。借助 eCognition 软件中的多尺度分割工具，通过设置不同尺度参数对图像进行多种尺度的分割，并采用多数投票规则作为建筑物立面影像多尺度分割结果和损毁检测结果的融合处理算法。首先，根据多尺度分割结果将建筑物立面影像划分为不同子区域；然后，计算各个子区域所对应的损毁检测结果中各类别（损毁、非损毁）像元总数；最后，根据像元数的统计结果，将所包含像元总数最多的类别作为该子区域的所属类别，如图 6.24 所示。公式表示如下：

$$L_r = \underset{c=1}{\mathrm{argmax}} \sum^{M} \sum_i \sum_j \mathrm{sgn}\Big[f\big(r(i,j)\big) = c \Big] \tag{6.17}$$

式中：L_r 为子区域 r 所属的类别；M 为损毁检测结果的总类别数；$r(i,j)$ 为区域 r 内坐标为 (i,j) 的像元；$f(r(i,j))$ 为像元 $r(i,j)$ 所属的类别；$\mathrm{sgn}(x)$ 函数为数学上的符号函数，如果 x 为真，则 sgn 返回 1，否则，返回 0。

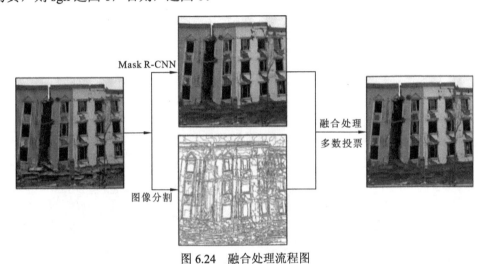

图 6.24　融合处理流程图

扫描封底二维码见彩图

3）实验结果分析

通过对在北川地震遗址采集的震害建筑物地面影像数据，分别添加高斯模糊、椒盐（高斯）噪声和高斯过曝、欠曝噪声等处理来实现面向小样本的图像增广和样本集制备；然后将该标注样本集代入引入 CBAM 注意力机制的 Mask R-CNN 模型中进行训练；最后将如图 6.25（第一行）所示的待检建筑物地面影像输入训练后的模型，输出如图 6.25（第二行）所示的建筑物立面损毁精细提取结果。可以发现，从模型输出的提取结果中，既能获得建筑物立面共有几处损毁及其相应的位置信息，又能获得每一处损毁所覆盖的范围；而且面向不同色彩、材质和纹理结构的建筑物立面背景时，模型都能够从中较为准确地提取出墙面裂缝、墙体剥落、墙面孔洞和倒塌砾石堆等信息。此外，由于模型对影像中"疑似损毁"区域具有较强的敏感性，部分路面碎石堆也会被识别为倒塌碎石堆而被标注，如结果图 6.25（d）中红框所示。

为了验证方法的模型可迁移性和鲁棒性，采用在汉旺地震遗址采集的典型震害建筑物地面影像作为测试组。将如图 6.26（第一行）所示的待检建筑物地面影像输入上述训练后的模型，输出如图 6.26（第二行）所示的建筑物立面损毁检测结果。可以发现，在模型输出的建筑物立面损毁检测结果中，待检影像中大部分的墙体剥落、墙面孔洞和墙

| (a) | (b) | (c) | (d) |

图 6.25　北川地震遗址建筑立面损毁检测结果

第一行为原始影像，第二行为检测结果；扫描封底二维码见彩图

图 6.26　汉旺遗址建筑物立面损毁检测结果

第一行为待检影像，第二行为检测结果；扫描封底二维码见彩图

面裂缝等损毁信息均能够被检测出来。因此，可以推断出本方法在应用于震后建筑物立面损毁精细提取时具有一定的模型可迁移性和场景鲁棒性。

3. 基于 LDA 主题模型的建筑物三维结构损毁检测

主题模型是一种通过学习建模与概率推导来在实现文档或图像中潜在主题或中间语义发现的统计模型。其中，隐含狄利克雷分布（latent Dirichlet allocation，LDA）模型是一种经典的贝叶斯概率生成主题模型，通过多个主题的概率混合实现对文本或图像的表征，是经典的根据数据的先验特征信息开展似然估计推导后验特征的方法之一。传统的 LDA 模型多用于文本和自然语言处理，目前在图像分类、点云分类等方面也取得了一些研究突破。

　　针对点云数据，将基于超体素分割获取的点云集合当作文档，而对应文档中的单词与词汇可通过对点云特征向量的分析得来。在此基础上，超体素分割得到的点云集合可由主题的分布来标准描述，而每个主题可以由对应的词汇分布来描绘。将空地融合点云待分割点簇的潜在主题分布设为 $P(z)$，对某个特定的主题 z 及组成的词汇 w，其对应的词汇概率分布即为 $P(w|z)$。因此，对于得到的第 i 个词汇其挑选第 j 个潜在主题的概率为 $P(z_i=j)$。因此，对于分割后的超体素级点簇，其利用第 j 个主题挑选词汇 w 的实际概率分布则为 $P(w_i|z_i=j)$。因此，对于分割后的点云集合，其词汇的概率可用式（6.18）表示。其中，T 为主题数量。

$$P(w_i) = \sum_{j=1}^{T} P(w_i \mid z_i = j)P(z_i = j) \tag{6.18}$$

1）二三维损毁特征筛选

　　虽然密集点云通过超体素分割能够实现对独立点簇的提取并将其作为后续损毁检测的对象，但得到的点簇往往点云数据量相差很大，其光谱和几何特征表现也各异。为了进一步形象表征点簇内部点云之间的几何结构特征与语义信息，利用 LDA 主题模型提取点簇的高层特征。具体来看，首先筛选与损毁相关的二三维特征并提取点级的对应底层特征，然后在此基础上基于超体素点簇利用主题模型实现高层特征表达模型的构建。

　　通常，光谱和纹理差异通常构成二维建筑物表面损伤纹理检测的基础，而三维几何特征是反映损毁建筑物结构损毁特征的主要指标。二维图像特征和三维点特征组合的前提是图像和点云的精确空间配准。基于空地影像和摄影测量点云的严格几何模型，使用共线方程即可对其进行配准。点云通常用作校正这些照片的内外方位参数的参考。为了加快处理速度，首先，对同一飞行路线上获得的无人机图像构建了图像拼接。然后，研究以下步骤：①拼接图像和点云的配准；②从拼接图像中计算二维特征；③为不同图像中具有相同空间位置的每个点选取最优特征值。这里选取的主要二三维特征如下。

　　（1）色调和饱和度：与原始 RGB 值相比，色调饱和度值（hue/saturation/value，HSV）颜色空间对照明变化不太敏感。HSV 颜色空间将亮度和亮度分量与色调分离，这表明它更有利于提取颜色特征。此外，由于受损建筑区域的漫反射增强，它们通常用深灰色表示，与完好建筑区域的颜色不同。

　　（2）基于灰度共生矩阵的纹理特征：完整建筑物的图像纹理是均匀的，而受损建筑物的纹理结构则呈现破碎、无序和不一致。灰度共生矩阵常有效用于区域纹理的特征描述。这里仅应用两个有效特征：角二阶矩（angular second moment，ASM）和熵（entropy，ENT）。使用 ASM 来描述灰度分布的均匀性，使用 ENT 来描述信息量。

　　（3）基于特征值的特征：特征值表示沿其主轴的三维椭球形状，提供了其他特征，有助于区分平面、边、角、线和体积。对于每个点，搜索其在一系列半径内的邻居，并从局部协方差矩阵导出其协方差特征。考虑邻域大小直接影响这些几何特征的值，这里信息熵（Shannon entropy）用于确定合适的大小。信息熵在增加的 K 最近邻上以 10 点的间隔最大化，范围从 50 到 300。然后，建立最佳邻域大小（120 个点）来计算协方差特征值并构造三维几何特征。参考最新研究成果，线性（L_λ）、平面性（P_λ）、散射（S_λ）

和全方差（O_λ）在建筑物损毁检测中展现了一定的有效性。其中λ_1、λ_2和λ_3为协方差矩阵的三个特征值（λ_1、λ_2和λ_3，且$\lambda_1 \geqslant \lambda_2 \geqslant \lambda_3 > 0$）

$$L_\lambda = (\lambda_1 - \lambda_2) / \lambda_1 \tag{6.19}$$

$$P_\lambda = (\lambda_2 - \lambda_3) / \lambda_1 \tag{6.20}$$

$$S_\lambda = \lambda_3 / \lambda_1 \tag{6.21}$$

$$Q_\lambda = \sqrt[3]{(\lambda_1 \cdot \lambda_2 \cdot \lambda_3)} \tag{6.22}$$

（4）快速点特征直方图特征（fast point feature histogram, FPFH）：FPFH试图通过探索点的邻域与其估计的曲面法线之间的关系来发现曲面变化。通过表示高维空间中特定点周围的几何特性，FPFH为特征表示提供了信息签名。FPFH描述符可以有效地描述三维点云，其他研究人员已经证明了这一点。FPFH在某一点的结果是一个多维直方图，它描述并概括了该点的局部曲率。对于不同类型的几何表面，FPFH表现出不同的分布特征。这里选择FPFH描述符作为损伤检测的部件特征。

（5）其他特征：除上述常见的光谱和几何特征外，一些与建筑物结构特征相关的典型特征也可用于建筑物损毁检测。首先，考虑完整建筑（包括屋顶和立面构件）的法向量相对固定，但对于受损建筑物（即倒塌和倾斜的建筑物），其法向量变化特征相对分散。因此，这里使用法向量的Z分量来补充描述受损建筑物特征；此外，一些损坏的屋顶或立面用存在破坏后的"空洞"，虽然不能直接为这些区域构建点特征，但利用点云体素连接性分割（voxel cloud connectivity segmentation, VCCS）算法聚类的周围点来表示相对损伤，围绕这些"空洞"的线段中的点数相对较少，而且与完整的建筑区域相比，每个超体素内的点分布更加离散，每个超体素内的点数量较少。因此，超体素中的点数被定义为面积特征并反映分段面积；对于出现严重垮塌的建筑物，高度变化也是一个重要特征。因此，这里使用标准化高程来识别塌陷区域。

2）基于 LDA 的点簇主题特征提取

在筛选完典型损毁特征因子并实现点级的底层特征提取后，超体素点簇内对应点的特征向量即可实现表达。基于 LDA 模型获取对不同超体素点簇构建统一尺寸的特征向量表达。该模型充分考虑点云的几何关系，保证各特征向量的完整覆盖，而且通过对点簇特征的分析，实现了利用主题概率对其的优化表征。具体来看，这里文档即为超体素分割得到的点云集合（点簇），词汇则是不同点的特征向量。通过将点簇内点云进行聚类分析（K 均值聚类），得到 K 个聚类中心，并利用这些中心向量构建词汇。针对点簇内的某一个点，通过计算与词汇中所有单词的最近距离，其对应的单词即可用作表示该点对应的特征向量。通过循环这种操作，某一点簇内所有点云即可用词汇中对应的单词进行表达，在此基础上逐渐形成文档。基于形成的文档训练 LDA 主题模型，得到对应点簇的主题概率特征向量，并且其长度即为主题的数量。需要说明的是，潜在主题的概率形成了超体素点簇的特征向量，实验中训练点云和测试点云均参考这种方式进行超体素主题特征的提取。在通常情况下，如果潜在主题对应的概率较高，则对应的该特征向量表示其可以作为超体素的主要特征。反之，如果潜在主题对应的概率较低，则可以说明这些点是噪声或者这些点无法描述主题特征。与常用的 BoW 方法不同，它只将超体素视为一组无序的"视觉词"，而忽略了点之间的语义关系。LDA 模型在一定程度上提高了特征描述子的识别能力，降低了特征描述子对点密度变化的敏感性。

这里每个基于点的特征 F_p 被视为一个单词，每个超体素被视为一个文档。LDA 提取一定数量的潜在主题来表示点簇的主要特征并描述文档。每个文档由一个向量表示，该向量由对应文档中每个潜在主题的概率组成。如图 6.27 所示，每个超体素的特征预计生成：①将 F_p 的每个特征向量归一化为[-1,1]，可有效消除特征计算中的数值困难；②采用模糊 k-means 算法将所有点特征 F_p 聚合为 k 簇。聚类后，k 中心向量表示形成最后一个词典的单词。然后，如果中心和单词之间的距离最短，则每个点的 F_p 用单词（聚类中心向量）表示。此外，聚类中心被认为是超体素的潜在主题；③通过计算每个超体素中相同潜在主题的出现次数，可以获得超体素的频率向量。这样，每个超体素由 k 维空间中潜在主题的频率向量表示；④基于频率向量，使用 LDA 模型获得每个超体素的特征，该特征由每个潜在主题的概率组成。

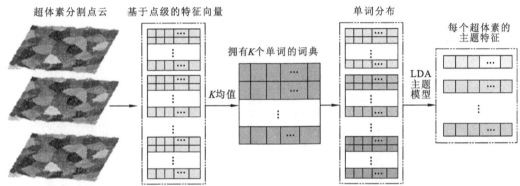

图 6.27　使用 LDA 模型提取基于超体素的主题特征

扫描封底二维码见彩图

3）监督式的损毁点云检测

完成如上所述的点云数据处理和特征表达后，每个超体素在更高级别上分配了一个更具辨别力的特征表示和一个参考标签。导出的归一化特征向量作为基于二元超体素分类的输入，以区分"损毁"和"未损毁"。对于这样的分类任务，使用随机森林（random forest，RF）分类器在准确性和效率之间取得了很好的折衷。RF 是目前常用的用于监督式分类的方法之一。对非专家用户而言，它易于使用和调整。RF 分类器是树结构分类器的组合，由独立于输入向量（即特征直方图）采样的随机化向量创建。每个决策树投票选出输入向量样本中最可能的标签。与其他分类器相比，RF 分类器具有良好的噪声消除和快速数据处理能力。它还可以实现对内部错误的估计。

在实验部分，对每个场景中的建筑物点云进行超体素分割；然后，基于场景 I 和场景 II 中的超体素，随机选择 4 223 个受损建筑超体素和 4 375 个完整建筑超体素（约20%），用于构建 LDA 模型和训练 RF 分类器。此外，对于基于超体素的 RF 分类器，这里执行了启发式网格搜索来定义 RF 分类器的设置。对于所有考虑的特征集，这里将涉及的决策树的数量设置为 50。基于 LDA 的方法还涉及两个参数：N_{topic}（主题数量）和 $N_{dictionary}$（单词数量）。此外，对于随机森林模型，虽然更多的树分支会产生稍好的精度，但也会线性增加计算成本。在实验中，树分支的数量被设置为 50；而随机森林的深度通过交叉验证在 20~40 的参数范围内进行估计，步长为 2。通过试错实验，发现深度约为 30 的结果最准确。基于训练好的 LDA 和 RF 分类器，对场景 I 和场景 II 的其他受损建筑区域进行识别。从全局分类结果（图 6.28）和局部区域放大图（图 6.29）可以看出，尽管有一些错检和遗漏的提取结果，提取的红色区域（表示损毁区域）基本上覆盖了建筑物损毁区域真值，并大致区分了损坏区域的位置。此外，该方法对不同类型的结构损毁目标（包括顶面和立面结构损毁）检测具有很大的适用性。

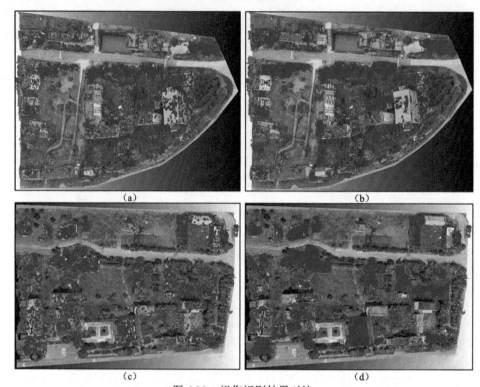

图 6.28　损伤识别结果对比
（a）和（c）代表分类受损区域，（b）和（d）代表参考结果；扫描封底二维码见彩图

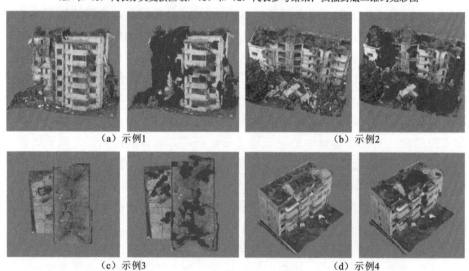

（a）示例1　　　　　　　　　　　　　　　（b）示例2

（c）示例3　　　　　　　　　　　　　　　（d）示例4

（e）示例5　　　　　　　　　　　　　　　　　　　　　（f）示例6

图 6.29　部分建筑物结构损毁目标提取结果示例

扫描封底二维码见彩图

6.2.3　遥感影像滑坡信息提取

遥感影像滑坡信息的精确提取是减灾防灾的关键任务。传统的滑坡识别方法主要依赖地面调查技术和地质仪器，虽然能提供精确的点位测量，但在空间覆盖和时间分辨率方面存在明显局限。随着遥感技术的发展，特别是高分辨率卫星影像的普及，结合深度学习算法为自动化滑坡检测和制图提供了前所未有的机遇。

目前的深度学习方法在提取滑坡特征时存在两个主要问题：一是缺乏上下文信息的全局特征提取，导致对复杂地形条件下的滑坡识别准确率不足；二是在通道注意力特征上过度关注而忽视空间注意力特征，导致在不同数据集间的特征迁移性能较差。这些局限性严重影响了模型在实际应用中的表现。为解决这些问题，本小节提出一种基于 LTS-Net 的新型滑坡分割网络（图 6.30）。该网络创新性地整合了 CNN-Transformer 混合架构，并设计了新颖的特征融合注意力模块（FBAM），能够同时提取通道和空间注意力特征。

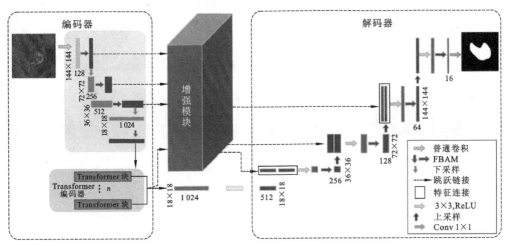

图 6.30　LST-Net 结构图

扫描封底二维码见彩图

LTS-Net 的核心创新体现在三个关键方面：首先，采用改进的混合 Transformer 网络架构提取高分辨率影像中的滑坡特征，实现多尺度空间依赖关系的捕获，不仅关注全局情况，还能精确定位细节信息；然后，设计了 FBAM，该模块可以更好地定位细节信息和纹理特征，显著提高边缘识别能力，尤其是在处理小型滑坡和边界模糊区域时表现出色；最后，通过领域自适应 Transformer 架构提升了模型在不同数据集间的泛化性能，这一特性在实际应用中具有重要价值。

在实验验证方面，本小节选取毕节和龙溪河两个具有代表性的滑坡数据集进行测试，并选取了影像分割主流的 Unet、TransUnet、SegNet、DeeplabV3+、SwinTransformer、SegFormer、MaskFormer 模型进行对比实验。毕节数据集包含 770 个滑坡样本和 2 003 个非滑坡样本（图 6.31），影像分辨率从 61×61 像素到 1 239×1 197 像素不等；龙溪河数据集则包含 1 769 个标准化的 512×512 像素图像块（图 6.32）。实验结果表明，LTS-Net 在各项评估指标上均优于现有模型。特别是在龙溪河数据集上，模型取得了 0.911 的精确率（P）、0.891 的召回率（R）、0.879 的 F1 分数和 0.914 的 mIoU，展现了优异的滑坡提取能力。

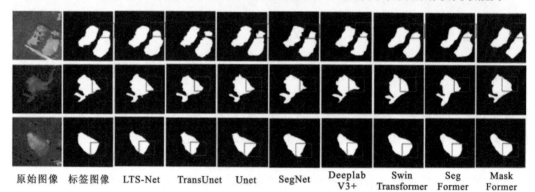

原始图像　标签图像　LTS-Net　TransUnet　Unet　SegNet　Deeplab V3+　Swin Transformer　Seg Former　Mask Former

图 6.31　毕节滑坡提取实验示例

扫描封底二维码见彩图

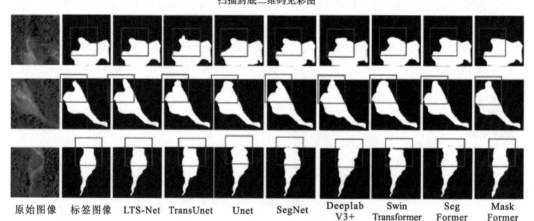

原始图像　标签图像　LTS-Net　TransUnet　Unet　SegNet　Deeplab V3+　Swin Transformer　Seg Former　Mask Former

图 6.32　龙溪河滑坡提取实验示例

扫描封底二维码见彩图

为了进一步验证模型的稳定性，本小节开展 20 次独立的蒙特卡罗实验，通过设置 0.5 的 dropout 率随机丢弃神经元信息。实验结果（图 6.33）显示，mIoU、F1 和总体精度（OA）的标准差分别仅为 0.11、0.07 和 0.10，证明了模型具有良好的稳定性和可靠性。

尽管该方法取得了显著成果，但仍存在一些局限性：首先，现有数据集的规模和多样性仍显不足，需要进一步扩充样本量和类型；其次，模型在不同地区间的迁移能力还有提升空间，特别是在面对具有不同特征属性的滑坡类型时；最后，实验主要针对自建数据集区域，在更广泛区域的适应性有待进一步验证。未来工作将重点关注这些问题，通过扩充数据集的多样性，提升野外实地调查的可信度，并进一步增强模型在不同地区间的迁移能力。

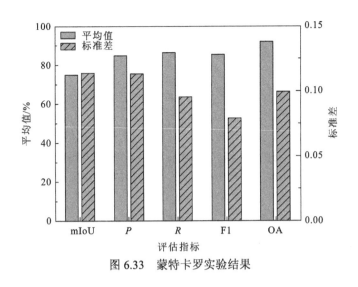

图 6.33　蒙特卡罗实验结果

6.3　星载/地面视频应急车辆目标检测

车辆常常是社会安全关注的重点目标。应急车辆目标检测是指利用计算机视觉和深度学习技术，对应急车辆进行自动检测识别、跟踪与重识别的过程。这项技术在交通管理、城市安全、突发事件响应等领域具有重要意义和重大需求，并且是当前计算机视觉领域的研究热点之一。首先，应急车辆目标检测对提升交通管理效率具有重要意义。在交通拥堵或突发事件情况下，快速准确地识别和跟踪应急车辆能够帮助交通管理部门及时调度，优化交通流，提高道路通行效率，降低交通事故发生概率，保障市民生命财产安全。其次，应急车辆目标检测对城市安全和公共安全具有重大需求。在突发事件、自然灾害或恐怖袭击等紧急情况下，能够及时发现和追踪应急车辆，有助于及时采取应对措施，最大限度地减少人员伤亡和财产损失，提升城市安全防范能力。

当前，应急车辆目标检测在交通管理、公共安全等领域有着重要意义和重大需求，相关研究内容涉及数据集收集、算法研究、实时性优化等方面，是当前应急救援领域的研究热点之一。

6.3.1　基于自适应运动分离和差分累积轨迹的运动车辆检测

随着遥感卫星的发展，近年来发射的视频卫星越来越多，使得对感兴趣的区域进行连续动态监测成为可能（Zhang，2016）。与地面固定摄像机的监控视频相比，卫星视频的空间覆盖范围更广，在广域监控方面具有很大的优势（Yang et al.，2016）。因此，卫星视频最近被用作智能交通管理和军事监视的新数据源。

基于卫星视频的目标检测方法可分为基于外观特征的检测（Pflugfelder et al.，2020；Zhang et al.，2019）和基于运动特征（Ahmadi et al.，2019；Xu et al.，2017）的检测两种类型。随着深度神经网络（DNN）在卫星图像车辆检测中的应用越来越普遍，近年来的工作逐渐利用 DNN 获取卫星视频中车辆的外观特征。由于卫星视频中目标体积小、不明显的特点，大多数学者采用运动信息进行检测。传统的简单使用一般背景差和帧差进行卫星视频目标检测的方法会产生大量的虚警，这些虚警来自视差和光照变化影响下建筑物的伪运动。

为了解决这个问题，前人提出了两类解决方案：一种是约束检测区域；另一种是进行帧间配准。虽然采用了路网等先验知识来约束检测区域，但大多数区域的详细道路信息是无法获得的（Kopsiaftis et al.，2015）。一些研究者通过帧间目标匹配，建立由轨迹图像生成的运动热力图，对道路区域进行分割（Yang et al.，2016）。这个附加的过程与检测分离；因此，该方法不能进行实时检测。另一些研究者从视频配准的角度进行全局运动补偿，消除背景伪运动。经过全局运动补偿后，去除了大面积的背景运动，但留下了一些小的变化区域，在形状上难以与运动车辆区分。如何有效地消除卫星视频中的背景伪运动仍然是一个有待研究的难题。

本小节提出一种结合自适应运动分离（adaptive motion separation，AMS）和差分累积轨迹（difference accumulated trajectory，DAT）判别的运动车辆检测方法来应对这些挑战，满足实时检测的需求。该方法相对于现有的其他车辆检测方法的优势主要体现在两个方面：①设计了一个考虑尺度不变性的指标，旨在评估实现 AMS 的最合理阈值；②通过差分积累实现了一种简单而有效的运动轨迹获取方法，可直接用于消除建筑物等背景伪运动。最终，在两个卫星视频数据集上进行大量的实验，结果表明该方法优于现有的卫星视频中移动车辆检测方法。整体结构框架如图 6.34 所示。

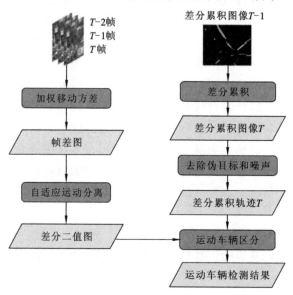

图 6.34　基于自适应运动分离和差分累积轨迹的运动车辆检测方法结构框架
扫描封底二维码见彩图

图 6.34 所示的基于卫星视频的运动车辆检测方法包括两个阶段：基于尺度不变性的自适应运动检测和基于差分累积轨迹的识别。首先设计一个考虑卫星视频中车辆尺度不变性的指标，帮助找到 AMS 的最优阈值；在此基础上，提出一种考虑车辆运动时空一致性的差分累积轨迹识别方法。

1. 基于尺度不变性的自适应运动分离特征提取方法

检测移动车辆的关键是区分一个像素是属于背景还是前景。例如在目标检测中广泛使用的 Vibe 算法，对卫星视频中由光照差异和视差引起的伪变化非常敏感。因此，采用权值移动方差法来辨别帧间的变化。全局阈值对检测精度影响很大，在不同的场景下，很难确定一个合理的阈值来分离运动目标和背景。针对卫星视频中车辆的尺度不变性，提出一种新的 AMS 方法。

1）加权移动方差

运动检测过程基于加权移动方差法计算帧差。加权移动方差法是一种加权三帧差分法，通过调整每帧的权重，对当前帧的变化更加友好。平均图像 $\mathrm{Img_{mean}}$ 被计算为当前背景。

$$\mathrm{Img_{mean}} = \mathrm{Img}_t \times w_1 + \mathrm{Img}_{t-1} \times w_2 + \mathrm{Img}_{t-2} \times w_3$$
$$w_1 + w_2 + w_3 = 1.0 \tag{6.23}$$

其中 $\mathrm{Img_{mean}}$、Img_t、Img_{t-1} 和 Img_{t-2} 分别为平均图像、第 t 帧图像、第 $t-1$ 帧图像和第 $t-2$ 帧图像。然后，计算三帧图像差值的平方根：

$$\mathrm{Img_d} = \sqrt{\mathrm{Img}_{dt} + \mathrm{Img}_{dt-1} + \mathrm{Img}_{dt-2}}$$
$$\mathrm{Img}_{dt} = (\mathrm{Img}_t - \mathrm{Img_{mean}})^2 \times w_1$$
$$\mathrm{Img}_{dt-1} = (\mathrm{Img}_{t-1} - \mathrm{Img_{mean}})^2 \times w_2 \tag{6.24}$$
$$\mathrm{Img}_{dt-2} = (\mathrm{Img}_{t-2} - \mathrm{Img_{mean}})^2 \times w_3$$

式中：w_1、w_2、w_3 与前文的 w_1、w_2、w_3 一致；$\mathrm{Img_d}$ 为帧差图像。

2）基于尺度不变性的自适应运动分离

获得帧差图像后，关键一步是确定二值化的阈值。对于卫星视频，阈值二值化起到两个作用：一是分离运动目标和背景噪声；二是分离近距离运动目标。由于帧间变化的多样性，使用固定阈值不能有效地实现这两个作用。

针对卫星视频中运动车辆的尺度不变性，设计一个指标，即最大连通区域面积 S_{max} 来评价二值化后的图像是否合理地保留了运动目标并排除了伪运动。S_{max} 设置为车辆在卫星视频图像中可以占用的最大像素数。一般来说，车辆在卫星视频中所占的像素不到 30 像素。通过这个评价指标，可以自适应地为每一帧找到合适的阈值进行二值化。具体的计算过程如表 6.3 所示，其中 $\mathrm{Th_{max}}$ 和 $\mathrm{Img_{fg}}$ 分别为可设置的最大阈值和分离后的前景图像。

表 6.3　使用尺度不变性的自适应运动分离算法

使用尺度不变性的自适应运动分离
输入：$\mathrm{Img_d}$，$\mathrm{Th_{max}}$，S_{max}，threshold=1
输出：$\mathrm{Img_{fg}}$
1. **for** threshold $< \mathrm{Th_{max}}$ **do**
2.　利用阈值将 $\mathrm{Img_d}$ 二值化转换为 $\mathrm{Img_{fg}}$
3.　对 $\mathrm{Img_{fg}}$ 进行扩张和侵蚀操作
4.　计算 $\mathrm{Img_{fg}}$ 图中所有的连通区域
5.　**if** 最大连通区域的面积$<S_{max}$，**then**

6.	返回 Img_{fg}	
7.	**else**	
8.	threshold 增加 1	
9. 返回 Img_{fg}		

　　为了验证指标的合理性，对比两颗卫星视频的前景图像，统计分析不同阈值下最大连通区域的面积，如图 6.35 所示。对于视频 1，阈值为 3 时检测效果最好，消除了大部分伪运动，保留了相对运动的目标。对于视频 2，4 是一个理想的二值化阈值，可以将近距离移动的车辆分开，并去除大部分噪声。从这两种情况中可以观察到，经过合理的阈值二值化后，运动目标应该是前景中最突出的，即最大的连通区域对应一个运动目标。对于视频 1 和视频 2，满足的最小阈值指标是 3 和 4，说明了指标的有效性。最大的连接区域用矩形框标记。对于视频 1，检测结果包含视差引起的背景伪运动，而对于视频 2，检测结果主要是车辆运动和噪声。

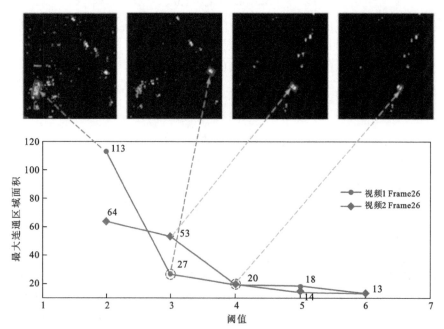

图 6.35　不同阈值下最大连通区域面积与前景图像的折线图

扫描封底二维码见彩图

2. 基于差分累积的运动目标轨迹构建方法

　　去除伪目标和噪声是获得前景图像后的主要挑战。由于移动车辆的体积较小，传统的基于形状和尺寸的方法无法排除伪运动和噪声。因此，利用运动的时空连续性来解决这个问题。借助车辆运动的时空连续性，通过逐帧差分的累积，可以清晰地区分运动轨迹和误检。然后，利用运动轨迹对运动车辆进行有效识别。图 6.36 显示了这一辨别过程的详细描述。图 6.36（a）将前景图像 T 与差分累积图像 $T-1$ 叠加形成差分累积图像 T。图 6.36（b）保留满足一定纵横比的连通区域作为运动轨迹。图 6.36（c）辨别运动车辆。

如果一个像素落在轨迹内，则将其视为运动车辆，并标记为矩形框；否则视为误检，并用圆圈标记。图 6.36（d）检测到的运动车辆用矩形边框标记。

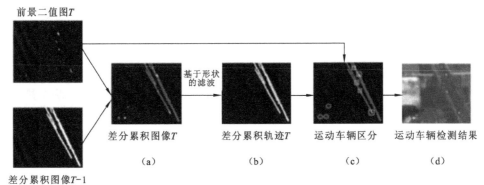

图 6.36　基于差分累积轨迹的运动车辆识别流程
扫描封底二维码见彩图

1）差分累积

将上一阶段得到的差分前景逐像素累积，目的是获得运动轨迹。这一步通过帧之间的对应关系生成车辆轨迹。然而，有两个明显的差异。首先，在目的上，直接使用轨迹来识别移动的车辆，而其他方法基于轨迹构建运动热力图。其次，与像素叠加相比，两帧目标对应关系的计算更为复杂。累加过程实现如下：

$$\mathrm{Img}_{da}^{t} = \mathrm{Img}_{da}^{t-1} + \mathrm{Img}_{fg}^{t}$$
$$\mathrm{Img}_{da}^{1} = \mathrm{Img}_{fg}^{1} \tag{6.25}$$

式中：Img_{da}^{t}、Img_{da}^{t-1}、Img_{fg}^{t} 分别为第 t 帧和第 $t-1$ 帧的差分累积图像和第 t 帧的前景二值图像。

2）排除伪目标和噪声

由于运动的时空连续性，运动轨迹在累积图像上形成连通的线性区域。伪运动和噪声分布分散，面积较小，缺乏时空一致性。相反，随着时间的推移，运动轨迹变得越来越长。根据这一现象，找到了 Img_{da}^{t} 数据中的所有轮廓。将满足长宽比小于 r 且面积小于 s 的轮廓用 0 填充，生成 DAT Img_{dt}。通过这一过程，可以消除大部分误检，留下运动轨迹。此外，每 20 帧使用 Img_{dt} 作为 Img_{da}，避免寻找轮廓的计算量增加。

3）运动车辆识别

在获得运动轨迹后，提出一种新的方法来过滤当前运动车辆。将检测结果 Img_{fg}^{t} 和 Img_{da}^{t} 结合起来得到当前运动的车辆。在过滤运动车辆之前，首先，对数据进行扩展运算，得到更大的轨迹面积，这对没有累积轨迹的新运动车辆更友好；然后，将上述检测图像与差分累积轨迹相交，并将相交结果视为运动车辆。

3. 耦合运动分离和轨迹信息的运动车辆检测

为了评估本小节提出的方法的运动目标检测性能，采用不同的卫星视频进行两次实验。两次实验中使用的超参数如下：加权移动方差中的 w_1、w_2、w_3 分别设为 0.5、0.3、

0.2；将 S_{max} 设置为 30；基于 DAT 的识别宽高比 r 和面积 s 分别设置为 2.5 和 8。所有的实验参数都是一致的。该方法在一个 C++ OpenCV 库中实现。所有的实验都在 Intel Core i7-6700HQ 2.60 GHz CPU 和 8 GB RAM 上运行。

方法验证的数据集为 Valencia 数据集，帧大小为 3 072×4 096 像素。以每 10 帧 500×500 像素为单位，提供三个区域中移动车辆的地面真值。在 Valencia 数据集中，由于视差和光照变化，存在大量的伪运动。传统的背景减除方法，如 Vibe 和 GMMv2，在这种情况下无法有效检测到移动的车辆。实验的目的是测试本节提出的方法在排除伪运动方面的性能。Tianjin 数据集以 25 帧/s 的速度捕获，由长光卫星技术有限公司提供，覆盖面积约为 2.7 km×1.5 km，持续时间为 25 s，帧大小为 3 840×2 160 像素。随机选择一个 400×400 像素的区域，其中有一个十字路口。移动的车辆每 25 帧手动标注一次。通过单目标跟踪方法获得其他帧的真值，并进行人工验证。Tianjin 数据集交通状况很复杂，道路密集，一些新车时不时地出现在视野中。该数据集目的是检验算法对密集移动车辆和从静止到移动车辆的检测能力。

这里采用通用的检测鉴别标准，TP 是指检测连接区域的至少一个像素与地面真值重叠。将伪目标对应的检测连通区域视为假阳性（FP）。如果没有检测到运动车辆，则认为是假阴性（FN）。召回是用来评估检测所有运动车辆的能力。精度用于评价精确目标在所有检测目标中的比例。F1 分数（F_1）作为最终的评价标准，是精确率和召回率的调和平均值。召回率（R）、精确率（P）和 F_1 的计算方法为

$$\begin{cases} R = \dfrac{TP}{TP + FN} \\ P = \dfrac{TP}{TP + FP} \\ F_1 = 2 \times \dfrac{P \times R}{P + R} \end{cases} \tag{6.26}$$

这里提出的方法与广泛用于卫星视频检测的 Vibe、GMMv2 和最先进的方法 Needles in a haystack 进行比较，结果如表 6.4 所示。对于两个数据集，这里提出方法的性能更好，F1 分数更高。虽然最先进的方法在 Valencia 数据集中具有更高的精度，但其召回率低于本节所提方法，这意味着遗漏了更多的运动车辆。

表 6.4　Vibe、GMMv2、最先进方法与提出的方法检测结果的比较

数据集		方法	R/%	P/%	F_1	时间/s
Valencia	区域 1	Vibe	79.41	2.05	0.04	100.3
		GMMv2	89.06	5.15	0.10	111.8
		Needles in a haystack	64.15	81.71	0.72	—
		这里提出方法	85.17	79.02	0.82	78.6
Valencia	区域 2	Vibe	80.87	1.06	0.02	99.0
		GMMv2	91.32	3.59	0.07	112.4
		Needles in a haystack	62.80	82.23	0.71	—
		这里提出方法	88.74	75.17	0.81	74.5

数据集		方法	R/%	P/%	F_1	时间/s
Valencia	区域3	Vibe	72.35	0.82	0.02	89.7
		GMMv2	87.43	4.50	0.09	111.4
		Needles in a haystack	60.42	77.26	0.68	—
		这里提出方法	66.79	75.15	0.71	71.5
Tianjin		Vibe	52.25	49.83	0.51	54.5
		GMMv2	61.24	18.69	0.23	83.0
		这里提出方法	63.57	68.11	0.66	53.2

1）Valencia 数据集

图 6.37 显示了四种方法在 Valencia 数据集第 100 帧的检测结果。第一行、第二行和第三行分别对应区域 1～3。Vibe、GMMv2、Needles in a haystack 方法和这里提出方法的检测结果为第 2 列到第 5 列，而真值为第 1 列。Vibe 方法将建筑物和道路边界视为移动目标。GMMv2 的检测结果中存在大量的噪声和伪目标。当遇到背景运动时，这两种方法无法从背景的伪运动区分运动车辆。根据 Needles in a haystack 方法的检测结果，一些类似车辆的区域并没有被成功消除。利用伪目标不形成连续运动轨迹的特点，对运动轨迹外的目标进行滤波，提高检测精度。

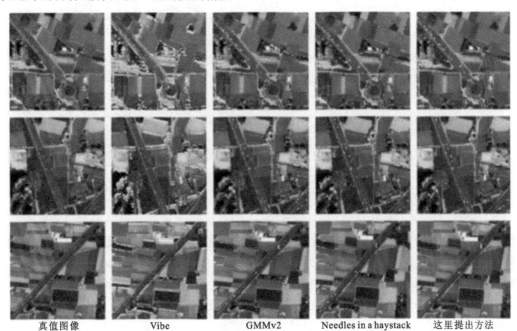

真值图像　　　　Vibe　　　　GMMv2　　　Needles in a haystack　　这里提出方法

图 6.37　Valencia 数据集第 100 帧检测结果的比较

扫描封底二维码见彩图

2）Tianjin 数据集

Tianjin 数据集中的场景为城市立交。道路上行驶着大量的小型车辆，其中一些车辆与背景相似度很高。与 Valencia 数据集不同，Tianjin 数据集的背景在帧之间有很小的差异。然而，对于检测算法，实现高召回率仍然是一个挑战。从表 6.4 可以看出，本小节提出方法的召回率与 GMMv2 相比提高了 2.33%，精确率与 Vibe 相比提高了 18.28%。这表明本小节提出的方法非常适合用于密集移动车辆的检测。

图 6.38 显示了不同帧的检测结果细节。从多帧检测结果也可以看出，随着检测时间的延长，本小节提出的方法显示出更大的优势。感应探测到的目标数量随着时间逐渐减少。其中一个主要原因是道路上通行的车辆较多，导致样本集中前景值较多，影响后续的判别。然而，轨迹将涵盖更多的道路面积，因为它的积累，将更好地服务于检测新的移动车辆。

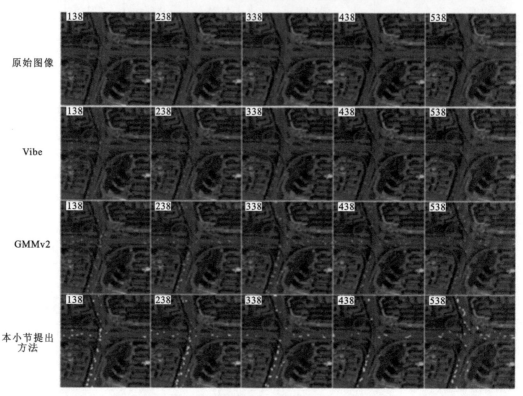

图 6.38　Tianjin 数据集不同帧检测结果的比较
扫描封底二维码见彩图

卫星视频提供了进行交通监控的新方法，但目标的小尺寸给车辆检测带来了挑战。本小节提出了一种基于 AMS 和 DAT 的检测方法来处理视差和光照变化引起的伪运动。考虑车辆运动的时空连续性，将加权运动方差得到的差分累加形成运动轨迹，作为过滤出运动车辆的条件。实验结果表明，该方法可以大大降低误检率并保持较高的召回率。此外，该方法无须复杂的计算，可应用于星载实时处理。然而，在卫星视频中检测低对比度车辆仍然是一个挑战。有效的卫星视频局部增强方法是今后值得研究的问题。

6.3.2　基于卫星视频数据的车辆目标跟踪

本小节将利用 6.3.1 小节的检测结果，给定车辆目标的初始位置，对车辆目标进行连续跟踪。采用稳定性良好的方法，解决卫星视频车辆目标特征缺乏、视频显示效果较弱但数量较多的小型车辆目标的问题，同时有效克服车辆目标被干扰和遮挡。

　　由于卫星视频分辨率有限，以及视频下传时所使用的压缩算法，一些较小的目标（如普通车辆）难以分辨。车辆目标的跟踪算法有别于传统的较明显的大型目标跟踪算法，采取先检测后跟踪的策略，首先获取每一帧的目标，利用匈牙利算法将每帧目标位置关联起来，形成轨迹片段。最后采用基于运动和外形特征迭代关联的方法，最大程度地连接时空特征相近且连续的轨迹片段，形成完整连续的卫星视频车辆目标轨迹（图6.39）。

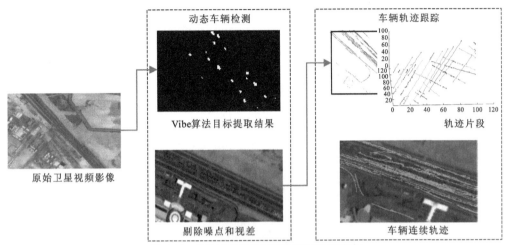

图 6.39　卫星视频运动车辆目标跟踪流程
扫描封底二维码见彩图

1. 卫星视频车辆目标的轨迹片段生成

1）二分图分配问题

　　6.3.1 小节论述了卫星视频动态目标的检测，视频每一帧都可以获取目标的准确位置及像素范围。通过对动态车辆目标的速度分析及对比每一帧目标检测结果，由于卫星视频帧率较高，相邻两帧目标的移动距离一般不超过目标本身大小，相邻帧目标的空间关联性很强。因此，可在一定空间距离内，关联空间距离较近的动态目标，生成轨迹片段。在第 k 帧动态目标周围半径 5 像素的范围内，搜寻第 $k+1$ 帧的动态目标，将其关联。由于存在距离比较近的两个目标，采用该方法会导致一个目标关联下一帧或上一帧的多个目标，即第 k 帧的 m 个目标与第 $k+1$ 帧的 n 个目标构成二分图，二分图的每一个顶点所连接的边数≥1，如图 6.40 所示。

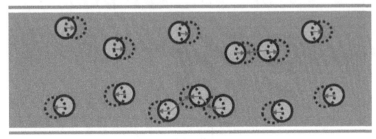

图 6.40　车辆目标关联示意图
实线圈表示当前帧目标，虚线圈表示下一帧目标的模拟轨迹

于是，相邻两帧视频之间车辆目标的关联问题转变为二分图分配问题，如图 6.41 所示。

将图 6.41（a）中所有目标可能连接的关系，最大程度地形成图 6.41（b）中每个目标对应唯一一个目标，这将用到图论中的二分图分配问题来解决。

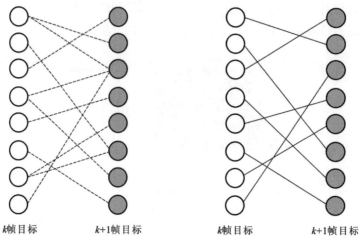

（a）1∶n的映射关系　　　　　　（b）1∶1的映射关系

图 6.41　车辆目标关联二分图

扫描封底二维码见彩图

在图论的分类中，二分图比较特殊，它将一个无向图 $G=(V, E)$ 的所有顶点 V 分为两个交集为空的顶点集合，任意一条边对应的两个顶点都分别属于两个集合，就将无向图 G 称为二分图（张惠珍 等，2010）。

2）基于匈牙利算法车辆目标的轨迹片段生成

基于每一帧车辆目标的空间位置的关联转化为二分图最大匹配问题，本小节将介绍如何利用匈牙利算法解最大匹配。二分图的最大匹配是指二分图两个顶点集合有多个匹配，使该匹配边数最多的匹配，称为这个二分图的最大匹配（牛品菽，2016）。

下面将用一个例子来说明匈牙利算法的分配问题。

第 k 帧和第 $k+1$ 帧视频分别有 4 个目标，分别用 $i=1$，2，3，4 和 $j=1$，2，3，4 来表示，它们之间原始关联关系如下：

$$第\ k\ 帧视频目标 \begin{cases} 1 \\ 2 \\ 3 \\ 4 \end{cases} 与第\ k+1\ 帧视频目标关联 \begin{cases} 1,2,3 \\ 3,4 \\ 4 \\ 4 \end{cases}$$

上述关系可转换为一个矩阵来表示：

$$\boldsymbol{Q} = \begin{bmatrix} 1 & 1 & 1 & 0 \\ 0 & 0 & 1 & 1 \\ 0 & 0 & 0 & 1 \\ 0 & 0 & 0 & 1 \end{bmatrix}$$

其中矩阵的每一行代表第 k 帧视频目标，每一列代表第 $k+1$ 帧视频目标，其中，1

代表目标之间可关联，0 代表目标之间不可关联。最大匹配的问题可解释为：第 k 帧视频的每一个目标最多只能与一个第 $k+1$ 帧视频中目标关联，反之亦然，使第 $k+1$ 帧视频中的目标与第 k 帧视频目标关联的数量最大。抽象到矩阵 Q 中，要解决的问题就变成：矩阵每一行每一列元素的和不能大于 1 的情况下，使整个矩阵元素的和最大。

下面将第 k 帧视频目标称为集合 A，将第 $k+1$ 帧视频目标称为集合 B。很明显，可以通过将集合 A 关联它们有资格获得的任何未分配的集合 B 开始任务。因此，可以将集合 A 中的 1 和 2 分别分配给集合 B 中的 3 和 4，此步骤用星号标注于矩阵中：

$$Q = \begin{bmatrix} 1 & 1 & 1^* & 0 \\ 0 & 0 & 1 & 1^* \\ 0 & 0 & 0 & 1 \\ 0 & 0 & 0 & 1 \end{bmatrix}$$

由于无法通过将未分配的集合 A 放入它符合条件的未分配集合 B 中来改善此分配，所以该分配方案被认为是完整的。可通过一个转移来改善分配。例如，转移：

集合 A 中的元素 1 从关联集合 B 中的元素 3，改为关联集合 B 中的元素 1；

集合 A 中的元素 2 从关联集合 B 中的元素 4，改为关联集合 B 中的元素 3；

这一步一个完整的分配如下：

$$Q = \begin{bmatrix} 1^* & 1 & 1 & 0 \\ 0 & 0 & 1^* & 1 \\ 0 & 0 & 0 & 1 \\ 0 & 0 & 0 & 1 \end{bmatrix}$$

这样，集合 A 中的元素 3 或者 4 都可关联到集合 B 中的元素 4。

$$Q = \begin{bmatrix} 1^* & 1 & 1 & 0 \\ 0 & 0 & 1^* & 1 \\ 0 & 0 & 0 & 1^* \\ 0 & 0 & 0 & 1 \end{bmatrix}$$

这两种结果都是最优的，因此在这种最佳分配中可以进行转移，可形成导致完整的分配。集合 A 中的每个元素总是可以通过成功的转移构建最佳分配，然后进行额外的分配，直到不再可能进行转移。至此本节用这个例子说明了匈牙利算法的重要思想。匈牙利算法的核心就是用增广路径求最大匹配，总结有以下步骤。

（1）将初始匹配 Q 全部归零。

（2）搜寻增广路径 L，再使用交换匹配获得更完整的匹配 Q' 代替 Q。

（3）重复步骤（2），直到在图中搜寻不到增广路径。

第 k 帧目标可能由各种因素导致无法匹配，本小节提出了目标轨迹片段结束条件：当第 k 帧目标与下一帧所有目标距离都很远，没有任何目标与之匹配，则认为第 k 帧为该目标所属轨迹片段的结束帧。这可能是由目标被遮挡、目标运动超出拍摄范围或目标在某一时间段内过于弱小未被检测到等原因造成的。

图 6.42 展示了匈牙利算法处理后最终形成轨迹片段，截取了视频的一部分。

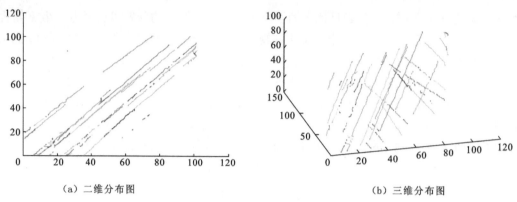

(a) 二维分布图   (b) 三维分布图

图 6.42 车辆目标关联轨迹片段时空分布图

扫描封底二维码见彩图

图 6.42（a）中纵横坐标代表了视频帧的行列号，图 6.42 中显示了多个轨迹片段在空间上的走向，不同颜色代表不同的轨迹片段元素。图 6.42（b）中底部纵横坐标代表视频帧的行列号，垂直坐标代表视频帧序号，即代表时间轴，此图显示了多个不同的轨迹片段在时空坐标内的走向，从图中可以看出某些轨迹片段在时间空间的关联性较强，如何把这些关联性较强的轨迹片段继续关联起来，形成目标完整的轨迹，这将在下一小节中详细介绍。

2. 卫星视频车辆目标的轨迹片段生成

1）卫星视频车辆目标轨迹断裂成因

卫星视频中的车辆目标相较于大型目标更容易受到背景干扰和其他障碍物遮挡，导致轨迹片段出现断裂。图 6.43 显示了卫星视频中道路上车辆目标被人行天桥遮挡，其中三帧检测不到目标的存在，导致目标轨迹的断裂，标注的白色圆圈中的白色像素即为车辆目标。

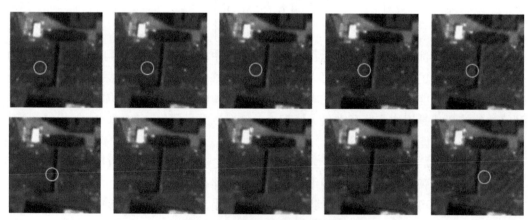

图 6.43 卫星视频车辆目标遮挡

为了解决卫星视频车辆目标被干扰导致的轨迹断裂问题，本小节提出轨迹迭代关联的动态车辆多目标卫星视频跟踪方法，将目标所属的多个轨迹片段关联起来，形成该目标长时间的连续轨迹。

2）空间运动特征迭代关联的连续轨迹生成

卫星视频动态车辆目标相比于地面监控视频目标的运动速度和方向较稳定，且同一目标的颜色亮度和目标大小在短时间内不会发生剧烈变化，可利用目标颜色和前景检测到的连通域面积及轨迹速度和方向特征进行轨迹关联。

为了方便计算和表述，本小节提出了轨迹片段特征向量的概念，每个轨迹片段特征向量包括以下元素：

$$\langle T_i vx, T_i vy, T_i area, T_i color \rangle$$

$T_i area$ 是运动车辆轨迹 i 所属连通域的面积，即前景像素个数。$T_i color$ 是轨迹 i 的颜色向量，本小节使用目标连通域的颜色直方图进行计算。$T_i vx$ 与 $T_i vy$ 分别是轨迹 i 的速度 X、Y 轴分量：

$$T_i vx_f = \frac{T_i vx_{f-1} + T_i vx_f}{2}$$

$$T_i vx_f = \frac{T_i vx_{f-1} + T_i vx_f}{2} \qquad (6.27)$$

式中：f 为帧数。

通过计算每个轨迹片段特征向量，利用以下公式来衡量两个轨迹片段之间的时空关联程度。根据时空关联程度来判断两个轨迹片段是否关联，最终形成一个目标的完整路径 TG_i。整个路径上的关联距离表示为

$$P(TG_m) = \sum_{T_i, T_j \in TG_i} P(T_i, T_j) \qquad (6.28)$$

其中 $P(T_i, T_j)$ 指对于 $T_i(v_{T_i1}, v_{T_i2}, \cdots, v_{T_in})$ 与 $T_j(v_{T_j1}, v_{T_j2}, \cdots, v_{T_jn})$ 两条轨迹的匹配关联距离如下：

$$P(T_i, T_j) = P_t(T_i, T_j) P_s(T_i, T_j)$$

式中：$P_t(T_i, T_j)$ 是两条轨迹片段的时间关联距离；$P_s(T_i, T_j)$ 是两条轨迹片段的特征空间关联距离。

轨迹片段关联在时间上满足以下两种约束（王江峰 等，2011）。

（1）同一车辆目标在同一时间不可能出现在多于一条运动轨迹上。

（2）同一车辆运动轨迹不可能同时对应多个车辆目标。

由以上的两个时间约束可得，时间上有重叠的轨迹片段一定不是代表了同一车辆，时间关联距离 P_t 可表示为

$$P_t(T_i, T_j) = \begin{cases} 1, & \text{若} T_i ef < T_j sf \\ 0, & \text{其他} \end{cases} \qquad (6.29)$$

式中：$T_i ef$ 为轨迹片段 i 的最后一帧；$T_j sf$ 为轨迹片段 j 的第一帧。

轨迹片段特征空间关联距离的计算如下：

$$P_s(T_i, T_j) = \frac{\sum_{k=1}^{n} v_{T_ik} \times v_{T_jk}}{\sqrt{\left(\sum_{k=1}^{n} v_{T_ik}^2\right)\left(\sum_{k=1}^{n} v_{T_jk}^2\right)}} \qquad (6.30)$$

式中：$\boldsymbol{v}_{T_i k}$ 与 $\boldsymbol{v}_{T_j k}$ 分别为轨迹片段 i 和 j 的特征向量。

最终目标是在所有轨迹片段都关联之后，使所有的关联距离最大，具体表示如下：

$$\overline{T}_i = \arg\max\{P(T_i, T_k)\}, \quad T_k \in S_{T_i} \tag{6.31}$$

式中：S_{T_i} 为轨迹片段 T_i 所属的轨迹片段集合，即完整轨迹；$\overline{T}$ 为优化结果所指示关联的轨迹片段。

为解决此优化问题，本小节采用动态阈值匹配的方法，每个迭代周期，同时扩大轨迹片段的特征差距阈值 ε 来减少搜索的次数，从而提高匹配的速度。

轨迹片段之间的特征差距定义如下：

$$\varepsilon_{i,j} = |T_j - T_i| = |T_j sf - T_i ef| \tag{6.32}$$

因为车辆的运动方向与道路的走向相关性很强，道路对目标运动方向的约束可以提高轨迹关联的正确率，在轨迹片段关联距离的基础上，本小节引入道路对轨迹片段关联的约束，特别是针对都转弯幅度较大、轨迹片段中断时间较长的情况。

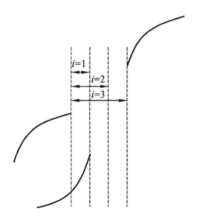

初始化卫星视频车辆轨迹片段的集合 $\{T_i\}$、初始化车辆轨迹片段特征差距 ε_0、每个迭代周期特征差距增加的范围 ε_Δ 和迭代周期个数 D。进行迭代过程，计算空间距离 $<\varepsilon_0$ 的轨迹片段之间的特征差距，如满足要求则将其加入 $\{T_i\}$。上一次迭代构造的轨迹片段集合当作下一次迭代周期的参数来源。重复以上步骤，将由遮挡干扰等因素导致断裂的卫星视频车辆轨迹片段相互连接，最终形成完整的卫星视频车辆轨迹。

利用上述迭代关联算法，将每个轨迹片段相互关联（图 6.44），标记每个卫星视频车辆目标唯一的轨迹路径，代表了唯一的动态车辆目标。

图 6.44　轨迹片段迭代关联示意图

3. 实验结果分析

对于大型目标的跟踪，使用本节提出的在地理空间坐标内结合 KCF 和卡尔曼滤波方法得到的跟踪效果，从全部视频帧中截取了部分帧。通过实验对比其他主流视频跟踪方法，有普通 KCF 方法、均值漂移（Mean-Shift）方法、判别式尺度空间跟踪（discriminative scale space tracker，DSST）方法、尺度自适应多级特征（scale adaptive multiple feature，SAMF）方法。

所有的实验都使用了两个评估标准。第一个评估标准是平均中心位置误差（CLE）。CLE 是跟踪中心之间的差异结果和实际情况，其中较小的值意味着更准确的结果。第二个评估标准是重叠率（VOR），定义为

$$\text{VOR} = \frac{\text{Area}(B_{\text{T}} \bigcap B_{\text{G}})}{\text{Area}(B_{\text{T}} \bigcup B_{\text{G}})} \tag{6.33}$$

式中：B_{T} 为跟踪边界框；B_{G} 为目标的实际边界框，较大的值意味着更准确的结果（Everingham et al., 2010）。

表 6.5 显示了本小节提出的方法与其他方法对比的平均跟踪轨迹长度和跟踪出错的概率。

表 6.5 跟踪算法跟踪轨迹长度和跟踪出错指标对比

指标	本小节提出的方法	KCF 方法	Mean-Shift 方法	DSST 方法	SAMF 方法
跟踪轨迹长度/像素	497.55	79.43	309.10	19.12	261.54
错误率	0.03	0.43	0.56	0.87	0.16

通过分析可得,本小节提出的方法能够有效提高跟踪的连续性和降低跟踪的错误率。为得到各方法的跟踪准确度,做了对比试验,一共采用了 3 例卫星视频和其中的 30 个动态目标作为算例,其中将人工标注动态目标作为真实数据。图 6.45 显示了各方法的精确度-中心位置误差结果。图 6.46 显示了各方法的成功率-重叠率阈值结果。

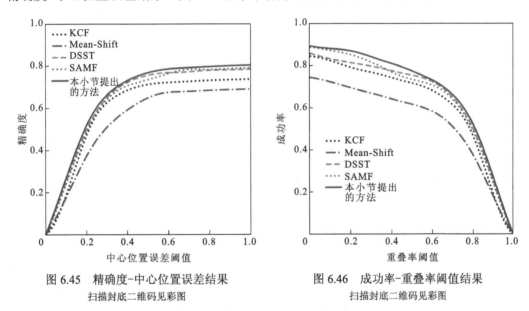

图 6.45 精确度-中心位置误差结果
扫描封底二维码见彩图

图 6.46 成功率-重叠率阈值结果
扫描封底二维码见彩图

从性能对比结果来看,针对卫星视频,本小节提出的方法在跟踪的精确度和成功率上都高于主流跟踪算法。图 6.47 显示了车辆跟踪的全过程。

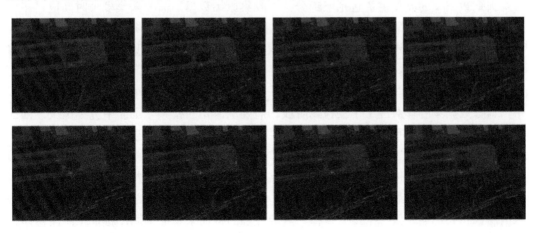

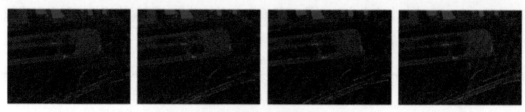

图 6.47　卫星视频动态车辆目标跟踪结果

扫描封底二维码见彩图

从图 6.47 中可以看出，高速公路上有一座横贯的立交桥挡住了车辆目标，本小节提出的方法已经将断开的轨迹连接成完整的汽车目标轨迹。

本小节提出的方法在以下 PC 平台运行：CPU 为 Intel Xeon E3-1240 3.5 Hz，内存为 16 GB，800×600 像素的视频平均帧处理速度可达到 11 ms/帧，满足实时跟踪的要求。

6.3.3　地面车辆目标重识别

车辆重识别通常被认为是图像检索的子问题，给定一张车辆的图像（query）对候选图像集合（gallery）中的图像根据特征相似度进行排序。车辆重识别任务完整的流程如图 6.48 所示，主要包括三个环节：训练数据集的制作、模型训练和车辆检索。

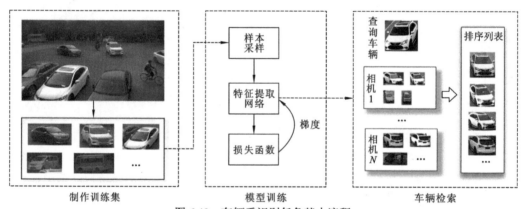

图 6.48　车辆重识别任务基本流程

扫描封底二维码见彩图

训练数据集的制作主要包括三部分：①收集原始数据，需要采集多个时间段、多个摄像头、不同光照条件及多种场景下包含多种类型车辆的原始视频；②生成车辆包围框，由于对大规模数据集进行人工标注的成本太高，通常利用目标检测或目标跟踪相关的算法进行车辆的检测；③标注跨摄像头的标签，也就是给每个车辆标记一个唯一的 ID，可以利用跟踪的信息及时空信息等来辅助关联不同摄像头下的相同车辆。在实际应用过程中，训练数据集制作对应了车辆检测阶段，需要从原始的视频帧画面中分离出关注的前景目标。通常的车辆重识别，一般默认已经得到了车辆检测的结果。

模型训练阶段通过已有的公开数据集、收集的真实数据、合成的仿真数据等，利用车辆的身份标签和其他属性信息来监督网络学习区分不同车辆的判别特征，是整个车辆重识别的核心，也是最受学者关注的部分。模型训练主要包括两部分：特征提取，从输入的图像和其他辅助信息中提取鲁棒、区分性强的特征来表征车辆；特征距离度量即损失函数，对提取的特征进行距离约束，尽可能拉近具有相同身份的特征同时拉远具有不同身份的特征，促进特征空间的类内紧凑和类间分离。这两部分之间通过梯度的反向传播，对模型的参数进行迭代更新。

车辆检索，对应着模型的测试阶段。利用上一阶段训练好的模型，分别提取查询图像和候选图像集中所有图像的特征，然后计算特征间的相似度（通常采用余弦距离），按照相似度从高到低的顺序进行排列，得到最后的检索排序列表。在排序过程中，一方面可以利用候选集中图像最近邻相似列表进行排序优化，另一方面也可以利用车辆途经的位置和拍摄时间作为约束信息对排序结果进一步优化。排序优化特别是时空重排序往往可以给车辆重识别的结果带来显著的提升。

本小节主要研究地面车辆重识别中的优化排序问题，即通过利用图像间相互关系或车辆时空信息来排除与查询图像仅视觉上相似的不同车辆图像。该任务可以定义为如何挖掘图像间的相互关系和构建时空模型对车辆检索的相似度列表进行优化排序。

基于视觉信息进行车辆图像的特征提取，通常仅考虑了车辆图像本身的信息，忽略了图像之间的相互关系。两幅图像的相似图像列表重叠度越高，那么这两幅图像属于同一目标的概率越大。基于这一假设，在图像检索任务中最早出现了对图像检索结果的重排序（Shen et al.，2012；Qin et al.，2011；Chum et al.，2007；Jegou et al.，2007）。这些方法通过比较邻居列表的相似度，来对查询结果进行重新排序。一些研究者将 k 相互近邻重排序的方法引入行人重识别任务中，通过计算查询图像和检索数据集中图像的马氏距离和杰卡德距离来重新优化排序结果，是目前行人重识别任务中采用最广泛的重排序方法（Zhong et al.，2017）。此外，一种扩展邻居距离（expanded cross neighborhood distance）被提出，通过聚合查询图像和检索数据集中最近邻的图像距离，来减少计算图像对距离的计算量（Sarfraz et al.，2018）。但是，这些方法都只简单考虑了排序列表的相似性，而忽略了图像特征间的相似性。

近几年，图卷积神经网络（graph convolutional neural networks，GCNNs）通过构建节点间的连接关系进行节点特征的信息传递，实现了节点间的特征聚合，被广泛应用于节点半监督分类、连接预测和图像聚类等任务中。针对车辆重识别任务重排序时忽略了图像特征间相互关系的问题，本小节将重排序问题转化为图卷积神经网络中车辆图像节点的分类排序问题，通过构建图像节点的连接关系，实现图像间的特征传递，从而拉近相同车辆图像节点的距离，拉远不同车辆图像节点距离。

另外，一些相同车款和颜色的车辆仅通过视觉特征难以有效区分，时空信息可以从地理时空的角度对车辆的位置和时间进行约束，改善车辆图像的排序结果。一些研究利用时空信息包括相机 ID 和途经时间来对行人重识别进行排序优化，取得了较大的性能提升（Wang et al.，2019；Lv et al.，2018）。在车辆重识别中，学者也提出了时空概率的高斯建模（Wang et al.，2017）、可达路径分析（Shen et al.，2017）、行驶方向与摄像头拍摄角度的关系等时空重排序的方法（Zhong et al.，2018）。但这些方法一方面需要额外的统计信息（如摄像头间的连通性、拍摄方向等），另一方面未考虑车辆长时间停留等小概率事件的影响。针对这些问题，本小节提出一种基于直方图的非参数时空概率估计模型，通过分析同一车辆途经不同摄像头的时间模式对摄像头间的时空可达概率进行建模。在与视觉相似度联合时，对时空概率范围进行约束，防止车辆长时间停留引起的小概率事件影响。最后，构建联合概率分布对车辆图像进行重排序。

1. 基于图卷积神经网络的特征排序优化

假设已利用网络模型对检索的数据集 $\{I_1, I_2, \cdots, I_n\}$ 和查询图像 I_q 提取了视觉特征 $\{f_1, f_2, \cdots, f_n\}$ 和 f_q，在本小节中将每个特征 f 看作一个节点。考虑排序优化过程是针对查询节点的，将查询节点 q 作为中心节点，围绕中心节点来构建查询子图。对查询节点 q 来说，需要根据节点相似度找到相邻节点，建立节点之间的相互关系来生成查询子图。然后将查询子图作为输入数据，通过图卷积神经网络进行节点的二值分类和排序距离约束，得到聚合后的节点特征用于再排序。

1）构建查询子图

对于查询节点 q，其查询子图表示为 $G^q = (V^q, E^q)$，其中 V^q 为节点的集合，E^q 为无向边的集合。具体地，$v_i^q, v_j^q \subset V^q$ 为子图中的节点，$e_{i,j}^q$ 为从节点 v_i^q 到节点 v_j^q 的边。A^q 为查询子图的邻接矩阵，大小为 $n \times n$，n 为节点的个数。通过节点特征的相似度来确定两个节点之间边的权重。如果两个节点之间没有边，邻接矩阵中 A_{ij}^q 为 0；反之，邻接矩阵中的 A_{ij}^q 为两个节点特征的余弦相似度。构建查询子图时，需要输入节点的特征矩阵 $[f_1, f_2, \cdots, f_n]$，该矩阵的大小为 $n \times d$ 维，其中 f_q 为节点 v_q 的特征向量。查询子图的构建过程如图 6.49 所示。

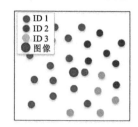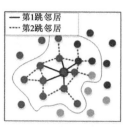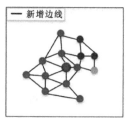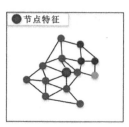

图 6.49 查询子图的构建过程

扫描封底二维码见彩图

具体包括以下三个步骤。

（1）查找邻居节点。首先，根据查询节点和检索数据集中的原始特征，计算查询相似度列表 L^q，并且选择列表中的前 k 个图像节点作为第 1 跳邻居。然后，将第 1 跳邻居中的所有节点视为查询节点，计算每一个第 1 跳邻居的相似度列表 $[L_1^q, L_2^q, \cdots, L_k^q]$。在所有的相似列表中选择前 u 个图像节点作为第 2 跳邻居。尽管可以继续查找第 3 跳邻居节点，但两跳邻居已经可以覆盖大部分查询节点正确的检索图像。因此，在本章的实验中仅查找前两跳邻居来构建查询子图。

（2）添加边。在上一步中得到了子图的节点集合 V^q，还需要进一步确定每两个节点之间的边。对顶点集合 V^q 中的所有节点进行遍历，对每一个节点 v_i^q 在其相似度列表中选择前 l 个图像 L_i^q。对这 l 个图像进行遍历，如果满足以下两个条件，则在该图像节点与节点 v_i^q 之间添加边：①该图像存在于节点集合 V^q 中；②该图像的相似列表中前 $l/2$ 个图像与 L_i^q 的交集个数大于 $l/4$。增加第 2 个条件主要是考虑图像间的相互关联性，比如 v_i^q 的相似图像列表中的前几个是误匹配的，那么，这几个图像自身的相似图像列表与 v_i^q 的相似图像列表很可能重叠度比较低。两个节点之间边的权重设置为这两个节点特征的余弦相似度，最后这些权重形成了邻接矩阵 $\boldsymbol{A}^q$。

（3）计算节点特征矩阵。使用提取的 CNN 特征作为每个节点的原始特征，即节点 q 特征 $x_q = f_q$。为了减少查询节点自身的特征对子图训练过程的影响，对所有的节点特征 $\{x_1, x_2, \cdots, x_n\}$ 减去 x_q。最后的特征矩阵 $\boldsymbol{X}^q$ 可以表示为

$$\boldsymbol{X}^q = [x_1 - x_q, x_2 - x_q, \cdots, x_n - x_q]^{\mathrm{T}} \tag{6.34}$$

2）基于查询子图的图卷积网络

为了利用车辆图像节点的关联关系实现同一车辆图像节点的聚类，不同车辆图像节点的分离，本小节在查询子图的基础上，采用图卷积神经网络进行图像节点之间的特征传递，从而实现相关联图像节点的特征聚合、非关联图像节点的特征分离。

本小节设计的图卷积神经网络架构包含三部分：特征提取模块、节点分类模块、距离排序损失，整体架构如图 6.50 所示。

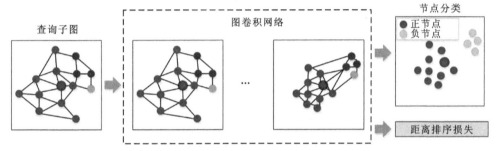

图 6.50　图卷积神经网络架构
扫描封底二维码见彩图

（1）图卷积网络特征提取。特征提取模块由 4 个图卷积层组成。每个图卷积层输入一个特征矩阵 $\boldsymbol{X}^q$ 和邻接矩阵 $\boldsymbol{A}^q$，输出学习后的特征矩阵 $\boldsymbol{Y}^q$。在学习的过程中，通过邻接矩阵中的连接关系进行消息传递，最后实现特征的聚合。为了聚合邻居节点的特征，首先根据邻接矩阵来计算拉普拉斯矩阵 $\boldsymbol{L}^q$。

$$\boldsymbol{L}^q = \boldsymbol{\Lambda}^{\frac{1}{2}} \boldsymbol{A}^q \boldsymbol{\Lambda}^{\frac{1}{2}} \tag{6.35}$$

$$\boldsymbol{\Lambda}_{ii} = \sum_j \boldsymbol{A}^q_{ij} \tag{6.36}$$

式中：$\boldsymbol{\Lambda}$ 为度矩阵，对角线上的值为节点的度，其他位置为 0。

然后，利用拉普拉斯矩阵对邻居节点的特征进行带权重的聚合。聚合后的特征与输入特征在通道维度连接，采用带参数的线性层进行特征变换，最后输入激活层。具体的计算过程如下：

$$\boldsymbol{Y}^q = \sigma([\boldsymbol{X}^q \parallel \boldsymbol{\Lambda}^{\frac{1}{2}} \boldsymbol{A}^q \boldsymbol{\Lambda}^{\frac{1}{2}} \boldsymbol{X}^q]\boldsymbol{W}) \tag{6.37}$$

式中：$\boldsymbol{X}^q \in \mathbf{R}^{n \times d_{\mathrm{in}}}$，$\boldsymbol{Y}^q \in \mathbf{R}^{n \times d_{\mathrm{out}}}$，$n$ 为节点个数，d_{in} 和 d_{out} 分别为节点特征的输入和输出维度；运算符 $\parallel$ 表示特征矩阵沿通道维度连接；$\boldsymbol{W} \in \mathbf{R}^{2d_{\mathrm{in}} \times d_{\mathrm{out}}}$ 为图卷积层中可学习的特征变换参数；σ 为非线性激活函数，在本章中采用 ReLU 激活函数。

（2）节点分类模块。经过 4 层的图卷积学习后，将聚合后的特征输入全连接层，进

行节点的二分类。分类损失采用交叉熵损失函数，通过判断节点的标签是否与查询节点标签一致来进行监督学习。考虑第 2 跳节点个数的不确定性，另外大部分第 2 跳节点属于负节点（即与查询节点不属于同一车辆），只对第 1 跳节点进行监督分类。

（3）距离排序损失。因为车辆重识别是基于车辆图像特征的相似度进行排序，单独的节点分类并不能保证属于不同车辆的节点与查询节点的距离大于最远的相同车辆节点与查询节点距离。因此，设计距离排序损失对节点特征进行进一步的约束。与通常采用的对比损失和三元组损失不同，距离排序损失对采样没有额外的要求。距离排序损失同时考虑所有的正节点和负节点，通过约束它们之间的距离关系进行全局特征优化。

首先，计算所有正节点、负节点与查询节点的特征相似度，得到正节点中的最小相似度 $S_{\min}^{+}$ 和负节点中的最大相似度 $S_{\max}^{-}$。

$$S_{\min}^{+} = \min_{\text{label}_i = \text{label}_p} S(x_i, x_p) \tag{6.38}$$

$$S_{\max}^{-} = \max_{\text{label}_j \neq \text{label}_p} S(x_j, x_p) \tag{6.39}$$

然后，根据 $S_{\min}^{+}$ 和 $S_{\max}^{-}$ 确定所有需要优化的正节点、负节点集合，对其进行带权重的优化。

$$Q^{+} = \{S(x_i, x_q) < S_{\max}^{-}\}_{\text{label}_i = \text{label}_q} \tag{6.40}$$

$$Q^{-} = \{S(x_j, x_q) > S_{\min}^{+}\}_{\text{label}_j = \text{label}_q} \tag{6.41}$$

在优化过程中，没有采用岭回归损失（hinge loss），而是利用 Softplus 函数来计算正负节点的损失权重。最后的距离排序损失计算过程如下：

$$L_{\text{rank}} = \frac{1}{\alpha} \lg \left[1 + \sum_{i \in Q^{+}} e^{-\alpha(S(x_i, x_q) - \lambda)} \right] + \frac{1}{\beta} \lg \left[1 + \sum_{j \in Q^{-}} e^{\beta(S(x_j, x_q) - \lambda)} \right] \tag{6.42}$$

式中：α 和 β 为用来调节正负节点损失比例的参数，通常负节点在特征距离约束时发挥的作用更大，设置的比例更大；λ 是相似度阈值。在训练过程中，距离排序损失与节点分类损失一起对图卷积聚合后特征进行联合优化。

3）排序优化

构建查询子图的过程中，其查询节点的连接节点会存在负节点，如果连接的负节点个数较多，经过图卷积神经网络聚合后会导致查询节点的特征中引入干扰信息。因此，在重排序时，除了计算聚合后的图像节点相似度，还与原始的节点相似度进行了融合。

在计算图卷积神经网络输出的图像节点相似度时，有两种方式可以用于计算节点距离。一种是利用最后一个图卷积层输出的特征来计算与查询节点特征的相似度，另一种是直接利用预测的概率作为节点之间的相似度。为了减少最后的计算量，直接采用分类层预测的概率作为节点之间的相似度，然后与原始的节点相似度进行融合，具体过程如下：

$$S_i^q = P(x_i) \tag{6.43}$$

$$S_{qi} = (1 - \delta)S_i^q + \delta S(x_i, x_q) \tag{6.44}$$

式中：P 为对车辆图像 i 的分类预测概率；S_i^q 为经图卷积神经网络学习后的相似度；$S(x_i, x_q)$ 为原始的图像 i 和 q 的特征相似度，在融合前执行了归一化操作调整到 $0\sim1$；δ 为融合权重；S_{qi} 为融合后的车辆图像 i 和查询图像 q 的相似度。

在最后的排序优化过程中，对于每个查询图像，先根据融合后相似度重新计算该查询图像第 1 跳邻居排序列表，然后用重新排序后的第 1 跳邻居来替代原始排序列表中的第 1 跳图像节点。

2. 集成视觉相似度与时空概率的重排序

1）时空信息建模

在时空信息建模时，采用相同车辆途经不同摄像头的时间间隔分布来估计车辆的时空概率模型。在行人重识别的研究中，一些研究利用时空信息包括同一车辆途经两个摄像头的时间间隔等对视觉相似度的排序结果进行重排序，显著提升了重识别的准确率。基于这些研究，首先计算同一车辆途经每两个摄像头的时间间隔直方图。然后，利用 Parzen 窗来平滑时间间隔直方图，将离散的概率值连续化。

具体地，时空信息直方图通过以下公式计算：

$$P_h(I_i = I_j \mid k, c_i, c_j) = \frac{n_{c_i c_j}^k}{\sum_k n_{c_i c_j}^k} \tag{6.45}$$

$$k = (f_{c_i} - f_{c_j}) / \Delta \tag{6.46}$$

式中：I、c、f 分别为车辆图像的 ID、拍摄相机 ID 和拍摄的时间戳；Δ 为固定的时间间隔；$n_{c_i c_j}^k$ 为从摄像头 i 到摄像头 j 中位于第 k 个直方图中车辆的数量；$\sum_k n_{c_i c_j}^k$ 为所有直方图的数量总和。

如图 6.51 所示，统计其他摄像头到摄像头 10 的时空信息分布。下面的时间间隔中心点为 0，左侧时间间隔小于 0 表明车辆是由摄像头 10 驶向对应的摄像头，右侧时间间

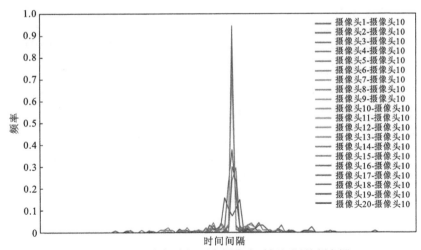

图 6.51　同一车辆途经两个摄像头时间间隔的频率图

对于任意两个摄像头，某一间隔时间区间内频率越高，表明同时途经这两个摄像头需要的时间位于该时间间隔区间的车辆越多；扫描封底二维码见彩图

隔大于 0 表明车辆由其他摄像头驶向摄像头 10。通过时空频率图，可以清楚地看出其他摄像头与摄像头 10 之间的距离关系。

得到不同摄像头之间的时间频率图后，借鉴非参数概率密度估计模型中通常的做法，利用 Parzen 窗对直方图进行平滑。

$$P(I_i = I_j \mid k, c_i, c_j) = P_h(I_i = I_j \mid k, c_i, c_j) K(k) \tag{6.47}$$

$$K(x) = \frac{1}{\sqrt{2\pi}\sigma} e^{\frac{-x^2}{2\sigma^2}} \tag{6.48}$$

式中：K 为高斯核；σ 为一个常量。经过平滑后，时空概率不会再出现明显的峰值。

2）联合概率

在构建了时空信息模型之后，将时空概率与视觉相似度概率联合对原始排序结果进行重排序。假设视觉相似度的概率与时空概率相互独立，联合概率的计算过程如下：

$$P(I_i = I_j \mid f_i, f_j, k, c_i, c_i) = P(I_i = I_j \mid f_i, f_j)\hat{P}(I_i = I_j \mid k, c_i, c_i) \tag{6.49}$$

$$P(I_i = I_j \mid f_i, f_j) = \frac{1}{1 + \lambda e^{-\gamma S(f_i, f_j)}} \tag{6.50}$$

$$S(f_i, f_j) = \frac{f_i \cdot f_j}{\|f_i\| \|f_j\|} \tag{6.51}$$

$$\hat{P}(I_i = I_j \mid k, c_i, c_i) = \frac{1}{1 + \lambda e^{-\gamma P(I_i = I_j \mid k, c_i, c_i)}} \tag{6.52}$$

式中：λ 和 γ 为逻辑回归函数的常量系数；f 为网络提取的视觉特征。考虑余弦相似度 $S(f_i, f_j)$ 的范围在 $-1.0 \sim 1.0$，采用逻辑回归函数对视觉相似度的范围进行压缩。

考虑时空概率并不总是可信的，例如，一辆车在某位置停留一段时间，那这辆车途经前后两个摄像头的时间会远超过平均的时间间隔，在这种情况下这辆车的时空概率会接近于 0。因此，利用逻辑回归函数来约束调整时空概率的范围，避免小概率事件的影响。

3. 实验结果分析

在本小节中，在大型车辆重识别数据集 VeRi-776 上对本小节提出的方法进行了性能评估，验证了基于图卷积神经网络的特征排序优化和基于时空信息重排序方法的有效性。

与其他利用时空信息进行车辆重排序的方法进行对比，结果如表 6.6 所示。由对比结果可见，本小节提出的时空重排序方法取得了最好的检索准确率。相比其他时空重排序方法，本小节提出的时空重排序方法主要有以下两方面的优势：一是相比采用时间差和距离差计算概率的方式，通过统计不同摄像头间的途经时间直方图建模后的时空分布可以更好地反映真实时空数据的分布模式；二是与视觉特征联合时，采用了概率相乘的模式而不是简单地线性相加。相乘模式类似于两个概率的交集，对每个概率的要求都更高，而相加模式更类似于概率的并集。

在车辆重识别任务中，难以分辨的车辆往往是具有较高视觉相似度的相似车辆，这种情况下更需要依赖时空概率来区分，而相乘模式相比相加模式对较小的概率更加敏感，可以更好地适用于这种情况。例如，有两幅车辆图像与查询图像的视觉相似度分别为 0.98

表 6.6 不同的时空重排序方法 Rank-*k* 和 mAP 对比

方法	Rank-1	Rank-5	Rank-10	mAP
DGPM+st（Liu et al.，2018）	95.23	97.50	99.05	77.17
DGPM+st（Wang et al.，2017）	96.01	98.09	99.40	79.36
DGPM+st（本小节）	**98.45**	**99.23**	**99.58**	**82.17**

和 0.90，而时空概率分别为 0.40 和 0.48。采用概率相加模式时，这两幅图像最终的联合概率相同，而采用概率相乘模式时具有较高时空概率的图像联合概率较高，可以更好地利用时空概率来区分外观相似的车辆。

1）基于图卷积神经网络重排序的有效性验证

利用本小节提出的图卷积神经网络重排序方法在利用 DGPM 和多代理约束损失（multi-proxy constraint loss，MPCL）编码的视觉特征下分别进行排序优化，重排序结果如表 6.7 所示。从对比结果可以看出，经过图卷积神经网络的排序优化，Rank-1 和 mAP 准确度都有了一定的提升。特别是对于平均准确度 mAP，由于图卷积神经网络可以建立更多车辆图像节点之间的关联关系，实现节点间的特征传递，原本排序靠后的车辆图像通过其邻居节点建立了与查询节点的关联关系后，节点间得到了进一步的聚类，最终拉近了这些图像节点到查询节点的距离。

表 6.7 图卷积神经网络排序优化前后 Rank-*k* 和 mAP 对比

方法	Rank-1	Rank-5	mAP
DGPM	96.19	98.09	79.39
DGPM+GCN	**96.60**	**98.33**	**80.80**
MPCL	96.31	**98.33**	78.65
MPCL+GCN	**96.36**	98.03	**80.34**

为了分析优化后的特征空间，随机选择一个查询图像，采用 t-分布随机邻域嵌入（t-SNE）对该图像前 100 个邻居节点通过图卷积神经网络优化前和优化后的特征空间进行可视化，如图 6.52 所示。其中，字母 Q 表示查询图像的特征，相同颜色的节点表示这些图像属于同一车辆，橙色线表示节点与查询节点之间的边，黄色线表示邻居节点之间的边。从特征空间的对比可以看出，经过图卷积神经网络学习后，相同车辆的特征节点彼此之间分布得更加紧凑，而不同车辆的特征节点分离得更远。图卷积神经网络根据节点之间的关联关系，进行特征传递，促使相互连接的节点特征趋于一致。特别是对一些原本远离查询图像的正节点，通过关联其邻居节点，有效地拉近了与查询图像节点之间的距离。

2）基于时空信息重排序的有效性验证

为了验证利用时空信息进行车辆重排序的有效性，在大规模车辆重识别数据集 VeRi 上进行了多组实验，实验结果如表 6.8 所示。车辆图像的视觉特征采用前面提出的

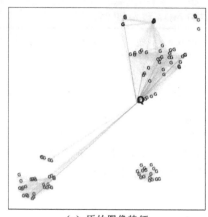 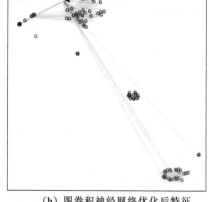

（a）原始图像特征 （b）图卷积神经网络优化后特征

图 6.52 查询图像 Q 的前 100 个邻居节点原始图像特征和图卷积神经网络优化后特征对比

字母 Q 表示查询图像的特征，字母 G 表示邻居节点的特征；扫描封底二维码见彩图

表 6.8 时空信息重排序前后结果对比

方法	无/有时空重排序		
	Rank-1	Rank-5	mAP
DGPM	96.19/**98.45**	98.09/**99.23**	79.39/**82.17**
DGPM+GCN	96.60/**98.39**	98.33/**99.28**	80.80/**83.06**
MPCL	96.31/**97.97**	98.33/**98.69**	78.65/**81.65**
MPCL+GCN	96.36/**97.57**	98.03/**98.63**	80.34/**82.53**

DGPM 和 MPCL 方法，同时比较了经过图卷积神经网络优化后的视觉特征。从对比结果可以看出，经过时空信息重排序后，所有的方法重识别准确度都会显著提升。时空信息重排序的结果与采用的视觉特征鲁棒性成正相关，视觉特征越鲁棒，利用时空信息进行重排序后性能越好。

在查询数据集中，随机选择 5 个仅通过视觉信息难以分辨的车辆图像进行检索，并给出前 10 个检索结果，如图 6.53 所示。对于第 81 个查询图像，仅通过视觉特征进行检索，前 10 个检索结果中只有第 7 个车辆图像属于相同车辆。经过时空重排序后，前 6 个检索结果都与查询图像身份一致；仅通过视觉特征对第 169 个查询图像进行检索时，前 10 个检索结果都是外观相似的不同车辆。经过时空重排序后，大部分外观相似的不同车辆都被排除，其中 9 个检索结果都与查询图像身份一致；对于第 246 个查询图像，经过时空重排序后在相似列表中前 9 个图像都属于相同车辆，而仅利用视觉特征检索时，排序前 9 的图像中有 4 个图像都属于相似的不同车辆；第 496 个查询图像的检索结果中，原本靠前的相似车辆图像经过时空重排序后也被排到更靠后的位置；类似地，通过时空重排序后，第 632 个查询图像结果中多个高度相似车辆的图像也被有效排除了。对于从外观上难以区分的车辆，时空信息从地理时空一致性的角度对两个车辆是否相同进行约束，可以有效改善车辆重识别的准确率。

图 6.53 时空信息重排序前后检索列表对比

绿色框标记的是与查询图像身份一致的车辆图像，红色框标记的是与查询图像身份不同的车辆图像。
Query n 表示第 n 个查询图像；最右侧标注了不同排序方法；扫描封底二维码见彩图

6.4 本 章 小 结

　　本章以典型自然灾害的范围和目标损毁高精度提取为主，基于多源遥感影像协同进行应急信息监测，提出了大范围遥感应急场景动态构建、洪涝灾害范围提取、震后建筑物损伤精细识别、耕地灾损信息提取、应急车辆目标监测与跟踪等系列高精度提取方法，有力支持了应急现场指挥救援与损毁评估，保障了遥感应急的精准服务。

第 7 章

区域协同应急决策与时空分析

大部分突发事件具有时空不确定性、突然性、社会性、决策非程序化等特点，这就要求相关人员必须在高度不确定性和时间压力下，根据实时态势，迅速做出决策。因此，应急指挥决策需要智能化时空分析与预测。然而，当前应急决策模型大多局限于孤立静止地获取特定突发事件有限的信息，缺少根据突发事件的"孕育—发生—发展"进行全过程的应急联动时空分析，无法满足应急突发事件动态不确定的需求。

本章围绕社会安全、自然灾害等领域突发事件，对不确定、不完整信息条件下应急决策的具体业务需求，分别对应急决策推理、应急联动调度决策及多决策融合等方法进行研究，解决应急处置决策中时变性、不确定性等问题；通过空地多源异构数据融合对目标与区域环境进行时空融合与关联，实现区域突发事件的态势构建，从而提高突发事件动态风险评估的准确率；通过融合空地多源异构时空大数据，分析动目标的时空轨迹及其活动规律，基于时空聚类方法进行动目标活动场所探测，实现对突发事件的风险等级动态评估。

7.1 区域协同多源不确定信息的应急决策分析

社会安全、自然灾害和生态环境等领域的应急突发事件发生时需要获取大量的信息，但获取的应急突发事件信息往往是不确定、不完整的。例如森林火灾、滑坡泥石流等自然灾害在发生时很难在第一时间获取因灾受灾人口、因灾死亡人口、因灾紧急转移安置人口等确定完整的灾情信息。海洋溢油等生态环境突发事件发生后气候的变化、风向风力等变化、油品泄漏的种类、泄漏速度和方式这些都存在不确定性，在获取突发事件信息时也几乎不可能获取完整的灾情信息。在人群聚集等社会安全突发事件中，处置目标位置、行为、周边环境等这些在做应急决策的时候所需的关键信息都是随时变化和不确定、不完整的。同时，应急突发事件处置、救助环境的动态性和不确定性，如随时间变化的资源输出存储能力、随机变化的路网通达能力等指标，会极大地影响救援处置工作的顺利进行，应急救援处置环境的变化会使之前所做最优决策方案的有效性大打折扣。应急突发事件的这些不确定的信息虽然会影响决策方案的准确度，但是其中仍然含有大量的对突发事件应急决策有意义的信息。

针对上述问题，结合目前已有的应急决策技术和方法，研究面向不确定、不完整信息的应急决策推理模型，针对森林火灾、融雪型洪涝及滑坡泥石流等典型应急突发事件，从知识表达、不确定性推理与决策方面提出解决方法，提高知识的重用性和表达的准确性，为后续应急决策奠定基础。在此基础上，针对应急突发事件处置、救助环境的动态性和不确定性问题，研究应急联动调度决策方法，解决处置、救助环境的动态和不确定性度量问题，探明环境变化指标对决策方案的扰动规律，构建"应急响应—资源预测—调度"的应急联动决策模型，提高应急突发事件决策方案的稳定性和自适应性。基于经验风险最小化研究多决策融合方法，关联事件每个阶段性决策特征，实现应急突发事件"多阶段"决策级融合，提高决策的准确程度。

7.1.1 不确定、不完整信息应急决策推理模型

本体是指一种"形式化的，对共享概念体系明确而又详细的说明"。通过对基于本体的突发事件的应急决策知识表示，对应急突发事件的领域知识进行梳理和总结，并通过本体建模等技术对突发事件的知识进行提取、表达及融合。捕获 6 类典型突发安全事件领域知识，提取对该领域知识的共同理解，确定该领域内共同认可的本体词汇，并从不同层次的形式化模式上给出这些本体词汇之间的关系明确定义。将 6 类典型应急突发事件知识表示模块化、结构化，大大提高知识的重用性，减少知识冗余，提高应急决策效率和准确度，区域协同多源不确定信息的应急决策分析的整体研究路线如图 7.1 所示。

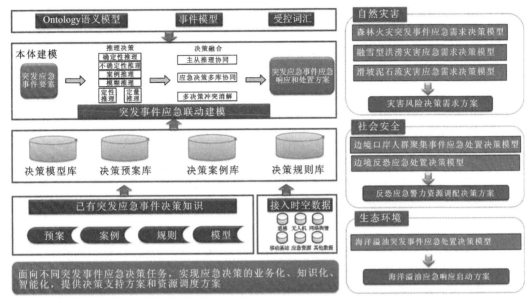

图 7.1 区域协同多源不确定信息的应急决策分析的整体研究路线

扫描封底二维码见彩图

7.1.2 基于经验风险最小化的多决策融合

应急突发事件发生时会同时从多个信息渠道获取事件信息，这些事件信息从不同角度、不同层次反映出突发事件的各方面内容。在这些信息中，可能存在冲突、错误或者冗余的信息，如果再对其进行甄别筛选，在应急事件处理时间上是不够的，同时，不同的信息都会反映出事件本身的真实性的一部分，如何直接利用这些信息进行决策，是应急决策的难点问题之一。从语义融合和决策融合两方面来对其进行解决，提出基于经验风险最小化的多决策融合方法。

1. 突发事件应急决策知识语义融合

由于突发事件各领域的差异，突发事件应急决策的知识存在冲突、歧义和冗余的情况，如何利用这些知识来进行有效应急决策是目前应急决策的一个重要的难点和问题。通过决策知识的概念、关系、函数和实例等融合方法，对其表达的语义冲突进行消解，构建突发事件应急决策所需要的知识语义融合模型，使其能够准确表达生态环境、自然灾害和社会安全不同领域 6 类典型应急突发事件，大大提高应急决策推理的准确度。

如前所述，采用本体的方法来表达突发事件的领域知识，但是本体之间的映射规则和语义条件需要用户自己确定，很难保证映射规则和语义的一致性，需要一种机制能够检测和处理本体中语义冲突信息，针对这个问题，对应急突发事件相关的语义相关度检测及冲突消解和语义融合进行研究。

1）语义相关度检测及冲突消解

知识库与决策模型映射实现词汇数据对象、谓词数据对象、经验规则数据对象、

规则数据对象、模型数据对象、案例数据对象、预案数据对象、处置工作组指派人员数据对象、案例推理模型数据对象及多级知识单元数据对象的语义冲突检验和内模式/存储模式转换。语义冲突是由不同知识单元对同一概念描述的不一致性造成的，为此需要检测不同知识单元概念的语义相关度，并以此来判断语义冲突。应急决策模型能够自动对本体赋予推理功能，结合适当的规则，挖掘出本体内隐式信息，并能够与初始的信息合并，生成本体推断模型。对于本体的推断模型，能够进行本体语义冲突的检测，并同时能及时处理语义冲突信息，将推断后的本体模型重载到推断本体模型库，供用户查询和共享使用。

具体的语义冲突检测及消解如图 7.2 所示，对检测到的冲突进行归档分类，根据冲突的类型不同采用适当的消解策略，不同的消解策略可以相互补充。启动冲突检测器，捕获系统中存在的冲突，并对冲突进行登记；接着触发冲突归档器，对捕获到的冲突进行分析，建立各种冲突的关联图，通过分析冲突关联，分清冲突的主次，主要冲突具有消解的优先权；冲突消解器根据冲突的分类采用相应的消解策略，对计划冲突和知识冲突首先采用知识推理的消解策略，即采用基于规则的推理（rule-based reasoning，RBR）和基于实例的推理（case-based reasoning，CBR）相结合的消解方法，对数据冲突通常采用约束松弛的消解方法，对前两种方法难以解决的冲突，可采用仲裁的方法。

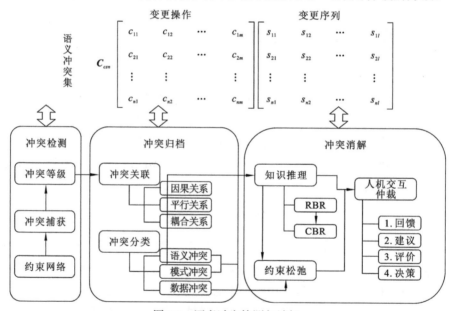

图 7.2　语义冲突检测与消解

2）突发事件应急决策知识语义融合

为了更好地对应急突发事件的知识进行管理从而降低知识预处理成本，以知识元模型为基础，对知识语义融合涉及的融合对象、信息源和相关属性进行知识表示。如图 7.3 所示，应急决策涉及 n 个相同类型的融合对象，表示为融合对象知识元。这些融合对象包含 m 个相关属性，表示为属性知识元，其中不同的属性信息来自多个信息源。知识元实例化形成信息单元，最终形成信息融合集。

融合对象知识元用来描述应急决策中涉及的多个相同类型的融合对象，是对融合

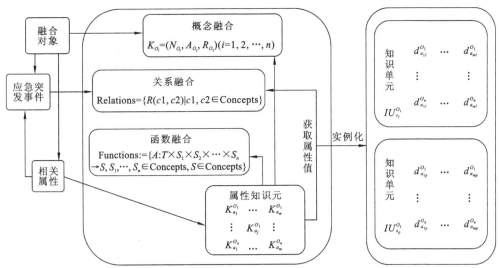

图 7.3　突发事件应急决策知识语义融合

对象的形式化表示。信息源知识元是对与该融合相关联的信息源的形式化表示。属性知识元用于描述融合对象的相关属性的形式化表达。信息是实例化后的知识,信息单元即为实例化的知识元。利用知识单元模型构建信息融合相关知识单元,并实例化形成信息单元,将融合对象的知识映射到信息层面。

决策知识融合接收多级知识单元,通过决策知识融合过程生成多级知识单元模型,包括灾害风险决策需求多级知识单元、灾害应急响应启动多级知识单元、灾害应急救助需求多级知识单元、灾后救助与恢复重建多级知识单元及救灾资源优化调度多级知识单元。决策知识融合包括概念融合、关系融合、谓词函数融合、决策模型融合和实例融合,概念融合和关系融合实现多级知识单元的层次结构描述,谓词函数融合、决策模型融合和实例融合实现多级知识单元语义模型。

2. 基于经验风险最小化的应急突发事件多决策融合

应急突发事件的多源、不确定信息对突发事件应急决策准确度会产生巨大影响,为此将基于决策模型的分布式辅助决策、案例推理、多智能体模拟、群决策与主-从决策等多种模型用于应急管理决策分析,实现多推理机协同推理和决策融合。但是,多决策融合存在每个决策结果融合权值的问题,采用经验风险最小化的方法,通过专家经验定义每个决策推理的权值,实现最优化多决策融合。本小节提出的基于经验风险最小化的应急突发事件多决策融合,关联事件每个阶段性决策特征,实现了应急突发事件"多阶段"决策级融合,提高决策的准确程度。

根据应急突发事件的决策推理任务,将多源不确定复杂问题求解,划分为多个规模相对较小的若干个不同问题的知识库。与经典的专家系统相比,多知识库专家系统的推理机分为主推理机和从推理机。先导知识库和主推理机是系统的逻辑控制中心。每个子知识库根据知识性质的不同采用不同的推理机制,子知识库与子推理机构成相对独立的问题求解单元。各个问题求解单元的推理结果相对独立,这些结果在主体推理逻辑上又构成主推理机的事实集。多知识库专家系统框架如图 7.4 所示。

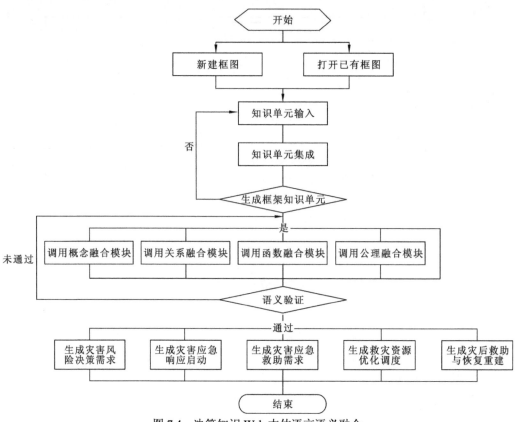

图 7.4　决策知识 Web 本体语言语义融合

基于该框架的复杂问题多库协同求解模型：利用前导知识库的领域知识规则来描述系统推理的逻辑模型，主推理机在利用前导知识库进行推理的进程中，根据任务的需要逻辑地调用激活相应的子问题求解单元，从推理机加载相应的子知识库进行局部问题推理求解，主推理机通过有机综合各子求解融合单元的推理结果。

从图 7.5 可知，来自确定性推理、不确定性推理、案例推理、模糊推理等多个推理

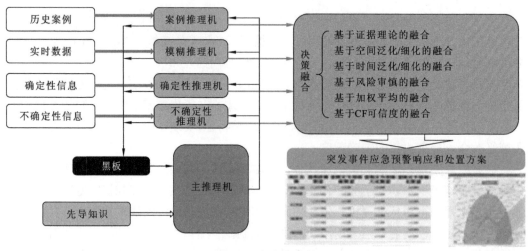

图 7.5　多决策融合

模块的推理结果有多个不完备的版本，在该模块中将其融合成一个完备的版本。基本的融合策略包括：基于证据理论的融合模型、基于空间泛化/细化的融合模型、基于时间泛化/细化的融合模型、基于风险审慎的融合模型、基于加权平均的融合模型、基于可信度因子（certainty factor，CF）的融合模型等。

多决策融合的主要作用是，提供各类各级决策结果的融合功能，这些功能在决策分析的各个阶段都将使用。该模块的核心是各种融合模型。这些模型的实现代码一部分直接集成在推理分析系统的核心，另一部分则以模型库的形式提供，可以由模型库管理程序来进行模型的维护。

应急决策推理机运行过程涉及多种情形下的融合。按融合的类型分，可分为空间融合与时间融合两大类，前者负责将决策分析网格中多个低级网格的决策结果融合成高级网格的决策结果，后者则负责将不同来源的决策结果融合成一个决策结果。按融合的级别分，又可分为推理机内部对多决策分支的融合、推理机之间多决策结果的融合、用户级融合即多专家决策结果的融合等。

多决策融合模块的融合模型在实现上采用两种方法，对于重要的和基本的融合方法，模型的实现代码会直接集成在推理分析的核心，扩展的其他模型则存放在模型库中，融合模型可以动态增加、删除和修改。

多决策融合首先分别从定性决策推理模块与定量决策分析模块获取定性推理数据与定量计算数据。对得到的数据，进行冲突判断：对于无冲突部分，通过决策组合完善决策内容；对于有冲突部分，结合决策知识库计算决策的可信度，采用加权平均法等方法实现决策融合。

7.1.3 面向应用的应急决策模型

1. 森林火灾风险决策分析

针对森林火灾灾害，基于应急预案、森林火灾突发事件处置案例、应急管理规则构建森林火灾应急风险决策模型。利用知识表述技术，对森林火灾突发事件的应急管理领域的知识进行表述，对森林火灾事件备灾需求进行决策推理分析。森林火灾风险决策支持模型流程逻辑如图 7.6 所示。

针对森林火灾，在吉林省敦化市做了应用示范，并在本次示范中通过森林火灾风险决策模型进行灾害风险决策，决策内容主要包括灾害损失预评估、备灾需求分析等。模型为吉林省敦化市森林火灾应急服务应用示范提供了风险决策方案，提升了吉林省敦化市森林火灾应用示范的应急风险决策能力。

2. 融雪型洪涝应急物资需求决策分析

融雪型洪涝应急物资需求决策分析主要解决融雪型洪涝灾害应急物资救助需求问题。模型的输入为融雪型洪涝灾情信息，将灾情分解为人口损失情况、房屋损失情况和其他损失情况。再结合社会经济数据、地理信息数据等，通过推理计算给出包括衣、食、住和其他 4 类救助需求方案。融雪型洪涝应急物资需求决策支持模型如图 7.7 所示。

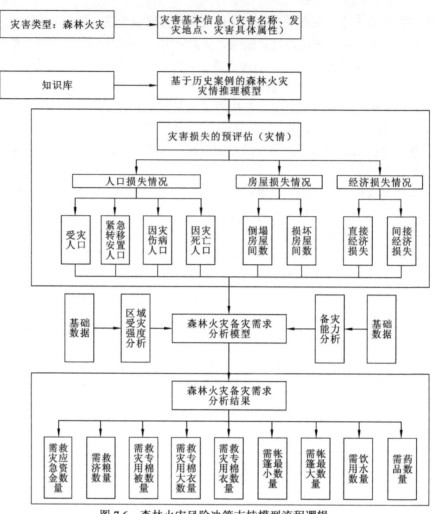

图 7.6 森林火灾风险决策支持模型流程逻辑

针对融雪型洪涝灾害制定应急物资救助需求决策，模型基于降水量、风险等级、流域等信息，对融雪型洪涝灾害进行应急决策推理，生成应急物资救助需求决策方案。方案的主要内容包括灾情信息、灾中应急响应能力、区域受灾强度、救助需求（衣/食/住/其他）等。该模型为洪涝灾害的应急救助提供了衣、食、住等多方面决策，提高了应用示范区域洪涝灾害的应急救助能力。

3. 滑坡泥石流应急预警响应决策分析

滑坡泥石流应急预警响应决策分析主要解决滑坡泥石流灾害预警响应启动问题。模型的输入为滑坡泥石流灾情信息，再结合社会经济数据、地理信息数据等，通过推理计算给出应急响应启动方案。滑坡泥石流应急预警响应决策支持模型如图 7.8 所示。

4. 应急处置决策分析

首先，对公共安全事件布控与处置环境展开研究，将人群分布、路网状态、道路容限等因素考虑在内，然后通过参数区间化的统计模型来建立公共安全事件布控与处置环

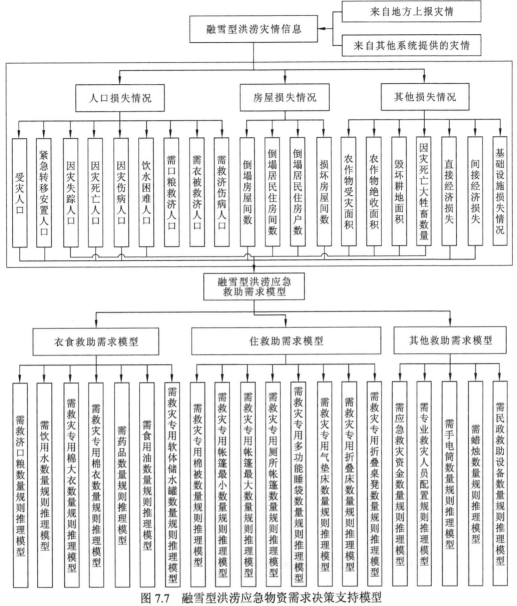

图 7.7　融雪型洪涝应急物资需求决策支持模型

境的不确定性度量方法；其次，研究动态不确定事件发生环境对公共安全事件布控与处置方案的扰动规律，度量环境质量不确定性对最优解的影响，构建动态不确定环境对公共安全事件布控与处置方案的动态扰动模型；最后，基于鲁棒优化的思想，构建动态环境下的公共安全事件预警响应决策支持模型，如图 7.9 所示。

突发事件应急联动建模技术路线如图 7.10 所示。利用基于本体建模的知识表述技术，对应急事件的应急管理领域的知识进行表述，分别构建应急事件 Ontology 语义模型、应急事件模型和应急事件处置受控词汇库；根据接入的应急事件时空变化信息（数据），在不确定性推理、案例推理和模型推理等定性推理和定量推理模型的支撑下，对应急事件"孕育—发生—发展"过程不同阶段（预警、响应、处置等）的应急处置问题进行决策分析；从而生成应急事件不同阶段的应急辅助决策方案集合；基于应急事件不同阶段

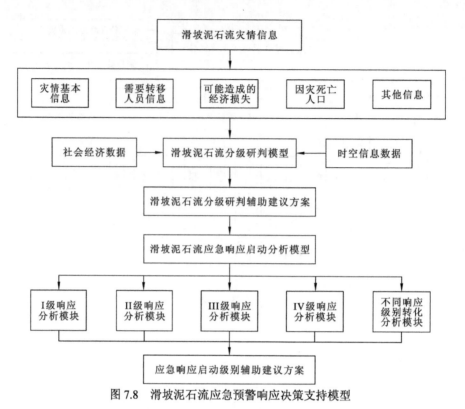

图 7.8 滑坡泥石流应急预警响应决策支持模型

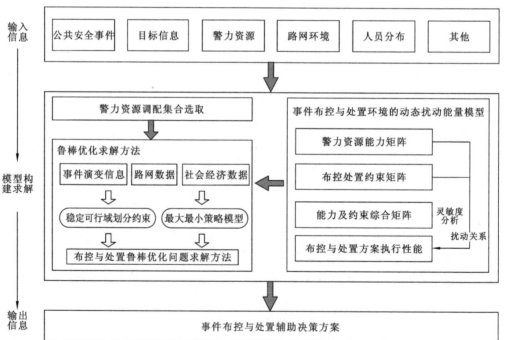

图 7.9 预警响应决策支持模型

的应急辅助决策方案集合,在主从推理协同、应急决策多库协同和多决策冲突消解等的支撑下,对应急事件应急预警响应不同的决策方案集合进行融合,从而获得应急事件不同阶段的应急响应和处置方案,为政府部门的突发事件应急处置提供辅助决策支撑。

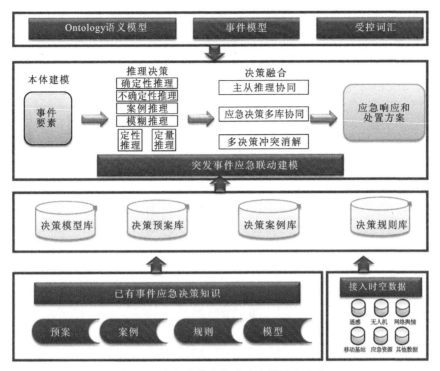

图 7.10　突发事件应急联动建模技术路线

　　为了验证应急方案的有效性，在某地区做了应急示范，在本次示范中使用应急处置决策支持模型对应急处置和指挥调度做了应急决策。依据示范中提供的目标点位置、分布、警力资源分布等多源不确定突发应急事件相关信息，使用应急处置决策支持模型对其进行决策，生成了包括警力资源调度、处置目标路径规划等相关内容的应急处置方案。通过该模型在应用示范区域的落地应用，验证了决策方案的有效性，提升了在该地区应急和处置能力。

7.2　融合空地多源异构数据的突发事件态势构建

　　关注恐怖袭击、公共安全等突发事件敏感区域地面可疑人员、机动车辆等动态可疑目标的行为，通过空地多源异构数据融合对目标与区域环境进行时空融合与关联，实现区域突发事件的态势构建，从而提高突发事件动态风险评估的准确率。本节的研究内容分为风险指标体系构建、多源情报信息的不确定性分析与决策、多维风险指标整合及风险指数生成与可视化 4 个部分。

7.2.1　基于领域专家知识的突发事件风险指标体系构建

　　恐怖袭击及突发事件的风险评估是对风险的感知与发现，是提升防范恐怖袭击与突发事件针对性的重要方法，是城市安全规划、应急力量部署、应急决策制定的重要依据。针对恐怖袭击与突发事件的发生机理与演化规律，从定量分析的角度出发，分析恐怖袭击及突发事件的相关因素，建立一套系统的多级风险指标体系（图 7.11）。

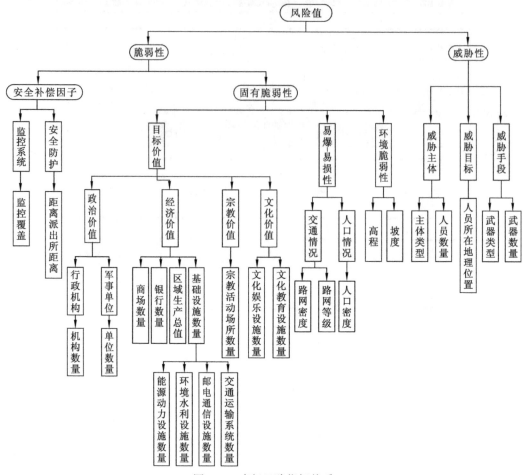

图 7.11　多级风险指标体系

　　根据对应急风险等级的估计，在明确各类突发事件风险评估对象和目标的基础上，通过对海量数据分析，研究恐怖袭击与突发事件的时空特征和发生机制，结合现有的网络科学、数据挖掘、博弈论中对恐怖袭击与突发事件定量分析的方法，从顶层设计的角度，将风险指标体系中的一级指标确定为脆弱性与威胁性。其中，脆弱性从环境学角度出发，特指政治、经济、人文、宗教等多种环境系统在特定时空尺度下，对外界干扰所具有的敏感度和自我恢复能力，是自然属性和人类干扰行为共同作用的结果。同时，考虑外界干扰存在的积极与消极的两面性，脆弱性又细分为补偿因子与固有脆弱性两个二级指标。固有脆弱性表示环境的易受攻击性，而安全补偿因子表示环境要素对固有脆弱性的补偿。另外，威胁性则是从时空统计分析的角度出发，特指恐怖袭击或突发事件的行动主体的时空规律、行为模式，以及与环境要素之间的时空关系对风险值的影响。

　　在以上顶层指标的指导之下，参考美国国防部数据融合联合指挥实验室（the Joint Directors of Laboratories）的 JDL 模型与全球恐怖主义数据库对每起恐怖活动事件的特征描述，并综合相关的国内研究情况，从微观的角度细化指标体系。以下从脆弱性与威胁性两个角度详细阐述细化思路。

通过对研究区域环境特征的缜密分析，脆弱性指标的细化综合考虑自然资源、地理环境、人口分布、经济概况、交通运输与国家基础设施等环境要素，深入分析其物理依赖风险、政策、措施依赖风险、社会依赖风险，选取包含人口密度、路网等级在内的 19 个底层指标对脆弱性风险计算进行微观角度的支持。

威胁性指标的细化是通过利用聚类、异常探测、概率分析等数学模型，对恐怖袭击与突发事件的主体目标进行行为模式与活动规律的建模，构建时空演化动态网络，达到对事件主体的活动时间及行动范围的精确推断，支持威胁性风险指标的计算。

经过以上对恐怖袭击与突发事件的全方位的分析与研究，形成一个完善而又有效的多级风险指标体系。

7.2.2 多源情报信息的不确定性分析与决策

不同来源途径的多源情报信息具有不确定性，情报之间可能会存在冲突，给信息的融合和风险指数的生成带来困难，本小节采用 D-S 证据理论（Dempster-Shafer envidence theory）解决多源情报信息不确定性的冲突问题。

D-S 证据理论简称 D-S 理论，是一种处理不确定性问题的完整理论。它不仅能够强调事物的客观性，还能强调人类对事物估计的主观性，其最大的特点就是对不确定性信息的描述采用"区间估计"，而非"点估计"，在区分不知道和不确定方面，以及精确反映证据收集方面显示出很大的灵活性。首先对情报信息进行分解，其次根据 D-S 证据理论得出情报源可靠度。实现了多源情报信息的不确定性分析与决策。

7.2.3 融合事件要素信息的多维风险指标整合

针对现有的事件要素融合与多维风险指标整合技术中存在的评估过程缺乏灵活性，评估结果不能动态调整，各因子之间的关系难以表达等问题，本小节结合专家先验知识与高维张量模型实现了指标体系的量化与多维风险的整合，通过引入自定义机制实现了评估结果的动态调整。

首先，通过融合多源异构的各类事件要素信息结合构建的突发事件风险指标体系提取出相应的静态可疑目标与敏感区域环境要素的空间分布特征，借助核密度估算法寻找环境要素的密度核点，抽象为核点对周边邻域的吸引行为，实现利用环境要素的种类、数量和密度对风险指标体系中的脆弱性部分的量化。与此同时，采用复杂线状实体自动简化的策略将目标群体时空轨迹点状化，转化为一系列轨迹有效时空点，通过一种基于轨迹时空聚类的动态可疑目标时空分布探测方法，指导指标体系中威胁性部分的量化。

量化的底层指标利用二维风险矩阵进行存储与表示，进而可以将由若干底层指标有机结合而成的风险指标体系利用一个高维的风险张量进行表示，风险张量的特征数对应底层指标数，风险张量的特征图对应底层指标的二维风险矩阵。针对不同特征图之间存在不确定因素难以进行不同特征图权重定量分析的问题，本小节灵活地引入专家先验知识，对公共安全领域的专家意见进行统计、处理、分析和归纳，客观地综合多数专家经验与主观判断，对难以采用技术方法进行定量分析的特征图之间的定权问题做出合理估算。最后基于风险张量特征图的二维风险矩阵与其对应的权重，利用线性函数进行降维，统筹风险张量的所有特征图，从而实现多维风险指标的整合。

在保证提出的专家先验知识与高维张量模型对风险指标体系的客观、准确地整合的基础上，为了提高模型的泛化能力与迁移能力，在构建的系统中，允许用户对风险张量特征图的权重进行自定义赋值，以适应客观情况的变化。多维风险指标中的每一类指标风险值可视化如图 7.12 所示。

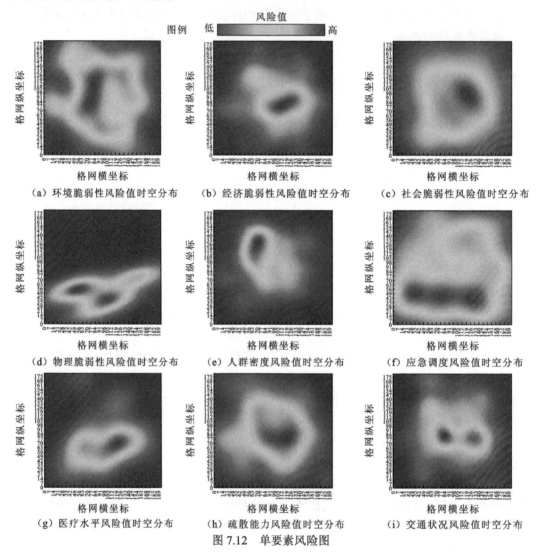

（a）环境脆弱性风险值时空分布　　（b）经济脆弱性风险值时空分布　　（c）社会脆弱性风险值时空分布

（d）物理脆弱性风险值时空分布　　（e）人群密度风险值时空分布　　（f）应急调度风险值时空分布

（g）医疗水平风险值时空分布　　（h）疏散能力风险值时空分布　　（i）交通状况风险值时空分布

图 7.12　单要素风险图

7.2.4　突发事件风险指数生成与可视化

针对高维空间数据难以进行直观可视化分析的问题，本小节提出张量分解—数据归一—特征映射的风险指数生成与可视化流程。首先将高维的风险张量的特征图单独抽出，进行数据归一化，通过二维矩阵中的数值从[0,1]到[0,255]的映射，生成假彩色图片，以表征指标要素在地理空间上产生的风险分布情况。

同时融合道路、水系、建筑物等二维矢量图像，与可视化后风险指数的假彩色图片进行有机整合（图 7.13），以突出风险分布的地理语义含义。

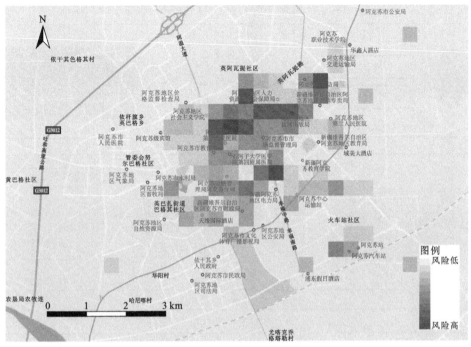

图 7.13　风险图可视化

7.3　融合区域态势信息的突发事件演化分析与风险评估

在恐怖袭击、公共安全事件中，携带危险属性的动态可疑目标主要是 5 人以上可疑人员构成的群体。事件过程通常包括酝酿阶段、发生阶段及消散阶段，具有高度动态和随机性的特点，这就要求相关人员必须在高度不确定性和时间压力下，根据实时态势，迅速做出决策。针对以上问题，本节通过融合空地多源异构时空大数据，结合多阶马尔可夫理论，融合历史数据和经验模型完成突发事件实施主体的目标意图或发展动向解析，实现对敏感区域内突发事件的风险动态评估。

通过采用视频监测跟踪获取的动目标时空移动轨迹，通过设定距离阈值与时间阈值，提取动目标轨迹中具有特定语义含义的停留点，采用经典的具有噪声的基于密度的聚类方法（density based spatial clustering of applications with noise, DBSCAN），对停留点进行聚类分析，构建动目标的历史场所访问模型，为了耦合时间与空间，综合分析动目标的行为规律，从历史场所的停留时间与访问次数两个角度出发，定义停留度、访问度两个统计学分析指标，从而解析动目标历史场所访问模型的时空特征，最后，应用二阶马尔可夫的思想，计算历史场所访问模型中各场所之间的转移概率，解决对未来时刻动目标的轨迹预测问题，进而实现对事件风险的动态、综合评估。

本节综合停留点提取、时空聚类与异常探测等技术，通过分析动目标的时空轨迹及其活动规律，基于时空聚类方法进行动目标活动场所探测，在此基础上顾及动目标异常行为实现动目标轨迹预测，提出基于马尔可夫链的动态风险评估技术，实现对敏感区域内恐怖袭击突发事件的风险等级动态评估。具体技术路线如图 7.14 所示。

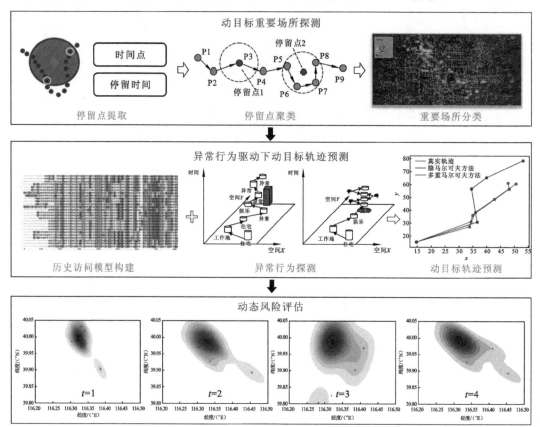

图 7.14 基于马尔可夫链的动态风险评估技术路线图

7.3.1 基于时空聚类的目标活动场所探测模型

1. 行为轨迹停留点提取

原始动目标轨迹数量繁多，信息密度低，如何从中提取出有价值的规律、信息并加以应用，对初步理解动目标的行为有重要的意义，同时为后续重要场所探测与动态风险评估夯实基础。因此，本小节提出一种时空聚类的动目标停留点挖掘方法，解决动目标的行为特征挖掘问题。

停留点提取旨在根据个体监控摄像头轨迹数据所记录的摄像头时间序列和地理位置信息，计算轨迹点之间的时间差与距离差，识别轨迹点的时空变化，提取出能代表个体停留一段时间的地理区域，并将该地理区域抽象为个体的停留点，以提取可疑目标的时空活动序列与行为活动规律。具体建模方式如下。

根据个体监控摄像头轨迹数据所记录的摄像头时间序列，按照个体监控摄像头轨迹数据中各个摄像头探测到个体所记录时间信息的顺序，从 t_i 时刻开始向下一个时刻 t_j 进行扫描；其中，$1 \leqslant i \leqslant n$，$i \leqslant j \leqslant n$，$n$ 表示总的时间戳个数。计算 t_i 时刻个体所在的摄像头 C_{t_i} 与 t_j 时刻个体所在的摄像头 C_{t_j} 之间的欧氏距离。

判断摄像头 C_{t_i} 与 C_{t_j} 之间的欧氏距离与预设的距离阈值 distThreh 的关系，当摄像头 C_{t_i} 与 C_{t_j} 之间的欧氏距离小于所述距离阈值 distThreh 时，个体的移动在允许的范围之内，t_i 不动，t_j 继续向下一个时刻 t_{j+1} 扫描，并令 $t_j = t_{j-1}$，当摄像头 C_{t_i} 与 C_{t_j} 之间的欧氏距离大于所述距离阈值 distThreh 时，通过式（7.1）计算 t_j 与 t_i 之间的时间段长度。

$$D_t(C_{t_i}, C_{t_j}) = t_j - t_i \tag{7.1}$$

判断 t_i 与 t_j 之间的时间段长度 $D_t(C_{t_i}, C_{t_j})$ 与预设的时间阈值 timeThreh 之间的关系：当 $D_t(C_{t_i}, C_{t_j})$ 大于所述时间阈值 timeThreh 时，表示个体在摄像头 C_{t_i} 与摄像头 C_{t_j} 之间的活动满足形成停留点的条件，将集合 $\text{Stay}_k = \left\{ C_{t_i}, C_{t_{i+1}}, \cdots, C_{t_j} \right\}$ 作为第 k 个停留点；当 $D_t(C_{t_i}, C_{t_j})$ 小于所述时间阈值 timeThreh 时，表示个体在摄像头 C_{t_i} 与摄像头 C_{t_j} 之间的活动不满足形成停留点的条件，不生成停留点。在所有的停留点提取完成后，通过式（7.2）计算每一个停留点 Stay_k 中摄像头的平均位置 (X_{kmean}, Y_{kmean})，并将该平均位置作为相应停留点 Stay_k 的地理位置。

$$
\begin{aligned}
X_{kmean} &= \sum_{m=1}^{\text{Num}(\text{Stay}_k)} \frac{\text{sum}(c_{km} \cdot X)}{\text{Num}(\text{Stay}_k)} \\
Y_{kmean} &= \sum_{m=1}^{\text{Num}(\text{Stay}_k)} \frac{\text{sum}(c_{km} \cdot Y)}{\text{Num}(\text{Stay}_k)}
\end{aligned}
\tag{7.2}
$$

2. 基于 DBSCAN 的停留点聚类及特征值计算

停留点只能代表动目标某一时间在特定的地点存在短暂停留的行为，诸如等公车、逛便利店、寄快递等微小行为也会纳入其中，但这些都偏离了需要挖掘的重点，均为噪声数据，所以需要根据所述个体停留点的地理位置进行空间聚类，在更高的层面上将停留点抽象为停留区域，去除数据稀疏或者噪声的影响，并计算停留区域内的时空特征值，进而描绘出动目标的地理行为画像，进一步理解动目标的时空行为特征。

利用基于密度聚类中的 DBSCAN 方法对个体的所有停留点进行聚类，聚类得到结果包含若干个簇 Cluster_m 和边缘点 Noise_n。将每一个簇 Cluster_m 都作为一个停留区域 StayRe_m，计算每一个簇中停留点 Stay_k 的平均位置 (X_{kmean}, Y_{kmean})，并将该平均位置作为相应停留区域 StayRe_m 的地理位置，可表示为

$$\text{StayRe}_m = \text{Cluster}_m = \left\{ \text{Stay}_{m1}, \text{Stay}_{m2}, \cdots, \text{Stay}_{mn} \right\}$$

$$
\begin{aligned}
X_{kmean} &= \sum_{n=1}^{\text{NumS}(\text{StayRe}_m)} \frac{\text{sum}(\text{Stay}_{mn} \cdot X)}{\text{NumS}(\text{StayRe}_m)} \\
Y_{kmean} &= \sum_{n=1}^{\text{NumS}(\text{StayRe}_m)} \frac{\text{sum}(\text{Stay}_{mn} \cdot Y)}{\text{NumS}(\text{StayRe}_m)}
\end{aligned}
\tag{7.3}
$$

获取到停留区域后，需要计算动目标在相应停留区域内的活动特征，这里选择两个特征，一个是停留度 StayRatio_m，另一个是访问度 AccessRatio_m。其中停留度衡量动目标在停留区域内的停留时间的长短，而访问度衡量动目标对停留区域的造访频繁度，可表示为

$$\text{StayRatio}_m = \sum_{n=1} \frac{(\text{Stay}_{mn} \cdot \text{LevT} - \text{Stay}_{mn} \cdot \text{AriT})}{\text{Num}(\text{Stay}_{mn})}$$

$$\text{AccessRatio}_m = \sum_{n=1} \frac{\sum_{k=1} \text{Cam}_{mnk} \cdot \text{Fre}}{\text{Num}(\text{Stay}_{mn})} \qquad (7.4)$$

式中：StayRatio_m 为所述停留区域的停留度；Stay_{mn} 为第 m 个停留区域中第 n 个停留点；$\text{Stay}_{mn} \cdot \text{AriT}$ 为访问停留点 Stay_{mn} 的时间；$\text{Stay}_{mn} \cdot \text{LevT}$ 为离开停留点 Stay_{mn} 的时间；$\text{Num}(\text{Stay}_{mn})$ 为停留点 Stay_{mn} 中摄像头的个数；AccessRatio_m 为所述停留区域的访问度；Cam_{mnk} 为停留点 Stay_{mn} 中第 k 个摄像头；$\text{Cam}_{mnk} \cdot \text{Fre}$ 为摄像头 Cam_{mnk} 的访问次数。

对于每一个停留区域 StayRatio_m 建立一个由停留度和访问度组成的二元向量 $\boldsymbol{x}[\text{StayRatio}_m, \text{AccessRatio}_m]$，将该二元向量作为一个样本，并将个体的所有停留区域的二元向量作为一个样本空间。

3. 基于异常值判断的个体重要场所提取

探测出的停留区域对动目标而言，并非都是意义重大的场所，动目标也会产生与普通人相同的行为规律，同样去办公楼上班、同样去商场购物、同样去餐厅消费。只有在目标区域附近踩点或者在集会地点密谋时，才会出现显著不同的行为特征，所以需要对停留区域的特征值进行异常判断。因为不同特征量的量纲均不尽相同，为统一分析，这里选取马氏距离以消除不同量纲之间的影响，进而提取异常停留区域，并将异常停留区域视为动目标重要场所。

对于由停留区域特征值构成的样本空间，通过式（7.5）计算每个样本点到样本中心的马氏距离 MaDist_m：

$$\text{MaDist}_m = \sqrt{(x - \mu_X)^t S^{-1} (x - \mu_X)} \qquad (7.5)$$

式中：$\mu_X = E[\mu_{X1}, \mu_{X2}]$；$S^{-1} = E[(X - \mu_X)^{\mathrm{T}}(X - \mu_X)]$。

计算马氏距离后采用箱形图工具进行异常值判断。对个体的所有马氏距离值进行箱形图分析，将超过箱形图上限的值视为异常值，将马氏距离被视为异常值的停留区域筛选出来，并将筛选出来的马氏距离对应的停留区域视为个体的重要场所 Implace_l。

4. 个体重要场所分类

提取动目标重要场所后，还需要对动目标的重要场所进行分类，明确动目标的住址、藏匿地、集会场所及疑似的袭击目标或区域，对警力部署及动目标的精准打击十分的重要。这里，按照动目标在不同重要场所活动的时间段特点，对个体的每个重要场所进行分类。

计算个体在所有重要场所中花费时间最长的重要场所，并将该重要场所标记为第一重要场所，该场所通常为动目标的藏匿地与住址；除所述第一重要场所以外，计算个体在所有重要场所中白天花费时间最长的重要场所，并将该重要场所标记为第二重要场所，该场所分别为动目标的工作场所或可能袭击目标；除所述第一重要场所与所述第二重要场所以外，计算个体在所有重要场所中晚上花费时间最长的重要场所，并将该重要场所标记为第三重要场所，该场所分别为动目标的集会场所或者娱乐场所。

5. 基于重要场所的动态风险评估

通过加权空间密度估计的方法，将动目标重要场所挖掘的结果服务于风险评估，清晰直观地反映出动目标的活动规律对风险分布的影响，从而为应急力量部署与应急决策制定提供科学支持。

设研究区域内三类重要场所分别为：第一重要场所 $Place_1^{(i)}, i=1,2,\cdots,N_1$；第二重要场所 $Place_2^{(i)}, i=1,2,\cdots,N_2$；第三重要场所 $Place_3^{(i)}, i=1,2,\cdots,N_3$。进而根据这三类重要场所，估计研究区域内每一个地理位置 (x,y) 的风险值为 $R(x,y)$，可表示为

$$R(x,y) = \sum_{k=1}^{3} \omega_k \sum_{i=1}^{N_k} e^{\frac{dist(Place_k^{(i)})^2}{2b}} \tag{7.6}$$

式中：$\omega_1=3$、$\omega_2=2$、$\omega_3=1$ 为三类重要场所的风险加权权重，意为场所对动目标的重要性越高，其产生的风险值也越高，其中第一重要场所极有可能包含袭击的目标，所以这个假设合理。$dist(Place_k^{(i)})$ 函数计算 (x,y) 与相应重要场所 $Place_k^{(i)}$ 之间的距离，说明远离动目标活动区域的地区，其风险值逐步降低。最终，可以计算出整个研究区域内的风险分布，以评估暴力袭击事件动态风险。

6. 实验分析

1）实验数据

实验所采取的数据为模拟的城市监控摄像头位置点数据与模拟的动目标视频轨迹点数据。

其中，城市监控摄像头位置点数据覆盖了模拟区域所有主要街道，点数接近 30 万个点，地理分辨率为 300 m 左右，每一个摄像头点位数据为一个二元组[经度，维度]，表示该摄像头的地理位置。该模拟数据并不直接参与研究方法的计算，而是进行动目标视频轨迹点数据模拟的跳板，为主要数据的模拟提供基础。

根据城市监控摄像头位置点数据，选取其中小部分摄像头，依照地理顺序分别赋予递增的时间戳，形成一条动目标的模拟轨迹，迭代以上过程 50 遍，最终获得 50 条形态各异的动目标模拟轨迹数据。再人为地设置相应的动目标重要区域，修改其中轨迹点的时间戳，以达到模拟动目标频繁访问及长时间停留重要场所的时空行为规律特点，足以支撑风险评估工作。

2）实验结果

采用上一部分模拟的研究区域内 50 个个体的监控摄像头轨迹数据，对所提出的方法进行实验验证。各实验步骤及结果如下。

（1）行为轨迹停留点提取。针对监控摄像头轨迹数据，以 200 m 为距离阈值，30 min 为时间阈值，采用本节提出的方法，计算出个体的停留点，结果如图 7.15 所示。

（2）基于 DBSCAN 的停留点聚类及特征值计算。以 300 m 为距离阈值，2 为邻域样本数阈值，对停留点进行 DBSCAN 聚类，并按照本节提出的方法，挖掘动目标的停留区域，并计算相应的特征值，图 7.16 中两张表的 x、y 轴分别代表停留区域的地理坐标，z 轴表示停留区域的两个特征值，即停留度与访问度。

图例 ● 停留点

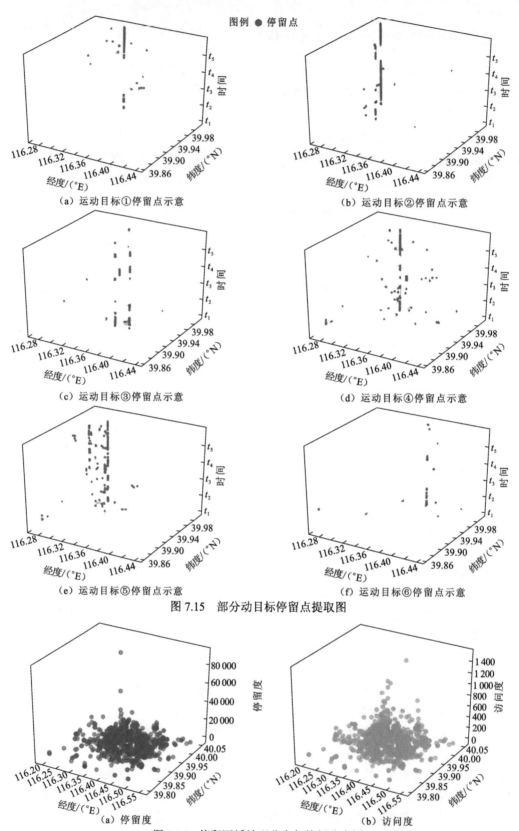

（a）运动目标①停留点示意　　　　　　　　　（b）运动目标②停留点示意

（c）运动目标③停留点示意　　　　　　　　　（d）运动目标④停留点示意

（e）运动目标⑤停留点示意　　　　　　　　　（f）运动目标⑥停留点示意

图 7.15　部分动目标停留点提取图

（a）停留度　　　　　　　　　　　　　　　（b）访问度

图 7.16　停留区域地理分布与特征分布图

（3）基于异常值判断的个体重要场所提取。按照本节提出的方法计算每个停留区域的马氏距离，并且利用箱形图判断异常值，从而提取个体的重要场所，结果如图 7.17 所示。

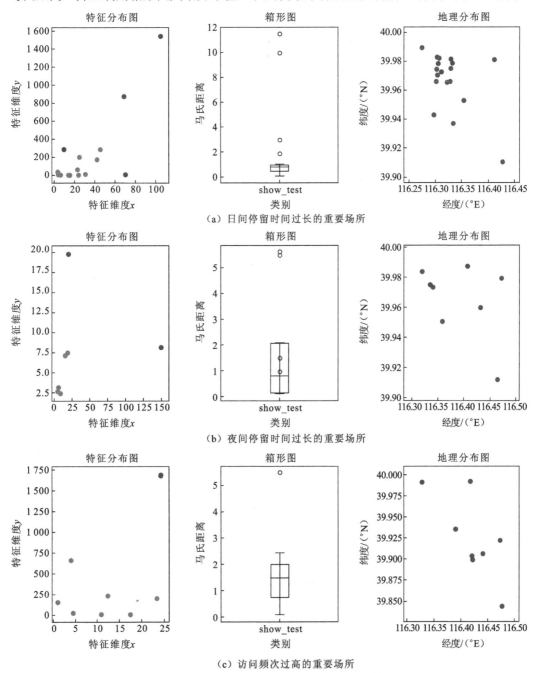

（a）日间停留时间过长的重要场所

（b）夜间停留时间过长的重要场所

（c）访问频次过高的重要场所

图 7.17　基于异常判断的个体多类型重要场所提取

（4）最后按照个体重要场所分类部分的方法对所有个体的重要场所进行分类提取，结果如图 7.18 所示。可以发现，动目标重要场所在单个类别中分布得较为集中，在不同类别之间分布得较为分散。这是因为考虑用户的不同异常行为模式的优势，可以准确地根据动目标的行为模式的差异对动目标的重要场所进行分类。

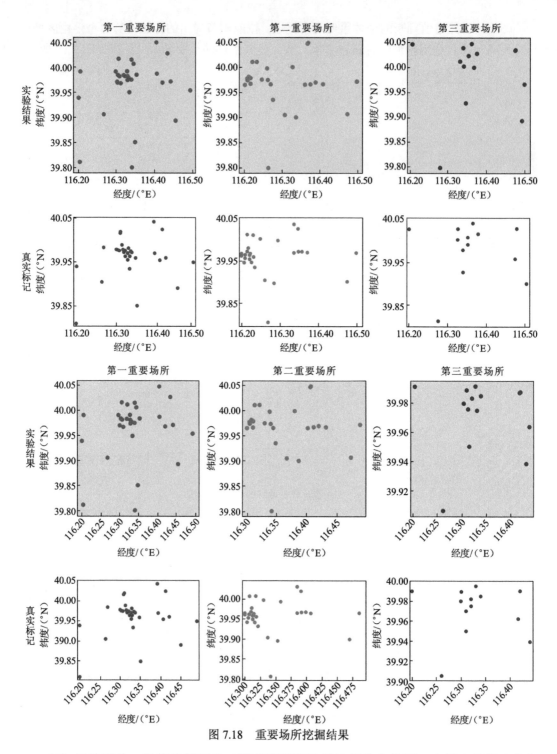

图 7.18　重要场所挖掘结果

（5）风险评估。最终将得到的三类重要场所及其地理分布位置，应用本节提出的加权密度估计方法，得到整个研究区域的风险地形模型以评估动目标的重要场所风险。

3）对比分析

目前主流的基于轨迹数据探测个体重要场所的技术大多采用 GPS 轨迹，在基于视频轨迹的重要场所挖掘与基于动目标的重要场所挖掘方面的研究还处于空白。那么，在现有基于个体 GPS 轨迹的重要场所挖掘研究方法之中，其探测方法大体分为以下两种。

一是基于个体的移动模式规律的方法，该方法利用概率模型对个体的历史位置访问情况进行建模，比如有研究者采用改进的隐马尔可夫模型，将整体时间分成若干个相等的时间间隔，通过不同的时间间隔之间个体在不同的目的地之间的转移关系，结合兴趣点（point of interest，POI）信息探测个体的重要场所。

二是基于个体轨迹点的空间分布的方法，这种方法采用密度聚类的思想，首先对每个 GPS 点进行领域分析，形成领域表，领域表中记载着个体 GPS 点的邻近点，然后根据领域表计算每个 GPS 点的领域密度，通过领域密度与预设阈值的对比来筛选个体重要场所。

性能评价指标采用准确率进行定量评价。准确率越高，说明估计值越接近真实值，算法效果越好。具体计算方法为 $P=n/N$，其中，N 为测试集中的重要场所总数目；n 为示重要场所预测正确的数目。探测正确的定义为，算法探测出的重要场所的点与标记的重要场所之间的距离小于 1 km 即算一次正确的重要场所探测结果，用正确的结果数除以标记的重要场所数，来定义算法对重要场所的探测精度。从精度上来看，第二种对比方法（DBSCAN）探测出的重要场所繁多且杂乱，探测精度不高，受噪声数据的影响较大。第一种方法（K-means）虽然探测出的重要场所数目与标记的数目相当，但是结果都有一定的偏移，推测是由于该方法在面对动目标具有复杂、特殊的行为规律时无法较好地适应。结合先验标记结果，验证该模型精度能够达到 85%，而现有的模型方法在这套数据的准确率为 43%～70%。具体对比结果如图 7.19 所示。

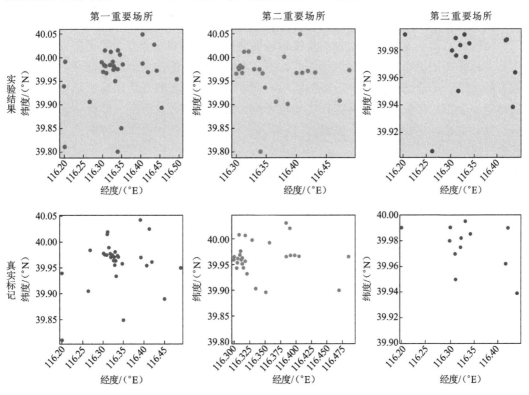

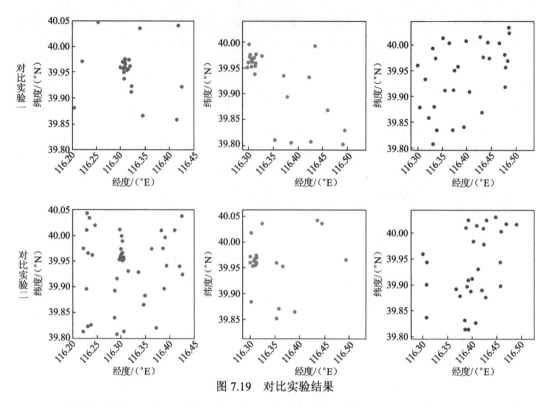

图 7.19　对比实验结果

　　从模型适用度上分析，两种对比实验方法都无法根据动目标在不同时段的活动信息进一步进行语义上的分类，而本节提出的方法可以分别赋予重要场所各自的语义类别。综上所述，本节提出的方法显著适用于背景任务，且具有一定的先进性。

　　同时，目前从重要场所挖掘的角度对恐怖袭击或者公共安全方面的风险评估研究大多都是从静态的城市基础设施进行评估，而未考虑动态目标的主体行为特征对风险分布的影响，是一个静态的、长期不变的风险，而本节提出的重要场所风险评估方法在相同的地理环境下，会依照动目标的行为特征不同，及时地适应且改变风险评估的结果，具有长期动态性，更加的科学、灵活。

7.3.2　异常行为驱动的轨迹预测模型

1. 动目标历史访问模型构建

　　不管是针对动目标的异常探测还是行为预测，都是对动目标的大量杂乱无章的时空活动信息进行规律提取与模式挖掘，同样需要对这些海量的轨迹数据进行初步的行为规律特征提取，以进一步地了解动目标的活动特征。

　　本节提出的方法借鉴于目标活动场所探测模型中的停留区域挖掘方法，同样针对动目标的轨迹进行含有语义特征的停留区域挖掘，对动目标的行动轨迹进行高度抽象，之后将每个停留区域绑定动目标访问的时间，作为动目标的行为状态，构建动目标历史访问模型，从时间上描述动目标的行为规律，为后续的预测构建数据基础。

首先，通过突发事件动态目标的视频轨迹分析，识别轨迹点的时空变化，设定距离阈值 distThreh 与时间阈值 timeThreh，按照轨迹数据中各个摄像头探测到个体所打下的时间戳的顺序，从一个时刻 t_i 开始，向下一个时刻 t_j 进行扫描，提取在满足距离阈值 distThreh 的范围之内行程时间超过时间阈值 timeThreh 的子轨迹，通过计算子轨迹的中点来代表该子轨迹覆盖的地理区域，该中点称为停留点，可表示为

$$X_{kmean} = \sum_{m=1}^{\text{Num(Stay}_k)} \frac{\text{sum}(c_{km} \cdot X)}{\text{Num(Stay}_k)}$$
$$Y_{kmean} = \sum_{m=1}^{\text{Num(Stay}_k)} \frac{\text{sum}(c_{km} \cdot Y)}{\text{Num(Stay}_k)} \qquad (7.7)$$

相比于普通轨迹点，被提取出的停留点具有一定语义含义，能在特定程度上反映动目标的访问行为。

针对由环境要素导致停留点分布不均匀的问题，利用基于密度聚类中的 DBSCAN 算法对个体的所有停留点进行聚类，聚类得到结果包含若干个簇 Cluster_m 和边缘点 Noise_n，将每一个簇 Cluster_m 都作为一个停留区域 StayRe_m，计算每一个簇中停留点 Stay_k 的平均位置 (X_{kmean}, Y_{kmean})，并将此平均位置作为相应停留区域 StayRe_m 的地理位置进行表示。从而在停留点的基础上进一步将语义含义进行凝练，构建动目标的历史场所访问模型。

2. 二阶马尔可夫预测模型构建

针对上一步构建的动目标历史场所访问模型，创新性地引入二阶马尔可夫模型对其进行状态转移矩阵的构建。二阶马尔可夫模型弥补了一阶马尔可夫模型仅考虑动目标行为一阶相关性的缺点，使模型结果可以更好地解释动目标的复杂行为规律。

融合历史数据和经验模型，完成突发事件实施主体的目标意图或发展动向解析，并结合动目标的发展动向与历史场所访问模型，应用动目标访问场所之间的相互作用关系，考虑动目标 t 时刻所在的场所与 $t+1$ 时刻所在的重要场所构建一阶状态序列，S 描述动目标在研究区域内按时间经过的不同重要场所序列：

$$S = \{\text{StayRe}_1, \text{StayRe}_2, \cdots, \text{StayRe}_T\} \qquad (7.8)$$
$$\text{StayRe}_t \in \{\text{StayRe}_m \mid m \in [0, M]\}$$

并进一步纳入 $t-1$ 时刻的动目标所在重要场所信息，将一阶状态序列转化为二阶状态序列 S^2：

$$S^2 = \{\text{State}_1, \text{State}_2, \cdots, \text{State}_T\} \qquad (7.9)$$
$$\text{State}_t \in \{\text{StayRe}_m, \text{StayRe}_n \mid \forall m, n \in [0, M]\}$$

可以发现此时的状态即为当前时刻与上一时刻所经过的重要场所的组合，根据可疑目标历史状态序列中不同的二阶状态之间的转移统计规律，计算二阶状态的转移矩阵，构建二阶马尔可夫模型，如图 7.20 所示。

进而构建二阶马尔可夫状态转移矩阵（图 7.21），描述动目标在不同状态之间的转移关系。

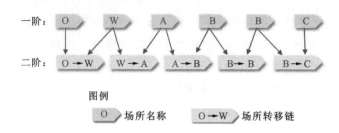

图例   O 场所名称   O→W 场所转移链

图 7.20 一阶马尔可夫链与二阶马尔可夫链

二阶 场所转移链	一阶场所名称			
	H	**W**	**L**	**O**
H→W	1.00	0.00	0.00	0.00
H→L	1.00	0.00	0.00	0.00
H→O	0.64	0.34	0.00	0.00
W→H	0.00	0.84	0.08	0.08
L→H	0.00	0.50	0.00	0.50
O→H	0.00	1.00	0.00	0.00
O→W	1.00	0.00	0.00	0.00

图 7.21 转移矩阵

3. 融合精细异常行为的动目标轨迹预测

考虑动目标的特殊行为规律与更加精确的预测需求，需要在用于预测的状态转移矩阵中加入异常探测的结果进行修正，在重要场所探测部分，已经对停留区域进行了一次异常探测，但该异常探测更多的是基于语义特征的异常，而不是基于精细运动特征的异常，因此，这里引入一种在重要场所附近提取精细行为运动特征异常的方法，并结合状态转移矩阵，进行动目标的轨迹预测。

为了探测异常，首先需要定义标准子轨迹如下：O 代表停留区域即状态转移矩阵中的状态；ROI 代表停留区域的矢量面区域的缓冲区；τ 代表动目标轨迹；S 代表动目标在 ROI 内的子轨迹，当且仅当 $S \cap O \neq \varnothing$ 时，称 S 为标准子轨迹。

进而通过空间集合运算，提取停留区域附近以下三种精细行为异常。

1）环绕行为

令 Duration(S) 表示子轨迹 S 在 ROI 内的持续时间，如果 $S \cap O = \varnothing \cap$ Durantion(S) > $\min D$，则表示动目标在停留区域 O 附近出现了环绕行为，如图 7.22 所示，其中 $\min D$ 为人为设定的时间间隔阈值。

2）逃匿行为

令子轨迹 S、朝向停留区域 O 的子轨迹 S_{in} 与远离停留区域 O 的子轨迹 S_{out} 分别为

$$S = (p_j, p_{j+1}, p_{j+2}, \cdots, p_k) \tag{7.10}$$

$$S_{in} = (p_q, p_{q+1}, p_{q+2}, \cdots, p_w) \tag{7.11}$$

$$S_{out} = (p_w, p_{w+1}, p_{w+2}, \cdots, p_k) \tag{7.12}$$

可以发现 $S_{in}+S_{out}=S$，也就是说 S_{in} 与 S_{out} 是针对子轨迹 S 的再一次分割，设 Speed(*) 为相应子轨迹的平均速度，那么当且仅当 $(\text{Speed}(S_{out})-\text{Speed}(S_{in}))>\min V$ 时，动目标在停留区域 O 附近出现了逃匿行为，如图 7.23 所示。

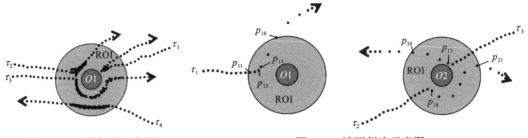

图 7.22　环绕行为示意图　　　　　　　　图 7.23　逃匿行为示意图

3）折返行为

令 Angle($\star$,#) 表示相应子轨迹之间的夹角，当且仅当 $(S\cap O=\varnothing)\cap\text{Angle}(S_{in},S_{out})<\max\text{Angle}$ 时，动目标在停留区域 O 附近出现了折返行为，如图 7.24 所示。

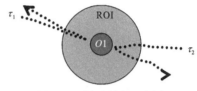

图 7.24　折返行为示意图

挖掘出相应的异常行为后，标出含有精细异常行为的重要场所，也就是转移矩阵中的状态，并且按照异常行为出现的频率赋予其转移矩阵中相应单元的权值。修正其转移矩阵，也就是说，动目标在某个状态（停留区域）处发生了较多的异常行为，则有理由相信该地区在未来时刻更有可能被动目标造访。按照当前轨迹所在的状态，即可根据修正后的转移矩阵预测下一时刻可能出现的位置 State_{t+1}。

$$\text{State}_{t+1} = \text{argmax}(P(\text{State}_{t+1}\mid\text{State}_t,\text{State}_{t-1}))\qquad(7.13)$$

4）动态风险评估

轨迹预测的结果，为短期内快速、动态地计算与更新研究区域内的风险值提供了基础。由于动目标的轨迹是实时变化的，所以每个地理位置的风险值也是实时更新的，令 t 时刻地理位置为 (x,y) 处的风险值为 $R_t(x,y)$，则可以计算为

$$R_t(x,y) = \sum_{s=1}^{S} P(\text{State}_{t+s}\mid\text{State}_t,\text{State}_{t-1})e^{\frac{-\text{dist}(\text{State}_{t+s})^2}{2b}}\qquad(7.14)$$

式中：$P(\text{State}_{t+s}\mid\text{State}_t,\text{State}_{t-1})$ 为预测模型预测第 s 步的状态为 State_{t+s} 的概率值；$\text{dist}(\text{State}_{t+s})$ 为地理位置 (x,y) 与状态 State_{t+s} 之间的距离。可以认为每一个状态都是一个高斯分布的核密度风险表面，但是在各个状态的风险表面叠加的过程中，通过预测模型提供的条件概率予以加权，动目标可能出现的地方概率越高，其风险值也越大，同时，风险值也会随着时间的推移，根据动目标不同的行为特征而迅速变化，从而达到在短期内动态评估敏感区域内风险值的需求。

5）实验分析

（1）实验数据。实验所采取的数据同重要场所探测部分为模拟的动目标视频轨迹点

数据。根据城市监控摄像头位置点数据，选取其中小部分摄像头，依照地理顺序分别赋予递增的时间戳，形成一条动目标的模拟轨迹，迭代以上过程 50 遍，最终获得了 50 条形态各异的动目标模拟轨迹数据，如图 7.25 所示。

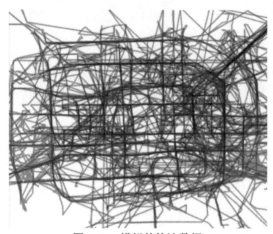

图 7.25　模拟的轨迹数据
扫描封底二维码见彩图

　　人为地设置相应的动目标重要区域与行为模式。具体地，在被选择的区域附近的轨迹点，修改其中轨迹点的时间戳，以原有轨迹点的停留时间为均值，原有停留时间的 1/4 为标准差，设置一个高斯分布，然后根据这个分布进行采样，作为更新轨迹点的时间字段，以达到模拟动目标频繁访问及长时间停留重要场所的时空行为规律特点，能够支持轨迹预测研究与短期动态风险评估。

　　（2）实验结果。采用上一小节模拟的研究区域内 50 个个体的监控摄像头轨迹数据，对本节提出的方法进行实验验证。各实验步骤及结果如下。

　　① 动目标轨迹停留点与停留区域提取。与重要场所提取的中间结果相同，提取动目标的停留点及相应聚类后得到的停留区域，如图 7.26 所示。

　　② 动目标精细异常行为探测与转移矩阵构建。按照本节提出的方法，在所有的停留区域附近提取动目标的精细异常行为，同时对其相应的停留区域的状态赋予权值。

　　③ 动目标轨迹预测。结合精细异常行为探测结果，按照本节提出的方法，将目前

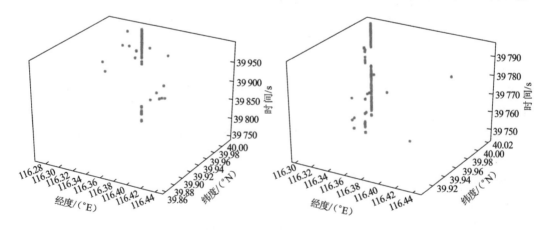

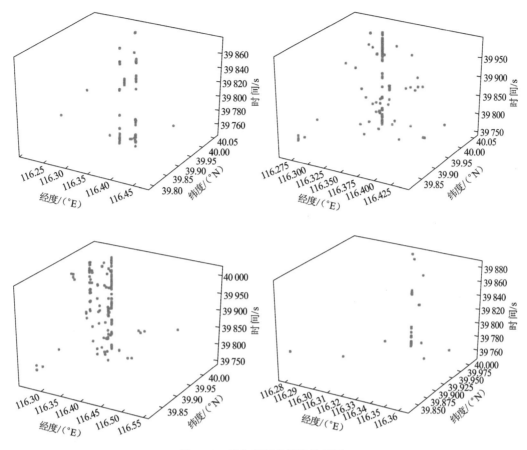

图 7.26　部分停留点提取结果图

时刻及上一时刻动目标所处的状态代入转移矩阵，下一时刻动目标出现的位置，即为转移矩阵中概率最大的位置，从而进行预测。

④ 动态风险评估。动目标的轨迹时刻都在变化，预测也时刻进行跟进，按照本节提出的方法，基于动目标轨迹预测的风险评估结果，在短期内，也是不断刷新变化的，以下为列举的 4 个时刻同一研究区域内，基于动目标预测的动态风险评估结果，如图 7.27 所示。

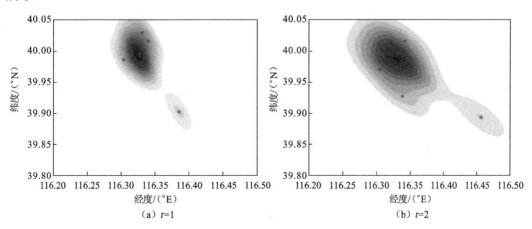

（a）$t=1$　　　　　　　　　　　（b）$t=2$

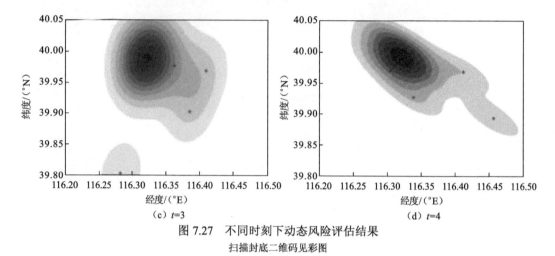

（c）t=3   （d）t=4

图 7.27   不同时刻下动态风险评估结果

扫描封底二维码见彩图

（3）对比分析。本小节预测的结果表现为状态，即停留区域，并且通过其中心坐标进行表示(x_{mean}, y_{mean})，故定义下一时刻预测状态与实际状态相同，则为一次正确预测，正确预测的个数除以所有预测的次数的比值为预测的精度，针对目前较为流行的轨迹预测算法进行对比试验。

目前主流的高精度个体行为轨迹预测方法为隐马尔可夫预测方法。该方法假设个体行为是由多个不可定义的隐变量所决定的，当前时刻的隐状态决定了当前时刻的地理位置，计算状态转移的方法并不是直接地通过地理位置构建状态，而是通过隐变量构建状态。

虽然该方法相较于传统马尔可夫预测方法有着较高的精度提升，但是相较于本节提出的方法具有许多的缺点。比如因隐状态无法确定，所以在不同的隐状态数目下，预测的进度不尽相同，而且该方法只考虑了动目标运动的趋势，未结合动目标的异常行为等特征更进一步地分析状态的转移权值，因此解释性也不强，从整体上来看，预测的精度非常不稳定。

如图 7.28 所示，利用本节提出方法的同一数据集来验证隐马尔可夫预测方法，可以发现在不同的隐状态设定下，预测精度都随着预测步数的增多而迅速下降，且下降速率快慢不等。

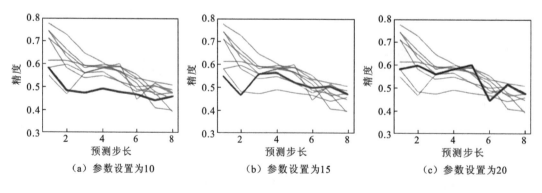

（a）参数设置为10   （b）参数设置为15   （c）参数设置为20

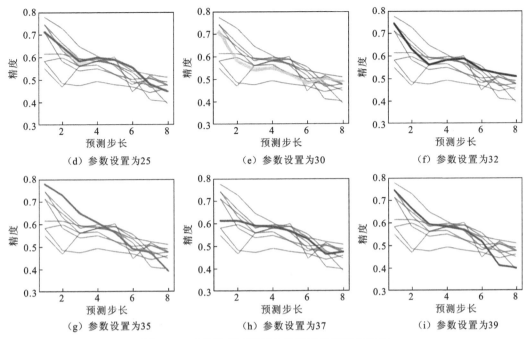

图 7.28 对比模型不同超参数设置的精度曲线图

扫描封底二维码见彩图

如图 7.29 所示，通过交叉验证选取精度最高的隐变量参数与该方法进行对比，首先衡量每一步预测的误差，选择部分单条轨迹，平均化每一步的地理坐标误差，从可视化结果来看，即使两个模型所预测的轨迹在每一步并不是都完全正确，但是本节提出的方法每一步的误差要明显小于隐马尔可夫方法。

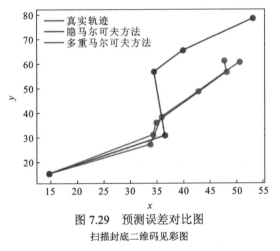

图 7.29 预测误差对比图

扫描封底二维码见彩图

如图 7.30 所示，从整体的精度评价也可以发现，本节提出的方法平均精度更高，随着预测步数的增长，精度下降的速率也更慢，更加的稳定。推究其原因在于本小节的预测过程考虑了每个状态（停留区域）内异常行为的影响，扩大了重要场所的权值，使得预测的过程更加稳定，受到噪声数据或者步数的影响较小，不仅能够在短时间的预测保持较高的精度，同时在较长时间的预测中也能保持一定的预测精度。

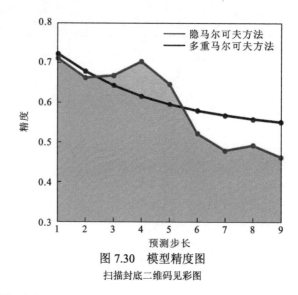

图 7.30　模型精度图

扫描封底二维码见彩图

由此可见，所提出的方法领先于国际流行方法，完全能够满足动目标的轨迹预测需求。

在风险评估方面，与动目标重要场所的风险评估优势类似，目前的恐怖袭击与公共安全方面的风险评估研究没有从动目标的角度出发进行风险计算，而都是基于环境要素，如基础城市设施的数量及分布来估计风险。因此目前所有的风险评估研究结果都是静态的，不会随着相同环境内动目标的活动规律而变化，但是本节提出的基于动目标预测的风险评估结果不仅是随着动目标的行为而进行自适应的更新，且可以做到比基于重要场所的风险评估方法更新和变化得更快、更加频繁，以灵活地适应研究区域内态势的变化。

7.4　本章小结

本章面向多层次多类型细粒度的应急管理实际需求，将基于决策模型的分布式辅助决策、案例推理、多智能体模拟、群决策与主-从决策等用于应急管理决策分析，解决应急处置决策中时变性、不确定性等问题，提高应急管理的效率与准确程度。通过融合空地多源异构时空大数据，形成了基于领域专家知识的突发事件风险指标体系，提出了融合事件要素信息的多维风险整合方法，分析动目标的时空轨迹及其活动规律，发展基于马尔可夫链的动态风险评估技术，完成突发事件实施主体的目标意图或发展动向解析，实现对敏感区域内动目标的重要场所探测与轨迹预测，解决了常态化机制下突发事件的动态演化过程难以获取、潜在暴发风险难以动态评估的问题，显著提高了突发事件风险评估能力，可以更加精准地掌握突发公共安全事件的风险等级动态时空分布，为突发事件应急处置提供决策支持，辅助指导常态化的智慧安保和应急决策。

第 *8* 章

空间信息应急服务平台

　　空间信息应急指挥需要天空地一体化多源异构应急信息的收集、汇聚、关联和共享,作为整个应急服务的数据支撑。现有的应急指挥平台支持加载的数据类型、服务类型、模型类型等有限,特别是对天空地一体化遥感数据的动态接入有较大限制,不具备开放式集成环境、无法满足各类服务的智能组装等问题,为解决从数据到模型,从硬件到软件到服务按需调度的难题,突破数据、模型、软硬件资源的地域限制及领域限制,需要构建基于云环境的开放式集成框架。

　　本章研究利用云环境和开放式集成技术,构建应急空间信息服务平台,以满足天空地一体化监测网络调度、多部门多灾害类型决策模型的计算需求,提供更智能、更高效的模拟分析服务;基于开放式应急集成平台,研发区域空间信息服务与应急指挥系统,实现资源规划部署、应急响应指挥调度、应急信息管理、综合分析与信息产品生成、应急辅助决策等;针对区域空间应急信息多终端服务的需求,研制智能移动应急终端,为终端用户提供数据信息、运算环境和专业工具构成的集成化综合应用定制服务。

8.1　开放式应急服务集成平台

开放式应急服务集成平台围绕数据集成、服务集成、应用系统集成等来进行搭建，利用信息的自组织模式形成开放式网络共享集成平台，实现了天空地一体化多源异构应急信息的收集、汇聚、关联和共享，作为整个应急服务的数据支撑；通过采用云计算、云存储等技术，搭建了数据共享、服务共享等集成平台，以满足天空地一体化监测网络调度、多部门多灾害类型决策模型的计算需求，提供更智能、更高效的模拟分析服务；通过云应用技术，为跨地域和跨平台的应用系统提供集成平台，以达到跨区域分布式应急处置的目的。

开放式应急服务集成平台采用云计算+面向服务的架构（service-oriented architecture，SOA）来构建。为了能更好地支持地理空间应用，时空云平台架构设计采用时空云平台的混合资源统一调度、时空云平台弹性伸缩和时空云平台服务链组合等应用技术；为解决海量区域应急时空数据的采集、整理、分类、组织等问题，设计可支持多源异构数据的区域应急时空数据管理；针对地理空间应用中分布式缓冲区分析、叠加分析、空间查询等大规模时空数据处理的需求，设计海量数据计算框架；为解决区域应急时空服务的快速集成和开放共享，设计区域应急时空服务组装与集成；最后基于以上设计和研究成果，实现开放式应急服务集成平台。

8.1.1　应急信息云环境管理

开放式应急服务集成平台要解决海量突发事件时空信息的准确获取和传递、聚合分析和开放服务问题。突发事件时空信息具有密集的时空约束和规律，应用问题包括数据存储、计算和处理资源、物理现象及用户，这 4 个方面互相作用、互相影响，使得时空数据研究和应用非常复杂。如何依据时空规律构建和优化云计算，使基于时空的云计算平台能够为地理空间科学研究和应用提供满足应用特点的云计算模式，是云平台架构要解决的核心问题。

云计算将各种各样的资源通过网络以服务的方式向用户交付，在提供服务时保证这些资源的弹性伸缩、可用性及安全。时空云平台架构是开放式应急服务集成平台的核心，为上层业务提供高并发、可伸缩的时空和应急信息服务。时空云平台架构除具备普通云计算海量数据处理、快速部署、多租户、弹性伸缩、动态扩展、自动化交付虚拟机（virtual machine，VM），物理机、弹性存储、网络等特性之外，为了使时空云平台架构能更好地支持地理空间应用，在针对时空特性的集成和应用上，也有自身的关键应用技术，包括时空云平台的混合资源统一调度、时空云平台弹性伸缩和时空云平台服务链组合。

1. 超融合数据中心

超融合是实现"软件定义数据中心"的终极技术途径。HCI 类似 Google、Facebook 等互联网数据中心的大规模基础架构模式，可以为数据中心带来最优的效率、灵活性、规模、成本和数据保护。使用计算存储超融合的一体化平台，替代了传统的服务器加集中存储的架构，使整个架构更清晰简单（图 8.1）。

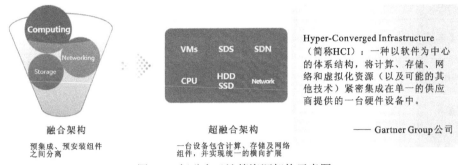

图 8.1　超融合云计算资源架构示意图

相比分离式的计算存储虚拟化，超融合在提供存储的同时，也提供计算能力，这不但大量减少了硬件投入和电力成本，也将计算放在离存储更近的地方，达到最优的性能。超融合架构通常采用了全分布式的组件，横向可扩展，不存在单点失效，数据能够自动恢复和备份，性能优势非常明显，是目前国际上主流科技公司普遍采用的 IT 基础架构，也是未来 IT 基础架构的发展方向。

通过超融合一体机或者超融合操作系统能够在最短的时间内，将业务系统安全、稳定、高效地迁移到超融合平台中，并且为后期迈向私有云平台奠定基础，从而能够实现云服务目录、多租户的管理及计费审计等功能。

超融合架构解决方案软件架构主要包含服务器虚拟化、存储虚拟化、网络虚拟化及超融合管理平台等。

1）网络拓扑架构

选用多台服务器部署所有灾害业务系统，采用全实体机的方式，每个服务器按负载能力测算，一般建议运行 4～5 个业务系统。基于对灾害平台业务现状的梳理，以及未来应用及信息化持续建设的目标，建设以超融合架构为基础的新一代超融合数据中心，以符合现代化应用开发框架在高性能、高可靠性、弹性扩展及伸缩、简化基础架构管理等方面的需求，并通过标准化构建的方式，实现未来在自动化故障转移、容灾、全面优化数据中心软硬件资产、集成智能化运维等方面的信息化目标，从而实现对业务的快速响应。总体拓扑设计架构如图 8.2 所示。网络业务划分与设计规划见表 8.1。

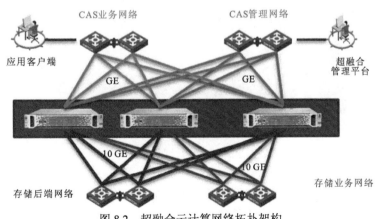

图 8.2　超融合云计算网络拓扑架构

表 8.1　网络业务划分与设计规划

网络规划	端口类型	组网	端口数量	承载数据
存储业务网	万兆	独立组网，建议双链路	不少于 2	计算虚拟化与分布式存储数据交互、管理集群、前端心跳报文
存储后端网络	万兆	独立组网，建议双链路	不少于 2	数据副本复制、硬盘或节点故障时数据重构、后端心跳
业务网	至少千兆	独立组网，建议双链路	不少于 2	业务访问数据
管理网	至少千兆	独立组网，建议双链路	不少于 2	主机及虚拟机软件管理报文[包括高可用性（high availability，HA）、集群心跳等报文]、迁移数据

2）服务器虚拟化

虚拟化平台作为介于硬件和操作系统之间的软件层，采用裸金属架构的 X86 虚拟化技术，实现对服务器物理资源的抽象，将 CPU、内存、I/O 等服务器物理资源转化为一组可统一管理、调度和分配的逻辑资源，并基于这些逻辑资源在单个物理服务器上构建多个同时运行、相互隔离的虚拟机执行环境，实现更高的资源利用率，同时满足应用更加灵活的资源动态分配需求，譬如提供热迁移、故障迁移等高可用特性，实现更低的运营成本、更高的灵活性和更快速的业务响应速度。

服务器虚拟化系统的高可用性从如下多维度提供了高可用技术，保障业务的稳定性。

（1）运行高可用

① 故障迁移

服务器虚拟化平台提供虚拟机热迁移和虚拟机热备份技术，降低宕机带来的风险、减少业务中断的时间。服务器虚拟化平台提供 Guest OS 故障检测功能，当客户机发生严重故障时（例如 Windows 系统蓝屏），虚拟机管理程序会监控到客户机故障。虚拟机管理程序可以重启或关闭客户机，从而避免有故障的客户机持续占用计算资源。

② 热迁移（Motion）

通过热迁移可以实现虚拟机的在线动态迁移（图 8.3），保证业务连续性；零宕机时间，即进行计划内硬件维护和升级迁移工作负载，业务不中断；实现整体数据中心业务高可用，无须使用昂贵、复杂的传统集群解决方案；最大限度地减少硬件、软件故障造成的业务中断时间；提高整个基础架构范围内的保护力度。

图 8.3　虚拟机热迁移

③ 跨存储热迁移

通过存储热迁移技术，可以在不中断服务的情况下在跨存储实时迁移虚拟机磁盘文件。将虚拟机磁盘文件无中断地迁移到不同种类的存储设备。

执行存储热迁移不会造成停机，并可全面保证业务不中断。

可迁移在任何受支持服务器硬件上运行任何受支持操作系统的虚拟机磁盘文件。

可支持任何光纤通道、iSCSI（互联网小型计算机系统接口，internet small computer system interface）、本地硬盘等存储系统实时迁移的虚拟机磁盘文件。

（2）高效 P2V 迁移

通过 Convert 实现快速的物理机迁移虚拟机，跨平台的虚拟机迁移虚拟机。整个虚拟化迁移过程不超过 5 min，业务中断在 2 min 以内，也可实现快速虚拟机平台还原回物理机的回滚，保证业务数据不丢失。

（3）虚拟化运维工作更简单

免插件控制台：免插件的控制台访问虚拟机，提升用户体验。

一键新增虚拟机：通过简单设置，快速创建虚拟机。

自动故障处理：系统故障时提出专家解决方案，快速恢复系统及应用。

批量新增虚拟机：为经常重复的工作内容提供自动化操作平台。

（4）高安全性虚拟化平台保障

虚拟化文件系统加密：通过高强度加密的虚拟化文件系统，保证数据安全。通过添加每个用户的密钥实现加密功能并提高安全性。非法人员即使盗走保存有机密数据的硬盘或者虚拟机虚拟硬盘文件，也能够防止其数据被其他用户或外部攻击者未经授权的访问。

（5）智能虚拟系统可用性

系统故障恢复：虚拟机系统故障检测，虚拟机内部系统蓝屏，或者 CPU 利用率 100% 卡死虚拟机操作系统时，HA 可侦测并重启该虚拟机。

源保障及控制：通过调整不同业务虚拟机的 CPU 和内存等计算资源的优先级，保障关键应用计算资源需求，提升高优先级系统的可用性。

（6）高性能虚拟化平台

块数据缓存：实现针对文件系统的块数据缓存，通过提升大文件读取速度，优化用户体验。

历史数据预取：精准读取虚拟机历史块数据，加快系统开机速度。

SCSI 虚拟化硬盘加速：通过优化 SCSI（小型计算机系统接口）磁盘驱动，整体提升磁盘 I/O 性能。

3）网络功能虚拟化

当前软件定义网络成为技术发展的趋势，不再需要依赖专用的硬件，可以以软件镜像的方式，完美支持在 VMware、KVM、XEN 等服务器虚拟化环境下的部署（图 8.4）。从而极大地简化云数据中心网络的架构，为各个租户的虚拟应用按需、灵活地虚拟扩展出各种安全和优化方案，同时还便于划分清楚各方的运维职责。

4）存储虚拟化

存储虚拟化基于集群设计，将服务器上的硬盘存储空间组织起来形成一个统一的虚拟共享存储资源池，即分布式存储系统（图 8.5），进行数据的高可靠、高性能存储。分布式存储系统在功能上与独立共享存储完全一致；一份数据会同时存储在多个不同的物理服务器硬盘上，提升数据可靠性；此外，再通过 SSD 缓存，可以大幅提升服务器硬盘

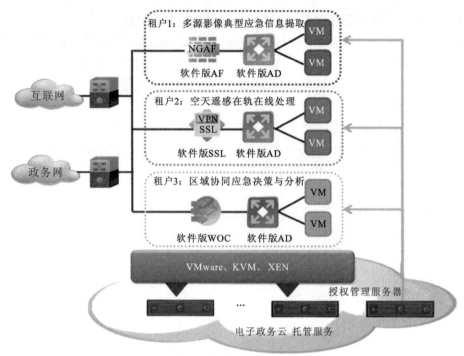

图 8.4　网络功能虚拟化

AF 为应用防火墙（application firewall）；AD 为活动目录（active directory），是一种目录服务，用于在企业网络环境中管理和组织各种资源，如用户账户、计算机账户、组、打印机、文件共享等，以便于集中管理和资源访问控制，在计算机安全体系中扮演着至关重要的角色；SSL 为安全套接层协议（secure sockets layer）；WOC 为工作负载编排与合规性（workload orchestration and compliance），能对这些依赖 AD 的工作负载进行合理的调度与分配

的 I/O 性能，实现高性能存储。同时，由于存储与计算完全融合在一个硬件平台上，用户无须像以往那样购买连接计算服务器和存储设备的 SAN 网络设备（FC SAN 或者 iSCSI SAN）。

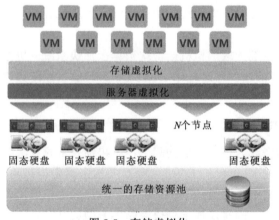

图 8.5　存储虚拟化

2. 云资源管理平台

云资源管理平台整体的逻辑架构设计如图 8.6 所示。

根据分层分模块的设计原则，逻辑架构分为五大部分，具体如下。

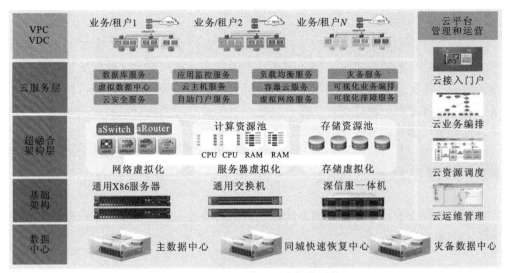

图 8.6 云资源管理平台架构设计

VPC 为虚拟私有云（virtual private cloud），VDC 为虚拟数据中心（virtual data center）

1）基础设施层

基础设施层包括运行云资源管理平台所需的数据中心机房物理环境，以及计算、存储、网络、安全等硬件设备。同时，云计算数据中心机房仍然按照分区分域的方式进行规划设计，主要分为网络出口区、业务应用区、数据库区和系统管理区，如有其他区域的规划也可以酌情选择删减。

2）抽象控制层

抽象控制层主要是通过软件定义的方式，实现所有资源的池化。利用各类虚拟化技术，将底层硬件抽象，对底层硬件故障进行屏蔽，统一调度计算、存储、网络、安全资源池。利用服务器虚拟化内核，实现了 CPU、内存、I/O 的虚拟化，通过共享文件系统保证云主机的迁移、高可用性、动态资源调度（DRS）和动态资源扩展（DRX）。而分布式交换机预置的 VxLAN 技术可以实现多租户的虚拟网络隔离，分布式防火墙可以根据云主机的虚拟网卡提供 4 层的安全策略。最后，采用分布式存储技术，充分利用服务器内置硬盘资源，构建出完整的存储资源池，多副本（2～3 份）技术、热备盘技术等保证了存储数据的高可靠，本地 I/O 技术、全局条带化技术等提升了存储系统的服务效率。

3）云服务层

云服务层提供 IaaS、PaaS 和 SaaS 三层云服务。IaaS 服务包括云主机、云网络（vSubnet/vRouter/vNAT/Domain Name 等）、云防火墙、云负载均衡、云数据库及云存储服务。IaaS 层服务向 PaaS 层提供开放应用程序接口（application program interface，API）调用。

4）云安全防护层

云安全防护为物理层、抽象控制层、云服务层提供全方位的安全防护，包括防漏洞扫描、主机防御、网站防御、数据库安全、租户隔离、认证审计、数据安全等多种模块。完成云资源管理平台层面的等保需求，各租户的安全建设根据租户自身的情况酌情选择。

5）云运维与管理层

云运维与管理层主要面向云管平台的管理员，可以更好地对云资源管理平台提供给用户的云服务进行配置与管理，例如服务目录的发布，组织架构（管理）的定义，用户管理、云业务流程定制设计及资源的配额与计费策略定义等。同时，还可以提供基础的设备管理、配置管理、镜像管理、备份管理、日志管理、监控管理和报表服务等，充分满足云管理员对云资源管理平台的日常运营维护需求。

8.1.2 数据中台技术路线

针对应急时空数据中台的多源异构海量数据的管理与服务问题，平台设计了以下关键的技术方案。

1. 海量多源异构时空数据存储

针对应急时空数据中台提出的海量多源异构时空数据存储需求，从时空数据湖的存储架构的建立、时空数据资源池分类组织方法等方面展开。

1）时空数据湖的存储架构方案

针对时空数据湖的存储架构问题，研究搭建一种混搭的数据存储模式，如图 8.7 所示，时空数据湖的存储架构分为数据层、存储层、引擎层和展现层。数据层有结构化、半结构化和非结构化三种类型的时空数据要素，以时空数据集为基本组织单元。存储层的结构化数据采用 PostgreSQL 存储，半结构化数据采用 elasticsearch 和 HBASE 存储，非结构化数据采用 HDFS 存储，图谱数据采用图数据库 Neo4j 存储。引擎层由 geomesa、GEOSPARK 和 GeoServer 提供时空数据查询与分析的 REST full API。展现层以时空数据集的元数据为基础，面向时空数据应用提供主题目录、来源目录和标签目录。

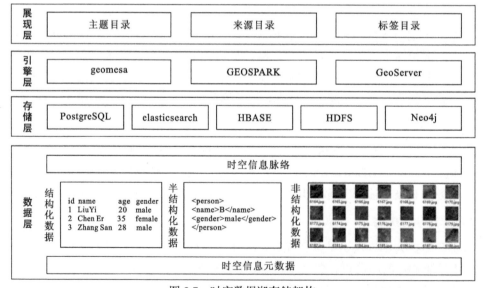

图 8.7 时空数据湖存储架构

2）时空数据资源池分类组织方法

构建时空数据的二级结构资源池体系。一级资源池依数据生命周期划分为以下几类。

原始资源池：作为生产成果资源池，以原始格式存储各类生产成果数据，含区域全息、外来数据资源池及数据汇聚处理工作区。建湖初期着重构建元数据与元过程管理，后续更新能自动录入元数据，其多租户模式的数据汇聚处理工作区方便多单位人员协同处理数据。

主资源池：即应用资源池，是时空信息云平台核心数据支撑，涵盖基础时空、公共专题、物联网实时感知、互联网在线抓取数据资源池及数据分析处理工作区。基础时空数据由原始资源池加工而来，公共专题数据靠部门交换，物联网实时感知数据实时接入并处理，缺漏数据靠互联网抓取。还建有统一服务资源目录及索引，分析处理工作区用于临时挖掘，结果按需留存。

归档资源池：收纳过期、低使用概率数据，处于数据生命周期末尾。

二级资源池方面，原始资源池按数据本源分类，便于追溯源头；主资源池依应用场景搭建，精准服务平台查询、分析需求，提升时空数据使用效能。

2. 海量多源异构时空数据汇聚

1）标准化的时空数据组织模型设计技术方案

针对时空数据组织采用"类型-时序"模型，对收集的数据依类型与时序统一管控。

（1）数据类型资源目录树构建

按多级目录组织数据类型，一级目录涵盖土地、林木、水资源、矿产资源等基础分类，依业务动态可拓展二级、三级等子目录，如林木资源细分出林地一张图等，水资源细化至饮用水水源地等，构建城市统一资源目录体系。

设计数据目录表与数据类型表，规范数据类型管理，借助相互映射关系搭建完整、可扩、可更新的数据资源目录树，塑造城市数据资产多级架构。

（2）数据时序结构组织

数据资源目录实现数据横向组织，鉴于不同数据类型更新周期有别，含年度、季度、月度及不定期更新，为适配时效性存储需求，依数据类型设立时序特征，将时相精准到年、季、月、天。

参考离散时序空间数据可视化方法构建数据时序管理表，确立"类型-时相"组织结构管理时空数据，时相作为数据时间标识，与类型共同构成唯一标识对应实体表，存储实体数据，一旦数据类型或时相有变，唯一标识即更新。

同类型同时相数据添加行政区代码，意味着导入对应行政区实体数据，最终借助数据资源目录与数据时序表，达成对自然资源数据按类型、时相的统一登记管理，存储时依序导入对应数据库表。

2）多源异构数据共享交换引擎技术方案

针对多源异构数据汇聚的需求，设计一种多源异构数据共享交换引擎，支持数据库、数据服务、数据文件等多种共享方式，建立起支持多源异构数据共享交换的高速通道，具备无障碍的数据接入能力，适配各类政务数据资源类型。

为满足多源异构数据汇聚需求，设计一款功能强大的数据共享交换引擎，如图 8.8 所示。

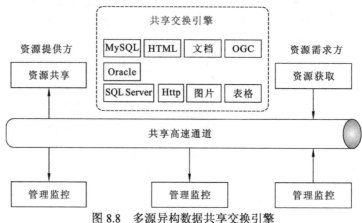

图 8.8　多源异构数据共享交换引擎

多元适配能力：支持多种共享方式，涵盖数据库、数据服务、数据文件，能无障碍接入数据，适配各类政务数据资源类型，兼容 Oracle、MySQL、SQLServer、PostgreSQL 等主流数据库，以及 Webservice、Http、Rest 等服务接口，还支持 OGC、ArcGIS 等空间数据服务，各类表格、文档、图片等文件格式也在支持之列。

数据库交换通道：依据数据提供方数据库连接信息，如地址、端口、用户、密码，运用 JDBC 技术构建通道，需求方可直接连接通道获取数据，摒弃传统集中存储获取模式，实现按需响应，支撑业务协同，适配主流数据库。

数据接口交换通道：采用 WebService 接口技术，依据数据提供方服务调用信息，如接口地址、调用参数、返回接口，借助 XML、Json 解析来构建通道，需求方直接接口调用数据，摆脱传统模式，实现按需服务，支撑业务协同，支持多类型服务接口与空间数据服务，助力地理信息共享。

数据文件交换通道：针对离线文件共享，依据数据提供方上传、FTP 或 HTTP 文件信息，如准备上传文件、FTP 服务地址、HTTP 文件 URL，通过文件上传、FTP、HTTP 等方式构建通道，需求方直接获取文件，满足对各类文件格式及共享方式的需求，支撑业务协同。

3）跨异构计算框架的时空数据处理任务执行调度引擎技术方案

针对跨异构引擎的时空数据处理任务执行调度需求，打造一套全面且高效的任务执行调度框架。

（1）构建工作流统一描述模型

工作流作为相互协作作业集合，以自动化流程执行为目的，常呈有向无环图（DAG）形态助力任务调度。构建此模型聚焦两大关键：一是精细划分节点类型，将其归为控制节点与计算节点。控制节点功能各异，像开始、结束节点界定流程起止，分支、汇聚节点把控并发与汇合路径，判断节点依条件抉择走向；计算节点涵盖 Hive、MR、SQL、Java、Shell、Spark、Flink、Storm 等，适配海量多源异构时空数据治理各类作业。

二是采用 Key/Value 格式文本文件抽象执行模型，要求每个节点具备全局唯一标识、计算节点明确计算类型及功能配置，且依赖关系通过 depandOn 字段精准列表呈现。

（2）工作流可视化编排

创新实现可视化编排框架，以低代码拖拽操作赋能任务工作流设计开发，大幅提升效率。用户依业务知识抽象业务模块，组合构建工作流逻辑，框架为多类模型定制统一集成、交互接口及描述标准，汇聚成模型共享库。

用户从库中导入模型并转化为可视化组件，借可视化渲染支撑实现组件拖拽、连接、编辑，编排完成后生成统一描述文件存入任务工作流库，既供可视化展示又便于复用。

（3）工作流解析

核心在于剖析工作流执行关键信息，先解析统一描述文件提取作业集合，识别作业类型锁定计算引擎，解析配置抓取运行命令或脚本，分析作业依赖厘清执行先后与关联，再深挖多任务数据依赖明确任务间关系，最终汇总确定任务执行顺序（图 8.9）。

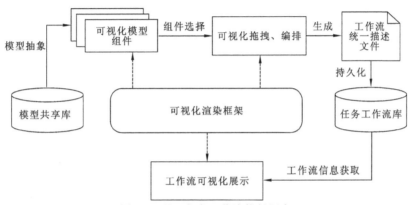

图 8.9 处理任务工作流执行调度

（4）分布式任务调度管理

从两方面考虑：一方面基于权重排序将工作流分发至调度集群节点，考量工作流容量、CPU 与内存占比等算出加权值优选节点；另一方面适配多类型计算引擎差异，集成插件抓取实时状态，统一执行状态定义，如准备、运行、异常、等待等，强化全局状态管理保障作业精准调度与有序执行。

3. 海量多源异构时空数据治理

1）时空数据一致性处理方案

围绕多源时空数据一致性处理，从几何一致性处理与关系一致性处理两方面深入剖析。

（1）几何一致性处理

几何一致性处理旨在消除多源时空数据同名要素和实体几何特征差异，分外在、内在形式处理。先进行外在形式处理，实现数据表面对齐与位置对准，为后续内在处理奠基。

外在形式几何一致性处理：聚焦数据格式与数学基础一致，运用三参数、七参数转换模型实现坐标系转换，解析、数值变换法完成地图投影变换，及全局、局部空间配准方法，统一多源时空数据形式与位置，但此阶段未触及单个要素实体位置和形状调整。

内在表达几何一致性处理：含同尺度与跨尺度处理。同尺度处理依问题成因有不同解法，如新数据与原数据不一致，用更新、位移、形状修改实现增量更新；多版本数据几何不一致，先评价质量，再用合并、融合、编辑消除差异。跨尺度处理针对要素形式、形态不一致，点要素多尺度表达靠点选取，线要素用选取、化简、位移等，面要素用选取、化简、合并、位移等。

（2）关系一致性处理

着力解决多源时空数据融合后关系与逻辑不一致问题，涉及单要素拓扑冲突及多要素逻辑冲突处理。

基于单要素拓扑冲突的关系一致性处理：按要素形态分点、线、面目标拓扑一致性处理，如线要素处理线不连续、交叉问题，用移位、局部变形、删除等方法；面要素解决互相压盖，以局部空间约束移位。

基于多要素逻辑冲突的关系一致性处理：为保多要素逻辑一致，依建模方法有基于约束规则、多智能体、连续空间优化求解的方法，多通过固定参考要素、移动目标要素或协同移动多要素实现。

2）多源异构时空数据清洗技术方案

由于数据质量的好坏直接影响后续各个数据处理过程的效果，数据清洗是不可缺少的步骤。目前，针对结构化数据的清洗技术比较成熟。从微观层面看，数据清洗技术可以分为三类：错误数据清洗、缺失数据清洗、重复记录清洗。下面将针对这三类"脏数据"，分别介绍其检测和消除技术。

鉴于数据质量对后续数据处理流程效果影响重大，数据清洗至关重要，尤其针对结构化数据，从微观层面可分三类清洗技术。

（1）错误数据清洗

错误数据检测：主要含基于定量检测与定性检测两类方法。定量检测基于离群点检测，借助统计手段识别异常与误差，找出偏离数据分布的点。定性检测则用描述性方法设定合法数据模式或约束，违反者即为错误数据。

错误数据消除：旨在去除检测出的错误数据与随机噪声。随机噪声消除常用分箱、回归等光滑噪声技术；错误数据消除既能人工借助其他材料修改，也可利用知识工程工具（如 ETL 工具、数据迁移工具）找出违规数据予以变换。

（2）缺失数据清洗

缺失数据识别：在数据库表中，缺失数据或呈空白字段，或用特殊符号（如 null 和 #等）标识，在特殊场景下，像传感器按时间序列采样数据，需借助如 date_range( )函数生成完整时间片序列与原表连接，筛选出缺失时间片。

缺失数据填补：有直接删除、人工填写、中心度量、数值预测几种方法。直接删除忽略含缺失数据条目，条目多缺失数据时常用，但会浪费非缺失数据价值；人工填写耗时长、费力，大数据集或多缺失数据场景不适用；中心度量用平均值或中位数等中心度量值填充；数值预测采用回归预测、决策树等常见算法预测缺失数据。

（3）重复记录清洗

重复记录识别：关键是实体对齐或匹配，判断两条相似记录是否描述同一实体，此为数据清洗及后续融合关键，常见方法有 MTreeE 算法、JAPE 算法等，监测工具有 Febrl 系统、TAILOR 系统等。

重复记录消除：多采用先排序再合并策略，代表算法有优先队列算法、近邻排序算法、多趟近邻排序算法等。

3）基于元数据和知识图谱的时空数据融合方案

应急时空数据底座展现出两大鲜明特征：一方面，数据来源极为广泛，涵盖了众多领域与渠道；另一方面，数据体量十分庞大，蕴含着海量的信息资源。为实现对这些数据的高效整合与深度利用，依据明确的工作边界，将应急时空数据底座的数据精细划分为以下三大类别。

（1）基础时空数据

基础时空数据包含了丰富且关键的信息要素，既有反映当下现实状况的现势 4D 产品，又有记录过往时空信息的历史 4D 产品，同时囊括了从高空俯瞰视角获取的航空影像、借助卫星遥感技术捕捉的卫星影像、经专业测绘得到的大地成果，以及对地理实体精准刻画的地理实体数据等。这些基础数据如同坚实的基石，为后续多元且复杂的应用场景筑牢了底层的时空信息根基，为上层应用提供精准、可靠的基础支撑。

（2）应急专题数据

应急专题数据主要来源是各个不同职能部门在日常业务运作与生产实践过程中所产出的专业性成果数据，并且这些数据通过一套完善的共享交换体系得以汇聚整合。它们紧密围绕应急管理的各类特定需求而生，具备极强的针对性与专业性，无论是在突发事件的应急响应阶段，还是后续的救援处置、恢复重建等环节，都能精准发力，提供关键的决策依据与专业支持。

（3）公共服务数据

公共服务数据通过广泛撒网式的采集途径及有的放矢的搜集方式汇聚而成，其中极具代表性的就是与人们日常生活紧密相连的地名数据，它为地理定位、导航等基础服务提供精准标识；还有源自互联网这一信息海洋的互联网数据，其蕴含着民众实时反馈、舆情动态、社会热点等海量信息，为面向公众的各类服务搭建起信息桥梁，让应急管理决策更贴合民生实际。

针对如此繁杂却又极具价值的多源异构数据，深入研究并全力实施基于元数据和知识图谱的时空数据融合优化方案，详细的操作步骤如下。

数据采集与预处理：首要任务是全方位采集城市数据底座所涉及的一切相关数据，这要求对各类数据源进行地毯式搜索，确保无一遗漏。在采集环节圆满完成后，迅速无缝衔接进入预处理流程，这一过程犹如对原材料的精细打磨，涵盖了数据清洗，将其中的错误值、重复值、缺失值等杂质剔除；格式转换，使不同格式的数据统一化，以适配后续处理流程；以及数据标准化等一系列精细操作，以此保障最终获取到的是干净、规范、可用的原始数据集，为后续深度融合工序奠定扎实基础。

语义关系解析与知识抽取：紧接着，聚焦于解析数据之间潜藏的语义关系，这需要运用先进的自然语言处理技术、语义分析算法等工具，深入挖掘数据背后的逻辑关联。在此基础上，对海量的时空数据展开精细的知识抽取工作，将分散于各处、看似孤立的数据碎片整合成具有内在逻辑连贯性的知识模块，进而构建起全面且精准反映地理空间知识架构的地理知识图谱，为数据融合编织起一张紧密相连的知识网络。

编码标识生成：基于多源且异构的数据本体，以及与之紧密关联的元数据信息，通过一套严谨且科学的编码算法，生成独一无二的编码标识。这一编码标识如同数据的"身份证"，在后续复杂的数据流转、融合及应用环节中，能够精准且高效地识别每一个数据单元，确保数据管理的有序性与准确性。

特征级融合：依托功能强大的时空数据湖这一基础设施平台，充分发挥其海量存储、高速运算及高效管理的优势，对经过前期处理的数据进行深度的特征级融合（图 8.10）。在这一过程中，不同来源、不同格式、不同特征的数据将在这里碰撞、交融，实现特征层面的互补与优化，挖掘出数据更深层次的价值，为后续决策提供更具洞察力的依据。

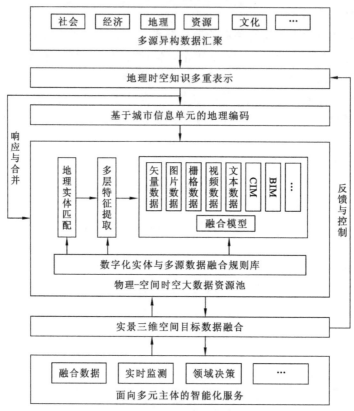

图 8.10 基于元数据和知识图谱的数据融合流程

CIM 为城市信息模型（city information modeling），BIM 为建筑信息模型（building information modeling）

决策服务输出：最终，基于前面一系列复杂且精细的融合工序所产出的丰硕成果，精准对接城市管理的多元需求，提供聚焦关键信息、直击痛点问题的决策服务。无论是城市应急指挥中心在面对突发灾害时的快速决策，还是城市规划部门在制定长期发展战略时的科学布局，都能从这一融合数据所衍生的决策服务中获取精准、有力的支持。

该融合框架蕴含着强大的智能内核，它通过对语义信息进行深度剖析，精准抽取数据之间隐匿的空间关系、语义关系及时间关系，如此一来，便能顺利实现多源、跨尺度、多模态时空大数据的透明融合，将海量、繁杂的多源异构数据以一种"看不见却用得着"的方式动态挂接至数据实体上，达成面向主题的决策级融合，极大地简化了操作流程，提升了数据管理的效率与精准度，让城市在应急管理、日常运维等诸多方面更加智能化。

4. 海量多源异构时空数据管理

海量多源异构时空数据管理的需求，需要从时空元数据模型、时空数据知识图谱、基于知识图谱的语义检索、时空数据全生命周期管理机制 4 个方面展开。

1）时空元数据模型组织方法方案

时空元数据模型由 6 个实体类组成：数据、元数据、粒度、区域、分类和属性。该模型包含失控数据元数据所需的所有元素和关系，并通过元数据分类与数控数据资源目录相连。时空元数据模型如图 8.11 所示。

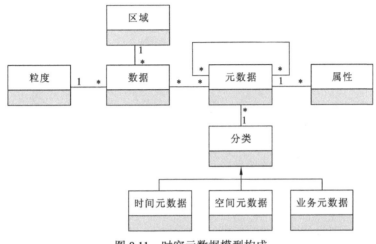

图 8.11　时空元数据模型构成
*代表 1~n

其中，数据是存储在数据湖中的实体，包括结构化数据、半结构化数据和非结构化数据，如一个结构化表、JSON 文件和遥感影像文件等。元数据是用于描述数据实体的数据，如数据名、数据格式和数据关键词等。属性是用于指示元数据的值，通常用键值对表示，如数据格式 CSV。粒度是用来描述数据实体的粒度，如表、行、列和文件等。区域是表示数据存放的区域，用于描述数据的成熟度和敏感度，如原始数据区、加工数据区、产品数据区、公开数据区和加密数据区等。分类是用于标明元数据类别，分为业务元数据、时间元数据和空间元数据，对应时空数据资源目录的大气环境目录、时间目录和空间目录。

下面通过一个 Sentinel-5P 遥感影像数据示例说明时空元数据模型的应用，图 8.12 是遥感影像的元数据示例，图中绿色部分"遥感数据"为数据，其余节点均为遥感影像的元数据，其中蓝色节点为业务元数据，粉色节点为时间元数据，灰色节点为空间元数据，元数据"卫星"对应"Sentinel-5P"为属性，"粒度"为"nc"文件，Sentinel-5P 遥感影像数据存放在原始数据区域。

2）时空数据知识图谱建设方案

时空数据知识图谱是事实的结构化表征，包括事实的实体、关系、属性及语义描述。知识图谱分为模式层和数据层，模式层在数据层之上，是知识图谱的核心，主要内容为知识的数据结构，数据层是以事实三元组等知识为单位，存储具体的数据信息。基于时空元数据已经实现了知识图谱构建过程的知识抽取和知识融合，时空数据知识图谱构建

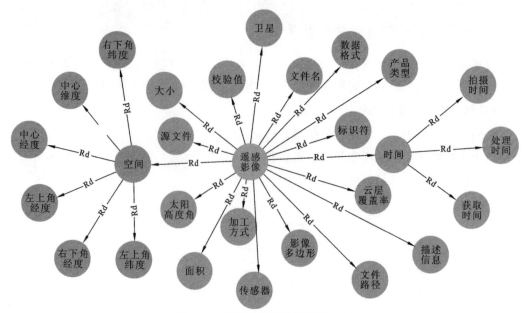

图 8.12　遥感影像元数据模型示例

扫描封底二维码见彩图

需要将关系型数据库的时空元数据转化为三元组形式。

（1）时空数据知识图谱的表示

时空数据知识图谱中的知识主要来源有两方面：一方面是时空数据标准和规范；另一方面是时空数据本身及其元数据模型，包括业务、时间和空间元数据，是构建时空数据知识图谱主要的知识。

时空数据知识图谱以时空元数据模型为模式层，定义实体、关系、实体的知识类的层次结构和层级关系，约束数据层的具体知识形式。时空数据知识图谱数据层包括时空数据及其元数据，将其转化为三元组的形式表示 $G=(E,R,E)$，其中，E 为实体集合，R 为关系集合。具体地，实体 E 是知识图谱中最基本的组成元素，指代客观存在并且能够相互区分的事物，可以是具体的人、事、物，也可以是抽象的概念。事实的基本类型可以用三元组表示为（实体，关系，实体）和（实体，属性，属性值）等。关系 R 是知识图谱中的边，表示不同实体间的某种联系。

（2）时空数据知识图谱映射

时空元数据存储于关系型数据库，关系型数据库有着自己的定义语言和相应的元模型，呈现给用户的表现形式为数据库、表、字段和相关约束。对关系型数据库与知识图谱的转换定义规则重点在于数据库到知识图谱的映射关系，定义了映射函数 M，公式为 $M(K)=D$，其中 K 为时空数据知识图谱，D 为时空数据库。数据库和知识图谱映射关系如表 8.2 所示，通过上述的映射规则，即可实现从时空数据库到时空数据知识图。

表 8.2　空间数据与时空数据知识图的映射

数据库	知识图谱	映射函数
Database	KnowledgeGraph	M(KnowledgeGraph)=Database
DB.type	KG.type	M(KG.type)=DB.type

数据库	知识图谱	映射函数
DB.name	KG.name	$M(KG.name)=DB.name$
Table	Entity	$M(Entity)=Table$
Table.name	Entity.name	$M(Entity.name)=Table.name$
Table.type	Entity.type	$M(Entity.type)=Table.type$
Column	Property	$M(Property)=Column$
Col.name	Key	$M(Key)=Col.name$
FK.name	Relation.name	$M(Relation.name)=FK.name$
Row	Entity	$M(Entity)=Row$

（3）时空数据知识图谱存储

知识图谱都是基于图的数据结构，主要的存储方式有三种：RDF 数据库存储、传统关系型数据库存储和图数据库存储。使用关系型数据库存储时空数据知识图谱，需对实体与关系分别建表，存在数据冗余，而且在查找关系时需多次进行表的连接操作，耗费查询时间。图数据库是一种非关系型数据库，基于图数据库的存储是目前知识图谱存储的主流方式。其优点是以节点和边表示数据，明确地列出了数据节点间的依赖关系，具有完善的图查询语言且支持各种图挖掘算法，在深度关联查询速度上优于传统关系型数据库。时空数据知识图谱采用 Neo4j 图数据库进行存储。

3）基于知识图谱的语义检索方法

时空数据语义检索是基于知识图谱的语义检索，知识图谱是以图表示的实体及其关系和属性的存储库，被广泛用于更好地估计查询文档的相关性，可以在语义层面理解用户的需求，提高数据检索的准确性和全面性。基于知识图谱的时空数据语义检索模型如图 8.13 所示。

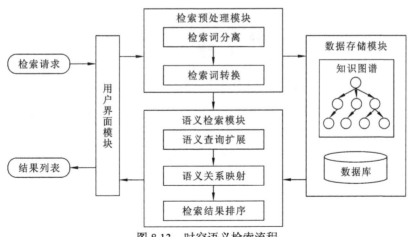

图 8.13　时空语义检索流程

时空数据语义检索模型主要由 4 个部分组成：

用户界面模块，主要是实现用户检索交互，用户输入时空数据检索请求，系统返回相关数据结果及结果排序。

检索预处理模块，主要是对用户的检索语句进行分词处理，将检索语句处理成检索词汇，然后对检索词汇进行检索词转换，消除词汇的差异性。

数据存储模块，主要是时空数据知识图谱和时空数据库。

语义检索模块，主要是扩展语义查询，将检索延伸到语义层面，根据本体和关系型数据库映射，将语义检索结果根据语义相关度进行排序。

4）时空数据全生命周期管理机制

时空数据管理的生命周期分为采集和生产、汇集和整理、共享使用、安全保障、监督管理 5 个部分。时空数据的管理与利用是一个动态的、复杂的过程，其生命周期各阶段之间互相联系，并存在一定的反馈，共同构成一个动态循环的环状结构。循环周期中可能派生出新的数据，并跃迁到另一个生命周期。针对时空数据管理的上述特征，研究一种时空数据全生命周期的管理机制，该机制的模型分为数据规划期、采集生产期、汇集整合期、数据保存期、共享利用期 5 个阶段，各个阶段存在一定的反馈，共同组成一个完整的管理机制，如图 8.14 所示。

图 8.14　时空数据全生命周期管理示意图

（1）数据规划期。为规范数据管理，事先做好规划必不可少，并在各个管理环节确保该规划有效实施。该阶段包括以下内容：①业务情景分析，分析某项业务，明确具体业务情景下对时空数据的需求和管理目标；②已有数据分析，结合业务需求，分析已有数据能否满足业务需求；③开展规划设计，根据需求制定具体的数据标准、采集计划、质量控制措施等，形成规范性文档。

（2）采集生产期。时空数据的来源主要有三种：①外部收集，从上下级单位、其他政府部门、互联网收集数据；②测绘生产，依托专项任务利用"3S"技术获取数据，如基础测绘、调查监测、国土空间规划、地质灾害调查等；③业务采集，通过信息平台办理某项业务生成数据，如农用地转用、土地征收、采矿权登记等。采集生产期的数据源数量和质量将影响生命周期中后续各时期的数据状态，因而其质量控制至关重要。

（3）汇集整合期。全面汇集各部门和单位数据，实现数据统筹管理，主要包括以下子阶段：①数据汇交，数据采集生产单位向数据管理机构提交数据进行汇集；②质量核查，数据管理机构对有关部门和单位提交的数据进行质量核查，不符合质量要求的退回修改；③数据整合，数据管理机构进行数据的集成和整合，以便数据分析应用。

（4）数据保存期。将有价值的数据根据使用需要和类型差异进行分类存储和长期保存，主要包括以下子阶段：①分类分级，根据数据来源、应用情景、安全等级、数据体量，明确数据分类分级，制定保存策略；②数据存储，依策略选择不同的保存方式、保存期限、存储介质，将数据存入对应介质；③数据备份，为确保数据安全，及时开展数据备份，按相关要求开展异地容灾备份。

（5）共享利用期。数据管理机构依托交换共享平台，向用户提供数据共享服务。主要包括以下子阶段：①发布数据目录，发布数据成果目录，明确数据共享范围，在安全政策允许范围内发布在线地图服务；②发现与获取，用户通过门户网站、APP、小程序等方式，通过检索数据目录和元数据了解感兴趣的数据，在权限范围内依程序获取；③应用与反馈，收集数据应用情况和用户意见，开展需求分析，指导下阶段数据规划。

5. 基于并行框架矢量数据计算

在大数据时代，结构化与半结构化数据呈爆炸式增长，其中矢量数据作为关键类型，广泛现身于地理信息、遥感影像、社交网络等诸多领域。鉴于传统数据处理手段难以应对海量矢量数据处理需求，开发高效且可扩展的矢量数据并行计算分析框架迫在眉睫。

为此，从大规模集群的并行编程框架切入，借助 MapReduce 与 Spark 在海量非结构化或半结构化数据处理上的特性优势，探索大数据环境下矢量数据并行计算分析之道。

1）基础技术剖析

MapReduce：由 Google 推出的经典并行计算模型，核心为将数据集拆分成小数据块，分发至多个计算节点，各节点执行 Map 和 Reduce 函数后，把结果回传主节点聚合，适用于批处理任务，助力数据高效分布式处理。

Spark：开源大数据处理框架，高性能计算模型基于弹性分布式数据集（RDD），能在内存处理数据，支持 MapReduce、流处理、图计算等多种并行模型，适配迭代、实时流、图计算等多元场景，性能卓越、灵活性强。

2）技术选型决策

并行编程框架：敲定 Apache Spark，因其不光支持大规模分布式计算，还具备处理结构化数据、非结构化数据及流式数据的能力，其 RDD 抽象与 DAG 执行模型为并行数据处理筑牢根基。

数据处理与分析：联用 Spark 的 Dataframe 和 Dataset API，赋能数据高效转换与分析，涵盖 SQL 查询、DataFrame 操作、聚合等丰富功能。

3）矢量数据并行计算分析框架构建

数据导入与预处理：运用 Spark 的 DataframeReader 接口，从 HDFS、HBase、Hive 等

数据源引入矢量数据，针对非结构化数据、半结构化数据，借助自定义解析器解析转换。

数据分区与并行处理：依据矢量数据空间特征，借助 Spark 的 partitionBy 函数将其划分成多分区，于集群不同节点并行处置。

空间索引与查询：融合 R-tree、Quadtree 等空间索引技术，搭配 Spark SQL 空间函数，提升矢量数据查询效率，应对复杂空间查询游刃有余。

数据聚合与分析：施展 Spark 聚合操作，如 groupBy 和 agg 函数，开展矢量数据统计分析，挖掘数据价值。

结果输出与可视化：把处理成果存至 HDFS、HBase 等存储系统，借 Web 界面或可视化工具对外展示。

该技术方案聚焦大数据下矢量数据并行计算分析，以 Apache Spark 为主框架，融合空间索引、SQL 查询等技术，铸就高效可扩展的矢量数据并行计算分析框架，经优化拓展，有望契合多样场景的数据处理剖析诉求。

6. 平台计算资源弹性伸缩管理

弹性伸缩是根据用户的业务需求，通过策略自动调整其业务资源。时空数据中台实现弹性伸缩需要考虑以下方面问题：首先，开放式空间信息应急服务平台的计算有着不同的资源需求，如一些模型计算需要高浮点运算，一些空间分析需要大量的存储资源；其次，开放式空间信息应急服务平台的不同服务对虚拟机和虚拟资源配置也会有不同的需求；最后，运行的空间服务所占用的资源会随着时间动态变化。

为了保障物理服务器内部的虚拟机资源工作在一个最佳资源利用率状态，避免因单项资源的竞争产生服务质量下降的情况，时空云平台综合考虑不同空间服务资源需求和资源时空动态变化情况，对物理服务器中虚拟机的各项资源能力设置分配策略和资源利用率红线阈值。

随着云计算技术的发展，为进一步优化时空数据中台的弹性伸缩能力，现引入 Docker 和微服务架构来重塑技术方案，以实现更高效的弹性计算。

1）业务资源需求剖析

与原有时空数据中台面临的挑战类似，在新架构下，开放式空间信息应急服务平台依旧呈现复杂多样的业务资源需求。

在模型计算方面，诸多复杂模型对高浮点运算有着严苛要求。例如，在地理信息模拟、灾害预测模型运行时，需要即时调配充足的计算资源，确保模型能够快速、精准地输出结果，为应急决策提供有力支撑。

空间分析任务则迫切依赖海量存储资源。像对城市地理空间数据、遥感影像数据进行深度挖掘分析，处理过程涉及大量数据的存储、读取与运算，对存储容量及读写速度提出极高挑战。

不同服务对资源配置的特异性显著。微服务架构将业务拆分为多个独立的服务模块，每个模块依据自身业务逻辑，在内存占用、CPU 核心需求及存储容量偏好上各不相同。例如，实时数据监控服务更侧重 CPU 的快速响应能力，而数据存储服务则聚焦大容量存储及稳定的写入性能。

资源占用动态变化特征明显。受业务周期性波动、突发事件驱动等因素影响，空间服务所需资源随时间呈现剧烈波动。例如，在自然灾害突发期间，应急数据处理量骤增，对各类资源需求急剧攀升；而在日常平稳时段，资源需求则回落至常规水平。

2）基于 Docker 和微服务的资源优化策略

（1）容器化封装与隔离

借助 Docker 容器技术，将各个微服务独立封装。每个微服务及其依赖项被打包成一个轻量级、可移植的容器镜像，实现服务间的高度隔离。这有效避免了不同服务因资源竞争导致的冲突，确保各服务运行环境的稳定性与一致性。例如，将地理编码微服务封装在一个 Docker 容器中，它所依赖的数据库连接库、算法库等都一并打包，无论部署在何种环境，都能快速、稳定运行。

容器的轻量化特性使资源分配更加灵活精准。相较于传统虚拟机，Docker 容器启动迅速，能在短时间内根据业务需求动态创建或销毁，大幅提升资源调配效率。

（2）资源动态分配机制

构建一套基于微服务监控的资源动态分配系统。通过实时采集各个微服务的 CPU 使用率、内存占用、网络流量等关键指标，结合业务预先设定的资源需求阈值，利用自动化脚本或专业的容器编排工具（如 Kubernetes），动态调整分配给每个微服务的资源。

例如，当发现某个负责空间数据渲染的微服务在业务高峰时 CPU 使用率持续攀升接近设定阈值，系统自动为其分配更多的 CPU 核心，确保渲染服务的流畅性；而在业务低谷期，回收冗余资源，分配给其他有需求的服务。

（3）微服务治理与容错

实施微服务治理策略，通过服务注册与发现机制，确保各微服务之间能够高效协作。例如，在应急指挥系统中，当某个微服务（如灾害评估微服务）出现故障时，利用服务熔断、降级等机制，快速隔离故障服务，保障核心业务流程不受影响，同时触发自动修复或人工干预流程。

建立微服务的健康检查机制，定期巡检各服务的运行状态，及时发现并处理潜在问题，维持整个系统的高可用性。

3）弹性伸缩创新管理

（1）基于 Docker 镜像的快速扩缩容

利用 Docker 镜像的快速部署特性，实现微服务的秒级扩缩容。当业务量突然增加，如突发城市洪涝灾害，需要紧急启动多个数据采集、分析微服务时，只需依据预定义的镜像模板，快速启动多个容器实例，迅速提升系统的处理能力。

反之，在灾害过后，业务需求回落，通过简单的容器停止命令，即可回收闲置资源，实现资源的高效利用。

（2）跨节点的容器迁移与负载均衡

结合容器编排工具，当某个物理节点的资源接近耗尽或出现故障时，能够自动将容器迁移至其他空闲、健康的节点。在迁移过程中，通过负载均衡算法，合理分配容器在各节点的分布，确保整体系统负载均衡。

例如，若监测到某一节点承载的微服务容器因大量数据涌入导致内存压力过大，自动将部分容器迁移至其他内存充裕的节点,并依据实时流量动态调整各节点的负载权重,保障系统稳定运行。

(3) 自适应的微服务弹性策略

根据业务的历史数据、实时需求及资源使用情况,为每个微服务定制自适应的弹性策略。例如,对于一些实时性要求极高的微服务,如应急警报推送服务,采用更为激进的弹性策略,一旦业务量有增长迹象,立即启动扩容流程,确保信息能够第一时间送达用户;而对于一些非关键、后台运行的微服务,则采用相对保守的策略,在资源利用与性能保障之间寻求最佳平衡。

8.1.3 应急时空数据中台

应急时空数据中台在天空地协同应急系统中起着关键的支撑作用。它是数据的汇聚中心、资产中心、服务中心,将来自不同渠道的数据,如基础数据服务、业务数据抽取汇聚等进行整合,实现自动化的数据接入与一体化存储管理,经过数据建模、存储、清洗与预处理及质量管理等一系列操作,形成应急数据库,并为应用系统中的各个子系统,如大范围遥感应急场景动态构建、灾害目标毁伤提取、星载/地面视频应急车辆目标检测、区域协同应急决策分析、突发事件态势构建、突发事件演化分析与风险评估、无人区应急处置应用、天空地森林火灾应急、天空地地质灾害应急等提供数据服务与资源共享,通过标准功能接口输出数据报表和 BI 可视化内容,为应用系统的高效运行提供坚实的数据基础和技术保障。同时,应急时空数据中台与国家系统、其他单位实现数据共享交互,实现应急资源与灾害预警数据的纵向交互。应急时空数据中台定位如图 8.15 所示。

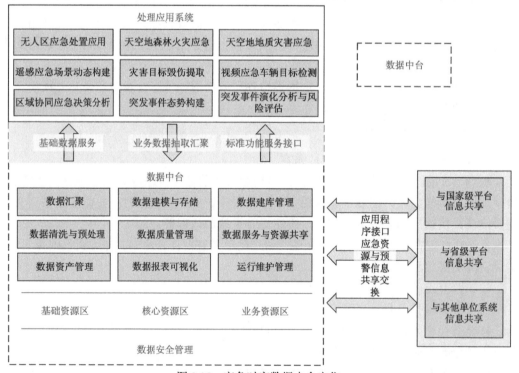

图 8.15 应急时空数据中台定位

1. 系统总体架构

数据中台采用多层体系结构设计。多层次的体系结构,将管理平台、数据存储、数据库操作支撑逻辑等有效地独立,使整个体系清晰化、简单化。具体的系统架构如图 8.16 所示。

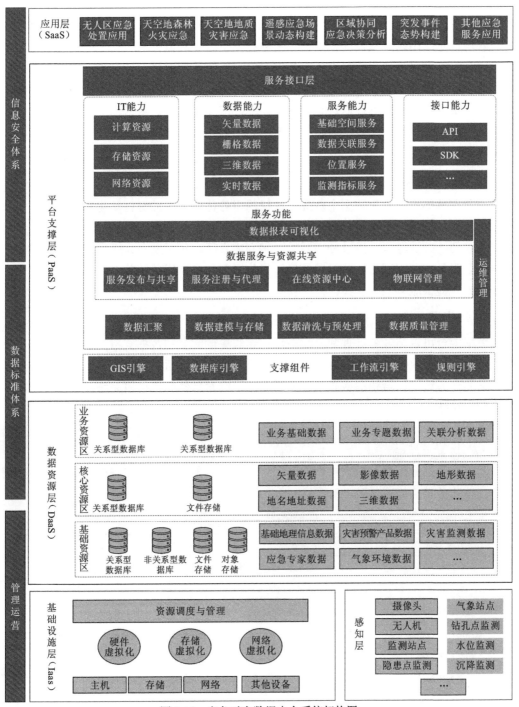

图 8.16 应急时空数据中台系统架构图

1）基础设施层

充分利用现有基础设施来规划数据中台建设所需的各类计算资源、存储资源及网络资源，同时按需配置操作系统、GIS 平台软件、数据库、中间件、对象存储的软件环境，保证数据中台的建设需求。

2）数据资源层

数据资源层作为数据中台的核心建设内容，需要对接已有的基础地理信息数据，同时汇聚来自北部山区突发性地质灾害相关数据体系、韧性城市地质安全地质灾害相关数据体系及天津市城市地质数据库成果数据等多方面的数据成果。

基于多层次架构来构建数据资源体系，包含基础资源区、核心资源区、业务资源区，可以对汇集数据区的数据按需进行提取、处理，按业务类型、数据范围等形式来构建各类核心数据库；同时对数据目录、元数据、数据模型、数据关系等进行统一存储与管理，实现数据的全生命周期管理。

3）平台支撑层

平台支撑层主要是为数据中台提供数据的服务化能力，针对自动化预警系统、气象风险预警系统、地质灾害调查与评价子系统和智慧调度子系统等对数据的需求，可以将数据抽取到基础资源区，经过处理后，汇聚到成果区，然后发布为应用程序接口服务、专题数据服务、空间服务、检索服务、可视化服务和目录服务等其他服务，为不同业务场景的搭建提供服务能力支撑。

4）应用层

数据中台可以为业务处理和典型应用层系统提供服务和数据支撑，主要包含无人区应急处置应用系统、天空地森林火灾应急系统、天空地地质灾害应急系统、遥感应急场景动态构建系统、区域协同应急决策分析系统、突发事件态势构建系统，以及其他应急服务应用系统。

2. 系统功能组成

将外部数据源汇聚到数据中台，分类管理数据成果，提供数据资产成果应用，数据中台主体业务功能组成如表 8.3 所示。

表 8.3　数据中台主体业务功能组成

业务功能	业务说明
数据建模与存储	构建数据模型表，管理元数据
数据汇聚	实现数据源接入与数据汇聚
数据建库管理	数据分区进行资产管理
数据清洗与预处理	包含数据抽取、数据清洗、格式转换、数据融合、数据校验等治理过程
数据质量管理	基于数据质量管理体系进行数据质检
数据服务	实现服务发布、服务注册、服务分发等功能，支撑应用系统调用
在线资源中心	在线资源预览与管理，同步实现一张图分析服务

数据中台的数据模型、数据汇聚、数据治理等业务之间相互联系、协调作用，共同支撑数据中台管理与服务，以下为各功能概要说明。

1）数据建模与存储

根据数据标准规范构建数据模型，包括空间数据模型、普通数据模型、文件数据模型等。导入元数据信息，同时可建立元数据与数据模型关联关系。

2）数据汇聚

创建汇聚任务，基于已连接的数据源（包括存储业务数据的数据库数据源、物联网数据源等）接入数据，选择对应的数据模型实现汇聚流程，包括结构化数据汇聚和非结构化数据汇聚，汇聚流程运行成功后，中台建立起数据、元数据、数据模型三者关联关系。

3）数据建库管理

汇聚后实体数据本身汇入中台数据库管理，元数据进入资产目录进行资产管理，即资产目录是元数据的台账。数据平台对数据存储区域进行分类，包括基础资源区、核心资源区、业务资源区；汇聚后数据全量存入基础资源区，同时将瓦片数据、3Dtiles 数据汇聚至核心资源区支撑服务发布。

4）数据清洗与预处理

利用数据清洗与预处理模块的治理工具，实现基础资源区数据的清洗与处理，并存至核心资源区或业务资源区。

5）数据质量管理

在数据汇聚和治理过程中，利用数据质量管理模块的质检能力，对数据进行质量管控，可输出质检结果和报告。

6）数据服务

汇聚至数据中台的实体数据及治理后的成果数据，可通过服务发布功能实现数据共享，支撑应用系统调用。同时数据中台支持第三方服务注册代理，提供代理后的服务地址给其他系统访问。

7）在线资源中心

服务发布后数据可至在线资源中心进行集中展示、预览和管理，同时数据中台提供基础地图工具、空间分析及各类三维分析服务。

3. 数据应用流程

数据中台根据不同的数据类型，提供不同的数据处理和管理流程，具体业务流程如图 8.17 所示。

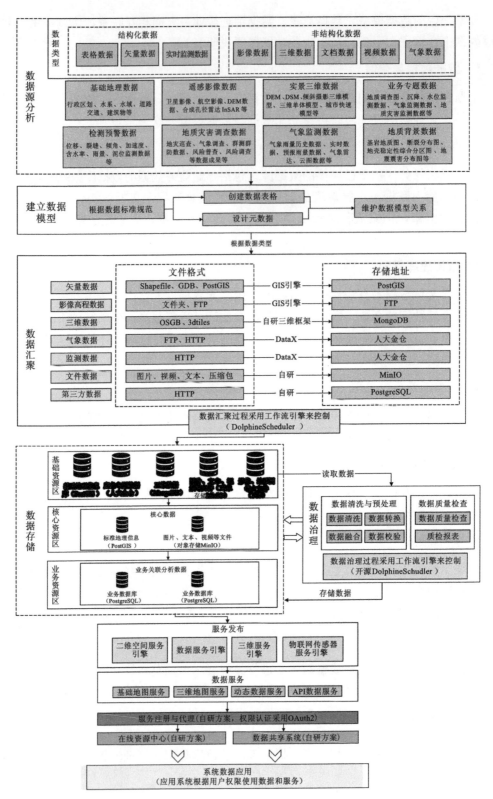

图 8.17　应急时空数据应用全流程

8.1.4　空间信息服务管理

区域空间信息服务与应急指挥系统涉及两大类集成场景：第一类场景是需要集成已有的相关业务系统，这些业务系统有自己的用户界面、系统用户、系统认证、系统角色与权限、业务处理功能与流程、技术平台、数据库与业务数据等；另一类场景是由多个单位分别实施，这些单位可能会基于不同的平台和语言进行开发，在成果交付时需要实现服务组装与集成。针对这两类场景，服务组装和集成主要包括应用服务资源池建设、服务组装、集成接口设计与开发、应用界面集成和统一用户管理等。

空间信息服务管理与发布软件的系统架构如图 8.18 所示，包含数据支撑层、服务支撑层、代理/认证层及应用层。

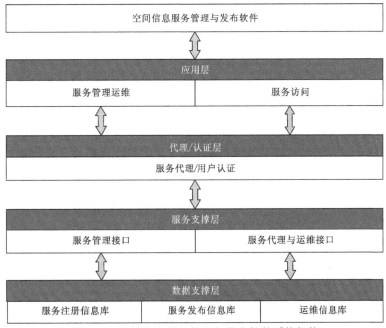

图 8.18　空间信息服务管理与发布软件系统架构

数据支撑层：用于存放服务管理和发布软件基础数据库，它包括服务注册信息库，服务发布信息库及运维信息库。服务注册信息库，保存服务管理注册信息。服务发布信息库，保存注册的服务 ID 和访问代理服务的映射关系，同时记录代理服务的当前状态。运维信息库，包括用户注册信息、服务访问权限信息、服务访问日志信息等。

服务支撑层：用于提供服务管理的基础接口，以及在线服务代理访问管理、用户认证和服务访问日志记录等服务接口。

代理/认证层：提供软件统一的登录认证和服务代理访问接口。

应用层：面向用户，提供包括管理员服务管理、运维、发布，以及普通用户的服务订阅和服务调用等。

1. 应急服务资源中心

基于开放式应急服务集成平台，建立统一的服务资源管理，为平台中的各应用系统提供统一的公用、基础性的信息资源服务，实现公用、基础性的信息资源共享，并对各业务系统之间的互操作过程进行统一的管理，充分实现系统之间的集成、信息共享和互操作及对外信息服务的集成，使各应用系统成为一个有机的整体。

2. 服务发布

系统通过对 GIS 引擎、表数据服务引擎、三维服务引擎、物联网数据服务引擎、文档服务引擎及多媒体服务引擎进行管理接口的标准化整合，为用户提供统一的数据配置、服务发布、服务管理，提供标准地图服务发布与管理功能等，支持常见的地图服务标准，支持标准的 3DTile 模型服务标准，支持常见的文件数据库类型，支持在线流媒体视频协议，支持常见的 PDF、Word、PPT、Excel 文档浏览，支持服务查询、管理、审核及权限控制等，提供基础地图数据、矢量专题数据、DEM 高程数据、三维倾斜摄影数据、视频多媒体、在线文档，以及空间计算分析的服务发布能力。

3. 服务注册代理

服务注册代理针对非平台内的空间数据服务、应用程序接口服务、文件服务、三维服务，提供服务注册功能，注册后的服务在服务列表能查询到，提供代理后的服务地址给其他系统访问。

服务代理实现数据中台内部服务代理和外部第三方服务代理，实现服务网关代理，能够将系统内注册的服务代理后供外部使用。同时，与应急服务资源中心对接，实现服务的动态发现及展示。

4. 服务组装

服务组装是通过服务编排来灵活定义合成服务。在服务目录库提供关于现有服务的信息的同时，服务编排允许通过现有的低级服务组成新的服务。例如，可以通过定义包含几个较低级别业务功能的工作流来创建新的业务事务。

服务编排框架提供了更多方便的活动，如本地调用、描述性状态迁移（representational state transfer，REST）调用、同异步调用等活动，从而在使用上更加方便。将产品的多个原子服务组合编排成符合业务场景需求的单个服务，降低应用开发门槛，加速应用构建。

通过编排脚本屏蔽后台服务 API 的差异，使得服务的替换不引发应用的更新，可应用于屏蔽不同版本同一接口的差异，实现接口的后向兼容。

5. 服务访问授权

服务访问授权是为保障系统共享服务的使用安全，面向不同用户，建设服务权限管理，满足对同一服务的不同区域和不同图层的权限控制，包括角色用户基础权限控制、API 服务访问控制、数据图层服务权限控制和空间数据范围访问权限控制等功能。针对整个访问授权管理，系统还设计完成包括用户服务申请与审核、服务访问监控，以及服务访问鉴权等。

6. 集成接口设计与开发

制定开放式应急服务集成平台接口规范，保证系统的完整性及实现数据的共享。接口规范规定平台接口协议、连接方式等内容，规范接口的相关命名规则，并对接口进行说明。

7. 应用界面集成

制定开放式应急服务集成平台用户界面（user interface，UI）设计规范，实现专项系统在界面风格上的相对统一协调、美观和实用。UI 设计规范规定集成平台的界面设计，建立统一应用界面，贯穿以用户为中心的设计指导方向，主要内容包括界面结构设计、配色规范、文字使用规范、图片使用规范、UI 开发规范等，以达到提升用户体验的目的，为系统改造或新建系统提供参考。

区域应急时空信息云服务是以直观表达的全覆盖精细的应急时空信息为基础。面向泛在应用环按需提供应急时空信息、物联网节点定位、功能软件和开发接口的服务，时空信息云服务提供数据服务、模型服务、处理服务、分析服务等。数据服务支持区域应急时空数据库数据读取、查询、检索等功能；模型服务提供区域应急决策相关模型服务；处理服务提供实时数据处理服务；分析服务提供时空数据分析服务。本节主要应急时空信息云服务类型如图 8.19 所示。

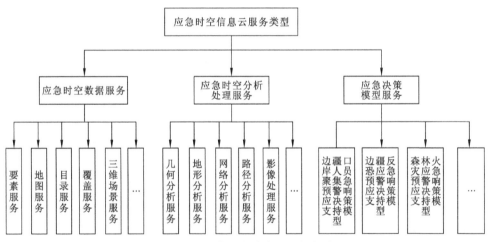

图 8.19　应急时空信息云服务类型

基于开放式应急服务集成平台，实现了模型服务、信息服务、数据服务和遥感影像服务等近 400 个服务的集成，基于统一的服务资源池，为森林火灾、自然灾害、区域空间信息服务与应急指挥系统等各类应急示范软件的统一构建提供了有力支撑。

8.1.5　统一用户认证平台

建立统一的用户身份认证平台，搭建单点登录系统，对所有集成到平台的应用系统开展统一身份标识与访问权限控制设计，确保整合后的系统能够进行统一身份认证。

用户权限管理可采用 B/S 架构，划分为数据层、服务层、控制层、应用层 4 层（图 8.20）。

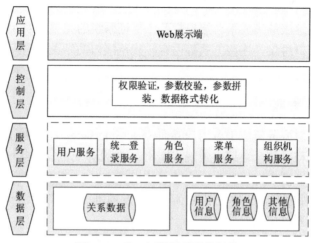

图 8.20 统一权限管理系统架构

数据层：提供用户管理系统访问权限和数据访问能力，利用主流技术框架实现对底层数据库的访问能力，提供基本的数据库操作、缓存及持久化能力。

服务层：利用数据层提供的数据访问能力，开发业务逻辑，对外提供业务处理服务及接口访问服务。

控制层：接收从应用层交接的数据请求，经过身份处理及参数校验之后，根据业务逻辑向服务层提交处理请求。

应用层：提供可视化的业务访问能力，基于各大主流浏览器，用户在用户界面上操作，与后台服务同时进行，通过可视化交互界面编辑和提交数据。提供统一的 Web 用户认证中心，各 Web 子系统通过统一认证中心实现用户身份的认证。

8.2 区域应急时空数据建库

开放式应急服务集成平台需要支持海量时空数据与应急数据的统一管理，将杂乱的时空数据与应急数据按照特定的分类原则经过采集、整理、分类、组织等过程实现有序的管理。

开放式应急服务集成平台在充分整合利用现有数据的基础上，面向不同层次的应用服务与管理需求，根据应急数据的类型和特点，结合各类数据和信息产品的存储格式，采用相应的数据库进行存储与管理，主要包括事务型数据库、结构化并行数据库、非结构化集群数据库。其中，事务型数据库用来存储及管理各类结构化业务数据，通过事务处理引擎、时间序列引擎、空间数据引擎和高可用解决方案构建业务数据库。结构化并行数据库采用列存储分布式并行数据库集群构建，为超大规模结构化数据管理提供高性能、高可用、高扩展性的通用计算、分析、挖掘平台，实现数据仓库及各类业务数据集市的搭建，为各类数据分析与计算等提供支持。非结构化集群数据库实现对非结构化数据文件、报告、图集、音频、视频、影像等相关数据的存储管理。

按照业务领域构建以下数据库。

1. 区域空间信息库

区域空间信息库存储地形地貌数据、基础地理数据和遥感影像数据等，以非结构化集群数据库+并行数据库方式建设管理为主。

2. 区域安全事件信息库

区域安全事件信息库存储区域重大公共决策、区域重大灾难、区域融雪洪涝、滑坡泥石流、海洋溢油、边疆应急处置、边境口岸等安全事件信息。

3. 区域监测预警信息库

区域监测预警信息库主要存储视频、图像等监测数据，温度、降水、风力、湿度等气象监测数据，以及气象等级预报、火灾预警、气象预警等预警数据；以事务型数据库+非结构化集群数据库+并行数据库方式建设管理为主。

4. 区域防护目标信息库

区域防护目标主要包括防御重要部位和风险隐患区。防御重要部位包括党政机关、学校、科研机构、新闻广播机构、国防目标、公众聚集场所、金融机构、监测台站、野生动物保护管理场所、重要生态安全区、在建工程施工现场、堤防和险工险段、公路、航道、渡口、码头、船舶、公共设施等。区域防护目标信息库以事务型数据库+非结构化集群数据库+并行数据库方式建设管理为主。

5. 区域评估重建信息库

区域评估重建信息库包含基于当前灾害的灾损评估数据和恢复重建数据。灾损评估数据包括受灾总面积、影响范围、经济损失、人员伤亡、物资消耗、建筑损伤等。恢复重建数据包括生态恢复数据、基础设施重建数据（包括学校、医院、公益设施及交通运输、水利、电力、通信、供排水、供气、输油、广播电视等）。区域评估重建信息库以事务型数据库+非结构化集群数据库+并行数据库方式建设管理为主。

6. 区域应急预案/案例信息库

区域应急预案/案例信息库主要包括应急预案文档信息、历史发生的应急案例信息等，以非结构化集群数据库+事务型数据库方式建设管理为主。

7. 区域应急知识信息库

区域应急知识信息库包括灾害事故知识库、预防准备知识库、监测预警知识库、处置救援知识库、恢复重建知识库，以非结构化集群数据库+事务型数据库方式建设管理为主。

8. 区域专题空间信息库

区域专题空间信息库存储灾情研判、力量调度、物资调度、现场救援、调查评估等业务专题的空间数据，以非结构化集群数据库+事务型数据库方式建设管理为主。

8.3 区域空间信息服务与应急指挥系统

天地一体化遥感网络数据、互联网数据、物联网数据、实时数据、基础地理数据等多源异构数据的类型及数据服务功能众多，且随着实际应用需求不断增加，系统需要在不改变框架的前提下方便地集成各个新的功能组件，并支持数据服务的定制等需求，区域空间信息服务与应急指挥系统基于开放式应急服务集成平台进行了具体业务实现，考虑了可扩展、可动态配置、高性能等要求，兼顾了实时数据存储与应用的高性能特点和异构应用系统的集成能力的硬软件体系结构。区域空间信息服务与应急指挥系统软件体系结构整体以开放式应急服务集成平台为基础，以插件技术为开发集成方式，采用"服务+插件技术"进行构建，通过服务使其能与其他系统或开发语言的各种主题应用系统较好地结合。

8.3.1 系统总体架构

区域空间信息服务与应急指挥系统的总体架构如图 8.21 所示。

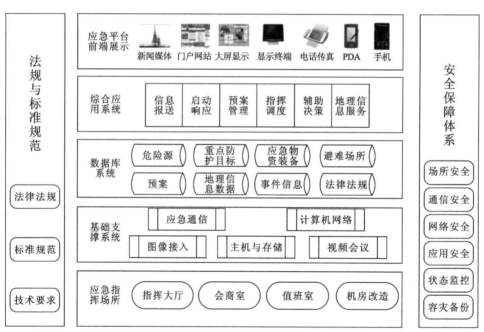

图 8.21 区域空间信息服务与应急指挥系统架构
PDA 为个人数字助理（personal digital assistant）

区域空间信息服务与应急指挥系统架构在现有的安全/运行维护体系上，利用安全保障系统提供的安全保障功能接口实现系统应用安全。业务流程和技术实现等遵循统一的标准规范，满足建设依据中的相关标准规范和区域应急其他相关要求。系统建设的核心内容能够满足应急单位日常应急值守和处置突发事件的实际工作需要。应用于接收、处理突发紧急事件和重大信息的，满足应急业务处理和日常值班工作信息化、自动化、智能化的软件系统，为应急人员快速、及时、准确地处理应急事务提供强有力的通信和信息保障。综合应用系统从架构上来说，以基础支撑系统为硬件平台，以数据库系统为运行基础，提供强大的数据和业务管理能力，具体承载应急管理工作常态时和非常态时的各项业务，实现突发事件应急流程，是实现对突发事件的预测预警、信息报告、监测监控、辅助决策等主要功能的核心系统。

区域空间信息服务与应急指挥系统基于开放式应急服务集成平台进行了具体业务实现，考虑了可扩展、可动态配置、高性能等要求，兼顾了实时数据存储与应用的高性能特点和异构应用系统的集成能力的硬软件体系结构。区域空间信息服务与应急指挥系统软件体系结构整体以开放式应急服务集成平台为基础，以服务技术为开发集成方式，通过数据+服务使其能与其他系统或开发语言的各种主题应用系统较好地结合。区域空间信息服务与应急指挥系统接口如图 8.22 所示。

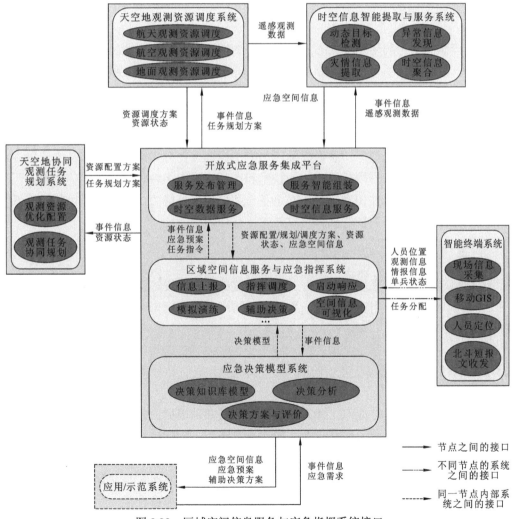

图 8.22 区域空间信息服务与应急指挥系统接口

区域空间信息服务与应急指挥系统的设计紧密结合应急平台建设总体建设原则，同时根据自身特点，采取以下设计原则。

1. 先进性原则

采用先进成熟的软件架构、设计理念和开发手段，选用技术先进、成熟稳定的基础支撑软件，充分应用公共安全领域中已取得的成熟研究成果，紧跟应急决策指挥技术的最新状况，充分预见未来技术发展趋势，保证系统在不替换现有设备、不损失前期投资的情况下能方便地升级和扩容，最大可能地延长系统的整体生命周期，确保系统能在未来较长时间内充分发挥作用。

2. 安全性原则

充分利用安全支撑系统提供的功能，保证所有软件系统在身份认证、访问控制、信息加密和权限控制等方面有全面的、系统的安全机制和措施。

3. 实用性原则

根据应急平台不同用户在常态和非常态下的应急业务需求，紧密结合地区实际情况进行设计开发，确保系统实用、高效和方便，充分利用已有资源，统筹各区县、各相关部门数据库建设。

4. 稳定性原则

系统建设与产品选型严格遵循国际国内有关标准，充分考虑技术和产品的成熟性，优先使用已在实际中获得规模化运用的技术和产品，采取模块化、技术构建系统，同时采用具有高可用性的软件使系统具备冗余备份和快速恢复能力，分散故障风险，降低软件系统故障概率，提高系统的总体可靠性。

5. 扩展性原则

遵循标准化准则，采用开放性好、标准化强的技术建设应急平台软件，保障系统易于扩展业务流程和不断丰富其功能。数据库结构应充分考虑未来的发展和移植，具有良好的扩展性和伸缩性。

8.3.2 系统组成及功能

区域空间信息服务与应急指挥系统功能设计主要是根据应急突发事件信息，有效地利用现有的各种网络资源、信息资源、应急平台资源，构建事件应急系统，形成突发事件的统一应急平台，完成需要应急部门指挥的、多个相关部门协同应对的综合跟踪协调，建立各类事件的上报、数据采集、处理、应急管理、信息发布、辅助分析等机制，并对生成预案进行模拟演练功能。

区域空间信息服务与应急指挥系统主要包括后台系统及前端系统，后台系统不直接面向用户，但为前台应用提供接口调用。后台系统主要功能包括信息上报、启动响应、预案管理、运行管理、数据库管理、服务管理、指挥调度等模块的配置；前端系统主要功能包括地图可视化、模拟演练、模型分析，具体如图8.23所示。

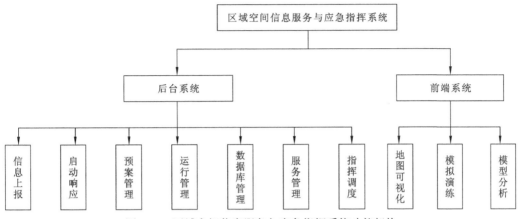

图8.23　区域空间信息服务与应急指挥系统功能架构

区域空间信息服务与应急指挥系统面向突发事件，利用强大的空间数据分析处理能力和多接口数据、服务交换能力，统一应急指挥系统中众多功能子系统的信息流，与多种信息处理系统进行了无缝集成，实现了互联互通和协同作业，快速构建应急信息链以缩短流程，及时进行预案关联，突破最优规划与组网观测、星载、机载实时处理、机载实时通信与地面协同并行处理以提升服务速度，使决策者及时了解突发事件现场情况，及时响应、快速处置。

区域空间信息服务与应急指挥系统，提供强大的应急业务管理和应急智能决策能力，主要包括信息上报、启动响应、指挥调度、地图可视化、模拟演练、模型分析等。系统之间既相对独立，又相互依赖，共同实现突发事件的应急处置流程。系统具体功能如下。

1. 信息上报

1）模块概述

信息上报模块用于管理突发事件，记录事件信息、响应级别等处置内容。

2）工作流程

应急处置工作流程如图8.24所示。添加事件基本信息，主要显示内容包括事件标题、事件类型、等级、事发时间、报送单位；基于时空信息服务平台，实现突发事件的发布；通过开放式应急服务集成平台的事件服务获取事件基本信息，进行任务规划及制订应急预案。

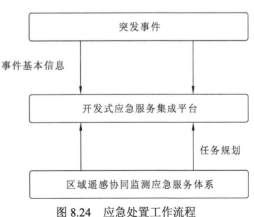

图8.24　应急处置工作流程

2. 启动响应

1）模块概述

启动响应根据事件基本关联应急预案，通过应急预案提取并生成处置方案，由现场指挥部提供给参与的应急管理部门，并传达各个部门对应的任务。

2）工作流程

通过后台系统配置响应流程，启动响应模块通过关联的应急预案生成的处置方案，由应急管理指挥中心负责向各部门下达命令，并在客户端进行可视化展示，从而使得在事件发生时有所准备，忙而不乱，在抢险救灾中有条不紊、急而有序，启动响应基本信息如图 8.25 所示。

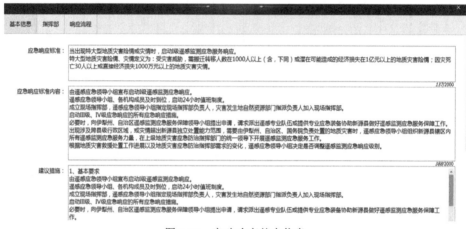

图 8.25　启动响应基本信息

应急响应指挥部信息涉及部门、职责、成员等，如图 8.26 所示。

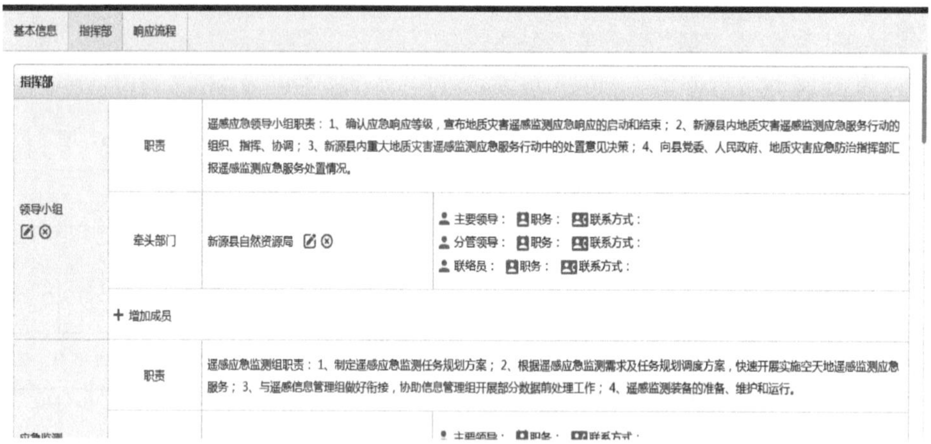

图 8.26　应急响应指挥部信息

应急响应流程包括接报、核查、研判、响应、终止、评估 6 个环节，每个环节的界面如图 8.27～图 8.32 所示。平台启动响应如图 8.33 所示。

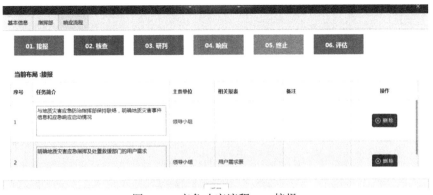

图 8.27　应急响应流程——接报

图 8.28　应急响应流程——核查

图 8.29　应急响应流程——研判

图 8.30　应急响应流程——响应

图 8.31　应急响应流程——终止

图 8.32　应急响应流程——评估

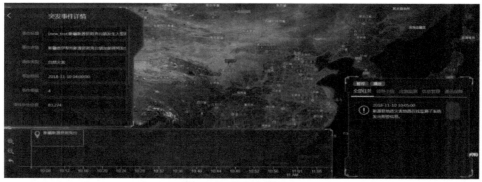

图 8.33　平台启动响应

3. 预案管理

预案管理包含预案的新建、编辑、保存、重命名、浏览与检索、删除等功能。提取预案的共性要素与核心要素，作为保障预案结构化的标准和规范，指导预案编辑、存储与可视化过程（图 8.34～图 8.40）。

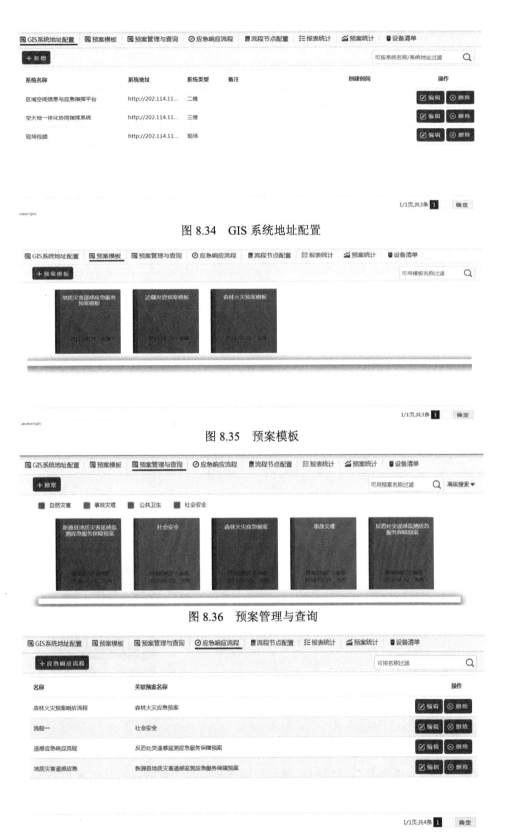

图 8.34　GIS 系统地址配置

图 8.35　预案模板

图 8.36　预案管理与查询

图 8.37　应急响应流程

图 8.38　流程节点配置

图 8.39　预案统计

图 8.40　设备清单

4. 运行管理

区域空间信息服务与应急指挥系统运行管理是针对后台的权限、角色和模块、功能进行管理，实现系统按照权限管理的设置来控制不同用户访问的功能和数据。在运行管理中，权限是通过角色与用户账号发生关联的，权限配置根据用户角色，赋予不同用户功能权限、数据权限。系统角色管理如图 8.41 所示，运行日志管理如图 8.42 所示。

图 8.41　系统角色管理

图 8.42　运行日志管理

5. 数据库管理

区域空间信息服务与应急指挥系统在开放式应急服务集成平台数据库的基础上，按照业务领域和学科类型，构建了以下数据库。

（1）基础空间库。基础空间库主要包括地形地貌数据、基础地理数据和遥感影像数据等，主要以非结构化集群数据库+并行数据库方式建设管理为主。

（2）实时动态数据库。实时动态数据库主要包括天气、环境等实时观测数据、遥感实时监测数据等，主要以事务型数据库+非结构化集群数据库+并行数据库方式建设管理为主。

（3）应急资源信息库。应急资源信息库包括应急机构信息、应急人力资源信息、应急物资装备资源信息、应急通信资源等内容，主要以非结构化集群数据库+事务型数据库方式建设管理为主。

（4）应急预案、案例与知识信息库。应急预案、案例与知识信息库主要包括应急预案文档信息、历史发生的应急案例信息等，主要以非结构化集群数据库+事务型数据库方式建设管理为主。

（5）专题空间库。存储指定业务专题的空间数据。

（6）行业共享库。支持行业数据的共享交换。

（7）专题服务库。存储专题服务相关信息。

6. 服务管理

区域空间信息服务与应急指挥系统服务管理主要目标是对各类服务提供注册、查询、管理，负责对服务提供统一高效的管理，并在此基础上实现服务的智能组装，构建服务管理、服务组装、数据服务、信息服务。

服务管理分为服务注册管理模块和服务元数据管理模块两部分。资源业务应用模块采用服务端组件技术提供服务资源注册、审核和订阅等功能，同时对地理信息服务系统及应急服务进行注册管理。服务元数据管理模块基于行业标准 OGC-CSW 规范，并由资源业务应用模块调用。服务注册如图 8.43 所示。

图 8.43 服务注册

1）指挥调度

（1）模块概述。根据事件来源与类型，指挥与调度各方采取相应指挥措施，包括实时接入事件现场灾前灾后遥感影像、实时音视频数据、倾斜测量数据，向现场终端发出任务指令。

（2）工作流程。突发事件发生时，应急部门组织协调有关部门提供应急保障，立即组成现场指挥部，调动应急指挥车赶赴现场，通过网络环境实现在作战筹划和指挥作业过程中进行态势标绘，为应急指挥的部署调配、应急救援行动的组织和实施提供强有力的决策支持，为应急管理部门提供有效交流与沟通协助的可视化平台。现场指挥部根据需要设立若干工作组（运用系统服务端进行组合调度资源的配置），负责完成现场的数据采集、抢险救助、医务救助、人员安排、现场管理、交通管制、灾害评估、安全防卫、力量动员、信息发布等事项的紧急处置。全程听取专家的意见和建议，尊重科学并结合实际，积极利用科技方法来处置应急突发公共事件。图 8.44 所示为指挥调度工作流程，图 8.45 所示为指挥调度方案。

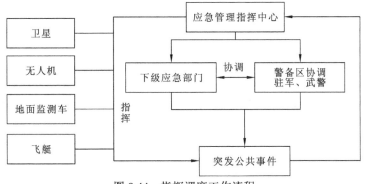

图 8.44　指挥调度工作流程

图 8.45　指挥调度方案

2）地图可视化

加载与显示基础底图、影像数据；基于地图显示突发事件位置、资源位置与状态，对应急响应事件的资源保障、指挥调度进行可视化。

突发事件发生时，通过地图界面浏览突发事件物理位置，并以便捷的交互方式显示隐藏在事件内部的属性信息，根据协同规划，对应急响应事件涉及的应急资源，基于所获得的观测数据及所提取的应急信息等分别进行可视化，帮助应急决策人员在海量数据中迅速、有效地发现隐含特征、模式及趋势。

3）模拟演练

根据后台系统配置的演练脚本制定的流程，模拟系统运行过程，完成事件从发生、响应、规划、调度到事后分析等全过程。模拟演练根据不同的应急突发事件获取后台配置的信息，运用开放式应急服务集成平台获取从应急决策模型与分析系统生成的实施建议方案，通过预案管理模块自动化将资源融合时序信息，形成具有动态元素的救灾建议方案。

通过态势标绘及动画设置，结合专家的知识与经验对建议方案内容进行优化，为应急管理部门提供有效交流与沟通协助的可视化平台，为应急救援力量的部署调配、应急救援行动的组织和实施提供强有力的决策支持。

4）辅助决策分析

辅助决策分析模块主要集成了空间信息辅助决策相关模型，主要包括滑坡泥石流应急决策、融雪型洪涝应急决策、森林火灾应急决策、海洋溢油应急决策及系统管理等。模型分析利用地理信息系统技术，按照突发事件发生的实际地理位置，建立突发事件预测分析数学模型，对数学模型进行模拟和显示。该模型通过突发事件模拟计算、事件发生概率计算、事件影响范围计算和风险等级确定等完成对突发事件的风险预警。

将预测模型的数值解与 GIS 相结合，在时间和空间上对突发事件进行分析，计算不同事件在不同时间段的影响面积，分析不同地点的突发事件的影响程度，获取受影响范围内的人口和周边单位等重要信息，从而预测突发事件对周围环境和人群造成的危害，为应急监测、现场救援和灾后评估提供科学依据。

8.4 智能移动应急终端

面向区域空间应急信息服务的需求，针对突发事件在区域空间应急响应中的复杂变化特点，结合天空地一体化协同观测数据，研制了智能应急手持终端，为终端用户提供通信、数据信息、运算环境和专业工具构成的集成化的综合应用定制服务。

利用在云平台上运行的消息服务总线，将各终端设备与服务器通过消息机制联结为一体，实现松散耦合的超级计算架构。实现后方辅助决策支持软件与智能移动应急终端（手机 APP）之间的即时消息通信与数据交互，完成移动端位置的实时上报。

为了解决边境、山区等无网络信号覆盖区域应急通信问题，本节介绍研制的一款智能应急手持终端，实现北斗无源定位、导航及短报文通信服务，满足应急突发事件在信号盲区应急通信的业务需求，综合考虑了应急终端的信号强度、续航、便携性。如图 8.46 所示，左侧设备为本节的智能移动应急终端。

图 8.46 智能移动应急终端设备

本节介绍的智能移动应急终端设备支持与主流安卓手机通过蓝牙连接，通过智能移动应急手机软件，可在无网络信号区域通过北斗链路与应急指挥系统进行消息通信。经在新源县地质灾害、吉林敦化森林火灾等多次应用示范验证，该终端的尺寸、重量、电池续航、定位精度、短报文通信等多项指标能够满足应急通信与指挥要求，终端的具体指标如表 8.4 所示。

表 8.4　智能移动应急终端主要指标

指标	手持终端 I 代	手持终端 II 代
三防	支持 IP67 三防标准（1 m 水深，30 min）1 m 防跌落	
显示	支持主流安卓手机	
导航	北斗一代短报文模块&北斗二代定位导航模块支持无源定位， 北斗短报文，信号盲区一键 SOS 通信救援	
电池	0 mAh，5 V，2 A 快充技术	
尺寸/mm	160×70×24.9	108.21×70.60×32.07
重量/g	255	200
定位精度/m	<5	
定位时间/s	1	
短报文通信	每次 30 个汉字的短报文信息	

智能移动应急终端设备集成北斗一代、二代功能，具有以下特点。

信号盲区短报文通信：B200 具有北斗一代的双向报文通信功能，用户可以一次传送 30 个汉字的短报文信息。

信号盲区位置报告：B200 具有北斗一代的发送附带位置信息的短报文功能，便于救援。

精密授时：B200 具有北斗二代的精密授时功能，可向用户提供高达 20 ns 时间同步精度。

快速定位：B200 具有北斗二代的可为服务区域内用户提供全天候、高精度、快速定时定位服务功能，定位精度优于 20 m。

智能移动应急终端软件与国内外系统的对比分析如表 8.5 所示，在人员定位方面利用智能北斗终端实现 GPS/北斗定位，处于国内外领先水平；在信息传输方面将移动互联网通信与北斗短报文通信结合，实现信息的上传与下达，具备数据共享和协同作业能力，

表 8.5　智能移动应急终端软件与国内外系统的对比分析

系统名称	所属	人员定位	指挥调度	信息采集	协同共享	信息传输
智能移动应急终端软件	中国（本节）	利用智能北斗终端实现 GPS/北斗定位	可接收后方指挥调度指令，完成现场信息收集工作	具备现场信息采集能力。利用定位技术自动采集坐标、并在地图上形成采集的位置、轨迹或者区域，利用讯飞输入法的语音识别技术，通过语音录入信息、自动转化为文字，减少手动输入文字的过程。同时简化现场采集信息的模板，尽量设置默认值、选项，减少现场人员信息录入的次数	支持信息共享、协同作业	实现移动互联网通信与北斗短报文通信的快速切换，现场 3G/4G 网络不通时，快速切换到北斗短报文通信、自动对传输的文本内容进行短报文编码，多媒体信息不传输；现场 3G/4G 网络恢复后，快速切换到 3G/4G 网络，向后方传输包括文本、多媒体在内的完整信息。对短报文传输的文字信息进行适当编码，以数字、字母等代替中文，有限长度传递尽可能多的信息

系统名称	所属	人员定位	指挥调度	信息采集	协同共享	信息传输
Egeris 系统	欧盟	集成了 GPS/GSM/PMR（专业移动电台）等，使指挥中心通过应急人员携带的 PDA 获取现场应急人员位置	能够制定响应方案、实现指挥调度。但是该系统根植于城市应急应用，对乡村、偏远地区应急通信保障、资源调度等问题仍难以解决	可采集现场信息	无	能够获取现场信息
警用通知系统	荷兰	利用 GPS、移动通信基站及无线局域网为用户提供当前位置，并进行差分定位	利用 PDA 移动终端进行应急信息广播	—	无	—
国家地震局国家地震社会服务工程	中国	支持 GPS/北斗定位	无指挥调度功能	可采集现场救援信息	可实现信息共享，无协同作业	具备信息传输与接收能力。虽然利用了北斗通信技术，但是未对传输信息进行编码处理，受限于传输量和传输频率，信息传递量和效率有待提升
国家减灾中心自然灾害灾情管理系统	中国	支持 GPS 定位	无指挥调度功能	利用智能移动终端实现现场灾情核查。采集信息、采集方式较复杂，影响现场核查的效率和有效性	支持信息共享、协同作业	利用移动互联网实现信息传输与接收

并且对短报文传输的文字信息进行适当编码，提升传输的效率和信息量，优于国内同类系统；在信息采集方面，利用定位技术自动采集坐标、在地图上形成采集的位置、轨迹或者区域，并整合第三方应用，简化现场信息采集方式，提升现场信息采集效率，处于国内外领先水平。

8.5 本章小结

　　本章研究利用云环境和开放式集成技术，构建了应急空间信息服务平台，提供按需组合的数据服务、处理服务、模型服务等；研发了区域空间信息服务与应急指挥系统，提供强大的应急业务管理和应急智能决策功能，主要包括信息上报、启动响应、指挥调度、地图可视化、模拟演练、模型分析等，并通过应用示范对遥感协同监测应急信息链进行了验证。基于北斗二代定位和短报文技术，以及 GIS、遥感技术，研发了智能移动应急终端软件，实现了前线处置人员在无人区将定位和短报文信息不间断传递给指挥中心，提供了北斗终端信息实时接入、电子地图标注等功能，服务指挥部综合研判决策。

第 9 章

天空地遥感突发事件应急服务典型应用

    针对公共安全、地质灾害、森林火灾等典型应急突发事件，运用天空地协同观测等技术手段，在新疆、吉林等城镇重点区域，搭建应急服务应用示范系统，利用异构天空地组网监测手段，快速获取相关数据，与内外部资源结合，高时效地提取、聚合、推送应急时空信息，提供空间信息应急服务，实现对前述研究成果的验证和示范应用。

9.1 无人区应急处置应用

9.1.1 应用示范背景

依托某地区公安局及其特警支队为应用示范单位，在无人区域开展应用示范和验证，利用光学卫星、浮空器、无人机等手段和应急处置专项应急预案，应用应急执法指挥应用示范系统、无人机遥感影像快拼桌面系统、北斗终端信息实时接入与电子地图标注模块、无人机遥感影像的三维地图快速生成系统等研发成果，解决示范区中"看不见、听不见、找不见、指挥不灵"的实战问题，填补了公共安全领域无法综合利用遥感数据、无人机数据、地图数据等丰富数据进行综合研判以支撑应急处置服务的空白，大幅提升了区域应急处置和日常防控能力。

9.1.2 应用示范成果和部署

运用天空地一体化观测手段及其关键技术，将研究成果与应用示范单位的实际业务需求相结合，并进行了实地部署，详细情况如下。

1. 音频通信

短波方案，以设备形式部署。
自组网方案，以设备形式部署。
空中基站方案，以装备和技术服务形式部署。

2. 文字通信

北斗短报文方案，以设备和软件形式部署。

3. 视频通信

空中基站方案，以设备形式部署。
（1）无人区三维地形图生成模块，以装备和软件形式部署。
（2）快速高效的卫星遥感情报获取，以数据服务形式部署。
（3）遥感影像中敏感目标快速发现模块，以软件的形式部署。
（4）遥感监测应急服务操作规范，以应急预案方式部署。
（5）应急执法指挥应用示范系统，以软件系统形式部署。
（6）无人机拼接软件，以软件形式部署。

9.1.3 应用示范系统功能

应急执法指挥应用示范系统基于研发的各项技术，从规划布局、机动能力、通信传输、指挥调度等多个角度着手，综合应用了卫星、飞艇、无人机、地面终端等天空地一体化协同的解决方案，填补了应急处置工作中天空地一体化应急指挥方面的空白，并具有以下核心功能。

1. 天空地一体化协同观测

应急执法指挥应用示范系统可接入长光卫星数据和无人机数据，实现对应急处置业务现场的精确观测，为应急指挥应用的开展提供有效支撑。同时，应急执法指挥应用示范系统提供了视频监控资源的相关接口，可将相关视频资源整合接入该示范系统，实现视频监控点位、警用终端等警用资源的图上实时显示，直观掌握警用资源部署情况。

在应急情况下，系统可接入现场部署的飞艇资源。当飞艇接入系统时，其升空地点会根据实时 GPS 位置进行更新，点击对应按钮可以根据模型计算飞艇升空范围，以及飞艇上摄像机传输的视频信息。

2. 通信及指挥调度

（1）通信设备接入和组网。通过系统适配接入多个移动通信终端，并布设基站实现区域自组网通信，支持包括短报文、语音通信、视频通信等多种通信方式。

（2）警力资源调度。点击系统中的警力资源，可以看到所有通信设备对应的实时位置，对关注人员和关注组点击"呼叫"及"定位"按钮，可以对人员进行实时通话、短报文操作和实时定位。

（3）指挥复盘。是针对所有的突发事件的回放功能，选择对应的演练时间，点击"确定"按钮即可进行回放。点击"播放"进行轨迹回放等操作。

3. 地图综合应用功能

应急执法指挥应用示范系统提供了丰富的地图接口，可以快速灵活地接入多种格式、制式的地图影像，满足应急处置业务中的快速反应需求。

（1）地图控制功能。系统场景视图控制功能模块主要包括了场景在非漫游状态下用户能以鼠标拖拽的方式将场景进行平移、旋转、放大、缩小的变换，以在不同角度、不同精细度观察场景。

（2）云图判读。进行数据图层筛选对比，在图层列表中选择影像图层数据，在三维场景中进行数据显示，并开展云图判读，具体可支持：历史图像检索；实时场景与历史场景的对比分析、异常检测及异常范围标示；多时相遥感影像（视频图像）数据的对比分析、异常检测及异常标示（卫星、无人机拍摄的遥感影像数据）。

9.1.4 应用示范效果

应急执法指挥应用示范系统，验证了综合应用卫星、飞艇、无人机、地面终端等天空地一体化协同解决方案的适用性和有效性，首次在某无人区将卫星、飞艇、无人机、地面终端 4 种手段联合对无人山区进行了协同观测，实现了多层次的应急遥感数据获取与处理服务，快速生成三维地形图，并将地面的北斗定位通信、无线音频自组网、短波电台等通信终端统一集成其上，验证了应急处置现场情报天、空、地协同搜集、分析、决策的快准灵，实现作战场景的三维可视化协同指挥调度，应用示范成果部署在某地区公安局；成果填补了无人区遥感应急处置的空白，提升了公安机关的一体化、扁平化和智能化的指挥调度水平。

综合应用示范后，在某公安局实地部署科研成果。圆满完成了天空地一体化平台、北斗定位和短报文系统、无人机拼接软件、应急系统和卫星影像的部署、测试和培训工作，受到示范单位的充分肯定，把相关的公安资源（地图资源、视频监控资源）与科研成果深度对接，发展成为常态化应用系统。

该系统能够主动发现周边地区恐怖分子疑似据点，搜集地形、地貌、建筑分布等关键情报，对应急处置现场可视化展示，并结合公安其他信息资源和手段多方碰撞、综合研判，快速调度处置，大力提升公安机关应急处置的实战能力。

1. 异常目标发现应用

从应用实例验证来看，通过对接应急示范系统，可以部署羊圈、机动车等重要目标检测模块。再针对区域遥感影像，快速检测出羊圈、机动车、帐篷等重要目标，叠加生成目标位置专题图，呈现到大屏上。异常目标发现应用如图9.1所示。

 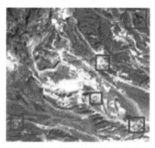 

（a）吉林一号数据异常发现结果　　（b）高分二号数据异常发现结果　　（c）谷歌地图数据异常发现结果

图 9.1　异常目标发现应用

扫描封底二维码见彩图

2. 视频卫星观测应用

利用视频 03 星和光学 A 星开展针对某煤矿的视频卫星实验。视频通过固定地面站传输数据到某指挥部 40 min，通过移动站传输数据到指挥部 15～20 min，视频卫星精度达到 0.92 m 和地面全色精度达到 0.72 m。视频卫星应用如图 9.2 所示。

3. 无人机地图应用

应急执法指挥应用示范系统对无人机遥感影像快拼功能进行了应用。通过规划无人机飞行和航拍，获取执飞无人机的航拍影像，传输到地图拼接服务器生成区域的大范围地图，传输到应急示范系统，并进行大屏呈现。利用示范单位的无人机航拍快速生成二三维地图，增强了公安的平战结合能力。无人机遥感应用如图 9.3 所示。

4. 协同指挥应用

应急执法指挥应用示范系统实现了视频监控、视频会议、350 MHz 数字集群、北斗

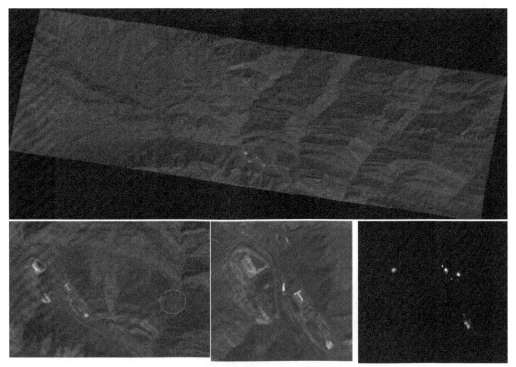

图 9.2　视频卫星应用
扫描封底二维码见彩图

图 9.3　无人机遥感应用
扫描封底二维码见彩图

短报文、无人机、110 警情等警力资源一图网尽，填补了一体化扁平化指挥调度系统的空白。该系统实现约 10 万路视频监控一键上墙、约 1 万路通信一呼百应、上百路视频会议一键召开，达到应急协同指挥、平战结合的效能。协同指挥应用如图 9.4 所示。

5. 110 接处警联动

应急执法指挥应用示范系统与某指挥中心 110 接处警服务平台对接，基于 110 警情和市区地图，生成警力分布专题图，统计警情信息，生成警情态势专题图，并进行大屏呈现，增强了公安应急处置能力。接处警联动应用如图 9.5 所示。

图 9.4　协同指挥应用

扫描封底二维码见彩图

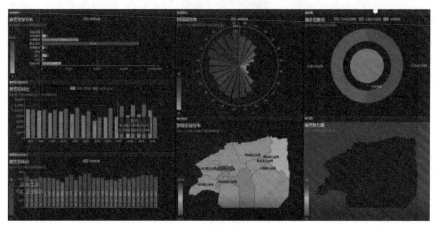

图 9.5　接处警联动应用

扫描封底二维码见彩图

9.2　天空地森林火灾应急服务应用

9.2.1　应用示范背景

　　森林火灾是森林最危险的敌人，也是林业最可怕的灾害，它会给森林带来最有害、最具有毁灭性的后果。2019 年上半年，中俄边境"3·18"森林火灾、山西沁源"3·29"森林火灾、四川凉山"3·30"森林火灾接连发生，消防救火队伍损失严重，森林防火形势日益严峻。

　　吉林省长白山林区作为国家最重要的林区之一，受气候变化的影响，森林火灾的发生时空格局和行为都发生了显著变化，特大森林火灾易发，是全国森林火灾损失重、防火形势严峻的地区。目前常用的人工瞭望塔、视频监控手段已经远不能满足防火需求，亟须形成天空地一体化协同组网监测体系，从而能够为森林火灾的监测预警及灾后损失评估提供强有力的保障。

9.2.2 应用示范成果和部署

森林火灾应急服务应用示范落地在吉林省敦化市林业局，目前敦化市林业局的林火监测技术包括地面巡查、森林眼监测、卫星遥感监测几个层次。地面巡查和森林眼监测的覆盖范围有限，存在监测死角；卫星遥感监测则多使用国内风云系列卫星数据，通过国家逐级下发，火情信息需要逐层传递和核查。因此，该地区森林火灾遥感监测目前仍存在应急能力差、数据处理效率低和信息传递不及时的问题，应对森林火灾遥感监测系统进行完善。

本小节主要从森林火灾风险分析与预警、森林火灾监测与扑救、森林火灾损失评估三个方面来完善森林火灾遥感监测系统。

1. 森林火灾风险分析与预警

利用多源遥感影像与无人机巡查数据，提取示范区温度异常区域；根据森林资源与气象条件，计算示范区森林火险等级，形成火险预警专题图。主要任务包括异常温度区域提取、叠加分析、专题制图等。

2. 森林火灾监测与扑救

根据遥感影像及无人机数据对火灾信息进行判断，及时确定火点位置，对火场范围不断更新，并将监测结果及时反馈给相关负责人进行火灾扑救。主要任务包括林火定位、林火范围监测、林火信息报送等。

3. 森林火灾损失评估

火灾损失评估根据林业基础地理数据和林业基础设施等信息，对火灾受害地区进行灾后分析，分析各种林地的损失面积、各类林业基础设施的损坏情况等，实现火灾直接损失情况的评估。

森林防火预警监测平时主要进行火灾风险的分析，对危险程度高的地区加大防范。当林火发生时，则需要进行持续的林火监测，以及对各类资源的指挥调度。其业务流程如图9.6所示。

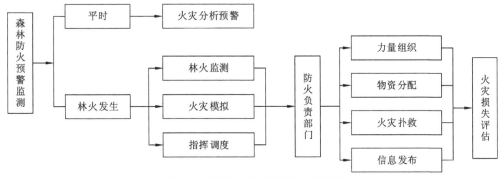

图 9.6 森林防火预警监测业务流程

敦化市林业局目前主要使用森林眼监测管理系统监测林火，另外依托省级森林防火预警监测指挥中心下发森林火险信息，从而开展各类森林防火工作。

森林防火综合预警监测系统是一款前端无人值守、全天实时监测、可实现智能报警、真正适合森林防火应用的智能视频监控产品，分为前端监测系统和后端指挥中心系统两部分。该系统通过部署在前端瞭望塔的高精度转台监控覆盖区域，内置智能烟火识别引擎自动对视频图像信息进行分析判断。可及时、快速发现监控区域内的火情信息，并将火情信息传送给后端平台并产生相应报警信息。值班人员可通过客户端软件查看火情图片、实时视频、火情视频录像、火点位置信息等。对火情确认后，该系统可自动搜索火灾附近扑火资源分布，并根据火场信息反馈启动应急预案执行具体的指挥部署，在地图上进行队伍、前线指挥部、火线、隔离带、风向、火势和行军箭头等标绘，在监控中心即可进行远程指挥调度救火。

但由于森林眼的数量及覆盖范围有限，存在监测死角的问题，有些位置发生火点时不能及时发现。对此，通过卫星进行大面积监测可解决此问题。因此需在森林眼系统基础之上，接入卫星调度系统来填补空缺，形成优势互补，达到由点到面和由面到点的双层监测效果。

9.2.3　应用示范系统功能

系统软件功能分为基础功能和应用功能：基础功能包括系统管理维护、数据管理、基础地图操作、报表与制图输出、多媒体平台及三维电子地图；应用功能包括林火预警、火灾救援、火灾损失评估及森林防火服务。林业防火信息系统功能组成如图 9.7 所示。

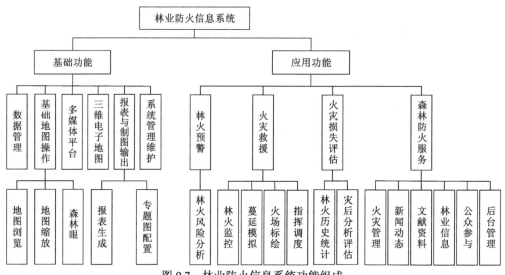

图 9.7　林业防火信息系统功能组成

通过"卫星-无人机-森林眼"构成的天空地一体化协同组网监测体系（图 9.8），在不同的应用场景中，充分利用每一种监测手段的特点，优先选择其中一种监测模式，然后合理调用其他监测手段作为辅助与补充，从而为森林防火提供全方位的监测预警保障。

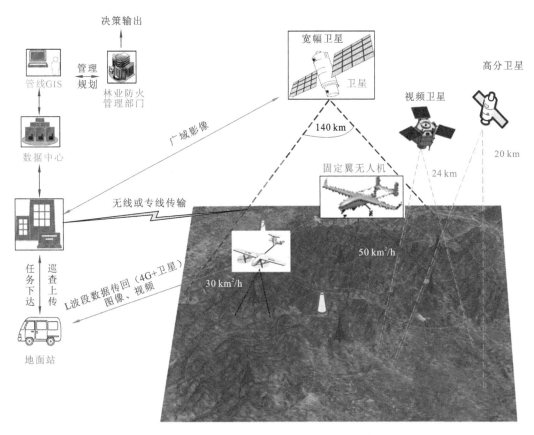

图 9.8　天空地一体化协同组网监测体系
扫描封底二维码见彩图

1. 卫星监测到火点，启动森林眼和无人机协同监测

吉林一号系列之林业卫星，具备星上火点识别与提取能力，具体过程为：一个长波相机监测到火点，通过北斗短报文形式第一时间将火点的坐标信息迅速回传至地面，地面工作人员根据获取到的火点坐标信息启动林火预案，根据短报文中的坐标信息调度无人机航拍监测火情趋势，并调取森林眼监控视频来辅助监测火情蔓延趋势；与此同时另一个中/短波相机立即被触发用来拍摄火点区域，然后将数据回传至地面接收站，经解析后生成火点区域的遥感影像图，据此可进行宏观尺度上林火预警与救援，并制作林火风险等级分布等系列专题图，便于指挥人员决策分析。其运行工作模式如图 9.9 所示。

2. 森林眼监测到火点，调度卫星和无人机协同监测

当森林眼只监测到火情烟雾，即林火还未发生时，如果卫星正好过境，能够直接拍摄到林火发生目标区域或者通过调度卫星能够在需求时间内完成拍摄，可以不启动无人机航拍；如果卫星在需求时间内不能对林火发生目标区域完成拍摄，则必须启动无人机执行航拍任务。

当森林眼监测到林火已经发生时，则立即优先启动无人机执行航拍任务，根据无人机影像数据进行林火救援相关工作；同时根据卫星运行状态，调度卫星对林火发生区域

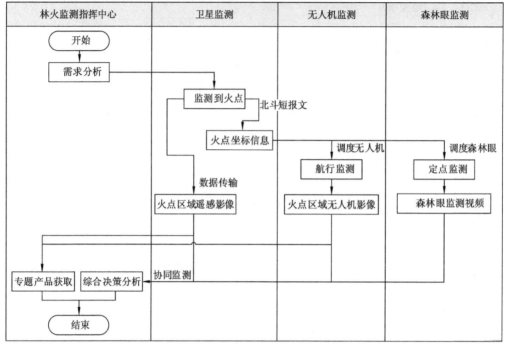

图 9.9　协同组网监测运行工作模式一

拍摄成像，便于灾后损失评估与重建。卫星与无人机不受林区地形地势的限制，能够清晰展现监测区域内的全部热点信息，弥补了森林眼地面监测视频与人工巡护存在的监测死角问题。其运行工作模式如图 9.10 所示。

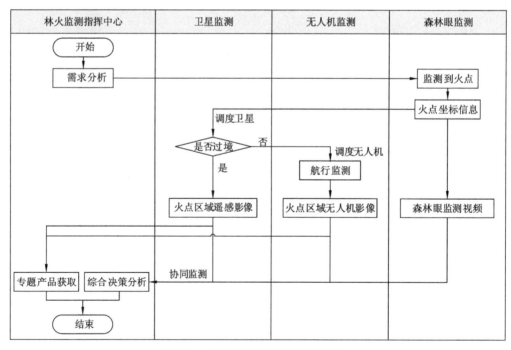

图 9.10　协同组网监测运行工作模式二

在已有林业防火业务系统中接入多维度、立体化感知的天空地一体化协同组网监测体系，会比传统意义上的单一监测手段与人工地面巡护监测手段更快、更早发现火情，能够极大满足森林火灾应急响应速度。

9.2.4 应用示范效果

森林火灾应急服务应用示范系统针对森林防火应急工作中对卫星影像的及时性、无人机影像的实时性，以及火灾现场视频的动态性的迫切需求，基于示范区基础地理信息有效整合卫星、无人机、森林眼等资源，验证森林火灾遥感监测应急服务保障预案，卫星/无人机/森林眼等多种遥感资源的协同规划调度及快速获取分析能力，以及多维空间信息服务与应急决策等技术手段，从而构建天空地一体化森林火灾遥感监测应急服务应用示范综合技术体系，应用示范成果部署在敦化市林业局；成果针对地面森林眼监测手段的局限进行了补漏，提升了林业部门天空地一体化协同监测预警森林火灾的水平。

设计并开发完成了应用示范系统，应用示范系统以现有系统为基础，突出卫星监测的内容。通过接入卫星调度系统，弥补原有系统监测能力不足的弱点。应用示范系统界面如图 9.11 所示。

图 9.11 应用示范系统界面

2019 年 4 月参加了吉林省航空护林中心组织的空天协同全灾种应急演练，验证了综合应用卫星、有人机、无人机、地面终端等天空地一体化协同解决方案的可行性。此次大型演练以"防灾减灾救灾"为实战背景，首次在吉林省联合卫星、有人机、无人机、地面终端等手段对受灾地区进行了协同观测，实现了多层次的应急遥感数据获取与处理服务。

（1）指挥中心接到应急突发险情通知后，迅速通过云极视平台提交卫星拍摄需求，调用吉林一号星座卫星执行拍摄任务，通过在轨注入拍摄指令对指定地点进行遥感成像。

（2）无人机在接收到应急作业任务后，迅速出动对指定区域实时遥感详查，现场指挥人员可以通过指挥车显示器观测应急区域影像，并操控光电吊舱进行指定目标拍摄。

利用网络实现指挥现场与指挥大厅的数据传输，通过云极视平台可以实时查看无人机拍摄视频。

（3）无人机搭载高清相机，分别在演练任务前后对受灾区域执行常规航拍任务，获取该地区大比例尺遥感影像，通过无人机高分辨底图数据和卫星大尺度影像数据，并结合遥感影像变化检测等技术手段实现灾情评估。

空天协同全灾种应急响应平台可以定期提供全省数据更新服务，利用数据挖掘、人工智能、信息融合等技术手段，能够提供变化点、异常点等信息，可以对全省范围内任何区域实现空天立体的常规和应急作业覆盖。在规划减灾救灾任务时，统筹考虑各灾种业务需求，针对各灾种不同防治周期、防治频次合理调度空天资源，集中优势资源做好重点区域重点灾情的防治，满足减灾救灾需求。

9.3　天空地地质灾害应急服务应用

9.3.1　应用示范背景

该应用示范重点围绕新疆境内自然灾害突发事件应急服务应用示范针对当前自然灾害应急管理工作存在的应急响应及机制等问题，利用天空地一体化监测技术进行地质灾害监测、预测与预警，并对灾害进行损失评估及生态环境恢复评价，基于天空地一体化区域协同遥感监测技术手段在地质灾害监测中的应用示范，以新疆维吾尔自治区新源县那拉提镇 6·22 暴雨引起的山地滑坡及新源县则克台镇加朗普特大型滑坡引发堰塞湖为例，对地质灾害隐患点进行易发性评价、监测及灾后生态环境评价及灾后损失评估。

9.3.2　应用示范成果和部署

该应用示范成果灾害突发事件应急服务应用示范系统部署在新疆维吾尔自治区新源县自然资源局。针对当前自然灾害应急管理工作存在的应急响应及机制等问题，利用天空地一体化监测技术，进行地质灾害监测预警。"天"利用高分光学和微波遥感数据对地质灾害进行综合分析；"空"收集应用示范区典型地质灾害隐患点空间分辨率优于 0.1 m 倾斜航空摄影数据；"地"利用地面传感器（裂缝计、雨量筒）和全球导航卫星系统（GNSS）接收机进行实时动态观测。系统数据传输在城市范围采用百兆带宽互联网，野外地区采用 4G/3G 无线传输，保障系统无特殊情况下 24 h 能不间断运行，灾情发生后能快速响应（响应时间小于 2 h）。

灾害突发事件应急服务应用示范系统是对原有业务系统（新源县地质灾害地面在线监测系统）的填补和增强，在原有系统中填补典型地质灾害（滑坡、泥石流等）信息提取、灾情上报、灾害损失评估、灾害预案与案例管理、灾后生态恢复评价等功能。

利用主被动协同遥感技术，获取新源县 2009 年、2014 年、2017 年高分光学遥感数据和 2017 年 7 月至 2018 年 9 月 20 期 RADARSAT-2 雷达数据，利用时序 InSAR 监测方法对新源县进行地灾微波遥感监测，结合高分光学遥感数据及其他专题数据进行典型地质灾害易发性评价研究，将研究成果集成于系统进行应用示范。

新源县地质灾害地面在线监测系统是利用裂缝计、雨量筒和 GNSS 接收机等传感器设备对示范区（新源县）典型地质灾害隐患点（滑坡、泥石流等）实现降雨、地表裂缝及沉降等在线监测与预警（短信发送）。

9.3.3 应用示范系统功能

灾害突发事件应急服务应用示范系统（图 9.12）可基于智能代理主动协同资源配置算法，快速获取最优卫星资源应急观测；基于大疆无人机倾斜摄像，实现无人机二维影像快速拼接；采用增量式空三解算，提高三维建模效率；实现提取与统计分析灾区范围内房屋、道路、草地、林地等损失。系统功能如图 9.13 所示。

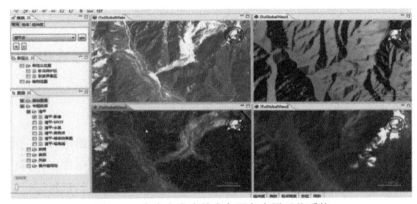

图 9.12 灾害突发事件应急服务应用示范系统

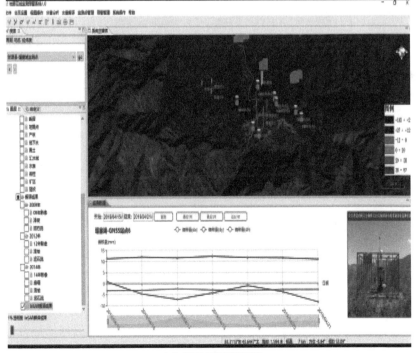

（a）地面在线监测预警

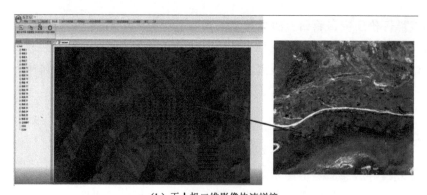

（b）无人机二维影像快速拼接

图9.13　灾害突发事件应急服务应用示范系统功能

9.3.4　应用示范效果

2018年9月新疆维吾尔自治区新源县则克台镇加朗普特316省道附近发生滑坡、泥石流地质灾害。

1. 灾害监测预警

灾害发生后，部署在新疆新源县自然资源局的地质灾害遥感监测与应急服务系统发出预警信息，乡镇监测人员赶赴现场对灾情进行初步研判，并上报应急指挥中心。系统灾害监测预警界面如图9.14所示。

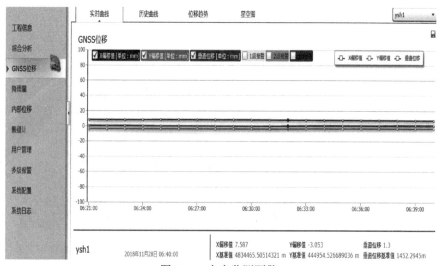

图9.14　灾害监测预警

2. 应急启动与预案生成

应急指挥中心接到灾害信息，依据2018年11月21日编制的研究成果《新疆新源县地质灾害遥感监测应急服务保障预案》，形成灾害应急指挥方案。依据指挥方案成立应急领导小组、应急监测组、资源保障组、专家咨询组等相应应急组织机构（图9.15）。

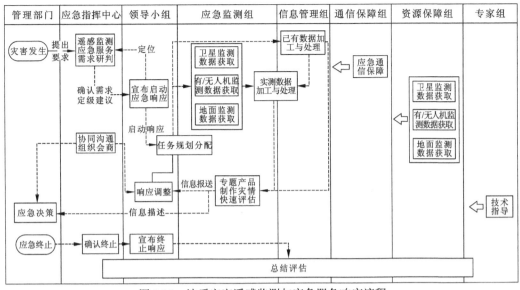

图 9.15 地质灾害遥感监测与应急服务响应流程

3. 应急资源规划评估

系统通过应急资源评估与规划（图 9.16），获取灾害发生地附近应急资源和最优的卫星资源。通过规划评估，得出新源县自然资源局的 2 架大疆无人机、一辆应急指挥会商车及吉林一号卫星资源数据可以对灾害区进行最优应急监测。

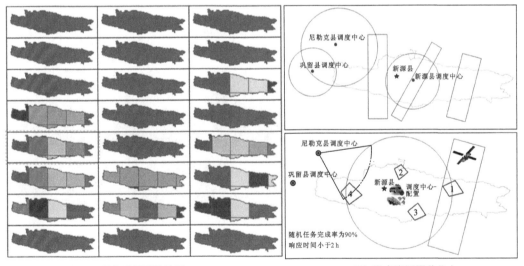

（a）现在卫星覆盖情况　　　　（b）现有资源覆盖能力

图 9.16 卫星应急资源评估与规划

4. 应急监测保障服务

系统发出指令，应急监测队伍赶赴灾害发生地进行现场监测，一架无人机升空获取现场视频数据；另一架无人机拍摄倾斜摄影数据。15 min 后灾区现场获取了无人机倾斜摄影数据，现场进行二维拼接与三维建模（图 9.17），20 min 后二维拼接影像完成，数据推送至应急指挥中心进行灾害损失评估。

图 9.17　应急监测三维建模

5. 灾害快速损失评估

应急指挥中心收到无人机倾斜摄影数据，进行灾害快速损失评估，大约需要 15 min，获取灾区房屋、道路、桥梁、人员、牲畜等损失情况，并基于三维地表模型，计算出灾害体面积、表面积与土方量（图 9.18）。

图 9.18　灾害损失评估

6. 灾后生态恢复评估

后续现场救援，基于地质灾害遥感监测与应急服务系统进一步协调相关应急资源，完成相关灾后生态恢复评估监测任务，为灾后重建与决策提供第一手资料。

7. 示范系统应用效果

系统于 2018 年 11 月部署于新源县自然资源局试运行。截至 2018 年 12 月监测与预警系统发生一级预警 6 次、二级 8 次、三级 15 次，系统通过短信方式发送给当地灾害监测人员，以便快速完成灾情确认。灾害突发事件应急服务应用示范系统在年度地质灾害应急演练等工作中得到了应用，提高了县级单位地质灾害防治能力，为地质灾害应急监测提供了多种监测手段，解决了地方机构无相关灾害协同监测与应急预案、应急监测无协同、现场指挥困难等问题，得到了当地政府机构的肯定。

9.4　本 章 小 结

本书的研究成果已在公安部门的应急处置和安保警戒、森林火灾监测、地质灾害监测等业务中得到成功应用，填补了公安部门运用天空地遥感协同监测技术开展应急和日常指挥处置的空白，并在社会安全、自然灾害、事故灾难等典型应急突发事件中得到了推广应用。

参 考 文 献

白保存, 陈英武, 贺仁杰, 等, 2009. 基于分解优化的多星合成观测调度算法. 自动化学报, 35(5): 596-604.

白国庆, 白保存, 徐一帆, 等, 2010. 多星协同对区域目标观测的动态划分方法. 测绘科学, 35(6): 32-34, 56.

曹振宇, 2014. 自然灾害应急测绘信息服务机制与方法. 武汉: 武汉大学.

陈洁, 郑伟, 刘诚, 等, 2021. Himawari-8 静止气象卫星时序法火点探测. 遥感学报, 25(10): 2095-2102.

代海军, 2023. 我国应急预案的制度检视及其优化. 劳动保护(9): 24-26.

董相涛, 马鑫, 潘成伟, 等, 2024. 室外大场景神经辐射场综述. 图学学报, 45(4): 631-649.

杜守基, 邹峥嵘, 张云生, 等, 2018. 融合 LiDAR 点云与正射影像的建筑物图割优化提取方法. 测绘学报, 47(4): 519-527.

高龙, 阎福礼, 2022. 基于 Sentinel-1A SAR 影像的上下游水位响应分析及其在洪涝预警中的应用. 中国科学院大学学报, 39(1): 91-101.

葛云鹏, 2019. 基于概率图融合的分布式多无人机协同搜索策略研究. 哈尔滨: 哈尔滨工业大学.

郭明, 周腾飞, 闫冰男, 等, 2020. 激光雷达真彩色点云的胡同正射影像自动生成. 测绘科学, 45(6): 89-95.

郭文, 张荞, 2021. 基于注意力增强全卷积神经网络的高分卫星影像建筑物提取. 国土资源遥感, 33(2): 100-107.

何敏, 胡勇, 赵龙, 2017. 无人机倾斜摄影测量数据获取及处理探讨. 测绘与空间地理信息, 40(7): 77-79.

何全军, 刘诚, 2008. MODIS 数据自适应火点检测的改进算法. 遥感学报, 12(3): 448-453.

和海霞, 杨思全, 黄河, 等, 2012. 应急遥感快速制图技术研究. 国土资源遥感, 24(3): 159-164.

贺岩, 胡善江, 陈卫标, 等, 2018. 国产机载双频激光雷达探测技术研究进展. 激光与光电子学进展, 55(8): 7-17.

侯岳奇, 梁晓龙, 何吕龙, 等, 2019. 未知环境下无人机集群协同区域搜索算法. 北京航空航天大学学报, 45(2): 347-356.

黄朝法, 刘菊容, 2007. 简析 MODIS(Terra/Aqua)数据在福建省森林火灾监测中的应用. 福建林业科技, 34(2): 89-92.

贾蕾, 王承安, 王贺祥, 2024. 无人机倾斜摄影三维建模软件对比分析. 测绘与空间地理信息, 47(5): 176-179.

李德仁, 2012. 论空天地一体化对地观测网络. 地球信息科学学报, 14(4): 419-425.

李德仁, 沈欣, 李迪龙, 等, 2017. 论军民融合的卫星通信、遥感、导航一体天基信息实时服务系统. 武汉大学学报(信息科学版), 42(11): 1501-1505.

李德仁, 眭海刚, 张过, 等, 2024. 空天遥感洪涝灾害应急监测的探索与实践. 中国减灾, (19): 6-9.

李德仁, 王密, 杨芳, 2022. 新一代智能测绘遥感科学试验卫星珞珈三号 01 星. 测绘学报, 51(6): 789-796.

李军, 钟志农, 景宁, 等, 2013. 异构 MAS 结构下的空天资源多阶段协同任务规划方法. 航空学报, 34(7): 1682-1697.

李强, 耿丹, 张景发, 等, 2022. 面向地震应急调查的遥感应用现状及趋势分析. 遥感学报, 26(10): 1920-1934.

李强, 张景发, 龚丽霞, 等, 2018. SAR 图像纹理特征相关变化检测的震害建筑物提取. 遥感学报, 22(S1): 128-138.

李树楷, 薛永祺, 1998. 机载扫描式激光测距–多光谱成像制图系统. 武汉测绘科技大学学报, 23(4): 340-344.

李素菊, 2018a. 空间减灾国际合作机制(一) 《空间与重大灾害国际宪章》合作机制介绍. 中国减灾(5): 60-61.

李素菊, 2018b. 空间减灾国际合作机制(二) 哥白尼应急管理服务机制介绍. 中国减灾(7): 54-55.

李素菊, 2018c. 空间减灾国际合作机制(七) 卫星应急制图国际工作组(IWG-SEM). 中国减灾(21): 56-57.

李素菊, 刘明, 和海霞, 等, 2020. 卫星遥感应急管理应用框架. 卫星应用(6): 17-25.

李曦, 祝江汉, 毛赤龙, 2006. 多卫星区域观测任务的效率优化研究. 计算机仿真, 23(12): 24-27.

李振洪, 王建伟, 胡羽丰, 等, 2023. 大范围洪涝灾害影响下的交通网受损快速评估. 武汉大学学报(信息科学版), 48(7): 1039-1049, 1990.

连蓉, 丁忆, 罗鼎, 等, 2017. 倾斜摄影与近景摄影相结合的山地城市实景三维精细化重建与单体化研究. 测绘通报(11): 128-132.

梁宁, 袁新利, 刘晓东, 2020. 无人机在森林防火领域的应用及发展. 森林防火(1): 50-54.

刘德虎, 2022. 洪涝灾害监测及预警系统研究与设计. 青岛: 青岛科技大学.

刘树超, 李晓彤, 覃先林, 等, 2020. GF-4 PMI 影像着火点自适应阈值分割. 遥感学报, 24(3): 215-225.

刘耀辉, 2022. 面向地震风险评估的高分辨率遥感影像建筑物信息提取与研究. 测绘学报, 51(9): 1977.

刘助仁, 2010. 灾害应急管理科技保障体系的构建: 以发达国家为例. 武汉商业服务学院学报, 24(3): 5-8.

苗志成, 杨永崇, 于庆和, 等, 2021. 贴近摄影测量在单体建筑物精细化建模中的应用. 遥感信息, 36(5): 107-113.

宁泽西, 秦绪佳, 陈佳舟, 2020. 基于三维场景的视频融合方法. 计算机科学, 47(S2): 281-285.

牛品荻, 2016. 基于图模型的高效聚类算法研究. 北京: 北京交通大学.

彭文博, 2016. 基于 AutoCAD 和 3DMAX 的数字焦作三维景观建模研究. 成都: 成都理工大学.

乔立贤, 2024. 基于 3D 高斯溅射在铁路三维可视化技术应用研究. 铁道技术标准(中英文), 6(8): 1-7, 16.

秦海明, 王成, 习晓环, 等, 2016. 机载激光雷达测深技术与应用研究进展. 遥感技术与应用, 31(4): 617-624.

阮启明, 谭跃进, 李永太, 等, 2007. 基于约束满足的多星对区域目标观测活动协同. 宇航学报, 28(1): 238-242.

盛景泰, 杜亚男, 2023. 约束条件下的多无人机协同任务分配方法. 应用科技, 50(5): 46-53, 148.

石武英, 2013. 建国初期湖北省水灾与抗洪救灾研究(1949—1956). 武汉: 华中师范大学.

宋文平, 杨志强, 计国锋, 等, 2015. 匹配地面街景的倾斜摄影全空间信息恢复研究. 测绘通报(S1): 187-191.

眭海刚, 刘超贤, 黄立洪, 等, 2019. 遥感技术在震后建筑物损毁检测中的应用. 武汉大学学报(信息科学版), 44(7): 1008-1019.

孙钰珊, 张力, 艾海滨, 等, 2018. 倾斜影像匹配与三维建模关键技术发展综述. 遥感信息, 33(2): 1-8.

谭玲, 2022. 城市暴雨洪涝灾害的经济损失评估研究: 基于数据融合的视角. 南京: 南京信息工程大学.

万刚, 曹雪峰, 2016. 地理空间信息网格的历史演变与思考. 测绘学报, 45(z1): 15-22.

王铎, 2018. 山林环境下多无人机协同地面目标搜索与跟踪策略研究. 北京: 北京理工大学.

王慧林, 伍国华, 马满好, 2016. 多类异构对地观测平台协同任务规划方法. 航空学报, 37(3): 997-1014.

王江峰, 张茂军, 熊志辉, 等, 2011. 一种利用时空约束轨迹片段关联的目标跟踪方法. 计算机应用研究, 28(3): 1165-1167, 1175.

王钧, 2007. 成像卫星综合任务调度模型与优化方法研究. 长沙: 国防科学技术大学.

王旭, 2014. 我国突发公共事件应急管理研究. 长春: 吉林财经大学.

王永刚, 刘玉文, 2003. 军事卫星及应用概论. 北京: 国防工业出版社.

王志刚, 2020. 支持国际灾害救援, 贡献中国航天力量: "空间与重大灾害国际宪章"实施 20 周年. 卫星应用(11): 14-20.

吴傲, 杨任农, 梁晓龙, 等, 2021. 基于信息素决策的无人机集群协同搜索算法. 北京航空航天大学学报, 47(4): 814-827.

肖雄武, 2018. 具备结构感知功能的倾斜摄影测量场景三维重建. 武汉: 武汉大学.

肖雄武, 季博文, 2020. 基于无人机航摄数据的正射影像实时生成方法及系统. 湖北省: CN201910882869.6, 2020-09-11.

肖雄武, 季博文, 张卫龙, 2020. 基于 SLAM 技术的正射影像实时生成方法及系统. 湖北省: CN201910841797.0, 2020-01-10.

熊得祥, 谭三清, 张贵, 等, 2020. 基于 FY4 遥感数据的森林火灾判别研究. 中南林业科技大学学报, 40(10): 42-50.

徐文学, 杨必胜, 魏征, 等, 2013. 多标记点过程的 LiDAR 点云数据建筑物和树冠提取. 测绘学报, 42(1): 51-58.

闫少锋, 熊瑶, 李文豪, 2021. 基于 Google Earth Engine 的湖北省近 35 年地表水变化特征研究. 中国农村水利水电(4): 38-44, 56.

于海, 李军, 王钧, 等, 2009. 对地观测卫星成像调度的多目标约束修正方法. 航空学报, 30(3): 512-517.

于海洋, 程钢, 张育民, 等, 2011. 基于 LiDAR 和航空影像的地震灾害倒塌建筑物信息提取. 国土资源遥感, 23(3): 77-81.

杨思全, 2018. 灾害遥感监测体系发展与展望. 城市与减灾(6): 12-19.

杨文沅, 贺仁杰, 耿西英智, 等, 2016. 面向区域目标的敏捷卫星非沿迹条带划分方法. 科学技术与工程, 16(22): 82-87.

杨跃能, 郑伟, 闫野, 等, 2015. 平流层飞艇飞行模态分析. 国防科技大学学报, 37(4): 57-64.

游志斌, 2024. 中国应急预案体系的建设方向探讨: 基于统一指挥视角. 中国行政管理, 40(2): 123-131.

扎西顿珠, 拉巴, 王彩云, 2010. 3S 支持下的 EOS/MODIS 数据在西藏森林火灾监测中的应用研究. 安徽农业科学, 38(28): 15714-15717.

张惠珍, 马良, 2010. 几种基于匈牙利算法求解二次分配问题的方法及其分析比较. 运筹与管理, 19(1): 92-99.

张力, 刘玉轩, 孙洋杰, 等, 2022. 数字航空摄影三维重建理论与技术发展综述. 测绘学报, 51(7): 1437-1457.

张美莲, 佘廉, 2017. 从标准化走向灵活性: 突发事件应急指挥体系的顶层设计与建设思路. 广州大学学报(社会科学版), 16(6): 17-23.

张志, 许文浩, 2020. 澳大利亚2019—2020森林火灾对我国应急管理体系建设的启示. 中国应急救援(2): 18-22.

赵彬, 赵文吉, 潘军, 等, 2010. NOAA-AVHRR 数据在吉林省东部林火信息提取中的应用.国土资源遥感, 22(1): 77-80.

赵富森, 2022. 日本应急产业技术发展情况及对我国的启示. 消防界(电子版), 8(7): 18-20, 23.

赵伟山, 李治明, 胡天明, 等, 2022. 基于倾斜摄影空地一体单体化建模技术的研究. 地理空间信息, 20(6): 102-105.

赵晓林, 魏兆恬, 赵博欣, 等, 2023. 异构资源类型下多无人机任务分配. 国防科技大学学报, 45(4): 232-242.

赵晓林, 张可为, 李宗哲, 等, 2020. 多无人机动态侦察资源分配问题研究. 电光与控制, 27(6): 11-15, 31.

赵修莉, 2011. 基于 LIDAR 与航空影像建筑提取与三维几何重建技术. 北京: 北京林业大学.

郑太雄, 黄帅, 李永福, 等, 2020. 基于视觉的三维重建关键技术研究综述. 自动化学报, 46(4): 631-652.

郑伟, 杨跃能, 吴杰, 2013. 平流层飞艇飞行控制研究综述. 飞行力学, 31(3): 193-197.

周帆, 张文君, 雷莉萍, 等, 2021. GF-3 与 Sentinel-1 洪灾淹没信息提取. 地理空间信息, 19(6): 4, 17-21.

周广胜, 卢琦, 2009. 气象与森林草原火灾. 北京: 气象出版社.

Abramson M, Kolitz S, Kahn A, 2010. Coordination manager - antidote to the stovepipe antipattern//AIAA Infotech@Aerospace 2010. Atlanta, Georgia. Reston, Virginia: AIAA, 3404.

Ahmadi S A, Ghorbanian A, Mohammadzadeh A, 2019. Moving vehicle detection, tracking and traffic parameter estimation from a satellite video: A perspective on a smarter city. International Journal of Remote Sensing, 40(22): 8379-8394.

Avci O, Abdeljaber O, Kiranyaz S, et al., 2021. A review of vibration-based damage detection in civil structures: From traditional methods to machine learning and deep learning applications. Mechanical Systems and Signal Processing, 147: 107077.

Avşar E, Avşar Y Ö, 2022. Moving vehicle detection and tracking at round abouts using deep learning with trajectory union. Multimedia Tools and Applications, 81(5): 6653-6680.

Balntas V, Lenc K, Vedaldi A, et al., 2017. HPatches: A benchmark and evaluation of handcrafted and learned local descriptors//2017 IEEE Conference on Computer Vision and Pattern Recognition (CVPR). Honolulu, HI, USA. IEEE: 3852-3861.

Barbulescu L V, 2002. Oversubscribed scheduling problems. Denver: University of Colorado Denver.

Bensana E, Verfaillie G, Agnese J C, et al., 1996. Exact and inexact methods for the daily management of Earth observation satellite. Space Mission Operations and Ground Data Systems-SpaceOps' 96.

Cao Q D, Choe Y, 2024. Posthurricane damage assessment using satellite imagery and geolocation features. Risk Analysis, 44(5): 1103-1113.

Cao Y C, Yu W W, Ren W, et al., 2013. An overview of recent progress in the study of distributed multi-agent coordination. IEEE Transactions on Industrial Informatics, 9(1): 427-438.

Chang Z X, Li J F, 2015. Planning and scheduling of an agile earth observing satellite combining on-ground and on-board decisions. International Conference on Electrical, Automation and Mechanical Engineering. Phuket, Thailand: Atlantis Press.

Chen A Y, Chiu Y L, Hsieh M H, et al., 2020. Conflict analytics through the vehicle safety space in mixed traffic flows using UAV image sequences. Transportation Research Part C: Emerging Technologies, 119: 102744.

Chen X Q, Li Z B, Yang Y S, et al., 2021. High-resolution vehicle trajectory extraction and denoising from aerial videos. IEEE Transactions on Intelligent Transportation Systems, 22(5): 3190-3202.

Chum O, Philbin J, Sivic J, et al., 2007. Total recall: Automatic query expansion with a generative feature model for object retrieval. 2007 IEEE 11th International Conference on Computer Vision. Rio de Janeiro, Brazil: 1-8.

Csiszar I, Schroeder W, Giglio L, et al, 2014. Active fires from the Suomi NPP visible infrared imaging radiometer suite: Product status and first evaluation results. Journal of Geophysical Research: Atmospheres, 119(2): 803-816.

D'Oliveira F A, de Melo F C L, Devezas T C, 2016. High-altitude platforms: Present situation and technology trends. Journal of Aerospace Technology and Management, 8(3): 249-262.

Dike H U, Zhou Y M, 2021. A robust quadruplet and faster region-based CNN for UAV video-based multiple object tracking in crowded environment. Electronics, 10(7): 795.

Ding J, Xue N, Long Y, et al., 2019. Learning RoI transformer for oriented object detection in aerial images//Proceedings of the IEEE/CVF Conference on Computer Vision and Pattern Recognition (CVPR). Long Beach, CA, USA. IEEE: 2849-2858.

Everingham M, Van Gool L, Williams C K I, et al., 2010. The pascal visual object classes (VOC) challenge. International Journal of Computer Vision, 88(2): 303-338.

Flasse S P, Ceccato P, 1996. A contextual algorithm for AVHRR fire detection. International Journal of Remote Sensing, 17(2): 419-424.

Gabrel V, Murat C, 2003. Mathematical programming for earth observation satellite mission planning// Operations Research in Space and Air. Boston, MA: Springer US: 103-122.

Gamal A, Wibisono A, Wicaksono S B, et al., 2020. Automatic LiDAR building segmentation based on DGCNN and euclidean clustering. Journal of Big Data, 7(1): 102.

Girshick R, 2015. Fast R-CNN//2015 IEEE International Conference on Computer Vision (ICCV). Santiago, Chile. IEEE: 1440-1448.

Guido G, Gallelli V, Rogano D, et al., 2016. Evaluating the accuracy of vehicle tracking data obtained from Unmanned Aerial Vehicles. International Journal of Transportation Science and Technology, 5(3): 136-151.

Guo G, Ding L, Han Q L, 2014. A distributed event-triggered transmission strategy for sampled-data consensus of multi-agent systems. Automatica, 50(5): 1489-1496.

Hao H C, Jiang W, Li Y J, 2014. Improved algorithms to plan missions for agile Earth observation satellites. Journal of Systems Engineering and Electronics, 25(5): 811-821.

He K M, Zhang X Y, Ren S Q, et al., 2016. Deep residual learning for image recognition//2016 IEEE

Conference on Computer Vision and Pattern Recognition (CVPR). Las Vegas, NV, USA. IEEE: 770-778.

Hernández D, Cecilia J M, Cano J C, et al., 2022. Flood detection using real-time image segmentation from unmanned aerial vehicles on edge-computing platform. Remote Sensing, 14(1): 223.

Herold T, Abramson M, Balakrishnan H, et al., 2010. Asynchronous, distributed optimization for the coordinated planning of air and space assets//AIAA Infotech@ Aerospace 2010. Atlanta, Georgia. Reston, Virginia: AIAA, 3426.

Herold T, Abramson M, Kahn A, et al., 2011 Coordinated planning of asset operations for CLARREO-like missions//Infotech@Aerospace 2011. St. Louis, Missouri. Reston, Virginia: AIAA, 1648.

Ip F, Dohm J M, Baker V R, et al., 2006. Flood detection and monitoring with the autonomous sciencecraft experiment onboard EO-1. Remote Sensing of Environment, 101(4): 463-481.

Isola P, Zhu J Y, Zhou T H, et al., 2017. Image-to-image translation with conditional adversarial networks// 2017 IEEE Conference on Computer Vision and Pattern Recognition(CVPR). Honolulu, Hawaii, USA. IEEE: 5967-5976.

Jackson S E, 2003. Planning coverage of points of interest via multiple imaging surveillance assets: A multi-modal approach. DTIC Document.

Jaderberg M, Simonyan K, Zisserman A, et al., 2015. Spatial transformer networks//Proceedings of the 29th International Conference on Neural Information Processing Systems-Volume 2. Montreal, Canada. ACM: 2017-2025.

Janalipour M, Mohammadzadeh A, 2019. A novel and automatic framework for producing building damage map using post-event LiDAR data. International Journal of Disaster Risk Reduction, 39: 101238.

Jegou H, Harzallah H, Schmid C, 2007. A contextual dissimilarity measure for accurate and efficient image search// 2007 IEEE Conference on Computer Vision and Pattern Recognition. Minneapolis, MN, USA. IEEE:1-8.

Jiang P Y, Ergu D J, Liu F Y, et al., 2022. A review of yolo algorithm developments. Procedia Computer Science, 199: 1066-1073.

Jiang Y Y, Zhu X Y, Wang X B, et al., 2017. R2CNN: Rotational region CNN for orientation robust scene text detection. arXiv preprint arXiv:1706.09579. https://arxiv.org/abs/1706.09579v2.

Katharopoulos A, Vyas A, Pappas N, et al., 2020. Transformers are RNNs: Fast autoregressive transformers with linear attention. International Conference on Machine Learning, 119: 5156-5165.

Kawano K, Kudoh J, Makino S, 1999. Forest fire detection in Far East Region of Russia by using NOAA AVHRR images. IEEE International Geoscience and Remote Sensing Symposium, Hamburg, Germany. IEEE: 858-860.

Kopsiaftis G, Karantzalos K, 2015. Vehicle detection and traffic density monitoring from very high resolution satellite video data//2015 IEEE International Geoscience and Remote Sensing Symposium(IGARSS). Milan, Italy. IEEE: 1881-1884.

Koska B, Jirka V, Urban R, et al., 2017. Suitability, characteristics, and comparison of an airship UAV with LiDAR for middle size area mapping. International Journal of Remote Sensing, 38(8/9/10): 2973-2990.

Krajewski R, Bock J, Kloeker L, et al., 2018. The highD dataset: A drone dataset of naturalistic vehicle trajectories on German highways for validation of highly automated driving systems//2018 21st

International Conference on Intelligent Transportation Systems (ITSC). Maui, HI, USA. IEEE: 2118-2125.

Krizhevsky A, Sutskever I, Hinton G E, 2017. ImageNet classification with deep convolutional neural networks. Communications of the ACM, 60(6): 84-90.

Leonard R S, Barnes R A Jr, 1965. Observation of ionospheric disturbances following the Alaska earthquake. Journal of Geophysical Research, 70(5): 1250-1253.

Levoy M, 2000. The digital michelangelo project: 3D scanning of large statues. ACM Press/Addison-Wesley Publishing Co. DOI:10.1145/344779.344849.

Li J, Li J, Chen H, et al., 2014. A data transmission scheduling algorithm for rapid-response earth-observing operations. Chinese Journal of Aeronautics, 27(2): 349-364.

Li M, Huang X M, Zhang Z M, 2021. Self-supervised geometric features discovery via interpretable attention for vehicle re-identification and beyond//2021 IEEE/CVF International Conference on Computer Vision (ICCV). Montreal, QC, Canada. IEEE: 194-204.

Li Z Q, Snavely N, 2018. MegaDepth: Learning single-view depth prediction from internet photos//2018 IEEE/CVF Conference on Computer Vision and Pattern Recognition. Salt Lake City, UT, USA. IEEE: 2041-2050.

Lin W C, Liao D Y, Liu C Y, et al., 2005. Daily imaging scheduling of an Earth observation satellite. IEEE Transactions on Systems, Man, and Cybernetics-Part A: Systems and Humans, 35(2): 213-223.

Liu X C, Liu W, Mei T, et al., 2018. PROVID: Progressive and multimodal vehicle reidentification for large-scale urban surveillance. IEEE Transactions on Multimedia, 20(3): 645-658.

Lv J M, Chen W H, Li Q, et al., 2018. Unsupervised cross-dataset person re-identification by transfer learning of spatial-temporal patterns//2018 IEEE/CVF Conference on Computer Vision and Pattern Recognition. Salt Lake City, UT, USA. IEEE: 7948-7956.

Ma T L, Mao M Y, Zheng H H, et al., 2021. Oriented object detection with transformer. arXiv preprint arXiv:2106.03146. https://arxiv.org/abs/2106.03146v1.

Mateo-Garcia G, Veitch-Michaelis J, Smith L, et al., 2021. Towards global flood mapping onboard low cost satellites with machine learning. Scientific Reports, 11(1): 7249.

Moravec H P, 1977. Techniques towards automatic visual obstacle avoidance//Proceedings of the International Joint Conference on Artificial Intelligence, Pittsburgh, PA, USA: 584-590.

Morris R A, Dungan J L, Bresina J L, 2006. An information infrastructure for coordinating Earth science observations//2nd IEEE International Conference on Space Mission Challenges for Information Technology (SMC-IT'06). Pasadena, CA, USA. IEEE: 8-404.

Munawar H S, Ullah F, Qayyum S, et al., 2021. Application of deep learning on UAV-based aerial images for flood detection. Smart Cities, 4(3): 1220-1242.

Nabati R, Qi H R, 2019. RRPN: Radar region proposal network for object detection in autonomous vehicles//2019 IEEE International Conference on Image Processing (ICIP). Taipei, China. IEEE: 3093-3097.

Nadine T, Stephen C, Lucia L, et al., 2019. Exploitation of sentinel-1 data for floodmapping and monitoring within the framework of the copernicus emergency core and downstream services//IGARSS 2019-2019 IEEE International Geoscience and Remote Sensing Symposium. Yokohama, Japan.

Nibali A, He Z, Morgan S, et al., 2018. Numerical coordinate regression with convolutional neural networks.

arXiv preprint: 1801.07372. https://arxiv.org/abs/1801.07372v2.

Niu Z J, Jia X H, Yao W, 2022. Communication-free MPC-based neighbors trajectory prediction for distributed multi-UAV motion planning. IEEE Access, 10: 13481-13489.

Odili J B, Noraziah A, Mohd Sidek R, 2020. Swarm intelligence algorithms' solutions to the travelling salesman's problem. IOP Conference Series: Materials Science and Engineering, 769(1): 012030.

Ozoroski T A, Nickol C L, Guynn M D, 2015. High altitude long endurance UAV analysis model development and application study comparing solar powered airplane and airship station-keeping capabilities. Langley Research Center[2015-01-01].

Pekel J F, Cottam A, Gorelick N, et al., 2016. High-resolution mapping of global surface water and its long-term changes. Nature, 540(7633): 418-422.

Pflugfelder R, Weissenfeld A, Wagner J, 2020. On learning vehicle detection in satellite video, arXiv:2001.10900.Available: http://arxiv.org/abs/2001.10900.

Prabhu B V B, Lakshmi R, Ankitha R, et al., 2022. RescueNet: YOLO-based object detection model for detection and counting of flood survivors. Modeling Earth Systems and Environment, 8(4): 4509-4516.

Qamar R A, Sarfraz M, Rahman A, et al., 2023. Multi-criterion multi-UAV task allocation under dynamic conditions. Journal of King Saud University-Computer and Information Sciences, 35(9): 101734.

Qin D F, Gammeter S, Bossard L, et al., 2011. Hello neighbor: Accurate object retrieval with k-reciprocal nearest neighbors// 2011 IEEE Conference on Computer Vision and Pattern Recognition, Colorado Springs, CO, USA. IEEE: 777-784.

Rahnemoonfar M, Chowdhury T, Sarkar A, et al., 2021. FloodNet: A high resolution aerial imagery dataset for post flood scene understanding. IEEE Access, 9: 89644-89654.

Ramamoorthi A S, Subba Rao P, 1985. Inundation mapping of the Sahibi River flood of 1977. International Journal of Remote Sensing, 6(3/4): 443-445.

Rao A, Jung J, Silva V, et al., 2023. Earthquake building damage detection based on synthetic-aperture-radar imagery and machine learning. Natural Hazards and Earth System Sciences, 23(2): 789-807.

Robinson E J, 2013. Coordinated planning of air and space assets: An optimization and learning based approach. Cambridge: Draper Laboratory.

Robinson E, Abramson M R, Balakrishnan H, et al., 2013. Optimized coordinated planning of asynchronous air and space assets in the presence of uncertainty//AIAA Infotech@ Aerospace (I@ A) Conference. Boston, MA. Reston, Virginia: AIAA, 4815.

Rocco I, Cimpoi M, Arandjelovic R, et al., 2022. NCNet: Neighbourhood consensus networks for estimating image correspondences. IEEE Transactions on Pattern Analysis and Machine Intelligence, 44(2): 1020-1034.

Rohman B P A, Andra M B, Putra H F, et al., 2019. Multisensory surveillance drone for survivor detection and geolocalization in complex post-disaster environment//IGARSS 2019-2019 IEEE International Geoscience and Remote Sensing Symposium. Yokohama, Japan.

Ronneberger O, Fischer P, Brox T, 2015. U-Net: Convolutional networks for biomedical image segmentation// Medical Image Computing and Computer-Assisted Intervention-MICCAI 2015. Cham: Springer International Publishing, 234-241.

Rupnik E, Nex F, Toschi I, et al., 2018. Contextual classification using photometry and elevation data for damage detection after an earthquake event. European Journal of Remote Sensing, 51(1): 543-557.

Sarfraz M S, Schumann A, Eberle A, et al., 2018. A pose-sensitive embedding for person re-identification with expanded cross neighborhood re-ranking//2018 IEEE Computer Society Conference on Computer Vision and Pattern Recognition, Salt Lake City, UT, USA. IEEE: 420-429.

Sawhney H S, Arpa A, Kumar R, et al., 2002. Video flashlights: Real time rendering of multiple videosfor immersive model visualization// Proceedings of the 13th Eurographics workshop on Rendering. Pisa, Italy. ACM: 157-168.

Shan D H, Lei T, Yin X H, et al., 2021. Extracting key traffic parameters from UAV video with on-board vehicle data validation. Sensors (Basel, Switzerland), 21(16): 5620.

Shen W M, Hao Q, Yoon H J, et al., 2006. Applications of agent-based systems in intelligent manufacturing: An updated review. Advanced Engineering Informatics, 20(4): 415-431.

Shen X H, Lin Z, Brandt J, et al., 2012. Object retrieval and localization with spatially-constrained similarity measure and k-NN re-ranking// 2012 IEEE Conference on Computer Vision and Pattern Recognition. Providence, RI, USA. IEEE: 3013-3020.

Shen Y T, Xiao T, Li H S, et al., 2017. Learning deep neural networks for vehicle re-ID with visual-spatio-temporal path proposals// 2017 IEEE International Conference on Computer Vision(ICCV). Venice, Italy. IEEE: 1918-1927.

Simonyan K, Zisserman A, 2015. Very deep convolutional networks for large-scale image recognition// 3rd International Conference on Learning Representations, ICLR. San Diego, CA.

Smith D E, Frank J, Jónsson A K, 2000. Bridging the gap between planning and scheduling. The Knowledge Engineering Review, 15(1): 47-83.

Skarlatos D, Demestiha S, Kiparissi S, 2012. An "Open" method for 3D modelling and mapping in underwater archaeological sites. International Journal of Heritage in the Digital Era, 1(1): 1-24.

Song D Z, van der Stappen A F, Goldberg K, 2004. An exact algorithm optimizing coverage-resolution for automated satellite frame selection: IEEE International Conference on Robotics and Automation// Proceedings. ICRA '04. New Orleans, LA, USA. IEEE: 63-70.

Sun B, Zeng Y R, Su Z N, 2023. Task allocation in multi-AUV dynamic game based on interval ranking under uncertain information. Ocean Engineering, 288: 116057.

Szegedy C, Liu W, Jia Y Q, et al., 2015. Going deeper with convolutions//2015 IEEE Conference on Computer Vision and Pattern Recognition (CVPR). Boston, MA, USA. IEEE: 1-9.

Vasquez M, Hao J K, 2001. A "logic-constrained" knapsack formulation and a tabu algorithm for the daily photograph scheduling of an Earth observation satellite. Computational Optimization and Applications, 20(2): 137-157.

Wang G C, Lai J H, Huang P G, et al., 2019. Spatial-temporal person re-identification. Proceedings of the AAAI Conference on Artificial Intelligence, 33(1): 8933-8940.

Wang L, Chen F L, Yin H M, 2016. Detecting and tracking vehicles in traffic by unmanned aerial vehicles. Automation in Construction, 72: 294-308.

Wang Z D, Tang L M, Liu X H, et al., 2017. Orientation invariant feature embedding and spatial temporal regularization for vehicle re-identification.//2017 IEEE International Conference on Computer Vision (ICCV). Venice, Italy. IEEE: 379-387.

Wen G H, Duan Z S, Chen G R, et al., 2014. Consensus tracking of multi-agent systems with lipschitz-type node dynamics and switching topologies. IEEE Transactions on Circuits and Systems I: Regular Papers, 61(2): 499-511.

Wolfe W J, Sorensen S E, 2000. Three scheduling algorithms applied to the Earth observing systems domain. Management Science, 46(1): 148-166.

Wu G H, Pedrycz W, Li H F, et al., 2016. Coordinated planning of heterogeneous Earth observation resources. IEEE Transactions on Systems, Man, and Cybernetics: Systems, 46(1): 109-125.

Xu A G, Wu J Q, Zhang G, et al., 2017. Motion detection in satellite video. Journal of Remote Sensing & GIS, 6(2): 194.

Xu R, Chen H P, Liang X L, et al., 2016. Priority-based constructive algorithms for scheduling agile earth observation satellites with total priority maximization. Expert Systems with Applications, 51: 195-206.

Xu Y C, Shao W B, Li J, et al., 2022. SIND: A drone dataset at signalized intersection in China//2022 IEEE 25th International Conference on Intelligent Transportation Systems (ITSC). Macau, China. IEEE: 2471-2478.

Yang K X, Zhang S J, Yang X R, et al., 2022. Flood detection based on unmanned aerial vehicle system and deep learning. Complexity, 2022(1): 6155300.

Yang T, Wang X W, Yao B W, et al., 2016. Small moving vehicle detection in a satellite video of an urban area. Sensors, 16(9): 1528.

Zhang C Y, Chen J F, Li P, et al., 2024. Integrated high-precision real scene 3D modeling of Karst cave landscape based on laser scanning and photogrammetry. Scientific Reports, 14(1): 20485.

Zhang G, 2016. Satellite video processing and applications. Journal of Applied Sciences, 34(4): 361-370.

Zhang J P, Jia X P, Hu J K, 2019. Local region proposing for frame-based vehicle detection in satellite videos. Remote Sensing, 11(20): 2372.

Zhao B, Sui H, Zhu Y, et al., 2024a. Real-time rescue target detection based on UAV imagery for flood emergency response. Journal of Geodesy and Geoinformation Science, 7(1): 74-89.

Zhao B F, Sui H G, Liu J Y, et al., 2024b. Flood inundation monitoring using multi-source satellite imagery: A knowledge transfer strategy for heterogeneous image change detection. Remote Sensing of Environment, 314: 114373.

Zhong X, Feng M, Huang W X, et al., 2018. Poses guide spatiotemporal model for vehicle re-identification// MultiMedia Modeling. Cham: Springer International Publishing: 426-439.

Zhong Z, Zheng L, Cao D L, et al., 2017. Re-ranking person re-identification with k-reciprocal encoding// 2017 IEEE/CVF Conference on Computer Vision and Pattern Recognition(CVPR). Honolulu, Hawaii, USA.

Zhou Y, Liu L, Shao L, 2018a. Vehicle re-identification by deep hidden multi-view inference. IEEE Transactions on Image Processing, 27(7): 3275-3287.

Zhou Y, Shao L, 2018b. Viewpoint-aware Attentive Multi-view Inference for Vehicle Re-identification//2018 IEEE/CVF Conference on Computer Vision and Pattern Recognition. Salt Lake City, UT, USA. IEEE: 6489-6498.

Zhu J S, Sun K, Jia S, et al., 2018. Urban traffic density estimation based on ultrahigh-resolution UAV video and deep neural network. IEEE Journal of Selected Topics in Applied Earth Observations and Remote Sensing, 11(12): 4968-4981.

Zhu X M, Sim K M, Jiang J Q, et al., 2016. Agent-based dynamic scheduling for Earth-observing tasks on multiple airships in emergency. IEEE Systems Journal, 10(2): 661-672.